权威·前沿·原创

皮书系列为
“十二五”“十三五”国家重点图书出版规划项目

BLUE BOOK

智库成果出版与传播平台

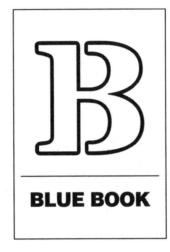

信息化蓝皮书
BLUE BOOK OF CHINA'S INFORMATIZATION

中国信息化形势分析与预测（2019~2020）

ANALYSIS AND FORECAST ON CHINA'S INFORMATIZATION
(2019-2020)

主　编 / 陈左宁
副主编 / 张　军　黄子河

社会科学文献出版社
SOCIAL SCIENCES ACADEMIC PRESS (CHINA)

图书在版编目（CIP）数据

中国信息化形势分析与预测. 2019－2020 / 陈左宁主编. －－北京：社会科学文献出版社，2021.6
（信息化蓝皮书）
ISBN 978－7－5201－8345－1

Ⅰ. ①中… Ⅱ. ①陈… Ⅲ. ①信息化－研究报告－中国－2019－2020 Ⅳ. ①G202

中国版本图书馆 CIP 数据核字（2021）第 083885 号

信息化蓝皮书
中国信息化形势分析与预测（2019~2020）

主　　编 / 陈左宁
副 主 编 / 张　军　黄子河

出 版 人 / 王利民
组稿编辑 / 邓泳红
责任编辑 / 宋　静

出　　版 / 社会科学文献出版社 · 皮书出版分社（010）59367127
地址：北京市北三环中路甲 29 号院华龙大厦　邮编：100029
网址：www. ssap. com. cn
发　　行 / 市场营销中心（010）59367081　59367083
印　　装 / 三河市东方印刷有限公司

规　　格 / 开 本：787mm × 1092mm　1/16
印 张：24　字 数：358 千字
版　　次 / 2021 年 6 月第 1 版　2021 年 6 月第 1 次印刷
书　　号 / ISBN 978－7－5201－8345－1
定　　价 / 158.00 元

信息化蓝皮书编委会

主要编撰者简介

陈左宁 现任中国工程院党组成员、副院长，第十三届中央政协委员，中国科协第九届副主席。毕业于浙江大学计算机应用技术专业，计算机工程技术专家，主要从事计算机体系结构和系统软件研究。2001 年当选中国工程院院士。曾当选第十届全国人民代表，第十七届、十八届中央候补委员。

她是我国信息领域系统软件和体系结构方向学科带头人，主持或参与主持了多项国家和部级重大科技专项工程，为国产计算机系统研制赶超世界先进水平以及核心软硬件国产化做出了重大贡献。多次参与国家相关科研计划等规划研究，多次参与或主持国家重大科研咨询项目。曾任国家“863”计划信息技术领域专家委员会成员，国家自然科学基金专家咨询委员会委员等。

曾先后获得中国青年科技奖、国家有突出贡献的优秀中青年专家、求是奖、中国青年科学家奖等。

序

2020年是人类历史进程中具有分水岭意义的一年。世界正在经历百年未有之大变局，新冠肺炎疫情全球大流行进一步加剧了变化的影响度，国际环境日趋复杂，不稳定性、不确定性明显增加，经济全球化遭遇逆流，保护主义、单边主义和霸权主义日益抬头，对世界和平与发展构成威胁。同时，新一轮科技革命和产业变革持续推进，科技创新空前密集活跃，各国围绕科技与产业创新的主导权之争日趋激烈。

2020年是中国发展进程中具有里程碑意义的一年。面对严峻复杂的国际形势、艰巨繁重的国内改革发展稳定任务特别是应对新冠肺炎疫情的严重冲击，在以习近平同志为核心的党中央坚强领导下，全面建成小康社会取得伟大历史性成就，决战脱贫攻坚取得决定性胜利，统筹疫情防控和经济社会发展取得重大成果。党的十九届五中全会胜利召开，擘画了未来五年乃至更长时期国家发展的宏伟蓝图，开启了全面建设社会主义现代化国家新征程，为实现中华民族伟大复兴锚定了前进方向。

2020年是“十三五”信息化规划收官之年。五年来，全国网信系统深入贯彻落实习近平总书记关于网络强国的重要思想，认真落实高质量发展要求，深入推进《“十三五”国家信息化规划》提出的重大任务、重点工程和优先行动，数字能力建设持续增强，数字经济蓬勃发展，数字政府建设成效明显，数字惠民服务不断完善，数字红利充分释放，信息化各领域发展取得了新的重大成就。尤其是面对突发的新冠肺炎疫情，数字技术在疫情防控和复工复产中大显身手，数字经济成为推动经济持续稳定增长的关键引擎，数字中国建设按下“快进键”。党的十九届五中全会明确提出要“加快数字化发展”，并对发展数字经济、数字政府、数字社会、数据资源开发利用、数据安全等作出了系统部署。这是党中央站在世界百年未有之大变局和中华民族伟大复兴战略全局的高度，科学把握发展规律，着眼实现高质量发展和建设社会主义现代化强国作出的又一重大战略决策。实践充分证明，在党中央的坚强领导下，我们一定能够抓住信息化发展战略机遇，抢占发展制高点，把握工作主动权，战胜前进道路上出现的各种艰难险阻，从而开启“十四五”信息化高质量发展新篇章。

“信息化蓝皮书”作为年度性研究报告，已经连续出版9年，主要围绕信息化发展的重点领域和热门主题展开研究，以较强的原创性、新颖性、前瞻性、权威性广受社会好评，这也是我们坚持、坚定做下去的动力。

在承前启后、继往开来的新方位上，2019～2020年“信息化蓝皮书”围绕2019～2020年中国信息化推进过程中的重点、热点、焦点问题推出相关报告，回顾成果，预测趋势，展望未来，彰显了更加重要的历史意义。全书视野宽阔、观点新颖、内容丰富、数据翔实、可读性强，对中国信息化发展具有参考价值。

本书由中央网信办专家委秘书处组织编写，在组稿、编辑和出版过程中得到社会科学文献出版社、中国电子信息产业发展研究院的大力支持和帮助，也得到各位作者、编委及所属工作单位的关心、支持和帮助，在此，谨代表“信息化蓝皮书”编委会向各方表示衷心的感谢。

由于成稿时间仓促，加之水平所限，本书中疏漏、错误之处在所难免，恳请各位读者批评指正并不吝赐教。

信息化蓝皮书工作组

2021年5月30日

摘 要

“信息化蓝皮书”是中国信息化发展的年度研究报告，已连续出版九年，主要针对中国信息化发展现状、战略政策、发展形势、重大工程项目等进行深入分析、评估和预测，具有一定的系统性和前瞻性。蓝皮书重点在于满足国内外读者了解中国信息化发展状况的深度需求，坚持实事求是，以数据、信息和典型案例为基础，邀请业内知名专家，采用社会科学研究的视角和方法，突出理论性、实证性和实践性，为信息化工作者、企业家和政府工作人员提供参考。

“信息化蓝皮书”由总报告、新型数字基础设施篇、新一代信息技术产业篇、产业数字化转型篇、公共服务篇、信息化环境建设篇和比较研究篇7部分19篇文章组成。

总报告总结了中国2019～2020年信息化发展成效，分析了信息化发展面临的新形势，提出了应对信息化新形势的新思路。收录的18篇分报告主题覆盖5G、数据中心、北斗、IPv6等新型数字基础设施建设，传感器、虚拟现实、区块链等新一代信息技术产业发展，工业互联网、智能制造等产业数字化转型，数字政府、数字化抗疫、数字乡村、城市大脑等数字化治理与服务，数据要素市场培育、数据治理等信息化发展环境建设以及区域数字鸿沟等区域信息化对比研究，较为全面地反映了2019～2020年中国信息化关注的重点、热点、难点，视野宽阔、内容丰富、观点新颖，对中国信息化发展具有很强的指导性。

关键词： 信息化　数字基础设施　数字经济

Abstract

The "Blue Book of Informatization" is an annual research report on China's informatization development. It has been published for nine consecutive years. It mainly focuses on in-depth analysis, evaluation and prediction of China's informatization development status, strategic policies, development situation, and major engineering projects from systematic and forward-looking perspectives. The focus of the Blue Book is to meet the in-depth needs of domestic and foreign readers to understand the development status of China's informatization. It adheres to seeking truth from facts, based on data, information and typical cases, inviting well-known experts in the industry, adopting the perspectives and methods of social science research, and highlighting theoretical and empirical properties. And practically, it provides reference for information workers, entrepreneurs and government workers.

The "Informatization Blue Book" is composed of 19 articles in seven parts: general report, new digital infrastructure, new generation of information technology industry, industrial digital transformation, public service, informatization environment construction, and comparative research. The general report summarizes the effectiveness of China's informatization development from 2019 to 2020, analyzes the new situation facing informatization development, and proposes new ideas for responding to the new situation of informatization. The 18 sub-reports cover the themes of 1) new digital infrastructure construction such as 5G, data centers, Beidou, and IPv6, 2) the development of new-generation information technology industries such as sensors, virtual reality, and blockchain, 3) the digital transformation of industries such as the industrial Internet and smart manufacturing, 4) the digital governance and services such as digital government, digital anti-epidemic, digital village, urban brain, etc. , 5) the digital development environment such as the cultivation of the data element market and data governance, and 6) comparative research on regional informatization such as regional digital divids It reflects the focus, hotspots, and difficulties of China's informatization from 2019 to 2020 and has a broad vision, rich content, and novel views that provides strong guiding role for the development of China's information.

Keywords: Informatization; Digital Infrastructure; Digital Economy

目 录

Ⅰ 总报告

Ⅱ 新型数字基础设施篇

Ⅲ 新一代信息技术产业篇

Ⅳ　产业数字化转型篇

Ⅴ　公共服务篇

Ⅵ　信息化环境建设篇

Ⅶ 比较研究篇

皮书数据库阅读**使用指南**

总 报 告

B.1 数字中国开启中国信息化发展新征程

"信息化蓝皮书"工作组

摘　要：2020年，中国信息化建设向纵深发展，数字中国开启信息化发展新征程，信息化发展成效显著，成为缓解经济下行压力、推动高质量发展的重要动力。与此同时，信息化发展面临复杂的国际国内形势，发展机遇与挑战并存。为更好地支撑构建新发展格局，推动中国信息化发展向更高水平跃升，本报告从新型数字基础设施、核心技术、数据要素、数字政府、产业数字化转型、数字乡村与新型智慧城市、数字素养、网络与数据安全等八个方面，提出了未来信息化创新发展的思路和方向。

关键词：信息化　数字化转型　数字经济　数字能力

随着数字中国、网络强国等国家战略的全面实施，中国信息化发展迈入新征程。以5G、物联网、大数据、人工智能等为代表的新一代信息技术不断取得创新突破，数字经济活力迸发，数字政府加速建设，经济社会数字化转型已是大势所趋。同时，中国信息化发展仍然面临一些短板和挑战，必须结合中华民族伟大复兴战略全局和世界百年未有之大变局，敏锐抓住信息化发展的历史机遇，加快数字化发展，发展数字经济，加强数字社会、数字政府建设，提升公共服务、社会治理等数字化智能化水平，全面推动信息化高质量发展。

一　信息化发展成效显著

2019～2020年，中国信息化发展取得新的重要进展。在国家政策大力支持下，信息化发展环境持续优化，泛在感知、高速互联、智能共享的新型基础设施为经济发展开辟新空间，数据成为新的生产要素，数字经济保持快速增长，网信领域部分关键核心技术取得重大创新突破，数字技术在新冠肺炎疫情防控和复工复产中发挥重大作用，数字政府建设步伐不断加快，均等化、普惠化、便捷化公共服务体系持续优化，社会治理智能化水平不断提升，人民群众幸福感、获得感、安全感显著增强。

（一）信息化政策红利加速释放

中国高度重视信息化发展，上下联动、纵横协同的政策体系逐步完善，信息化发展环境持续优化。

中央政策密集出台，战略规划引领作用不断加强。2020年3月4日，中共中央政治局常务委员会召开会议，强调加快5G、数据中心、工业互联网等新型基础设施建设进度。随后，“新型基础设施”（简称“新基建”）首次被写入政府工作报告。部委层面相继出台《加快落实新型城镇化建设补短板强弱项工作有序推进县城智慧化改造》《交通运输部关于推动交通运输领域新型基础设施建设的指导意见》等政策文件，推动“新基建”在区域、行业层面加速布局。数据作为新型生产要素的地位明确，中共中央、国务院发布《关于构建更加完善的要素市场化配置体制机制的意见》，提出加快培育数据要素市场，数据红利进一步释放。数字乡村顶层设计逐步完善，《数字农业农村发展规划（2019－2025年）》等相继出台，为加速农业生产智能化、提升农村生活智慧化便捷化水平、弥合城乡“数字鸿沟”提供重要指引。《国务院办公厅关于以新业态新模式引领新型消费加快发展的意见》等出台，为培育新业态新模式、加快新型消费发展指明方向。《中华人民共和国密码法》《中华人民共和国数据安全法》先后发布，数据安全保障不断强化。

地方政府积极落实国家部署，因地制宜制定实施举措。北京、上海、重庆、江苏、山东、云南等近30个省区市出台“新基建”相关规划政策文件。上海、四川、江西、山东、河北、湖南、内蒙古等省区市将数字经济发展作为加快新动能培育的“一号工程”，相继出台数字经济顶层规划。北京市积极出台《关于加快培育壮大新业态新模式促进北京经济高质量发展的若干意见》，上海市适时发布《上海市促进在线新经济发展行动方案（2020－2022年）》，大力支持培育新业态新模式。贵州、北京、深圳等省市纷纷采取行动，聚焦数据要素市场培育相关制度建设和模式创新等开展先行先试，为规范有序地开发利用数据资源做出有益探索。

（二）数字基础设施建设迈出新步伐

随着网络强国、“新基建”等国家战略的深入实施，以通信网络和算力为主的数字基础设施建设步入高速发展阶段，为科技创新、经济发展、公共服务、社会治理提供强有力的支撑。

以5G、物联网、卫星互联网为代表的通信网络基础设施加快部署，推动构建空天地一体化的新型网络体系。IPv6规模部署取得长足进步，LTE网络和固定网络IPv6升级改造全面完成，武汉、西安等8个互联网骨干直联点全部完成了IPv6升级改造，① 截至2020年7月，IPv6活跃用户数达

① 中国信息通信研究院：《一文读懂2019年中国IPv6发展情况》，2020年3月25日。

3.62 亿，占比达 40.01%。[①] 5G 网络建设加快推进，截至 2020 年底，中国新建 5G 基站超过 60 万个，基站总规模领先全球。[②] 中国物联网络建设和应用推广成效突出，NB－IoT 网络基本实现全国普遍覆盖，面向室内、交通路网、地下管网等应用场景实现深度覆盖。截至 2020 年底，中国蜂窝物联网连接设备达 11.36 亿户，占移动网络连接总数的比重达 41.6%。[③] 卫星互联网稳步发展，中国首颗通信能力达 16Gbps 的低轨宽带通信卫星成功发射，“虹云工程”与“鸿雁星座”稳步推进，北斗三号全球卫星导航系统正式开通，中国迈进全球服务新时代。

以数据中心、智能计算中心为代表的算力基础设施加快网络化智能化升级。数据中心数量和规模快速增长，2019 年，中国数据中心约 7.4 万个[④]，约占全球数据中心总量的 23%，数据中心机架规模达到 227 万架，大型和超大型数据中心数量占比达 12.7%，规划在建数据中心 320 个。[⑤] 算力基础设施加速升级，现有数据中心智能化改造已成为趋势，一些围绕人工智能产业需求而设计、为人工智能提供专门服务的智能计算中心加速落地。

（三）部分核心关键技术创新取得突破

新一代信息技术正由过去的单点突破进入协同推进、群体性演变阶段。中国数字技术创新加快推进，部分核心技术取得重大突破，科技创新平台快速增加，数字技术创新环境持续优化。

核心技术自主创新进入重要窗口期。在 5G 关键技术领域，中国已成为 5G 专利拥有量最多的国家，截至 2020 年 1 月，全球 5G 专利声明达到 95526 项，其中中国企业声明的 5G 专利占比达 32.97%，远超韩国、欧洲、

---

① 推进 IPv6 规模部署专家委员会：《中国 IPv6 发展状况白皮书》，2020 年 8 月 28 日。

② 工信部：《2020 年通信业统计公报解读》，2021 年 1 月 27 日。

③ 工信部：《2020 年通信业统计公报解读》，2021 年 1 月 27 日。

④ 中国信息通信研究院、华为技术有限公司：《互联网服务行业基础设施技术白皮书》，2020 年 9 月 23 日。

⑤ 《新基建科技成色十足》，《人民日报》（海外版）2020 年 3 月 16 日，第 9 版。

日本和美国企业。[①] 芯片技术领域取得重大突破，中国企业发布全球首款旗舰 5G SoC（系统级芯片）采用 7nm + EUV 工艺，实现六项世界首次；国产存储芯片实现新突破，首款 64 层 3D NAND 闪存芯片开始量产；14 纳米工艺进入客户风险量产阶段，第二代 FinFET N +1 技术平台已开始进入客户导入期；先进封装测试规模在封测业中占比达到 30% 左右。[②] 中国自研 76 个光子的量子计算机“九章”成功问世，刷新全球量子计算的速度纪录。人工智能技术创新成果丰硕，截至 2020 年 10 月，中国人工智能专利申请量累计已达 69.4 万余件，[③] 超越美国成为 AI 领域专利申请量最多的国家；中国研发的开源深度学习框架、开源工具集、开源应用软件、开源社区快速发展，加速产学研协同创新。区块链创新能力不断提高，2020 年上半年，中国公开的区块链专利数量 5402 项，已超过 2019 年全年专利总量的 50%[④]；区块链技术“自治”性、可信性持续提升，在底层架构方面，跨链、侧链、多链、分片技术、有向无环图、隐私保护等技术上有所突破；在共识机制方面，基于 PoX 系列的共识算法不断迭代升级。

科技创新平台培育成效凸显。以重大科技基础设施平台为引领、共性技术研发平台为主干、科技创新公共服务平台为支撑的科技创新平台体系加快形成。由企业主导建设的科技创新平台逐渐成为发展趋势，成为推动科技创新发展的重要力量。截至 2020 年 5 月，国家级和部委级科技创新平台共计 59 类约 8500 个。科技部制定《国家新一代人工智能开放创新平台建设工作指引》，批准第二批华为、好未来、平安保险、京东等 10 家单位开展国家新一代人工智能开放创新平台建设。

（四）数字技术应用加快向深层次、多领域延伸

在政策引导和市场需求双轮驱动下，新一代信息技术加速与经济社会各

---

① 欧洲电信标准协会（ETSI）：《5G 标准必要专利申报的事实发现研究》，2020 年 2 月 26 日。

② 《集成电路产业这一年》，《中国电子报》2019 年 12 月 31 日。

③ 国家工业信息安全发展研究中心、工信部电子知识产权中心：《2020 人工智能中国专利技术分析报告》，2020 年 12 月 1 日。

④ 赛迪区块链研究院：《2020 年上半年中国区块链企业发展研究报告》，2020 年 10 月 22 日。

领域融合应用，成为经济社会创新发展的重要驱动力量。

应用牵引、场景赋能成为主旋律。5G与工业互联网、车联网、智慧能源、智慧教育、超高清视频、智慧城市、智慧港口等垂直领域融合应用加速落地，不断孕育新兴信息产品和服务，为经济发展增添新活力。预计2020～2025年，中国5G商用直接带动经济总产出达10.6万亿元，直接创造经济增加值3.3万亿元。人工智能应用深度与广度进一步拓展，各地面向制造、交通、家居、医疗、金融等重点应用领域，加快构建符合本地优势和发展特点的人工智能深度应用场景，北京冬奥、大兴机场、杭州大脑等代表性综合应用场景以及各领域行业场景为人工智能发挥更大社会经济价值创造了良好环境。区块链应用领域日趋多元化，截至2020年6月底，中国区块链案例数共计164项，占到2019年全年的45%①，其中金融领域区块链技术应用最为活跃，在政务服务、司法存证、产品溯源、公益慈善、医疗健康、交通出行等领域也得到稳步发展。

应用重心加速从消费端向生产端延伸。中国消费端数字化程度已处于全球领先地位，围绕消费者生活中的各领域，互联网企业积累了海量用户数据，开发培育出丰富的产品和商业模式，电商、O2O、移动支付等领域已领先发达国家。随着新一代信息技术与实体经济深度融合，互联网加速从消费端走向生产端，传统行业纷纷主动拥抱互联网，聚焦生产特点和企业痛点，围绕满足用户个性化需求和企业价值实现，逐步提升研发设计、生产制造、供应销售、管理服务等环节的数字化网络化智能化水平，加快形成基于数据驱动的业务模式和商业模式。如，南方电网公司提出打造“电网状态全感知、企业管理全在线、运营数据全管控、客户服务全新体验、能源发展合作共赢”的数字南网。

（五）数字经济发展全面提速

中国数字经济保持快速增长。2019年，数字经济增加值规模达到35.8

① 赛迪区块链研究院：《2020年上半年中国区块链企业发展研究报告》，2020年10月22日。

万亿元，占 GDP 比重达 36.2%，占比同比提升 1.4 个百分点，对 GDP 增长的贡献率为 67.7%①，数字经济已成为推动经济持续稳定增长的主要动力。

数字产业化稳步发展。数字产业进一步壮大，内部结构持续向软化发展。从规模上看，2019 年，数字产业化增加值达 7.1 万亿元，同比增长 11.1%；从结构上看，电子信息制造业占比小幅回落，软件业和互联网行业占比小幅度提升，分别较 2018 年增长 2.15 个和 0.79 个百分点。② 5G、人工智能、物联网、云计算、大数据等技术加速融合创新、迭代升级，推动数字产业链式变革，乘数效应不断释放。

产业数字化发展提速。2019 年，中国产业数字化增加值约为 28.8 万亿元，占 GDP 比重为 29.0%，其中，农业、工业、服务业数字经济占行业增加值比重分别为 8.2%、19.5% 和 37.8%。③ 农业数字化转型稳步推进，生产端智慧农业与消费端农村电商成为发展农业、振兴乡村的重要抓手；制造业数字化转型加快推进，工业互联网平台建设成果丰硕、融合应用场景丰富、安全保障能力持续增强，带动先试先行企业不断提高劳动生产率；服务业数字化转型持续领先，在消费零售、智慧物流、电子支付、智慧旅游、智慧医疗和智慧健康养老等领域不断创新突破。

平台经济、共享经济等新模式新业态蓬勃发展。平台经济呈现头部平台崛起、中小平台快速成长以及越来越多行业出现平台引领的新特征。2020 年，中国市场价值超 10 亿美元的数字平台企业超过 190 家，数字平台总价值超过 2.35 万亿美元。共享经济各领域创新持续活跃，聚合模式、B2C 模式、“共享 +”模式等运营模式成为新亮点。2020 年中国共享经济市场交易额约为 33773 亿元，同比增长约 2.9%，知识技能、医疗共享等领域的市场规模大幅增长，同比分别增长 30.9% 和 27.8%。尤其是新冠肺炎疫情暴发以来，以共享经济、平台经济等为代表的新业态新模式呈现逆势上行的小高峰，体现出较强的韧性，在一定程度上缓解了经济下行趋势。

---

① 国家互联网信息办公室：《数字中国建设发展进程报告（2019 年）》，2020 年 9 月 10 日。

② 中国信息通信研究院：《中国数字经济发展白皮书 2020》，2020 年 7 月。

③ 中国信息通信研究院：《中国数字经济发展白皮书 2020》，2020 年 7 月。

（六）“以人民为中心”的数字政府建设深入推进

数字政府进入一体化、协同化发展新阶段，以“智能化、移动化、一体化、便利化”为标志的政务服务新模式不断涌现。

政务信息共享取得重要进展。国家数据共享交换平台体系进一步完善，与所有省级数据共享交换平台实现对接，基本实现了部门全联通、省级全覆盖。截至2020年11月底，国家数据共享交换平台上线目录累计超过64万条，发布共享接口1200余个，平台开通以来累计提供查询、核验超过20亿次。2020年1～11月，最高单月提供查询、核验服务1.75亿次，累计提供服务超过10.8亿次，与2019年相比，月均查询、核验接口调用次数从5900万次提高到9800万次，数据共享成效显著。

“互联网+政务服务”向全国一体化、线上线下相融合转变。全国一体化在线政务服务平台上线运行，涵盖43个国务院部门、32个地区342万多项政务服务事项，为全国各地区各部门提供统一政务服务门户、统一政务服务事项管理、统一身份认证、统一电子印章、统一电子证照等支撑服务。广东、上海、浙江、海南、江苏等地加快推进一体化政务服务平台建设，以政务服务标准化和信息共享互认为着力点，以“一窗式”“一张网”“只跑一次”“一次不跑”等便民服务为牵引，全面推动政务服务由“线下跑、分头办”向“线上办、协同办”转变，进一步优化营商环境，助推政务服务质效提升。

“掌上办”“指尖办”助力政务服务全天候“不打烊”。各地加快推进全流程一体化“掌上服务大厅”建设，通过整合政务App、小程序、微信公众号、微博等，为企业和群众提供7×24小时不打烊“随时办”服务。浙江的“浙里办”App、江苏的“苏服办”小程序、上海政务服务官方微博、“国家政务服务平台”微信小程序等，为企业和群众提供了多样便捷的信息获取与办事渠道。

（七）线上线下融合的公共服务体系加速构建

各部门积极推进民生领域智慧应用，在线教育、“互联网+医疗”、智慧养老等建设取得显著成效。

在线教育活力迸发。以“三通两平台”为核心的教育信息化建设加快推进，“教学点数字教育资源全覆盖”项目顺利完成。截至2020年底，全国中小学（含教学点）网络接入率达100%，未联网学校实现动态清零，出口带宽100M以上的学校比例达99.92%，98.35%的中小学拥有多媒体教室。优质教育资源共建共享不断扩大，教育短视频、双师课堂等教学模式不断丰富完善。“爱课程”网站新增注册用户4.8万人、新增客户端用户3万人次，“爱课程”网中国大学MOOC移动终端累计下载安装6708.4万人次，平台在授开放课程数量为3.99万门次，新增选课161.8万人次。

以“互联网+医疗”为特色的“指尖上的医院”迅速发展。越来越多的医院以“互联网+”等技术手段开展智慧医院建设。重庆建成15家“智慧医院”，电子健康档案建档率为84.8%，90%的区县开展了远程诊疗。银川市第一人民医院引进“好大夫在线”“唯医骨科”等互联网医疗平台。疫情防疫期间，全国191家公立医疗机构及近100家企业互联网医院针对疫情提供在线义诊，缓解线下医院压力。

社会保障信息化全面推进。中国建立了覆盖13.9亿人基础数据的全民参保数据库，基本摸清了参保底数，实现了重点群体参保精准推进。以社保卡为载体的国家社保公共服务平台建设深入推进，社保公共服务普惠化、均等化、便捷化水平不断提升。截至2020年末，中国社保卡持卡人数已达到13.35亿，覆盖95%的人口和所有地市。电子社保卡申领人数已突破3亿，用户可通过419个App、小程序等渠道获取电子社保卡服务。

智慧康养蓬勃发展。随着“健康中国”正式上升为国家战略，各部门各地方积极推进智慧健康养老，加快构建为老年人提供用得上、用得起、用得好的智慧健康养老产品和服务体系，线上线下互动、医养结合的融合服务新模式加快推广。自2019年以来，国家和地方政府共计颁布相关智慧养老政策超过70条，全国共有238家智慧健康养老应用试点、130条智慧健康养老示范街道（乡镇）和29个智慧健康养老示范基地。北京持续开展智慧养老服务驿站建设，通过手机App，老年人家庭能够实现在线预约、健康状态实时监测等功能。浙江省建立智慧养老产业联盟，打造全省“智慧养老”平台，积极探索智慧养老服务新业态，为1000万省内60岁以上老人提供服务。

（八）社会治理数字化模式不断创新

信息技术与社会治理深度融合，以“城市大脑”为代表的数字治理模式得到高效应用，驱动治理体系和治理方式深刻变革，有力提升了社会治理现代化水平。

智慧交通有效缓解道路拥堵等“城市病”。基于数字技术的路网运行监测、应急调度指挥、车载智能终端等大量应用不断涌现，交通运输、交通管理、公众出行等交通领域数字化、智能化水平不断提升。杭州城市大脑以大数据交通治堵为突破口，涵盖交通等11大系统和48个应用场景，实现车辆在途数、拥堵指数、延误指数等7项数据的实时感知，初步实现快速救援、实时信息发布、与市民双向互动等功能，做到全市覆盖、全市应用。目前杭州高架道路匝道上50%的匝道路口信号灯已经由城市大脑智能调控，整体通行效率提升了15.3%。

立体化、信息化社会治安防控体系逐步完善。各地“雪亮工程”建设取得阶段性成效，全面推进各类感知数据的主动采集、实时接入、汇聚融合和智能应用，“全域覆盖、全网共享、全时可用、全程可控”的公共安全视频监控建设联网应用进一步深化。辽宁省积极建设应用云平台、大数据平台、警综平台近400个，基本形成让数据说话、跑路、导侦、导防的大数据应用格局，全省可防性案件发案数逐年下降，命案破案率高达100%。

“大数据+网格化”基层治理模式逐步形成。基层治理模式由传统的“被动式、应急式、经验式”向“主动化、常态化、科学化”转变，以“广覆盖、全要素、高智能、大联动”为特征的基层治理模式不断呈现。扬州市江都区建设“1+N”网格化社会治理大数据平台，突出信息聚合共享服务、社会治理联动和工业大数据利用等三大功能。北京市以城市事件为牵引统筹管理网格，推动应急指挥、城市管理、综合执法等领域协同联动、科学调度，提高社会治理协同化、精细化水平。

“城市大脑”助推城市运行“一网统管”。2020 年 3 月习近平总书记视察杭州“城市大脑”时指出，从数字化到智能化再到智慧化，让城市更聪明、更智慧一些，是推动城市治理体系和治理能力现代化的必由之路。各地积极探索“城市大脑”建设，创新城市治理模式和手段，助推治理体系和治理能力现代化。海口依托“城市大脑”为市民提供疫情资讯、在线问诊、药店查询、智能问答、大货车电子通行证自助办理等便民服务。北京市海淀区整合区内各政务系统，集成打造“城市大脑”系统，疫情期间为回京人口分析、人口筛查分析、重点人群动态监测等提供了有力支撑。上海、深圳等地依托“城市大脑”对城市各类数据资源进行整合汇聚，对多维度大数据进行关联分析和价值挖掘，实现了全局统揽、精准服务、高效决策。

（九）数字化抗疫成效显著

新一代信息技术融合应用积极助力“数字化抗疫”，在推进疫情防控、助力复工复产中优势凸显。

5G、人工智能等新技术为“战疫”提速。5G 网络依托超高速率、超低时延和超高连接等特性，为应急指挥等领域提供了重要的通信保障，在远程指挥、红外线测温仪、远程会诊等方面发挥了显著作用。人工智能技术助力提高检测效率，推动检测设施和手段智能化。百度等企业推出基于 AI 图像识别和红外热成像技术的测温系统，提升了快速鉴别效能。

数字化平台助力城市一体化疫情防控体系和复工复产步伐加速。一方面，各省市通过搭建统一的疫情防控管理平台，精准施策，为疫情扩散趋势研判、提前防范提供重要参考。武汉市搭建了防疫大数据平台，对疫情趋势、拐点预测、人员流动、复工复产适宜度观察等进行了综合分析，有效加强了疫情发展趋势的动态监测，为打好疫情阻击战提供了有力保障。另一方面，一体化政务服务平台为企业复工复产提供有效支撑。通过进一步精简审批优化服务、上线“防疫健康信息码”、设立复工复产防疫服务专题应用等形式，一体化政务服务平台在疫情联防联控和企业复工复产中发挥积极作用。

云经济、宅经济等数字经济新形态逆势成长，为民众生活工作模式转变带来新空间。新冠肺炎疫情防控形势下，远程办公、在线金融服务、在线文娱、在线展览、在线医疗、在线教育等云经济、宅经济和非接触经济得到大规模推广，降低了由人群聚集导致疫情传播的风险。智能货柜等无接触配送大幅减少面对面接触，线上教育保障“停课不停教”“停课不停学”，远程协同办公助力企业“停工不停产”，有效减少疫情造成的经济损失。

二　信息化领域面临的新形势

中国信息化发展面临复杂的国际国内形势，发展机遇与挑战并存。从国际看，世界处于百年未有之大变局，世界经济深度衰退、经济全球化遭遇逆流、一些国家保护主义和单边主义盛行等问题不断增加，国际环境日趋复杂，不稳定性不确定性明显增加。同时，新一轮科技革命和产业变革深入发展，为中国抢占新一轮发展制高点、构筑国际竞争新优势提供了有利契机。从国内看，中国发展阶段和条件处于历史性、转折性变化，经济由高速增长转向高质量发展，经济增长动能转换承上启下的阶段性特征明显，全面深化改革步入深水区。党的十九届五中全会深刻把握信息时代的“时”与“势”，着眼战略和全局需要，对网络安全和信息化工作作出一系列新任务新部署新要求，充分体现了以习近平同志为核心的党中央对网信工作的高度重视，标志着网络强国建设在“两个一百年”奋斗目标接续推进中进入一个新的发展阶段。

（一）从竞争格局看，围绕数字技术创新的国际竞争日益加剧

新一轮科技革命和产业变革加速演进，科技创新进入空前密集活跃期，大数据、云计算、人工智能、区块链等新一代信息技术不断创新突破，数字化、网络化、智能化日新月异，正在全球开启一次具有全局性、战略性、革命性意义的数字化转型。世界主要国家纷纷实施数字化战略部署，在人工智能、集成电路、量子科技、区块链等领域加快布局。2020 年 2 月，美国白

宫提交的2021财年联邦政府预算报告提议，将联邦研发支出增加到1422亿美元，比2020年预算增加6%，尤其计划大幅增加人工智能（AI）和量子信息科学（QIS）等未来产业的研发投资。2020年2月，澳大利亚发布“国家区块链路线图”，旨在推动澳大利亚成为区块链产业的全球领导者。2020年2月，欧盟委员会公布《塑造欧洲数字未来》的数字化战略，发表欧盟数据战略及人工智能白皮书，通过加大数字化领域投资提升欧盟数字经济竞争力。2020年6月，韩国政府公布数字化经济支持政策，计划至2025年投入约76万亿韩元，建设大数据平台、5G、人工智能等数字产业基础设施，发展“非接触经济”。加快新一代信息技术创新突破与融合应用，已成为世界各国竞争发展、赢得主动的普遍选择。

（二）从发展环境看，国际环境的复杂性和不确定性对信息化发展提出新要求

当前乃至未来一段时期，国际形势不稳定性不确定性更加突出，中美结构性矛盾具备长期性与复杂性特征，美国接连对我国中兴、华为、海康威视等多家信息技术企业进行打压，“断供”来自美企业的关键技术和产品，对我国加强遏制和封锁，是典型的“撤梯子”行为，中国信息化创新发展面临更大阻力。尤其是受2020年新冠肺炎疫情影响，经济全球化遭遇逆流，全球范围内人员交流和进出口贸易大幅减少，全球产业链、供应链濒临中断，中国部分重点行业产业链、供应链安全压力日益加大，汽车、电子、机械等行业上游基础材料、核心零部件和关键设备面临断供风险，构建安全稳定的产业链供应链迫在眉睫。在当前国际形势充满不稳定性不确定性的背景下，以习近平同志为核心的党中央提出把满足国内需求作为出发点和落脚点，加快形成以国内大循环为主体、国内国际双循环相互促进的新发展格局，对提高信息化发展能力、深化信息化应用提出了更高要求。要充分发挥信息化在培育完整内需体系、加快科技自立自强、推动产业链供应链优化升级等方面的“赋能增效”作用，为构建新发展格局、党和国家工作全局提供有力支撑。

（三）从战略指引看，党的十九届五中全会建议对信息化建设作出新部署

以习近平同志为核心的党中央对网信工作高度重视，多次作出重要指示。尤其是党的十九届五中全会建议对信息化建设作出一系列新的部署要求，其中直接涉及网信工作的多达20余处。比如，在“坚持创新驱动发展，全面塑造发展新优势”部分，强调深入实施创新驱动发展战略。打好关键核心技术攻坚战，提高创新链整体效能。瞄准人工智能、量子信息、集成电路等前沿领域，实施一批具有前瞻性、战略性的国家重大科技项目。在“加快发展现代产业体系，推动经济体系优化升级”部分，强调坚定不移建设网络强国、数字中国。加快壮大新一代信息技术等产业。推动互联网、大数据、人工智能等同各产业深度融合。促进平台经济、共享经济健康发展。加快推进服务业数字化。加快第五代移动通信、工业互联网、大数据中心等建设。加快数字化发展。在“形成强大国内市场，构建新发展格局”部分，强调促进线上线下消费融合发展。实施北斗产业化等重大工程。在“全面深化改革，构建高水平社会主义市场经济体制”部分，强调推进数据等要素市场化改革。在“优先发展农业农村，全面推进乡村振兴”部分，强调建设智慧农业。在“繁荣发展文化事业和文化产业，提高国家文化软实力”部分，强调加强网络文明建设，发展积极健康的网络文化。推进媒体深度融合，实施全媒体传播工程，做强新型主流媒体，建强用好县级融媒体中心。在“实行高水平对外开放，开拓合作共赢新局面”部分，强调深化数字经济合作。在“改善人民生活品质，提高社会建设水平”部分，强调发挥在线教育优势。推广远程医疗。在“统筹发展和安全，建设更高水平的平安中国”部分，强调坚定维护国家政权安全、制度安全、意识形态安全，全面加强网络安全保障体系和能力建设。维护网络等重要基础设施安全。坚决防范和打击新型网络犯罪。这些新部署新要求体现在“五位一体”总体布局的各个领域，明确了信息化在贯彻新发展理念、构建新发展格局、推进高质量发展中的时代方位、职责使命、路径选择，为当前和今后一个时期网信事业发展指明了前进方向、提供了基本遵循。

（四）从内生突破看，信息化发展能力仍有瓶颈亟待破解

中国经济社会各领域信息化发展取得了可喜进展，但也要清醒地看到，信息化发展过程中仍存在一些亟待解决的问题。一是技术和产业创新生态体系尚未建立。中国信息领域核心技术受制于人的局面没有根本改变，约90%的芯片和元器件，超过60%的防火墙、加密机，以及通信骨干网络中超过70%的网络设备来自国外进口，几乎涵盖了国家信息化应用的各个环节，“卡脖子”风险形势依然严峻；开放的生态体系建设不足，缺乏有效的制度保障和合作规则，开源社区和开源企业建设成果不显著。二是数据要素市场化配置仍不完善。数据开放、数据交易和数据安全层面的立法亟须突破，跨部门、跨系统、跨区域数据资源统筹协调机制不健全，数据收益和成本估算机制、交易双方信任机制、数据定价模式等尚在探索中，大规模数据要素市场构建与培育尚需时日。三是中小企业数字化转型存在瓶颈。很多企业受战略、技术、业务、模式、人才、资金等多种因素影响，转型尚未取得实质性进展。有关数据显示，全国89%的中小企业处于数字化转型探索期，8%处于践行期，仅有3%处于深度应用期。四是全民数字素养有待提高。一些领导干部对信息化的理解认识和重视程度有待深化，数字领导力有待提升；适应数字经济时代发展要求的新型技能人才以及技术型、管理型、复合型人才严重不足；普通民众尤其是老年人、残疾人、贫困人口等特殊群体对数字化工具的接受和使用程度不高。

三　应对信息化新形势的新思路

建设数字中国是贯彻习近平总书记关于网络强国重要论述的战略举措。近年来，全球新一轮科技革命和产业变革孕育兴起，中国经济发展步入高质量发展阶段，社会发展进入整体转型期。在此形势下，建设数字中国成为驱动引领经济高质量发展的新引擎，成为满足人民日益增长的美好生活需要的新举措。

建设数字中国作为新时代国家信息化发展的新战略，开启了中国信息化发展的新征程。“十四五”时期，中国信息化发展面临新阶段、新机遇、新挑战、新问题等一系列新情况，应该立足于服务国家战略大局，紧紧围绕“供给侧结构性改革”这条主线，以推进经济社会数字化转型为主攻方向，统筹考虑安全与发展、自主与开放、政府与市场、城市与乡村的关系，着力突破信息领域关键核心技术，着力释放数据要素价值，着力推进产业数字化和数字产业化，着力推进数字政府、数字社会建设，着力缩小数字鸿沟，着力提高区域信息化协调发展水平，着力保障网络空间发展安全，不断提升信息化发展的创新能力、基础能力、融合能力、治理能力、安全保障能力，让信息化更好造福国家和人民，为全面开启社会主义现代化新征程提供强大动力。

（一）推动新型数字基础设施部署建设与演进升级

全面加快5G部署与应用。加强5G网络建设，注重统筹指导和规划引领，有序推进网络基础设施建设，实现城市、县域和乡镇的全覆盖。加快产业化进程，加大5G研发和创新支持力度，加快突破5G核心芯片、高频器和虚拟化平台等关键环节。推动5G与垂直行业深度融合，探索新需求、新技术、新模式，开展关键技术研发与应用示范。加强国际合作，积极参与ITU（国际电信联盟）、3GPP（第三代合作伙伴计划）等国际组织的相关活动，打造国际化5G试验平台。

升级窄带物联网技术应用。围绕NB－IoT产业核心环节，研究物联网平台化智能感知终端平台系统架构技术、多源感知信息智能处理的软硬件融合片上系统技术等，研发拥有自主知识产权的智能感知终端，选择城市代表性场景应用示范验证，建立系列化行业物联网标准。建设新型城市物联网功能型平台，提升产业服务能力。以打造超大城市级NB－IoT产业集群为目标，通过联盟合作、联合研发、第三方检测服务等多种创新模式，提升NB－IoT科技创新应用能力。

推动工业互联网纵深发展。以平台为中心，辐射带动工业互联网全链条发展，通过平台建设迭代牵引数据采集、网络接入、安全防护、应用开发等各产业链条协同发展，带动提升平台供给能力。以应用为先导，循序渐进打造多层次平台体系，建立涵盖生产全流程、全环节的一系列平台解决方案。积极构建开放共享的协同生态，建立龙头企业引领，政府、企业、联盟、科研院所等多方力量协同发展，科技、产业、金融等各领域融通发展的模式，打造更具活力的生态体系。

（二）加强信息领域核心技术创新突破和产业化

加快突破核心技术，补齐短板。发挥新型举国体制的制度优势和重大工程项目的带动作用，加快突破一批关键核心技术，提升供应链关键短板国产化能力，形成创新生态体系和产业自主能力。聚焦“一硬一软”，梳理需求清单和项目规划，推动集成电路工艺向 5/4nm 演进，加快攻克高端通用芯片、集成电路装备、高端服务器等硬件设备，促进智能化、微型化、可定制化传感器研发与应用。提高基础软件和重点应用软件自主研发水平。以云计算为突破口，推进云操作系统、嵌入式操作系统、数据库系统及相关领域的应用软件研发。依托工业互联网平台，大力发展面向重点工业领域工业软件。

强化战略性前沿技术布局。着眼长远发展，建立关键共性技术体系，加快提升虚拟现实、无人驾驶、区块链等自主创新能力，稳步推进卫星互联网、类脑计算等新技术布局。瞄准人工智能、量子信息、集成电路等前沿领域，实施一批具有前瞻性、战略性的国家重大科技项目。布局建设综合性国家科学中心和区域性创新高地，推动有条件的地区加快构建国际科技创新中心。加大投资保障力度，构建与新技术相适应的法律体系和创新环境，为前沿探索提供长期支持。

建设先进的信息产业体系。提高产品服务附加值，推动信息产业向价值链高端迁移。围绕 5G 规模商用发展信息通信业，加快信息服务向 5G 演进升级，推动面向未来应用场景的有线与无线通信融合发展。大力发展电子信息制造业，注重集成电路、人工智能、高清显示、物联网等产业链构建，推动产品、模式、业态创新。做大做强软件与信息服务业，强化技术投资保障和开源生态构建，打造一批国际影响力大、竞争力和带动性强的龙头骨干企业与品牌企业。

打造协同发展的产业生态。推动创新链、产业链和价值链的协同互动与高效衔接，引导和支持产学研用深度融合，鼓励和引导有意愿的企业，积极参与和科研机构的联合研发。加强关键核心技术和基础科学领域成果转化，畅通基础研究与应用技术创新转化通道，推动龙头企业“双创”平台建设，打造大中小企业协同共生的“双创”新格局。培育公平的市场环境，支持网信企业“走出去”，持续完善知识产权、技术标准、测试验证和产业化投资评估等环节的公共服务体系。

（三）加快培育数据要素市场

加强顶层设计，统筹推进数据要素配置。推进数据要素市场化配置是一项系统工程，需革新理念、统筹规划、稳步推进。在组织管理层面，可考虑成立数据管理综合部门，统筹推进数据要素配置管理和监管工作；在制度建设层面，加快制定出台基础性法律法规，为数据要素高效配置提供法律依据；在规则执行层面，加快制定涉及数据产权界定、数据开放共享、市场体系建设、个人信息保护、数据安全和跨境流动等方面的实施细则和办法；在资产清查层面，组织专门力量，建立国家数据资产目录和清单，为更好地管理数据要素资源打好基础。

推动数据清单化管理，提升数据开放共享水平。推进政府数据开放共享清单化管理，着力构建政府数据开放共享负面清单；重点加强个人数据清单化管理，设定底线、细化规则，在强化个人信息保护和数据安全的同时，构建个人信息保护的基本框架，促进数据资源开放和自由流动；加强跨境数据流动清单化管理，推动数据资源在全球范围内安全高效配置。

创新交易机制，健全数据要素市场体系。加大对数据要素市场主体的培育力度，发挥大数据交易所、数据经纪商等市场中介的作用，培育更多市场主体，创新交易模式、数据资产估值办法和交易定价方式；优化数据要素流通环境，加强数据流通管理，进一步完善数据流通交易规则，规范市场主体交易行为，推进流通风险评估，完善数据合规应用监督和审计。

更好完善监管，构建数据要素治理体系。构建多元共治的数据要素市场治理体系，重点研究解决数字税收征管、数据有序自由流动、公民隐私保护、知识产权保护、反垄断与公平竞争等数字治理重大课题，规范各类市场主体的数据资源利用行为，鼓励社会各界参与数据要素市场治理；强化数据安全技术能力建设，建立统一高效、协同联动的数据安全管理体系，做好个人信息保护与数据安全管理；强化数据要素市场监管和反垄断执法，确保市场公平竞争和健康运行。以互利共赢为导向，积极参与全球数字治理规则制定。

（四）深化数字政府建设，助力"放管服"改革

强化数字政府统筹规划。强化政府数字化转型的总体规划和顶层设计，做到全局性统筹、通盘性谋划、战略性部署。不断优化电子政务领域统筹协调机制建设，充分发挥国家电子政务专家委员会的作用，指导地方持续完善电子政务统筹协调机制，明确电子政务相关部门的分工和责任，打造中央与地方协调联动的电子政务发展格局。

有序推动政务信息系统整合共享。按照党中央、国务院统一部署，持续推进部门政务信息系统整合共享工作；鼓励各省市积极开展省直部门、市县部门政务信息系统整合共享工作，推动各地各部门由"网络通""数据通"向"业务通"方向转变。

稳妥推进公共信息资源开放。以信用服务、医疗卫生、社保就业、公共安全、城建住房、交通运输、教育文化、科技创新、资源能源、生态环境等重点领域为突破口，深入开展公共信息资源开放试点，形成一批可复制的经验。持续拓展公共信息资源开放领域和范围，逐步实现全领域、全地域公共信息资源"应开尽开"。支持数据脱敏关键技术研发，强化对数据资源中敏感信息的脱敏保护，安全高效地开发公共数据，释放数据价值。

加快推进政务信息资源开发利用。探索政务数据授权运营新模式，在确保安全的前提下，授权有资质、有能力的企业，对政务数据进行开发利用，推进政务数据资源化、价值化。

加快推进全国一体化在线政务服务建设。推动各地各部门政务服务平台与国家政务服务平台全面对接，优化升级以国家政务服务平台为枢纽的全国一体化在线政务服务平台。鼓励各部门各地方依托全国一体化平台，通过优化流程、强化协同、共享证照等方式，提升跨部门、跨地域、跨层级、跨系统协同应用水平，加快政务服务事项从“线下跑”向“网上办”、“分头办”向“协同办”转变，逐步实现全国政务服务“一网通办”。

（五）加快推进产业数字化转型

强化顶层设计。研究制定推进制造业数字化转型行动指南。引导企业深入理解数字化转型内涵，转变管理思路和发展理念，明确数字化转型目标、任务和路线图。

夯实转型基础。加快企业全链条数字化改造，引导制造企业加快工业网络改造、装备数字化升级，加强各业务环节的数字化应用和数据的集成共享，面向重点行业产品全生命周期打造数字孪生系统。

提升转型能力。推动制造资源云端迁移，加快高耗能、高价值、通用型工业设备上云用云，引导大型企业加快业务系统云化改造，推动中小企业业务云端迁移。加快制造能力平台化开放，依托工业互联网平台构建一批微服务资源池，加快制造资源和生产能力在线共享与优化配置。

优化转型服务。鼓励企业充分运用大数据等数字技术，及时洞察市场需求并调整产品及服务供给，激发智能终端、本地电商、直播带货、数字内容、文化创意等领域的数字消费需求。拓展数字技术应用场景，探索新型商业模式，进一步提升产品与服务的数字化水平，大力发展跨境电商、数字娱乐、在线教育、远程医疗、在线办公等新兴业态，为人民群众美好生活提供更多高端便捷的消费选择。

创新转型机制。对新型数字产品和服务实行包容、审慎、有效监管，降低准入门槛。加强数字化转型知识产权保护，强化工业大数据治理，建立适应工业大数据资源完善、价值实现、质量保证、安全可控的管控协调机制，推动制定工业大数据确权、流通、交易、保护等方面的标准规范。

（六）统筹数字乡村与新型智慧城市融合发展

建立城乡信息化融合政策体系和工作机制。统筹发展数字乡村和新型智慧城市，强化一体设计、同步实施、协同并进、融合创新，引导城市网络、信息、技术和人才向乡村流动，促进城乡要素合理配置，推动形成共建共享、互联互通、各具特色、交相辉映的数字城乡融合发展格局。

分级分类推进新型智慧城市建设。统筹开展顶层设计，着力促进条块融合与多规融合，构建智慧生产生活方式，创新智慧治理模式，打造智慧生态体系。按照城市群、省级、地级、县级、新城新区开展分类指引，挖潜不同类型城市资源禀赋，培育新型智慧城市特色化优势能力。

分类推进数字乡村建设。根据不同乡村特点，分类施策，引导集聚提升类村庄全面提升网络信息技术应用水平，积极培育乡村新业态。引导城郊融合类村庄加快与智慧城市融合互动，发展数字经济，不断满足城市消费需求。

（七）推动全民数字素养建设

构建数字素养教育框架。从国家政策层面，围绕数字获取、数字交流、数字创建、数字消费、数字安全、数字伦理、数字规范、数字健康等八个方面，明确数字素养的基本内涵，构建符合中国国情的数字素养教育框架。从数字素养的支撑技术、方法和理论出发，构建数字素养域、具体素养及其知识体系，指导全民数字技能培训，培养具有数字化思维模式、先进技术的复合型人才。

提高领导干部数字领导力。加强领导干部和各级政府机关工作人员信息化培训，定期开展业务培训和学习交流，全面提升领导干部队伍数字素养和业务能力。实施企业数字化转型“一把手”工程，提高企业家领导力，深化数字部门和非数字部门之间的交流、配合，有效统筹人力、物力、财力等各方资源，提高数字价值和规模。

加快劳动者技能数字化转型。面向在职人员、新成长劳动力、失业人员等群体，加大软件编程、大数据分析、工业软件、数据安全等数字技能培训规模。构建终身学习数字化平台体系，开发一批大规模在线开放课程平台，方便劳动者随时随地利用碎片化时间学习。

提高公众数字素养。强化全民数字再教育，利用多种渠道开展信息化知识公益性宣传，面向公众提供线上线下融合的数字技能培训，提高公众的数字化技术接受能力和运用能力。面向老年人、残疾人等特殊人群，强化公共服务指导和科普宣传，让特殊群体敢用、能用、会用智能技术。

（八）提高网络与数据安全保障能力

强化网络空间治理体系建设。推动《网络安全法》配套实施细则和部门规章制定，建立健全政府、企业、个人三位一体的制度化和法治化推进体系。积极利用法律法规和标准规范引导新技术应用，注重通过立法建立保护、鼓励网络空间合法行为的社会制度。

加强关键信息基础设施和关键数据资源安全防护。加强关键信息基础设施全生命周期信息安全管理，着力解决云计算虚拟化与集约化、物联网感知与传输、智能位置服务、海量数据存储应用、移动互联网应用等方面的信息安全问题，建立关键信息基础设施与关键数据资源的管理保障体系。

共建网络安全防护体系。充分发挥广大人民在维护网络安全中的主体作用，不断提升全民网络安全意识和技能。鼓励网络安全领域龙头企业联合政府部门、企业客户、行业组织、生态伙伴等共建分布式网络安全大脑，搭建网络安全防御体系，解决安全大数据来源碎片化问题。

通过互信共治加强网络与数据安全领域国际合作。立足于开放环境维护网络安全，加强国际交流合作，深化网络空间监管治理、网络空间安全防御等领域互信合作，以互信和共治推进国际范围内网络与数据安全保障能力提升。

参考文献

国家发展改革委办公厅：《关于加快落实新型城镇化建设补短板强弱项工作有序推进县城智慧化改造的通知》，2020 年 7 月 9 日，http：//www. gov. cn/zhengce/zhengceku/

2020 - 07/29/content_ 5530869. htm，最后检索时间：2020 年 12 月 22 日。

《国务院 2020 年政府工作报告》，2020 年 5 月 22 日，http：//www. mofcom. gov. cn/article/shangwubangzhu/202005/20200502968913. shtml，最后检索时间：2020 年 12 月 22 日。

国务院办公厅：《关于以新业态新模式引领新型消费加快发展的意见》，2020 年 9 月 21 日，http：//www. gov. cn/zhengce/content/2020 - 09/21/content_ 5545394. htm，最后检索时间：2020 年 12 月 22 日。

交通运输部：《交通运输部关于推动交通运输领域新型基础设施建设的指导意见》，2020 年 8 月 6 日，http：//xxgk. mot. gov. cn/2020/jigou/zhghs/202008/t20200806_ 3448021. html，最后检索时间：2020 年 12 月 22 日。

科技部：《国家新一代人工智能开放创新平台建设工作指引》，2019 年 8 月 1 日，http：//www. gov. cn/zhengce/zhengceku/2019 - 12/03/content_ 5457842. htm，最后检索时间：2020 年 12 月 22 日。

农业农村部、中央网络安全和信息化委员会办公室：《数字农业农村发展规划（2019 - 2025 年）》，2019 年 12 月 25 日，http：//www. gov. cn/zhengce/zhengceku/2020 - 01/20/content_ 5470944. htm，最后检索时间：2020 年 12 月 22 日。

上海市人民政府办公厅：《上海市促进在线新经济发展行动方案（2020 - 2022 年）》，2020 年 4 月 13 日，http：//www. shanghai. gov. cn/nw48503/20200825/0001 - 48503_ 64687. html，最后检索时间：2020 年 12 月 22 日。

《中华人民共和国密码法》，2019 年 10 月 26 日，http：//www. npc. gov. cn/npc/c30834/201910/6f7be7dd5ae5459a8de8baf36296bc74. shtml，最后检索时间：2020 年 12 月 22 日。

《中华人民共和国数据安全法（草案）》，2020 年 7 月 3 日，http：//www. npc. gov. cn/flcaw/flca/ff80808172b5fee801731385d3e429dd/attachment. pdf，最后检索时间：2020 年 12 月 22 日。

《中共中央 国务院关于构建更加完善的要素市场化配置体制机制的意见》，2020 年 3 月 30 日，http：//www. gov. cn/zhengce/2020 - 04/09/content_ 5500622. htm，最后检索时间：2020 年 12 月 22 日。

中共北京市委、北京市人民政府：《关于加快培育壮大新业态新模式促进北京经济高质量发展的若干意见》，2020 - 06 - 10，http：//www. beijing. gov. cn/zhengce/zhengcefagui/202006/t20200610_ 1921162. html，最后检索时间：2020 年 12 月 22 日。

《中共中央关于制定国民经济和社会发展第十四个五年规划和二〇三五年远景目标的建议》，2020 年 11 月 3 日，http：//news. cnr. cn/native/gd/20201103/t20201103 _ 525318585. shtml，最后检索时间：2020 年 12 月 22 日。

新型数字基础设施篇

B.2
扎实推进5G新基建，驱动数字化转型升级

余晓晖*

摘　要：第五代移动通信（5G）作为实现人机物互联的新型宽带移动网络基础设施，在稳投资、促消费、助升级、壮大经济发展新动能等方面潜力巨大，是经济社会数字化转型发展的关键支撑。发展5G已成为全球共识，当前国际5G商用稳步推进，中国5G新基建迈出坚实步伐。整体看，全球5G仍处在初期阶段，未来三年中国5G处于“导入期”，5G商用发展仍面临诸多挑战。应尊重5G发展客观规律，坚持按需适度超前原则，扎实推进网络建设部署，加快5G应用创新探索，有力有序驱动数字化转型升级，助力经济高质量发展。

* 余晓晖，教授级高级工程师，中国信息通信研究院院长，曾获十多项通信科技进步奖，获得国务院特殊津贴以及中央国家直属机关优秀青年等荣誉称号。

关键词：　5G　新基建　数字化转型

当前，以数字化、网络化、智能化为主要特征的第四次工业革命蓬勃兴起、深入发展，新一代信息技术日新月异，5G、卫星互联网等新一代网络基础设施加速演进，工业互联网、物联网、车联网等新型网络形态不断涌现，对经济社会发展和人类文明进步产生重大而深远的影响。党中央、国务院高度重视5G发展，习近平总书记多次作出重要指示批示，强调要“加快5G网络、数据中心等新型基础设施建设进度”“积极丰富5G技术应用场景，带动5G手机等终端消费”。党的十九届五中全会审议通过的《中共中央关于制定国民经济和社会发展第十四个五年规划和二〇三五年远景目标的建议》中明确提出“系统布局新型基础设施，加快5G、工业互联网、大数据中心等建设”。扎实推动5G新型基础设施建设，充分发挥5G的规模效应和带动作用，对于驱动中国数字化转型升级、推动网络强国和制造强国建设、加快经济社会高质量发展意义重大。

一　5G是经济社会数字化转型的关键支撑

第五代移动通信是实现人机物互联的新型宽带移动网络基础设施，也是新一代信息通信基础设施的核心、发展现代化基础设施体系的基础，还是当前先进技术、先进产业的代表。移动通信保持着每十年一次的代际跃迁，每代技术的演进升级，都极将大地推动产业变革、促进经济社会发展。

数字化是全球发展大势，5G是经济社会数字化转型的关键支撑，已成为把握新一轮工业革命机遇的关键领域、推动经济高质量发展的关键力量。随着5G大规模商用，并与经济社会各领域的融合应用不断深化，未来5G必将在更大规模、更广范围、更深层次、更高水平推动科技创新、产业变革和经济社会数字化转型发展，开启一个万物泛在互联、人机深度交互、智能引领变革的新时代。

（一）5G将激发科技进步新活力，打造数字化转型新动力

5G引领新一代信息通信技术发展方向，加速信息技术（IT）与通信技术（CT）融合，促进移动通信技术产业升级，带动整个ICT产业基础创新迈向新高度。

5G加速IT与CT融合。多样化的应用场景对5G网络提出了虚拟化、灵活化等更高要求，5G采用基于云服务的新型架构，引入边缘计算、网络切片等新技术，拓展了云计算服务边界，促进云、网、边、端协同发展，加速了IT与CT融合。同时，5G与大数据、人工智能等新一代信息技术加速耦合，也将进一步提升5G网络自身智能化水平，增强网络服务能力。

5G带动ICT基础性技术创新。5G为技术变革注入新动力，5G的高速率、高可靠、大连接、低延时等性能，对元器件、芯片、终端、软件等都提出了更高的要求，直接促进了移动通信技术产业的演进升级，将ICT创新逐步逼近香农定理、摩尔定律的极限。工程上，如5G带动基带芯片工艺全面进入5纳米时代，光刻技术由沉浸式光刻进入极紫外光刻，正驱动设计制造快速进入亚纳米级。技术上，5G促进毫米波技术从理论走向商用，且引入的低密度奇偶校验码、极化码等新型编码技术已逼近香农极限。材料上，加快器件材料向砷化镓、氮化镓等突破。目前ICT已经触摸到演进升级的“天花板”，未来需要根本性的创新突破来推动ICT产业更大的发展。

（二）5G将培育经济转型新动能，拓展数字化发展新空间

5G是全面构筑经济社会数字化转型的关键新型基础设施，溢出带动效应明显，在稳投资、促消费、助升级、培植经济发展新动能等方面潜力巨大。

拓展增长空间。5G商用将推动ICT产业步入增长新轨道。一方面，5G商用带动运营商进入移动通信网络投资新周期，三大运营商按需部署、适度超前推进5G网络建设，截至2020年底，5G相关网络投资超过2600亿元，预计未来5年基站建设总投资有望达到万亿元规模。另一方面，5G商用将

扩大新基建投资需求，推动数据流量爆发式增长，带动数据存储、处理、计算和分析需求，掀起数据中心、云计算等新型基础设施的投资热潮。例如，阿里巴巴、腾讯等互联网厂商都宣布未来几年内将投资数千亿元，用于发展数据中心、云计算等新基建。

扩大新型消费。发展5G有利于形成强大的国内市场。5G商用不仅直接推动5G手机、智能家居、可穿戴设备等产品消费，还将创造更多适应消费升级的有效供给，催生超高清视频、下一代社交网络、浸入式游戏等新模式新业态，让新型信息产品和服务走进千家万户，推动信息消费扩大升级。据中国信息通信研究院测算，2020~2025年，中国5G商用带动的信息消费规模将超过8.3万亿元，包括1.8万亿元的移动数据流量消费、2万亿元的信息服务消费和4.5万亿元的终端消费等。

促进产业升级。发展5G有利于提升产业链水平。与4G相比，5G应用场景从移动互联网拓展到工业互联网、车联网、物联网等产业互联网领域，为制造业转型升级提供更为广阔的发展空间，促进中国产业迈向全球价值链中高端。比如，全球汽车产业正加速向电动化、网联化、智能化方向演进，实现5G与汽车产业的深度融合，将有可能在未来高端汽车产业实现重大突破。国际咨询公司马基特预测，到2035年5G有望在全球各行业中创造12.3万亿美元的经济价值。

带动就业创业。5G大连接催生大融合，大融合拓展新空间。5G丰富的应用场景提供广阔的就业机会，不仅带动移动通信产业就业，催生更多行业融合创新、新型服务岗位，还将培育壮大基于在线系统、共享经济平台等灵活就业模式，预计到2025年，5G将直接创造超过300万个就业岗位。移动通信代际跃迁背后是商业模式的变化，每次都会造就一批新业态、新企业，3G时代带火了移动电子商务和社交应用，4G激发了移动支付、移动社交、短视频等业务，5G将孕育一批自动驾驶、VR（虚拟现实）、AR（增强现实）、物联网等领域创新型企业，吸引和培养大量创业者，形成新的技术创新型和商业创新型企业群体，为中国经济注入新活力。

（三）5G 将创造社会生活新范式，提升数字化服务新体验

4G 改变生活，5G 改变社会。5G 开启万物互联新时代，将进一步提高公共服务水平，促进均等普惠；创新社会治理模式，促进国家治理体系和治理能力现代化；创造智慧生活新方式，改善生活品质，增强人民群众的获得感、幸福感。

提高公共服务水平。5G 商用普及将推动公共服务范围不断拓展、服务质量不断提升，远程医疗、在线教育、智慧养老等公共服务新模式不断涌现，公共服务供给数量不断扩大，大大促进均等普惠。同时，5G 还将推动智能电网、智慧水务、智慧交通等发展，增加传统基础设施功能，放大传统基础设施作用。

创新社会治理模式。5G 应用于电子政务、智慧城市建设，可将社会治理的感知触角广泛延伸、深度下沉，让数据“出谋划策”，加速社会治理模式、治理手段和治理过程数字化、网络化、智能化变革，提升政府决策科学化、社会治理精准化水平，促进国家治理体系和治理能力现代化。

创造智慧生活新方式。5G 大带宽、高速率将促进人类交互方式再次升级，为用户提供 3D 超高清视频、VR、AR、全息业务等高度沉浸、强交互、更加极致的“身临其境”式体验。5G 将进一步提升移动通信技术服务人们衣食住行的能力，改善生活品质，增强人民群众的获得感、幸福感。

二　全球5G 商用发展稳步推进

发展 5G 已成为世界共识，全球移动供应商协会（GSA）数据显示，截至 2020 年底，全球 131 个国家（地区）的 412 家运营商投资 5G 网络，其中 61 家运营商开展 5G 独立组网建设。5G 用户规模逐步扩大，59 个国家（地区）的 140 家网络运营商开始提供 5G 业务，2020 年底全球 5G 用户超过 2 亿。5G 终端呈现多元化发展态势，截至 2021 年 2 月，全球已发布 628 款 5G 终端，其中手机终端占 49%。总体看，全球 5G 商用发展仍处于初期

阶段，主要国家纷纷采取战略引导、政策支持、资金投入等举措，积极推进5G商用发展。

（一）韩国5G商用发展迅速

韩国优先发力消费侧内容业务并逐步向行业应用转移。韩国是全球最早宣布5G商用的国家，经过一年半的快速发展，已在网络建设、应用推进等方面取得积极进展。

网络覆盖持续扩大，用户增长迅速。截至2020年11月底，韩国已建成5G基站超过16.6万个，完成85个大城市及主要交通动脉的覆盖。韩国科学与信息通信部（MSIT）对2020年上半年5G网络覆盖检查及质量评估结果显示，大部分场景的5G网络可用率均在76%以上。自韩国5G商用以来，其5G用户增量呈波动上升趋势，截至2020年底，韩国5G用户达到1100万户，占移动用户比例超过20%，用户渗透率居全球首位。

消费级市场发展良好并开始受益。在商用初期，韩国三大运营商（SK电讯、LG U+、韩国电信）立足韩国文化娱乐、体育、游戏等发达产业，以“5G+文娱”为消费侧突破口，积极培育VR、AR、云游戏、4K高清视频等优势内容产业，深受市场欢迎。如韩国SK电讯推出VR社区，提升用户虚拟社交体验；LG U+在云VR、AR领域持续创新，拉动流量消费，VR、AR流量贡献超过20%；韩国电信与云游戏技术公司Ubitus合作建立5G游戏流媒体平台。消费侧应用的火爆也带动了运营商收入的增加，2019年第二、三季度，三大运营商均实现了DoU（平均每户每月上网流量）与ARPU（每用户平均收入）的双增长，实现“增量+增收”。

运营商积极推进5G虚拟专网等行业应用，开展小范围试点试用。如韩国电信与现代重工、三星等行业企业合作，在制造工厂、医院等建立5G虚拟专网，同时计划建设全国性5G融合服务测试平台，推进5G应用公共化普惠化；韩国SK电讯在SK海力士的半导体制造工厂部署5G专网，打造5G智能工厂，并计划于2021年底商用5G独立组网，为更多的企业提供服务。

（二）美国5G应用以固定无线接入为主

美国5G网络所使用的频谱资源主要集中在高频段和低频段，目前高频段资源分配和使用处于全球领先地位，低频段已向超过2.5亿美国人提供5G网络覆盖，正加速释放中频段资源。美国选择固定无线接入业务抢跑5G商用，利用毫米波段5G的高速率和大容量来代替光纤，解决光纤覆盖率低和“最后一公里”农村宽带入户问题。2020年10月，美国联邦通信委员会（FCC）又批准成立了“美国农村5G基金”，在未来十年内分配高达90亿美元，以将5G网络引入农村，同时美国电信运营商T-Mobile US向FCC承诺，将在6年内实现美国农村5G人口覆盖率达到90%。

美国加快中频段资源释放，多措并举改善频谱资源利用。一是加快腾退，2020年2月FCC批准一项近百亿美元激励资金，鼓励卫星公司加快腾退中频段频谱，8月白宫和国防部宣布3450~3550MHz频段将可用于5G。二是共享频段，将3550~3700MHz频段作为市民宽带无线电服务使用，其中3550~3650MHz采用竞标模式。三是加速频谱拍卖，8月FCC完成了首次中频频谱3550~3650MHz拍卖；还计划于12月拍卖3700~3980MHz频段，2021年再进行两次拍卖，其中包括3450~3550MHz频段；未来共有3450~3980MHz频段中530MHz连续频谱用于5G。

行业应用处于技术验证期，部分运营商在工业互联网、医疗、车联网、智慧城市等领域开展试验。美国国防部重视5G技术在军用领域的大规模试验和原型设计，两年来共在12个军事基地开展智能仓库、自动驾驶、VR、AR等5G技术和应用测试。

（三）欧洲行业专网探索较为深入

欧洲发挥交通及工业领域优势，大力开展5G行业融合应用试验。受限于建设成本高、监管政策严等因素，欧洲整体5G网络部署相对缓慢，但欧洲正在积极布局5G在智能交通、工业制造等领域的融合应用，依靠其工业优势引领5G行业应用发展。

欧洲出台多项战略推动行业应用发展。近年来，欧洲连续发布《欧盟5G宣言》《5G行动计划》《塑造欧洲的数字未来》等战略，提出着力推进5G面向垂直行业应用的发展目标，支持跨行业5G试验及业务创新。从具体行业看，如智能交通领域，欧委会于2018年9月发布《通往自动化出行之路：欧盟未来出行战略》，提出将持续发展泛欧5G跨境交通走廊，增强5G对车联网及自动驾驶的赋能作用；工业应用领域，欧委会在其2020年3月发布的《欧洲新工业战略》中强调，将构建安全、先进的5G网络，并将其打造为工业大数据的核心。

欧洲深入推进5G行业应用试点及专网建设。欧盟多国设立如欧洲5G研究计划（5G-PPP公私合作伙伴关系）、英国5G试验平台和试验计划（5GTT）等行业应用创新项目，英国、德国已为5G专网分配专门频段并开放用户申请，荷兰、瑞典、比利时、卢森堡等也在考虑为5G专网预留专门频段，开展商用试验。截至2020年底，欧洲共有245个5G试验项目，涉及工业、交通、能源、医疗、智慧城市、农业等多个领域，特别是在跨境交通应用、工业自动控制类应用中取得较大突破。如“5G+交通”方面，瑞典推出5G自动驾驶货车，通过5G网络远程控制车辆，于2020年第三季度在欧洲多国和美国进行路测。在“5G+工业”方面，欧洲多国将5G用于高复杂度的工业生产中，如德国库卡公司成功验证在两个5G机械臂同步工作时，可达到试验1毫秒、可靠性为99.999%的出色性能。

（四）日本加速推进5G商用

日本政府以“构建智能社会5.0”战略引领5G发展。一是加大财政、税收政策支持力度，预计2020年底基站规模有望达到8.4万个，并计划到2023年底增加到21万个。二是企业加大网络建设投入，日本软银和KDDI电信公司计划未来10年投入380亿美元建设5G网络，其中日本软银计划2023年初步完成5G网络部署，NTT（日本电信电话公司）和KDDI也考虑将基站部署截止时间从2025年初提前。三是积极推动5G与人工智能、物联网、机器人等相互促进、融合发展。面向消费者提供高速移动接入、云游戏等大带宽业务，如NTT DoCoMo为用户提供8K虚拟现实现场音乐、多角度观看视频和体育赛事的服务，以及100多种新游戏。探索行业融合应用方面，2019年12月日本政府开放5G专网许可，东京都政府、富士通、三菱电机、松下、东芝、NEC、京瓷等已相继提出专网申请。NTT DoCoMo面向行业企业已提供22种解决方案，包括支持远程工作的智能眼镜和面部识别服务，以及利用VR、AR的远程医疗、远程自动农用汽车的监控等。

三　中国5G新基建乘势而上

当前，中国经济已转向高质量发展阶段，正处在转变发展方式、优化经济结构、转换增长动力的攻关期，处于从网络大国迈向网络强国的重大战略机遇期。同时，2020年中国还面临新冠肺炎疫情给经济社会发展带来严重冲击。面对新阶段、新形势、新要求，以5G为代表的新基建是战疫情、稳经济、促转型、应变局的重要途径，成为塑造新优势、推动高质量发展、构建发展新格局的战略举措。

5G新基建渗透性强、辐射带动面广，是促进数字化转型、培植经济发展新动能的利器。发展5G是一项长期性、系统性复杂工程，每代技术标准的形成、网络终端设备的更迭、产业生态的繁荣，都不是一朝一夕可以完成的，既要认识到其战略价值，同时也要尊重其发展规律。经过多年持续努力，中国信息通信业已构筑了5G时代先发引领的产业基础与创新能力，而今乘势新基建加快推动5G发展，深化与实体经济的融合，并非应急之策，但有应急之效，着眼长期增长，更具长久之功。自5G商用以来，在产业各方共同推动下，中国5G发展蹄疾步稳，取得了积极进展，5G新基建迈出坚实步伐，融合创新日益活跃，应用生态加速构建，正为经济社会数字化转型育新机开新局创造良好条件。

（一）5G新基建迈出坚实步伐

1. 政策环境不断优化

中国积极营造5G良好发展环境。国家层面，2020年工业和信息化部发布了《关于推动5G加快发展的通知》和《“5G+工业互联网”512工程推进方案》，与国家发展改革委联合印发《关于组织实施2020年新型基础设施建设工程（宽带网络和5G领域）的通知》，全力推进5G网络建设、应用推广、技术发展和安全保障。地方层面，各地积极出台各类5G政策，截至2020年9月，全国省、市、区共出台5G政策460个，其中省级62个，市级228个，区县级170个，积极开展5G应用示范，持续深化5G产业合作。

2. 网络建设初具规模

自5G商用牌照发放一年多来，中国克服新冠肺炎疫情影响，大力推进5G网络建设，已提前三个月完成全年目标。一是网络部署全球领先。已覆盖全国地级及以上城市以及重点县镇，截至2020年底，已累计开通5G基站超过71.8万个，其中行业应用的基站数量超过3.2万个，中国电信、中国联通共建共享基站超过33万个。二是5G用户加速迁移。截至2020年底，中国5G联网终端用户数超过2亿，居全球首位。三是服务质量不断提高。5G独立组网已初步实现规模商用，大量基站正切割到独立组网模式，如北京、深圳等多个城市已实现5G独立组网全覆盖；重点城市网速处于全球领先水平，部分地区下载速率超过1000Mbs（兆比特每秒），随着网络部署逐步优化，网络服务质量将逐步提高。

3. 产业支撑能力持续提升

中国5G整机系统性优势持续巩固，除技术标准、中频系统设备外，5G商用发展产业基础支撑能力持续增强。一是终端种类进一步丰富。截至2020年底，中国已有310款5G终端获得入网许可，其中5G手机264款，已有多款2000元以下机型；2020年国内市场5G手机累计出货量达1.63亿部，在2亿个5G终端连接中，占比超81.5%。二是5G行业模组芯片进入量产阶段。5G行业模组芯片是承载终端接入网络的关键部件，对5G商用部署、赋能千行百业至关重要。除高通外，华为海思等模组芯片也即将达到批量发货状态，有望进一步推动行业模组价格下降，促进5G与各行业的深度融合创新。三是产业链短板持续加强。关键器件方面，已成功研发高端射频芯片并即将量产，减少了对外依赖度；5G基带芯片设计方面，海思5纳米芯片设计能力与高通相当，达到国际先进水平。

（二）5G融合创新日益活跃

中国5G融合应用探索热情高涨，应用场景不断丰富，发展路径逐渐清晰，正逐步从试点示范走向落地推广。

1. 5G战“疫”助推应用加快落地

5G助力新冠肺炎疫情防控和复工复产，催生了5G与多种技术融合应用的新场景，同时也加速了人们对5G的认识，感受了5G网络的高速便捷。疫情防控方面，如5G远程会诊在19个省份的60余家医院上线使用，实现全方位无障碍移动会诊；5G热成像监测已在十几个省交通枢纽地区普及；火神山医院建设的5G直播累计观看人次超过1.15亿。复工复产方面，在线教育、在线协同办公等得到广泛应用，例如“国家中小学网络云平台”访问量超过16亿人次。同时，5G发展为加快各垂直行业的数字化转型升级注入更多活力。

2. 应用场景不断丰富

中国5G应用市场发展势头良好。一方面，个人消费市场加快培育。从春晚、国庆阅兵的4K、8K高清电视直播，到火神山、雷神山医院建设的全民“云监工”，5G高清视频逐步成熟；基于5G的沉浸式游戏、远程课堂、远程办公等新型消费服务逐步走进日常生活工作中。另一方面，行业应用探索日益活跃。5G行业应用百花齐放，应用场景已广泛覆盖工业、交通、医疗等众多行业，由以工业、医疗行业为主转向能源、农业、教育、金融等多行业并进，多个重点行业加快突破。“绽放杯”数据显示，参赛单位、项目逐届增多，第三届项目达4200多个，其中工业互联网参赛项目连续三年增长，占全部项目的28%，成为最具热度的5G融合应用领域。

3. 应用融合走深向实

中国5G融合应用逐步深入。一是应用探索逐步向核心业务渗透。由安防监控、物流管理等生产外围环节向研发设计、生产控制、质量监测等核心业务延伸，如青岛港利用5G实现岸桥吊设备的远程控制，中国商飞利用5G实现复合材料无损检测；中国人民解放军总医院利用5G完成远程操控脑部手术。二是5G行业虚拟专网需求和方案更加清晰。第三届“绽放杯”全国总决赛项目中超过70%的采用5G行业虚拟专网部署模式。如南方电网的5G虚拟专网通过定制化硬切片方案，已具备物理安全隔离能力，实现小于15毫秒的端到端超低时延、高精度网络授时等服务，极大地提升了配网自动化管理水平。三是融合应用示范效应逐步显现。第三届“绽放杯”大赛31%的参赛项目已经实现落地商用，并在医疗、煤矿和港口等领域形成了融合应用“样板间”。

4. 应用路径逐渐清晰

5G应用路径呈现三步走态势，商业模式探索逐步深入，并向重点行业和领域聚焦。

一是分阶段分场景先后落地。第一批增强移动宽带（eMBB）类应用将率先落地，其产业简单且基础较好，如5G高清视频、VR直播、安防监控、基于机器视觉的5G质量检测、远程巡检、云游戏等，有望在未来1~2年内率先实现商业化规模推广。第二批超高可靠低时延通信（uRLLC）类应用，随着5G独立组网的逐步成熟，5G云管边端的协同能力进一步增强，如车联网、自动驾驶、VR、AR、云化机器人、无人物流运输等无人化场景，有望在3~5年内规模化商用落地。第三批海量机器类通信（mMTC）类应用，随着第三版5G标准（R17）的演进，5G基站和室分部署的逐步完善，泛在物联类应用将随着窄带物联网（NB－IoT）等移动物联网技术与5G的不断融合逐步落地。

二是5G融合应用逐步向重点行业和领域聚焦。特别是从第三届“绽放杯”大赛评选的一等奖项目看，在工厂、矿山、港口、医疗、电网、交通、安防、教育、文旅以及智慧城市等10个领域的5G应用模式逐步清晰，有望形成规模商用的应用场景。

三是5G商业模式探索逐步深入。5G应用产业链生态复杂，企业立足自身优势，从不同领域切入5G融合应用市场，调研显示，按照综合方案的主导方来看，初步呈现由运营商主导、行业客户主导、解决方案提供商主导的三种商业模式，各企业主体合作关系逐步深化，基于流量、网络切片、大连接以及解决方案等的商用模式探索逐步深入。

（三）5G应用生态加速构建

中国5G应用生态进一步完善，已逐步呈现广地域、多行业、多主体推进5G融合、协同创新发展良好态势。

一是逐渐从“东部引领”向“东部领先、中西部并进”发展。第三届“绽放杯”数据显示，来自全国30个省、自治区、直辖市的2388家企业、科研院所、行业协会、政府机构等单位参与大赛，除了北京、上海、广东、浙江、江苏等地外，中西部地区也涌现出一批优秀应用案例，其中山西、河南及云南等地多个项目荣获全国一等奖，占比达30%。

二是行业组织协同推进。5G激发创新活力，如“5G应用产业方阵”通过对接各地联盟、搭建融合创新平台、承办绽放杯等多种形式不断整合产业资源，扩大行业合作范围，其中2020年组织5G创新中心评定工作，已认定20家创新中心并公布授牌，覆盖交通、工业、电力、云游戏等各个领域。

三是各行业龙头企业积极布局5G应用。基础电信企业、设备制造商等通过建立创新中心、设立创新基金、构建生态圈等方式，打通产业链各环节，联合产业合作伙伴加大投资力度，如中国移动设立了规模达300亿元的5G联创基金，中金资本、真格基金、联想创投、启迪之星等多个基金将5G应用作为投入方向之一，共同推动2C、2B领域应用创新，培育壮大5G应用融合生态的新局面正在加速形成。

四　以5G为着力点加快驱动数字化转型升级

2020年是“十三五”收官之年，也是谋划“十四五”的关键之年。移动通信十年一代，每代都经历一个逐步完善和持续演进的过程。当前中国5G开局良好，2C个人消费用户快速增长，但技术、标准、产业持续演进，5G商用发展仍面临诸多挑战。未来三年，中国5G仍处于“导入期”和持续上升阶段，要紧紧抓住5G发展的重要机遇，积极应对日益复杂严峻的国际形势，保持战略定力，尊重技术演进规律、网络建设规律、市场发展规律，扎实推进5G网络建设，加快5G应用创新步伐，形成“以建促用、以用促建”的良性发展模式，全面推动5G与实体经济深度融合，助力经济高质量发展。

（一）扎实推进网络建设部署

把握网络建设节奏，推动5G重点覆盖、4G一网托底、窄带物联网等多种制式互补、协同发展。一是坚持适度超前按需部署5G网络。从网络和应用关系来看，适度超前的网络是应用发展的基础，符合通信行业基础设施建设的普遍特点。覆盖范围上，网络由浅层连续覆盖向深度覆盖循序渐进，优先在重点城市和重点领域开展建设，再逐步向全国、全行业拓展。场景满足上，紧贴不同场景需求，优先在需求迫切的热点商圈、主要交通干线、高价值行业按需部署。二是探索虚拟专网建设方案，综合评估工业、交通、医疗、能源、教育等重点行业5G需求，开展5G行业虚拟专网研究与试验。三是持续推动网络建设运营降本增效，深化共建共享和异网漫游，积极落实公共基础设施开放共享、优惠电价等支持政策；降低进场成本，明确各类公共设施向通信企业开放；提升运营管理智能化水平，降低网络建设和使用成本。

（二）强化产业基础能力支撑

加快5G技术产业成熟，夯实产业基础支撑能力。一是提升原始创新能力。加大核心元器件、工艺、材料等关键环节支持力度，重点突破，夯实产业发展基础。二是增强产业创新能力。支持骨干企业带动产业链上下游企业构建多元供应链、融通发展、协同创新，加快网络切片、边缘计算、芯片模组、仪器仪表等技术产品成熟，突破行业规模化发展瓶颈，发展壮大面向行业应用的5G终端、网络、平台、系统集成等领域产业集群。三是强化5G及增强技术标准研制。持续推进5G技术研发试验、产业生态迭代升级，加快国际标准成熟演进，加强毫米波试验验证、5G独立组网设备等的测试迭代，促进5G增强技术产业发展。

（三）加快5G应用创新探索

5G成功在应用，应用关键在融合，以培育壮大5G融合产业生态为重点，加快推动5G融入千行、带动百业，促进各行各业数字化转型升级，打造融合大生态，构筑竞争新优势。政策环境上，加大政策供给储备，推动5G纳入制造、交通、医疗、能源等重点行业“十四五”规划，实施5G融合工程，开展应用示范；加快研究制定5G垂直应用标准，建立健全适应融合发展的法律法规，打通跨界融合的标准、技术、应用、部署等关键环节，持续优化良好发展环境。应用推广上，持续实施“5G+工业互联网”512工程，组织开展5G+车联网等行业规模商用试验，加快典型融合应用探索，打造工业、交通、医疗等可规模化复制的标杆应用，以重点领域的先行突破带动应用全面发展。推进机制上，加强部门协同、央地联动；推动行业企业、基础电信企业、设备制造商、互联网公司以及各类科技型大中小企业等多主体协同发力、统筹推进；继续发挥“5G应用产业方阵”平台作用，协同开展5G跨行业技术、标准和应用创新。

（四）坚定不移扩大开放合作

国际科技合作是大趋势，是移动通信业得以发展的必然结果、必经之路。应强化5G国际合作交流，坚持国际化发展道路，主动融入全球创新网络，加快5G市场开放进程，鼓励外资企业在中国5G发展中获益，建立开放共赢的全球化信息通信技术产业体系。深化5G应用合作，在技术创新、标准制定、产品研发中继续扩大开放合作。凝聚全球化发展共识，以“一带一路”倡议为引领，深化双边、多边、区域合作，健全政府、民间多层次沟通对话机制，探讨5G发展政策和规则，凝聚全球共识，推动建立全球5G安全认证和互信机制，共同构建和平、安全、开放的网络空间，促进形成共商、共建、共享的国际合作新局面。

参考文献

习近平：《关于“中共中央关于制定国民经济和社会发展第十四个五年规划和二〇三五年远景目标的建议”的说明》，2020年11月，http：//cpc. people. com. cn/n1/2020/1104/c64094 - 31917783. html，最后检索时间：2020年11月10日。

李克强：《政府工作报告》，2020年5月，http：//www. gov. cn/guowuyuan/zfgzbg. htm，最后检索时间：2020年11月10日。

中共中央办公厅、国务院办公厅：《国家信息化发展战略纲要》，2016年7月，http：//www. gov. cn/xinwen/2016 - 07/27/content_ 5095297. htm，最后检索时间：2020年11月10日。

国务院：《“十三五”国家信息化规划》，2016年12月，http：//www. gov. cn/zhengce/content/2016 - 12/27/content_ 5153411. htm，最后检索时间：2020年11月10日。

刘鹤：《推进VR产业高质量发展》，2020年10月，https：//www. miit. gov. cn/xwdt/szyw/art/2020/art_ f7784ba3fa344942a94f0025f367f43c. html，最后检索时间：2020年11月10日。

工业和信息化部：《信息通信行业发展规划（2016～2020年）》，2016年12月，http：//www. miit. gov. cn/n1146285/n1146352/n3054355/n3057267/n3057273/c5465134/content. html，最后检索时间：2020年11月10日。

工业和信息化部：《关于推动5G加快发展的通知》，2020年3月，http：//www. gov. cn/zhengce/zhengceku/2020 - 03/25/content_ 5495201. htm，最后检索时间：2020年11月10日。

肖亚庆：《制造强国和网络强国建设扎实推进》，《人民日报》2020年10月9日。

苗圩：《加强核心技术攻关 推动制造业高质量发展》，《求是》2018年7月16日。

刘烈宏：《大力推进5G应用创新 并保持战略定力》，2020年9月27日，https：//www. miit. gov. cn/bld/llh/zyhd/art/2020/art_ f5b4d22ed37545baae97149109754897. html，最后检索时间：2020年11月10日。

陈肇雄：《信息通信业：通达全国 连接世界》，《光明日报》2019年9月21日。

中国信息通信研究院：《5G干部读本》（第1版），人民出版社、人民邮电出版社，2020年10月。

刘多：《5G加速赋能千行百业 应共建共享多方面保障》，2020年5月，http：//www. caict. ac. cn/kxyj/caictgd/202005/t20200526_ 283190. htm，最后检索时间：2020年11月10日。

余晓晖：《2020数字中国产业发展报告（信息通信篇）解读》，2020年5月，https：//www. sohu. com/a/397004689_ 120025397，最后检索时间：2020年11月10日。

王志勤：《中国信通院解读“关于推动5G加快发展的通知”》，2020年3月，http：//www. wicwuzhen. cn/web19/news/network/202003/t20200326_ 11819151. shtml，最后检索时间：

2020 年 11 月 10 日。

IMT－2020（5G）推进组：《5G 愿景与需求白皮书》，2014 年 5 月，http：//www.imt2020. org. cn/zh/documents/1？currentPage＝3&content＝，最后检索时间：2020 年 11 月 10 日。

中国信息通信研究院、5GAIA、IMT－2020（5G）推进组：《5G 应用创新发展白皮书——2020 年第三届“绽放杯”5G 应用征集大赛洞察》，2020 年 10 月，https：//dy. 163. com/article/FPA0C2M80511BHI0. html，最后检索时间：2020 年 11 月 10 日。

中国信息通信研究院：《5G 经济社会影响白皮书》，2017 年 6 月，http：//www. caict. ac. cn/xwdt/ynxw/201804/t20180426_ 157297. htm，最后检索时间：2020 年 11 月 10 日。

B.3

数据中心助力经济社会发展的探索与实践

王春晖　王志刚　于小丽*

摘　要： 随着国家大数据战略的持续推进，中国数据中心市场份额不断增长，并逐步构建了相对完善的政策支持体系，为数据中心的后续发展提供了稳定且有力的保障。在发展趋势上，中国数据中心则呈现大规模、边缘双向的特点。数据中心有力地支撑了中国经济发展，目前已经成为数字经济持续健康发展的“基石”，有力地拉动了关联市场发展，同时也带动数据产业发展并助力传统产业升级。在社会治理上，数据中心有效助力疫情防控、智慧医疗、智慧交通等，为社会治理方式现代化提供了有力支撑和帮助。但是，中国数据中心也存在区域发展不协调、公有云整体市场规模较小、能耗问题突出以及数据要素共享程度不够的问题。针对上述问题，既需要统筹国家和地方两个层面的布局规划，也需要构建全国一体化数据中心，加强全国一体化数据中心的顶层设计。

关键词： 数据中心　数字经济　社会治理

网络信息技术的高速发展迫切需要合理配置数据资源，构建完善高效的

---

* 王春晖，工业和信息化部信息通信经济专家委员会委员，南京邮电大学教授，浙江大学教授、博士生导师；王志刚，重庆邮电大学教授，硕士生导师；于小丽，中国社会科学院博士研究生。

数据中心。构建国家数据中心战略是中国在新时代互联网背景下做出的正确选择，依托建设中国特色社会主义道路的丰富经验和现有数据管理经验，完善数据的统筹管理及深度挖掘，充分释放大数据的价值，将有助于推动经济社会的数字化转型。通过做深做透行业互联网应用，构建跨层级、跨地区、跨系统的数据中心，可充分进行数据共享，释放数据要素红利，防止形成数据孤岛。因此，国家数据中心战略构建成为当务之急。

2020 年 3 月 4 日，中共中央政治局常务委员会会议提出加快 5G 网络、数据中心等新型基础设施建设速度。国家数据中心战略构建是涉及多层面且需要相互沟通支持、内在运作机理及关系复杂的系统性工程，总体呈现三大关系：一是国家战略与社会诉求之间的关系；二是大数据治理及技术创新应用、中心建设成本及效益之间的关系；三是国家主权概念更新，数据主权成为国家主权的新要素，数据安全与国家安全之间的关系，特别是数据主权将成为国家主权安全的新重点和新领域。

数据，既是国家基础战略性资源，也是重要生产要素，加强对数据中心、数据资源的顶层统筹和要素流通，升级数据中心的建设和布局，构建全国一体化数据中心，对于加快培育新业态新模式、全面支撑各行业数字化升级和产业数字化转型、引领中国数字经济的高质量发展具有重要意义。

一　数据中心行业发展洞察

（一）数据中心被纳入“新基建”范畴

2019 年两会提出新基建将在传统基建外扮演更为重要的角色，2019 年政府工作报告中首次列入“加强新一代信息基础设施建设”。之后中央会议和各部委政策中多次提及“新基建”。2020 年 3 月 4 日，在中共中央政治局常务委员会召开的会议中，明确指出“加快 5G 网络、数据中心等新型基础设施建设进度”，“新基建”的范围首次明确涵盖了“数据中心”。

十九届五中全会通过《中共中央关于制定国民经济和社会发展第十四

个五年规划和二〇三五年远景目标的建议》，其中明确提出，新型基础设施需系统布局，第五代移动通信、工业互联网和数据中心等建设要加快。

数据中心作为一整套复杂的新型基础设施，计算机系统和其他与之配套的设备（如通信和存储系统）是其组成部分，冗余的数据通信连接、监控设备、环境控制设备以及各种安全装置也是其重要组成部分，这将为企业数字化转型提供重要的数据基础服务，让企业有更大的空间发展自身数据业务。

（二）中国数据中心市场规模

2019 年，数据中心的市场规模已经超过千亿元，国内 IDC 业务的总体营业收入已达到 1132.4 亿元（见图 1）。未来，在互联网行业的持续高速发展、5G 技术的日益成熟与普及等大环境下，国内 IDC 行业的年复合增长率仍将超过 30%。

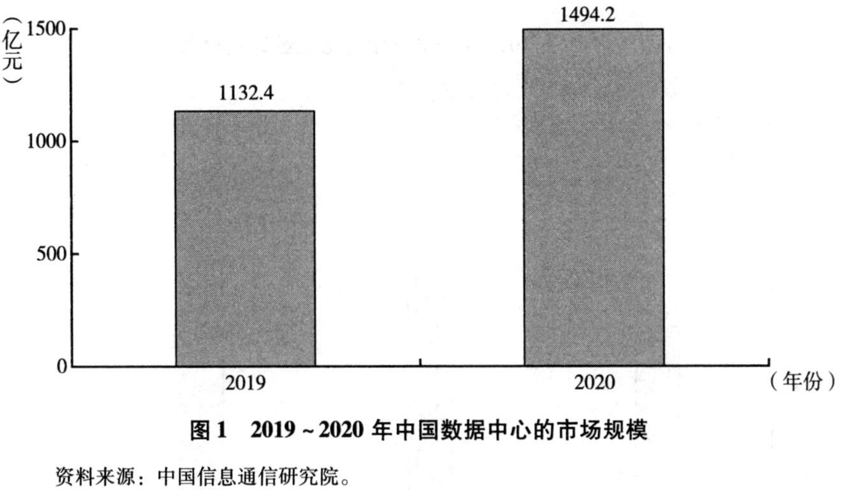

图 1　2019～2020 年中国数据中心的市场规模

资料来源：中国信息通信研究院。

（三）中国数据中心发展趋势

数据显示，截至 2019 年底，全国数据中心的机架数量为 227 万架，到 2020 年底有望增长到 320 万架，增长迅速。而在规模方面，2019 年中国数据中心市场规模达到1562.5亿元，同比增长27.2%，远高于世界平均水平（约11%），成长空间较大。2019年，中国超大型、大型数据中心的数量达到全球总量的12.7%，与美国相比，此数量仍有很大差距，美国超大型数据中心的数量已达到全球总量的40%，中国大型数据中心的发展空间仍然很大，占比会持续增长（见图2、图3）。

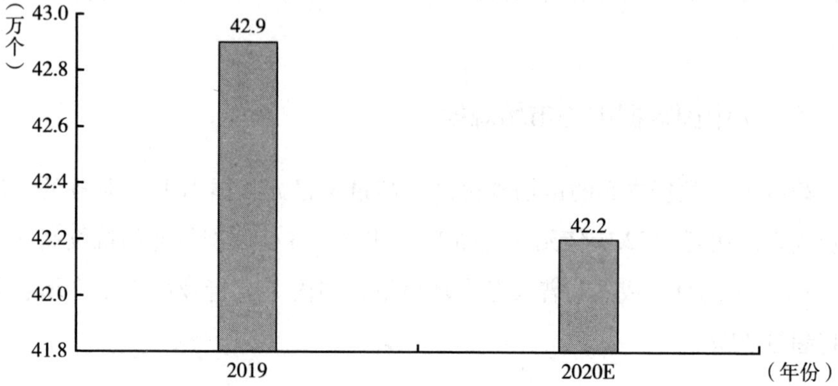

图2　2019～2020全球数据中心数量统计及预测

注：年份上带E表示该年份为预测数据，下同。

资料来源：Gartner，民生证券研究院。

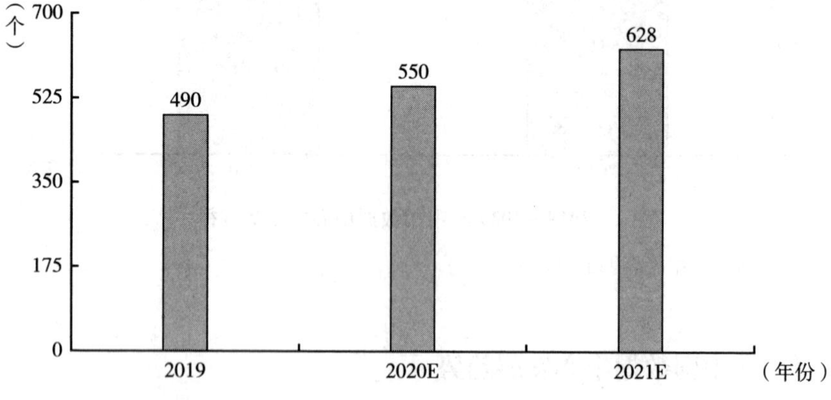

图3　2019～2021全球超大型数据中心数量统计及预测

资料来源：Gartner，民生证券研究院。

（四）全球数据中心市场的闪光点仍在亚太，投资增速最快

在全球数据中心的建设发展方面，世界前三数据中心市场分别为美国、欧洲和日本，三者的数据中心 IT 投资规模依然达到全球数据中心 IT 投资规模的60%以上（见图4），美国依然是市场的领导者，在数据中心产品、标准、技术等方面，美国引领全球数据中心市场发展。全球数据中心市场的闪光点仍在亚太，相比于2018年，2019年数据中心 IT 投资规模增长12.3%，达到751.7亿美元。

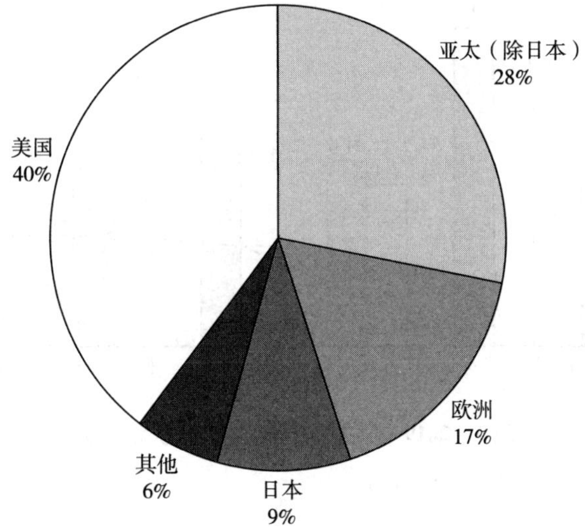

图4　2019年全球主要国家和地区的数据中心 IT 投资市场规模占比

资料来源：赛迪顾问，2020年2月。

（五）当前中国数据中心机架规模情况

在5G、人工智能、大数据、云计算、移动互联网等技术发展以及边缘计算、工业互联网、超高清视频、VR、AR等场景应用的驱动下，中国数据中心数量和规模呈现平稳增长。截至2019年底，中国在用数据中心机架数为265.8万架，同比增长28.7%。在建数据中心规模约为185万架，与

2018 年相比增加约 43 万架。

截至 2019 年底，北京、上海、广东三个数据中心聚集区的在用机架数占全国的比重为 31.3%，与国内其他任意三个省（区、市）相比，北上广在中国数据中心规模分布上占据了相当大的比重（见图 5）。此外，若将河北、天津、内蒙古、江苏、浙江、福建、海南等北上广周边地区加上，这一比重会提升至 60% 以上。

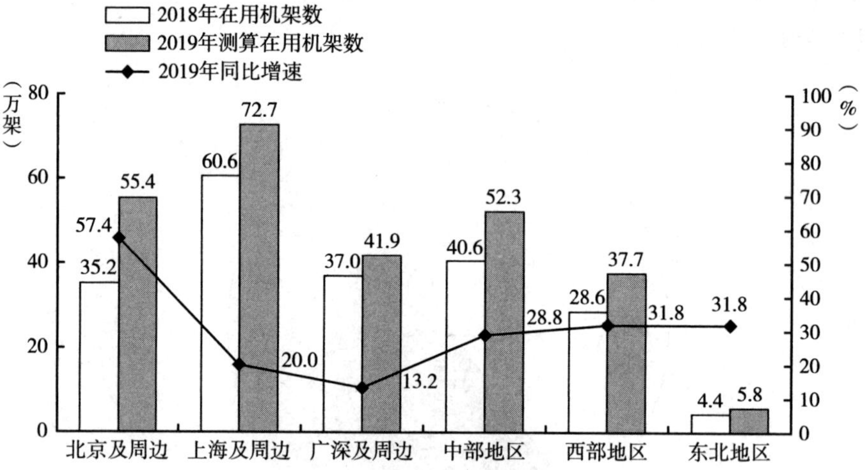

图 5　2019 年中国分区域数据中心机架数

资料来源：赛迪顾问，2020 年 7 月。

（六）国家一体化数据中心的建设

对数字经济而言，数据中心是其底层基础设施，产业进行数字化转型，必然要求建设数据中心，数据中心的建设也集中体现了国际竞争力的新内涵。2020 年 3 月 4 日，中共中央政治局常务委员会会议召开，会议提出公共卫生服务、应急物资保障领域的投入要加大，5G 网络、数据中心等新型基础设施的建设速度需加快。

在 2020 年两会期间，《关于 2019 年国民经济和社会发展计划执行情况与 2020 年国民经济和社会发展计划草案的报告》（以下简称《报告》）由国家发改委提请十三届全国人大三次会议审议，《报告》指出，2020 年国家发改委将制定有关加快新型基础设施建设与发展的意见，并实施建设全国一体化的大数据中心的重大工程，在全国范围内，大约 10 个区域级数据中心集群和智能计算中心将被布局。

2020 年 12 月 28 日，《关于加快构建全国一体化大数据中心协同创新体系的指导意见》（以下简称《意见》）由国家发改委、中央网信办、工业和信息化部、国家能源局发布。《意见》提出，全国一体化大数据中心顶层设计需加强。其中包括：对数据中心基础设施建设布局进行优化，可集约化、规模化、绿色化发展的数据中心需加快实现，形成“数网”体系；数据流通与治理的跨部门、跨区域、跨层级需加强，打造数字供应链，形成“数链”体系；大数据安全水平需加快提高，对算力和数据资源的安全防护进行强化，形成“数盾”体系。

《意见》提出这样的“发展目标”，到 2025 年，数据中心在全国范围内形成布局合理、绿色集约的基础设施一体化格局。实现东西部数据中心的结构性平衡，降低大型、超大型数据中心的运行电能利用效率指标（PUE），使其降至 1.3 以下。显著提高数据中心的集约化、规模化、绿色化水平，明显提升其使用率。初步形成公共云服务体系，显著降低全社会算力的获取成本。进一步打破横亘在政府部门间、政企间的数据壁垒，明显增强数据资源的流通活力。《意见》提出这样的要求，统筹围绕国家重大区域发展战略，根据能源结构、市场发展、产业布局、气候环境等，将大数据中心国家枢纽节点布局在京津冀、长三角、粤港澳大湾区、成渝等重点区域，以及在部分能源丰富、气候适宜的地区。

（七）数据中心的发展趋势：大规模、边缘双向发展

目前，在数据中心东西向流量已经超过南北向流量的背景下，大规模、超大规模的数据中心，不但使规模效应得到体现，还有利于服务器的云化和虚拟化。凭借智能巡检机器人和 DCIM 等技术，简化了超大规模数据中心的运维。超大规模数据中心的比例在全球与国内不断提高（见图 6）。

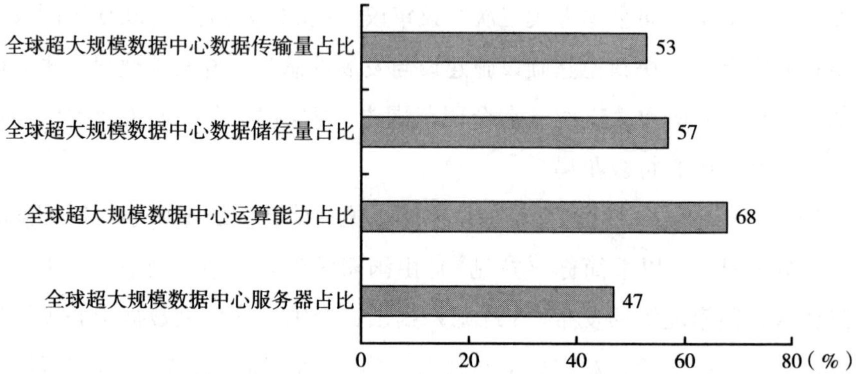

图6　2020年预计超大规模数据中心相关数据

资料来源：工业和信息化部。

（八）中国数据中心投资情况预测

当前，在数据资源已成为关键生产要素的背景下，更多的产业提取有价值信息，是通过利用物联网、工业互联网、电商等结构化或非结构化数据资源，而构建数据中心才能实现海量数据的处理与分析。2019年中国数据中心IT投资规模达到3698.1亿元，2020年这一投资规模将达到4166.8亿元，增长12.7%；而到2025年，这一规模将预计达到7070.9亿元（见图7）。

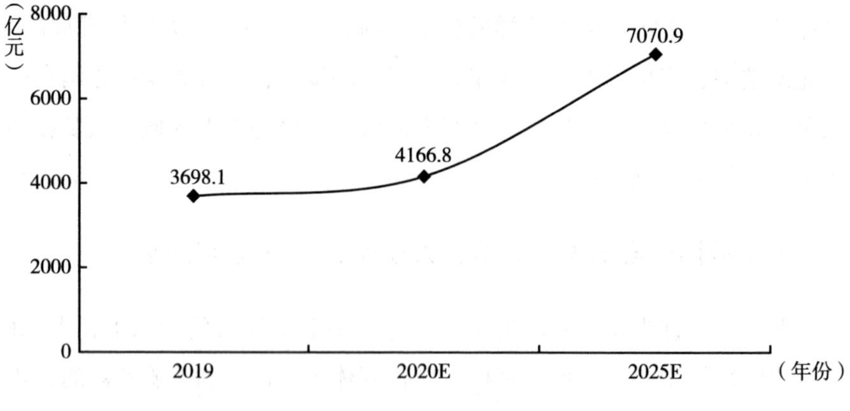

图7　2019～2025年中国数据中心IT投资规模统计及增长情况预测

资料来源：前瞻产业研究院。

二　数据中心支撑数字经济高质量发展

随着新一代信息技术与产业、经济和社会深度融合，大数据正成为经济社会发展的重要战略资源，而作为大数据应用的司令部和大脑——数据中心，将更是成为驱动数字经济发展不可或缺的推动力量，为数字经济的高质量发展带来无限可能。

（一）数据中心支撑数字经济持续健康发展

1. 数字经济地位凸显

自党的十八届五中全会提出“实施国家大数据战略”以来，中国数字经济得到持续发展，对国民经济的贡献不断增强。根据中国信通院《中国数字经济发展白皮书（2020）》的统计：2014 年中国数字经济增加值规模为 16.2 万亿元，2019 年这一规模达到 35.8 万亿元，2014 年数字经济增加值占 GDP 的比重为 26.1%，2019 年这一比重达到 36.2%（见表 1），进一步凸显了数字经济在国民经济中的地位。①

表 1　2014～2019 年中国数字经济增加值规模及占比

单位：亿元，%

年份	增加值	占 GDP 比重
2014	161640	26.1
2015	186301	27.5
2016	225823	32.3
2017	271737	32.9
2018	312934	34.8
2019	358402	36.2

资料来源：中国信息通信研究院《中国数字经济发展白皮书 2017》《中国数字经济发展白皮书 2020》。

① 中国信息通信研究院：《中国数字经济发展白皮书 2020》，2020 年 7 月。

2. 数据中心业务范围奠定数字经济发展基础

数据中心作为新一代信息技术的核心基础设施，是数字经济发展依托的“基础的基础”，有效满足了互联网业务及信息服务的需求，减少了企业成本投入。数据从信息转化为生产要素的主要路径包含从基础运营商到数据中心，通过数据中心服务到基础电信运营商、零售型数据中心服务商、IaaS 服务商以及 IT 服务商，再到最终应用厂商，其中 IDC 专业服务就包含各类数据中心提供的各类业务，一般包含基础业务和增值业务（见图 8）。以 IDC 为例，IDC 的业务包括以主机托管、宽带出租、虚拟主机、服务器出租等为主要内容的基础业务，还有以异地容灾、数据备份、安全系统、代理维护等为主要内容的增值业务（见表 2）。

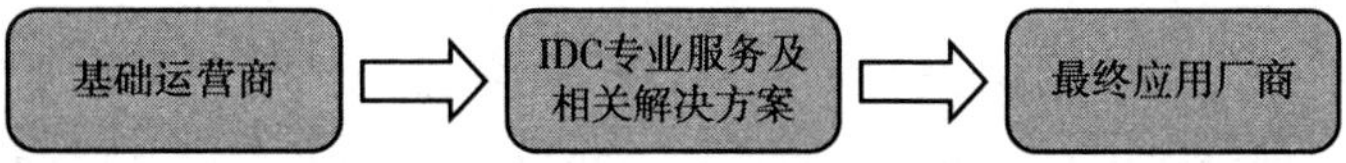

图 8　数据转化为生产要素的路径

资料来源：中商产业研究院。

表 2　IDC 业务范围

类　别	具体业务范围
基础业务	主机托管、宽带出租、虚拟主机、服务器出租、IP 地址出租
增值业务	异地容灾、数据备份、安全系统、系统集成、逆向 DNA、代理维护、负载均衡、远程维护、设备检测

资料来源：根据公开数据整理。

3. 数据中心为数字经济发展提供数据要素支撑

数据中心汇聚海量信息资源，有效推动数据要素开放、共享、流动和利用，为数字经济产业发展提供数据要素支撑。① 比如依托数据中心，成都公共数据开放平台融合政府数据、社会数据，向社会开放数据 1 亿条，为商业

① 高学理、夏勇：《“新基建”助力成都数字经济快速发展研究》，《成都行政学院学报》2020 年第 3 期。

银行、数字经济企业提供数据服务，开展大数据增值性开发和创新应用。[①]

4. 数据中心助力构建数字经济发展新生态

数据中心的建设在不断改善当地网络等基础设施的同时，往往还带来一系列数字经济产业的集聚效果，经济产业的集聚发展又会吸引大量的高技术人才，进而不断完善当地的其他配套设施，带动周边区域发展，形成不断发展的良性循环，构建数字经济发展的新生态。以乌兰察布为例，数据中心在乌兰察布的开工建设，带来数据中心上下游产业的集聚，进而规划建设大数据产业园，完善产业园周边配套设施建设，为吸引和留住高科技人才打造了环境基础。经过几年的发展，乌兰察布数据产业实现了从无到有的发展，其品牌效应逐渐显现，为乌兰察布吸引更多的项目投资及人才、加速数据产业的进一步发展与扩大奠定了基础。

（二）数据中心拉动市场发展

1. 数据中心的市场规模不断扩大

《2019－2020 年中国 IDC 产业发展研究报告》表明，中国 IDC 业务的市场规模在 2019 年已达到 1562.5 亿元，与 2018 年相比，市场规模增长 27.2%，市场规模绝对值增长超过 300 亿元。预计 2020～2022 年中国数据中心业务市场规模复合增长率为 27.8%，且 2022 年市场规模将超过 3200.5 亿元（见图 9），进入新一轮的爆发增长期。

2. 数据中心稳固市场投资

各地政府的利好政策，以及数字经济的快速发展加大对数据存储、计算能力及网络流量的需求，加快了传统数据中心的升级进程，也使得各网络巨头公司加大对建设更快、更强、更智能的数据中心的投资。据赛迪顾问研究统计，2019 年中国数据中心 IT 投资规模达到 3698 亿元，比 2018 年同期增长 13.5%。2020 年上半年，在全国抗击疫情的背景下，线上经济加速繁荣，

① 高学理、夏勇：《“新基建”助力成都数字经济快速发展研究》，《成都行政学院学报》2020 年第 3 期。

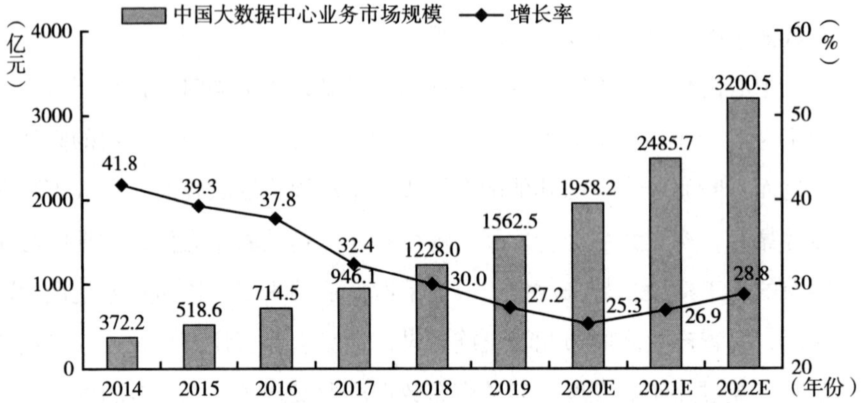

图9　2014～2022年中国数据中心业务市场规模统计及增长情况预测

资料来源：科智咨询、前瞻产业研究院整理，《2019～2020年中国IDC产业发展研究报告》。

电子商务、在线问诊、远程办公、网络直播、网络游戏等业务需求以及业务规模不断上升，金融、制造等行业也加快信息化进程，这也为IT设备、CT设备、数据中心建设以及下游IDC服务市场等提供了更大的发展空间。据赛迪顾问预测，到2022年，数据中心IT投资规模将达到5256亿元，未来三年将保持12.4%左右的年均复合增长率（见图10）。[①]

（三）数据中心驱动数据产业发展

1. 数据中心促使延长数据产业链

随着中国重点发展的各大新兴产业，如人工智能、远程医疗、工业互联网等均需要以数据中心为产业支撑，使得数据中心行业应用广泛，进而不断延长上下游产业链条。目前中国数据中心产业链条主要包括上游基础设施、中游IDC专业服务及相关解决方案（以云服务商为主）和下游最终用户三个部分（见图11）。其中，上游基础设施主要为建设数据中心的硬件供应

① 赛迪顾问：《简析全国数据中心布局：局地供不应求，避免一哄而上》，《澎湃新闻》2020年8月14日。

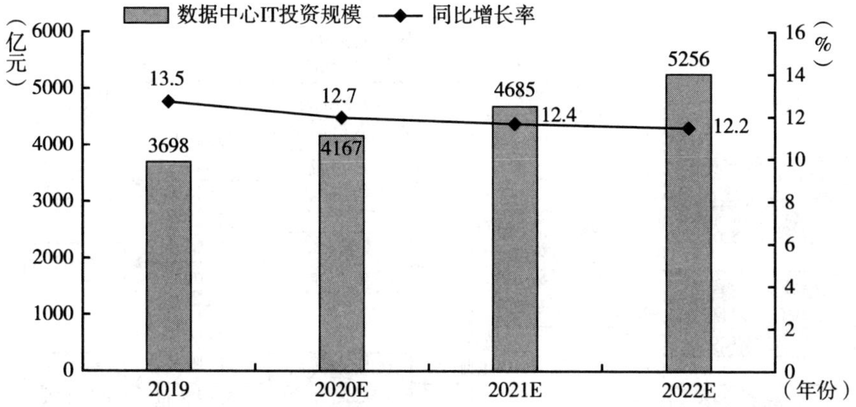

图10　2019～2022年中国数据中心IT投资规模与增长预测

资料来源：赛迪顾问。

商，包括IT设备（服务器、路由器、交换机、光模块等）、电源设备（UPS、变压器等）、土地、制冷设备、发电设备和基础运营商提供的带宽服务等（见表3）。中游参与者主要提供IDC集成和运维服务（7×24h）的IDC服务商；提供互联网带宽资源和机房资源的基础运营商；以及通过租用或自建（以租用为主）数据中心的方式来提供IaaS、SaaS等云服务的云服务商（见表4）。下游最终用户包括所有需要将内容存储、运行在IDC机房托管服务器的互联网企业、银行等机构单位、政府机关、制造业、传统行业等（见表5）。

2. 数据中心带动区域经济转型与发展

一直以来，“欠发达、欠开发”的贵州曾经面临发展与生态的双重压力，直至2016年，在国家推进建设数据中心的背景下，贵州成为首个国家级大数据综合试验区。在此机遇下，贵州精细化推进大数据产业发展，发布大数据十大工程，并取得丰硕的成果。①

---

① 叶曜坤：《砥砺奋进的五年：建设国家大数据中心，服务经济社会发展》，《人民邮电报》2017年8月8日。

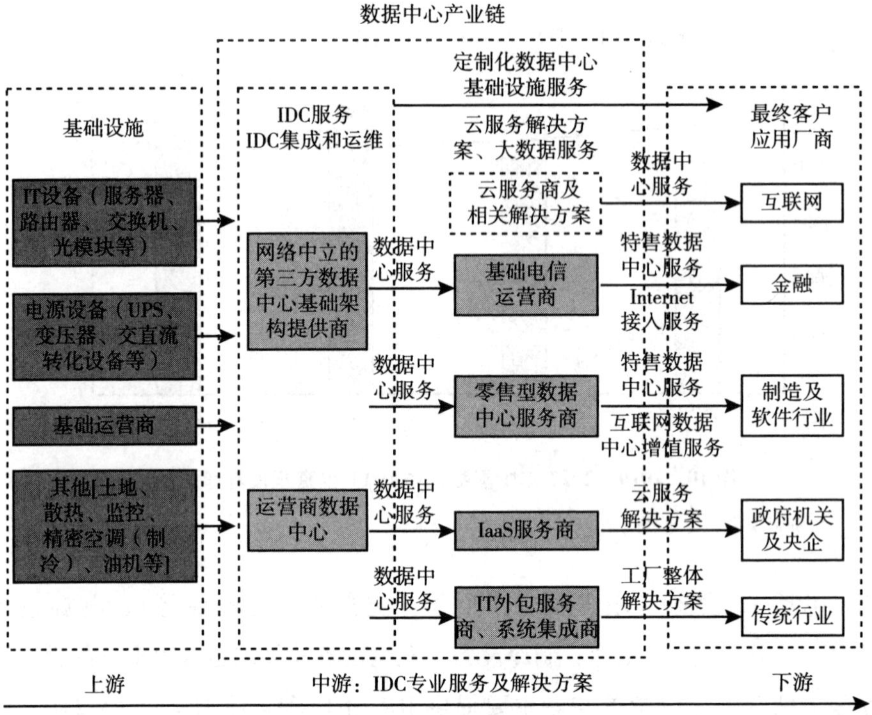

图 11　数据中心产业链发展布局

资料来源：中商产业研究院整理。

表 3　数据中心上游参与者

IT 设备供应商	华为、思科、浪潮信息、联想、中兴通讯、新华三、星网锐捷、深信服、中际旭创、新易盛、光迅科技等
电源设备供应商	华为、施耐德、艾默生、英维克、科士达、科华恒盛等
基础运营商	中国电信、中国移动、中国联通
其他基础设施供应商	土地、机柜、机架设备等生产制造商

资料来源：中商产业研究院整理。

表 4　数据中心中游参与者

IDC 服务商	万国数据、世纪互联、光环新网、宝信软件、鹏博士、网宿科技、数据港、奥飞数据、科华恒盛
基础运营商	中国移动、中国联通、中国电信
云服务商及解决方案商	奥飞数据、光环新网、云网互联、互联港湾、世纪互联、阿里云、华为云、腾讯云、京东云、AWS、UCLOUD、赛维智能等

资料来源：中商产业研究院整理。

表 5　数据中心下游应用

互联网	腾讯、阿里巴巴、百度、抖音、字节跳动
制造及软件行业	富士康、美的、浪潮软件、用友软件、亿联网络、神州信息、12306
金融	银行、信用合作社、信托投资公司

资料来源：中商产业研究院整理。

位于内蒙古的乌兰察布围绕建设“一个核心区、四个基地”发展定位，持续推进数据中心、服务外包、大数据创业创新发展，进一步加大对大数据上下游产业的招商力度，延长大数据产业链，加快大数据云计算产业集聚发展，开拓大数据产业发展新格局，[①]以此带动区域经济的转型发展。

（四）数据中心助力数字产业升级

近年来，各地数据中心等新型基础设施建设加快，在推动数字产业规模化发展和应用的同时，有力地推动了中国传统产业与新一代信息技术的深度融合，加速传统产业数字化、网络化、智能化转型，推动传统产业新业态、新模式落地。

产业数字化高质量发展。随着中国数据中心的大规模建设，传统产业的数字化呈现向更深层次、更广领域发展的态势，传统产业的生产效率得到进一步的提升。据统计，2019 年中国传统产业数字化增加值规模达到 28.8 万亿元，同比名义增长 16.8%，占数字经济比重为 80.2%，占 GDP 比重为 29%，成为国民经济发展的重要支撑力量。[②]

推动工业数字化升级。2019 年，中国工业数字经济增加值占行业增加值比重为 19.5%（不包含电子信息制造业），同比提升 1.2 个百分点。以贵州省为例，贵州依托“千企改造”“万企融合”等工程，培育工业互联网平

① 刘超：《“大数据”为经济高质量发展助力添彩》，乌兰察布市人民政府，2019 年 4 月。

② 中国信息通信研究院：《中国数字经济发展白皮书 2020》，2020 年 7 月。

台，推动企业全流程和全产业链智能化改造，打造工业互联网公共服务平台体系，全省工业云平台应用率达到38%，大数据与工业深度融合推动产业质量效益持续提升。①

推动农业数字化升级。在农业方面，基于农业生产对自然环境存在依赖性的特殊属性，中国农业对数字化升级的需求相对较弱。但是，数据中心在实现农业的科学种植、营销策略升级以及现代化管理上也逐渐发挥作用。据统计，2019 年中国农业数字经济增加值占行业增加值比重为 8.2%，可见，农业数字化升级仍然存在较大的发展空间。②

推动服务业数字化升级。在数据中心的推动下，基于新一代信息技术发展的服务应用和创新日益活跃，传统服务业加速转型升级，旅游、文化、体育、教育、健康、养老六大服务产业的数字化转型升级加速进行。据统计，2019 年中国服务业数字经济增加值占行业增加值比重为 37.8%（不包含通信服务业、软件和信息技术服务业）。③

支撑创新型经济模式发展——无接触经济模式。在 2020 年疫情蔓延的背景下，数据中心在抗击疫情、恢复经济运行方面发挥着重要支撑作用，衍生出一系列的创新发展模式，表现最突出的是无接触经济模式。

工业方面，无接触经济模式贯穿工业的制造生产，监测以及管理各个环节。例如宝钢建立的24 小时运转的“黑灯工厂”，华为的 RMS 远程运维服务，再如远程办公、远程会议等办公管理模式的研发。服务业方面，无接触式餐饮、零售、在线教育以及远程医疗等服务行业大量涌现。据统计，2020 年1～2 月，中国实物商品网上销售额同比增长 3%，占社会消费品零售总额的比重为21.5%。而2020 年以来，中国网络教育用户规模较2019 年增长22%，使用时长增加30%。

① 罗以洪、吴大华：《大数据助力经济社会发展的实践与探索》，《光明日报》2019 年3 月20 日。

② 中国信息通信研究院：《中国数字经济发展白皮书2020》，2020 年7 月。

③ 中国信息通信研究院：《中国数字经济发展白皮书2020》，2020 年7 月。

三　数据中心助力社会治理方式现代化

数据中心除了已经成为数字经济发展的“基座”，支撑数字经济发展之外，在社会治理方面也发挥着重要作用。目前，数据中心业务市场发展的基础设施资源保障条件非常有利，此次的防疫工作利用数据中心取得了较好的效果，在城市治理方面，利用数据中心形成了新型社会治理方式，为推进国家治理体系和治理能力现代化作出了重要贡献。

（一）数据中心助力疫情防控

1. 数据中心助力资源统一调配

2020 年 3 月，工业和信息化部发布了《工业和信息化部办公厅关于推动工业互联网加快发展的通知》（以下简称《通知》），《通知》指出要实现各地区和行业进行工业互联网数据资源集聚，加快推动工业互联网大数据资源合作共享，共建共用安全可信的工业数据空间。在本次疫情防控工作中，国家工业互联网数据中心充分发挥数据资源和技术优势，广泛汇聚医院、企业、政府、社会组织等 2800 余家单位的疫情防控物资需求，发布物资需求数量达 5670 多万件，通过对疫情防控物资供应链上下游企业产能、库存、原材料需求的实时监控，实现对物资的智能排产、优化调度、高效供应。汇聚多家工业互联网企业数据，形成对 240 余万家中小企业复工复产的全方位监测。[①]

2. 5G 科技助力抗疫

为了打赢“疫情攻坚战”，全国各地积极运用科技手段抗击疫情，根据 2020 年中国信息通信研究院发布的《疫情防控中的 5G 应用研究报告》，全国共有 22 个区市开展了 5G“抗疫”应用（见图 12）。

① 田野、张义：《国家工业互联网大数据中心——工业互联网创新发展的“新引擎”》，央视网，2020 年 3 月 20 日。

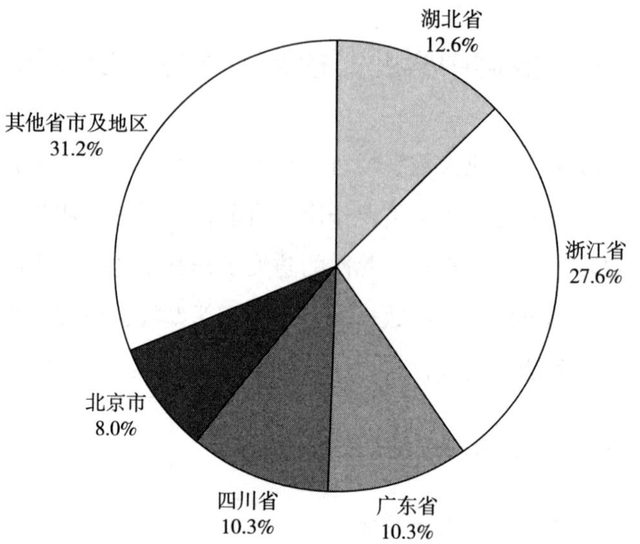

图 12　22 个省区市开展 5G“抗疫”应用具体情况

资料来源：中国信息通信研究院。

3. “健康码”助力复工复产

2020 年 4 月 29 日，市场监管总局（标准委）印发公告，“个人健康信息码”发布，推进复工复产。目前，腾讯健康码已经覆盖近 20 个省区市，其中包括北京、广东、四川、云南、天津、贵州、上海、重庆、广西、湖南、湖北、安徽、青海等，亮码人次累计超过 16 亿次，访问量累计超过 60 亿次。[①] 三大运营商（中国电信、中国移动及中国联通）共同推出漫游地查询服务或手机号码疫情行程查询，以协助用户自证返回工作所在地已满 14 天等。例如中国电信运营商：编辑短信“CXMYD#身份证号码后四位”到 10001，授权回复 Y 后，实现“漫游地查询”，可查询近 15 日内手机号的途经地信息。

（二）数据中心助力智慧医疗

从图 13 可以得知，新型智慧城市的构建包括智慧医疗、智能交通等以

① 陆培法、杨俊峰：《大数据 + AI 安全又精准》，《人民日报》（海外版）2020 年 3 月 31 日。

城市大数据资源中心为核心的社会治理方式。智慧医疗主要体现在医疗模式的开发方面，比如通过数据中心储蓄的海量数据进行分析，对疾病进行预测以及整合出诊治手段，利用深度学习算法有针对性地完成疾病的诊疗等。以下是利用数据中心打造智慧医疗的实践案例。

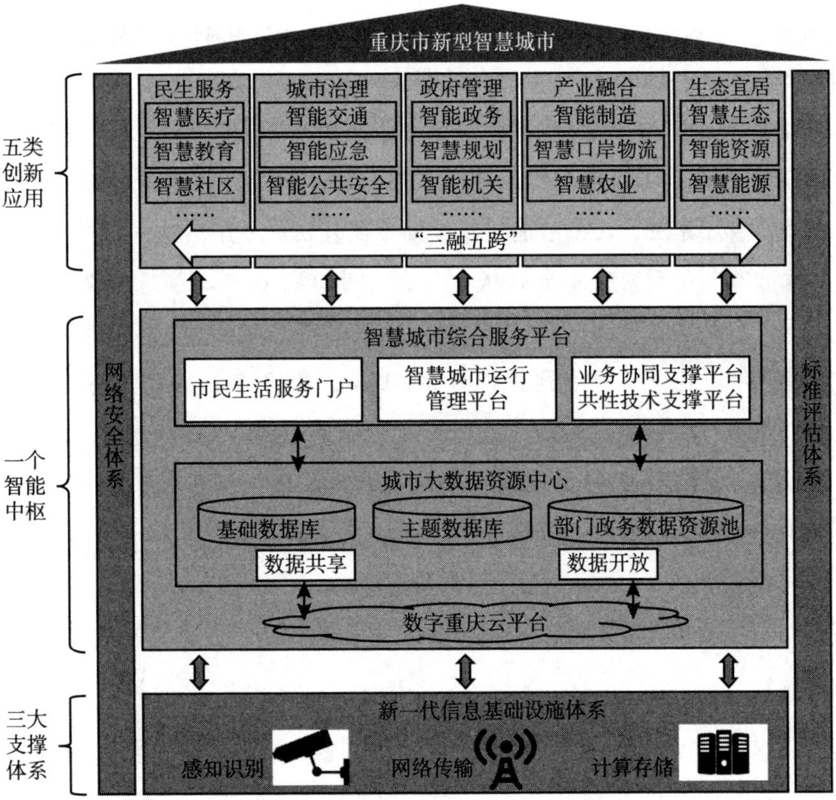

图 13　重庆市新型智慧城市总体架构示意

资料来源：重庆市大数据发展局。

案例 1：易事特数据中心筑牢“智慧医疗”发展基石

易事特数据中心 MC6000 进驻桐乡市第二人民医院，智慧支付、“云诊室”、“健康桐乡” App 2.0、影像诊断中心等智慧应用不断上线。智慧医疗的背后是海量数据的存储、计算和传输，部署在医院的易事特数据中心，充分挖掘数据价值，让医院和患者尽享“智慧医疗”的便捷、高效。

资料来源：《易事特数据中心筑牢“智慧医疗”发展基石!》，《易事特》2020 年 9 月 23 日。

案例 2：山西智能大数据研究院智能医疗数据中心赋能眼科行业，加速山西省分级诊疗落地

山西智能大数据研究院智能医疗数据中心主要以眼科影像数据为基础，开展 DR/AMD 重要病变识别的深度学习算法、黄斑部位识别和黄斑病变判断的深度学习算法、人工智能阅片辅助诊断算法的临床测试。

据前瞻产业研究院发布的《智慧医疗建设行业市场前瞻与投资规划分析报告》最新统计数据，在未来五年（2018 ~ 2022 年）中国医疗信息化市场规模的年均复合增长率预计约为 20.05%，2022 年这一规模将达到 1142 亿元。智慧医疗凭借“大数据 + 互联网”与“大数据 + 人工智能”，使医疗智慧化建设得以形成，“信息孤岛”得以打破，助推医疗信息、资源共享的实现（见图 14）。

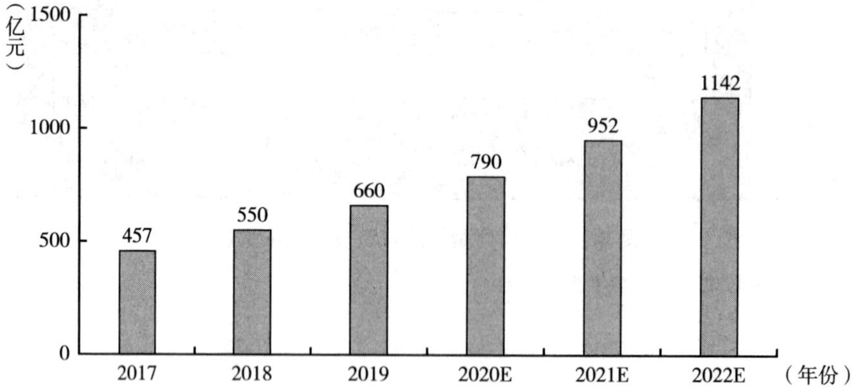

图 14　2017 ~ 2022 年中国医疗信息化市场规模情况及预测

资料来源：前瞻产业研究院整理。

资料来源：《山西智能大数据研究院智能医疗大数据中心赋能眼科行业，加速山西省分级诊疗落地》，《三晋眼健康》2018 年 8 月 23 日。

（三）数据中心助力智慧交通

中共中央政治局常务委员会会议于 2020 年 3 月提出“新基建”：强调建设包括数据中心在内的特高压、新能源汽车充电桩、5G 基站建设、数据中心、人工智能、工业互联网、城际高速铁路和城市轨道交通等七大领域。表 6 的三份纲要中，都提出以下要求：推动大数据等新技术与交通行业深度融合、广泛应用，推进数据资源赋能交通发展，构建综合交通数据中心体系。

表 6　构建综合交通数据中心体系相关文件

《数字交通发展规划纲要》（交通运输部于 2019 年 7 月印发）	完善国家综合交通运输信息平台，完善资源目录与信息资源管理体系，建立大数据支撑的决策与规划体系，推动部门间、政企间多源数据融合，提升交通运输决策分析水平
《交通强国建设纲要》（中共中央、国务院于 2019 年 9 月印发）	大力发展智慧交通，推动大数据、互联网、人工智能等新技术与交通行业深度融合，推进数据资源赋能交通发展，构建综合交通数据中心体系
《推进综合交通运输大数据发展行动纲要（2020～2025 年）》（交通运输部于 2019 年 12 月印发）	大数据在综合交通运输各业务领域应用更加广泛，综合交通数据中心体系基本构建，为加快建设交通强国、助力数字经济勃兴提供坚强支撑

资料来源：根据公开政策文件整理得到。

智慧交通建设主要集中在综合交通数据中心和指挥中心、融合 5G 和人工智能技术的智慧公路试点、公路路域充电桩设施等领域。以下是广州市利用数据中心打造智慧交通的实例。

案例 3：广州“一个中心、三大平台”智能交通大数据体系实践

（1）体系建设方面。按照“一个中心、三大平台”（交通数据中心对应“一个中心”，创新服务平台、综合业务平台和智能感知平台对应“三大平台”）的框架，广州市从数据感知、分析、应用层面建成了广州智能交通大数据体系（见图15）。

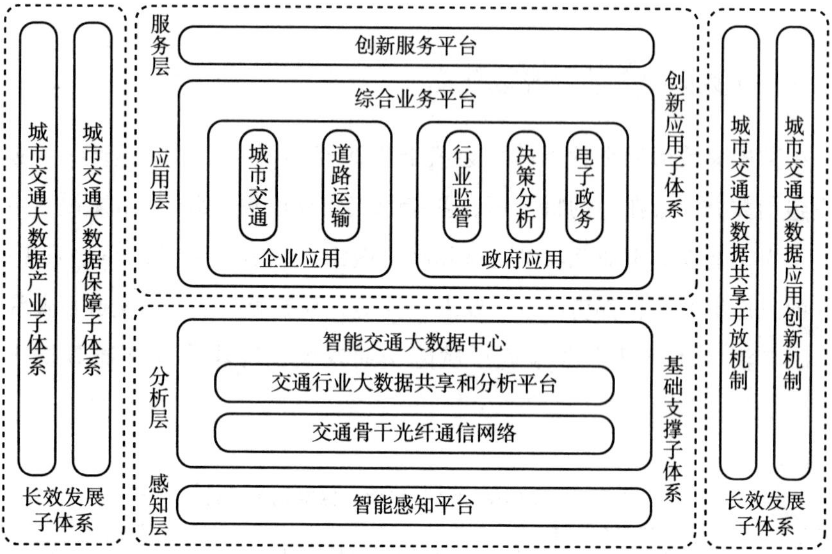

图15　城市智能交通大数据体系总体框架

资料来源：大数据期刊网，2019年9月。

（2）数据共享方面。广州市交通管理部门与环保、公安、气象等相关部门建立数据共享机制，累计交换数据超过300项，日均交换数据量超过1亿条。

（3）数据资源与服务方面。广州市交通行业数据共享和分析服务平台对全市交通行业数据资源统筹管理，包括818类基础数据、422类标准数据，提供100多个服务接口，超过800亿条数据总量，250GB日新增数据。

资料来源：张孜、黄钦炎、冯川等《广州“1中心3平台”智能交通大数据体系实践》，大数据期刊网，2019年8月28日。

以上所选取领域仅是数据中心助力社会治理现代化的一个缩影，在实践中，数据中心助力社会治理方面的应用场景越来越常见：从热点区域车流量和人流量检测引导，到犯罪高发区域预测、流动人口管理等，我们无不感受到大数据时代带来的便利，而这显然和数据中心的合理布局与功效发挥密切相关。

四　数据中心助力经济社会发展中存在的问题与不足

2020 年新冠肺炎疫情暴发以来，国际政治、经济环境更加严峻，数据中心在助力社会治理中成效显著，面对如此复杂的国内外形势，有效支撑了中国经济社会的健康良性发展，可以说是经受住了严峻考验，也交出了一份令人满意的答卷，对此必须予以充分肯定。但从发展的视角看，中国大数据在助力经济社会发展过程中也暴露出一些问题与不足，有必要予以专门分析，以更好推进中国数据中心的建设与发展。

（一）区域发展不协调

数据中心作为新基建的关键领域，作为助力经济社会发展的关键一环，是中国实现经济转型升级、高质量发展的重要基础。其产业链主要由上游基础设施及服务、中游 IDC 专业服务及相关解决方案（以云服务商为主）和下游最终用户构成。上游基础设施及服务主要提供 IT 设备、电力服务、通信服务、施工维护等基础性设施和服务，其中的电力供应和通信网络建设是数据中心的基础。

根据 IDC 圈提供的数据，我们绘制了中国数据中心机房分布图（见图 16）。通过该图可以发现，中国数据中心的上游基础设施主要分布在华东、华北、华南、华中地区，占比为 86%；而西北、东北、西南地区机房建设占比为 14%，充分反映中国数据中心区域发展不协调的问题。此外，即使处在同一地区，不同省、自治区、直辖市的数据中心分布也是不平衡的。根据 IDC 圈提供的数据绘制的各地区机房数量图（见图 17）就清晰地反映了这一现象。以华北地区为例，华北地区的数据中心机房共 96 个，而北京市的数据中心机房有 73 个，占总体的 76%。华南地区更是夸张，广东一省的数据中心机房数量就占了整个地区的 91.8%。

上述情况表明，中国数据中心区域发展不协调，不仅是区域间发展不协调，而且区域内的发展也不协调，中国数据中心大部分集中于经济发达地区

（东南沿海），对于经济欠发达地区（中西部）则少有青睐。这就难以发挥数据中心上游产业链对于经济社会发展，尤其是经济欠发达地区的经济社会发展的推动作用。事实上，数据中心上游产业链的核心需求，如充足的电力供给、充分的土地空间与政策支持等，在经济欠发达地区（中西部）反而可能得到更好地满足。同时，数据中心上游产业链所带来的人才资本、资源集中等，也能更好地推动经济社会的发展，助力经济欠发达地区的产业结构升级。

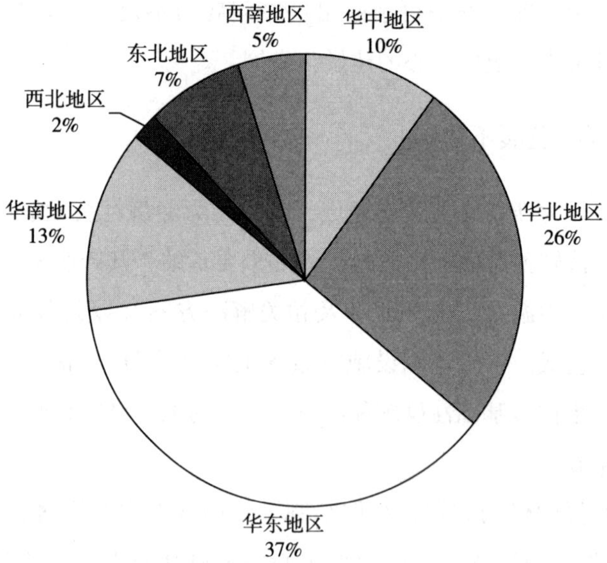

图 16　中国数据中心机房分布

资料来源：IDC 圈。

（二）公有云服务整体市场规模较小

云计算有三种服务模式，包括 SaaS（软件即服务）、PaaS（平台即服务）以及 IaaS（基础设施即服务）。最新《中国公有云服务市场（2020 第一季度）跟踪》被国际数据中心发布，该份报告显示，在 2020 年第一季度，中国公有云服务整体市场规模（IaaS、PaaS、SaaS）已达 39.2 亿美元，与其他发达国家如美国（其市场规模体量达到千亿美元）相比，中国公有

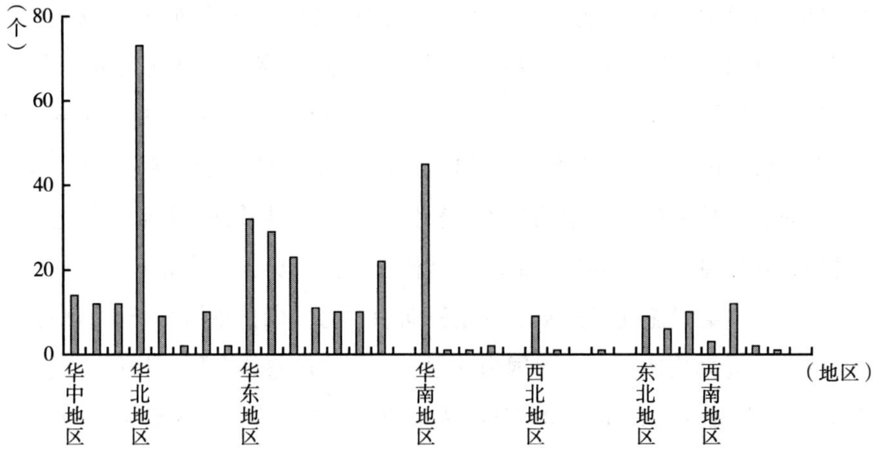

图 17　各地区机房数量

资料来源：IDC 圈。

云服务整体市场规模较小。

从云服务渗透率来看，中国云服务渗透率仍然较低，落后国外发达国家约 3 ~ 5 年。根据预测，中国 2020 年云服务渗透率将达到 10.9%，低于世界平均水平 13%，更低于美国 20.3% 的渗透率。另外，中国公有云市场的大量潜在需求以比较低的速率转化为实际购买行为。尽管公有云服务对化解企业 IT 困境大有裨益，但就买方而言，“需求转化速率低”的原因主要包括担忧数据安全、隐私泄露等方面，以及传统做法的深入骨髓导致很多国内企业不愿迁移业务到公有云上。就卖方而言，促使多数中国公有云服务供应商无法提供安全、优质服务的因素有很多，因而用户期望得不到满足。

（三）中国数据中心能耗问题显现、集约化水平较低

能耗是数据中心长久以来的痛点。数据中心的建设建立在广阔的市场需求的基础上，但能耗问题的挑战不容小觑。传统数据中心在冷却上的耗能超过一半，因此降低冷却耗能至关重要。中国数据中心起步虽晚但发展快，某些大型互联网企业的数据中心建造理念、建造水平和运营水平已达到国际一流水平，但总体水平还比较低，仍有大量老旧机房 PUE（数据中心能源效

率指标）在2.0以上，[①] 近几年，北上广深分别颁布了对数据中心PUE的新规定（一般要求PUE小于1.4），政策趋紧。这就需要以全视角进行审视，创新架构、供配电、制冷等维度，对数据中心进行重构，这样极致可靠、极致节能、极简运维的智能数据中心才能被打造，最终最大化数据中心的价值。

同时，中国数据中心集约化水平较低。过去对城域物联基础设施进行纵向建设，建设基于某一领域的需求，类似于信息孤岛、条块分割等问题由此而来，城市基础设施建设所缺少的是横向引领与一体化整体布局。当前数据中心的建设规模快速扩大，但国内数据中心建设的整体布局不均衡，仍存在“重建轻用”现象。低水平运营导致未能充分发挥数据中心资源的价值，浪费了数据中心的资源。[②]

（四）数据资源要素共享、开放和流动不充分

建立数据中心，最终的目标在于对数据资源要素的充分利用。此次疫情防控表明，医疗机构、政府和包括电商在内的各数据主体之间的合作共享非常重要，是决定大数据能否发挥作用的关键。真正实现大数据资源要素的共享、开放和流动，对于经济社会的发展具有极其重要的促进作用。

早在2015年，国务院就在《促进大数据发展行动纲要》中将“加快政府数据开放共享，推动资源整合，提升治理能力”列为主要任务，其中包括“大力推动政府部门数据共享”以及“稳步推动公共数据资源开放”两项。随后国家又相继出台了一系列政策，以推动和保障数据共享、开放和流动工作有效开展，但同时新出现的一些现象也制约着数据的共享、开放和流动。

首先，政府数据开放、共享程度不高。一方面，政府数据开放、共享的广度与深度严重不足，以甘肃省为例，14个开放平台中有6个没有提供任何

① 王青、高岩、程博超：《加快数据中心高质量发展助推数字经济建设》，《信息通信技术与政策》2018年第12期。

② 李佳师、谷月：《市场呼唤更先进的大数据中心——新基建新动能新增长系列报道之二》，《中国电子报》2020年3月17日。

形式的结构化数据，对于共享的数据重数量而轻质量，数据的可利用程度不高；另一方面，政府数据开放、共享缺乏法律规范引导，导致其开放的范围和程度有限。其次，行业数据资源孤立、分散。出于对商业秘密和隐私保护的考虑，掌握海量数据的大型互联网企业，对于数据资源开放、共享的意愿不高。最后，数据流动可能带来信息安全风险。当前，数据安全保障机制尚不完善，出于对政府全量原始数据、健康医疗数据等敏感数据的保护，以及对公民数据泄露与滥用的防范，数据的流动受到一定程度的限制。上述现象的出现导致数据资源要素共享、开放和流动不充分，这极大地阻碍了数据资源作为生产要素参与分配，阻碍了数据资源在经济社会发展中的充分利用。

五 “五大主题”背景下的数据中心发展思路建议

围绕十九届五中全会提出的“推进产业基础高级化、产业链现代化，提高经济质量效益和核心竞争力”，结合中国实施大数据的“五大主题”战略背景[①]以及实施“新基建”计划的历史机遇，结合中国数据中心发展中存在的具体问题，建议当前可从以下五个方面确定数据中心的发展思路。

（一）从两个层面整体规划

从两个层面进行规划布局，一是从国家层面进行全局性统筹规划和顶层设计；二是从地方层面实行差异化发展合理规划。

首先，数据中心建设亟须国家从全局性战略高度进行一体化的整体布局。

（1）完善数据安全相关立法，构建数据网络空间一体化安全屏障

目前中国在数据安全方面的规范主要集中于数据介入资质、网络域名的

① 2017 年 12 月 8 日，中共中央政治局就实施国家大数据战略进行第二次集体学习，习近平总书记在主持学习时，深刻分析了我国大数据发展的现状和趋势，对我国实施国家大数据战略提出了五个方面的要求，一是推动大数据技术产业创新发展；二是构建以数据为关键要素的数字经济；三是运用大数据提升国家治理现代化水平；四是运用大数据促进保障和改善民生；五是切实保障国家数据安全与完善数据产权保护制度。

审查等静态基础信息安全规范，但有关跨越数据安全的授权、数据衍生过程中产权的界定和数据传播的认证等动态信息安全的相关法律法规较为欠缺。①

国家在推动上述领域立法时，应注意涵盖数据公开和隐私保护相关内容。除此之外，国家还应当对数据输入、数据保密储存、数据处理、数据输出及应用等技术标准进行严格规范，实现数据的安全对接和共享。

（2）构建国家级数据平台

要实现对数据的统一管理和适用，需要结合各行业的发展共性，以适当的政策扶持、经济激励促进行业间数据共享和流通，打破信息孤岛，建设跨层级、跨地区、跨系统的国家级数据平台。②

（3）引导市场经济资源的合理配置，对数据中心进行合理布局

市场经济增长的核心动力是市场需求，只有在市场需求的指引下，才能保证资源的最优配置。为避免产能过剩和资源浪费，国家需要为数据中心提供正确的需求导向，同时结合自然环境、能源供给、当地政策环境等因素指导数据中心的合理布局。

其次，数据中心应当注重区域差异化发展，避免毫无差异的重复建设，这需要地方政府因地制宜地制定适合本地区的发展方案。如果城市有较大需求缺口，建设数据中心需综合考虑以下两者的平衡，即数据中心对计算能力提升效率和降低能耗的要求，使城市基本计算需求得到保证；对于各区域的中心城市，对时延敏感的、以实时应用为主的业务，依据市场需求，可选择把大中型数据中心在用户聚集地区灵活部署；对位于中西部的能源富集地区，可利用自身能源充足、气候适宜的优势，承接东部地区对时延敏感不高且具有海量数据处理能力的大型或超大型数据中心，进行建设。③

---

① 薛卫双：《国家大数据中心战略构建研究》，《图书馆》2019 年第 5 期。

② 崔爽：《“新基建”下的工业互联网：建大数据中心体系，推进行业融通发展》，《科技日报》2020 年 5 月 22 日。

③ 王青：《新基建浪潮下数据中心应该如何规划布局?》，《人民邮电报》2020 年 4 月 9 日。

（二）重点突破核心技术

一方面，数据中心的高速发展，在物理环境、网络通达能力、数据中心节能环保、电力保障供应、高可靠稳定运行管理、能效提升等方面，要求更高水平的技术；另一方面，实践中存在强调数据中心的存储能力和数量却忽视数据加工与智能化处理此类核心技术的问题，从而导致“重建轻用”现象的出现。因此，在数据中心的未来发展中，应当注重技术的提升，以及对核心技术的重点突破。对此，应当注意以下三个方面。

强化算法算力领域的投入。数据中心过剩的根本原因在于数据中心有效数据处理能力不足，难以充分利用数据资源价值。为此，应当集中力量重点突破算法算力领域的核心技术，将数据中心发展成智能数据加工中心，而且要与5G、工业互联网、人工智能等其他新基建领域相适配。

加强关键技术的引进及再创新能力。对于目前中国尚不具备的需要从国外引进的先进核心技术，应当加强风险安全审核评估及事中管控，同时鼓励研究院和企业在引进新技术的基础上，加大研究力度进行技术再创新，进而实现核心技术自主研发。

云计算与边缘计算协同发展。在物联网时代，网络的边缘会产生海量数据，从而导致边缘数据的计算需求是巨大的，未来数据处理的主要模式将是“云计算 + 边缘计算”。因此，实现边缘计算与处于中心位置的云计算之间的协同发展必将是数据中心建设的一项重要内容。

（三）深化数据流通和共享

首先，在国家层面形成数据交换生态体系，逐步建立健全包括政府、企业在内的多层次数据流通共享体系，制定相关政策明确规范数据主体的权利与义务，以及数据流通共享的方式、质量标准、格式要求等。具体地，就推动政府掌握的公共数据资源的利用共享而言，可以从两个方面进行完善。

（1）从政府内部促进公共数据资源的利用

政府部门应在实现线上线下资源同步的基础上，确立数据资源、数据开放、数据共享目录，从数据产生和数据使用两个角度构建数据资源体系，并鼓励政府建立政务云数据中心。同时，结合本地区经济社会环境和条件，研究建立大数据分析和应用的具体场景，为基于数据的业务创新提供方向指引。①

（2）破除外部制度制约

统筹协调各行业差异，弥补公共数据在行业之间形成的数字鸿沟。就打破企业层面的数据壁垒而言，可以从以下两点入手。其一，继续从国家层面完善数据共享的具体政策，并适度增加政策强制性。其二，建立数据共享激励机制，通过政策扶持、经济优惠的方式鼓励各企业进行数据共享，尤其应鼓励龙头企业开放数据资源。

推进构建数据中心直联网络。为用户数据访问和数据中心之间的数据互联，在业务场景、时延、安全、容量等要求下，边缘计算在基站到核心网络节点之间的不同位置上被合理部署，多级协同的边缘计算网络架构得以形成，超高速、低时延、安全性强的数据中心直联网络得以建设。②

（四）降低能耗

数据中心的建设需要大量电力、水力和空间资源，能源和环保是数据中心未来发展过程中又一关键问题。

首先，应当优化数据中心能耗指标管理机制。在对东中西各地区能耗指标进行统筹配置的基础上，建立省内能耗指标集约统筹和省际能耗指标互补交易相结合的调度管理机制，以及“阶梯扶持”机制，同时构建科学合理的数据中心能耗评价指标体系和覆盖全社会数据中心的能耗动态监测调整机制。③

其次，推进数据中心绿色集约化建设。将低碳节能、绿色环保等理念贯

① 张会平：《面向公共价值创造的城市公共数据治理创新》，《行政论坛》2020 年第 1 期。

② 王青：《新基建浪潮下数据中心应该如何规划布局?》，《人民邮电报》2020 年 4 月 9 日。

③ 王建东等：《东数西算：我国数据跨域流通的总体框架和实施路径研究》，《电子政务》2020 年第 3 期。

穿数据中心建设的全过程，强化清洁能源开发利用率，采用高效低耗能的先进技术如液冷技术等推进传统数据中心向绿色集约化升级转型。

最后，扩大选址范围，优化选址。为进一步降低综合成本和能耗，需要在更大地域范围内对数据中心进行建设选址。同时，可以优化电网局部选址，使清洁能源和电网布局靠近数据中心。

（五）加强数据学科建设，重视人才培养

除了上述举措外，还必须看到，数据已成为新的生产要素，是数字经济的核心基础要素，必须加强数据学科建设，围绕数据新生产要素加快数字经济基础理论与应用研究，抢占国际数字经济理论制高点。同时要重视高端人才的引入与培养。

第一，加快培育数据要素市场，构建以数据为关键要素的数字经济。鼓励数据要素参与收入分配的体制机制创新，探索新经济模式。

第二，围绕数据作为新生产要素，加大数字经济基础理论研究，加强数据学科建设。

第三，应当结合数据中心定制化、AI 产业化及实时化和弹性化等发展趋势及突出问题导向，制定与大数据产业发展相适应的人才政策，形成育才、聚才、用才的良好环境。

第四，打造多层次多类型的大数据人才队伍。从深入了解企业内业务与组织，熟悉数据分析工具操作，到具备数据探勘等统计应用知识、数据安全保障技术及数据中心运维能力等各方面培养大数据多层次多类型人才。

第五，开展数据中心产学研项目的研究与合作，对高校定向人才培养力度加大，对人才培养、选拔、引进体系进行完善。另外，可以根据大数据产业实际发展需要，对市场对于大数据人才的需求情况进行考察，在第三方行业组织和机构帮助下，实施数据专项人才培训计划。

B.4

“北斗”应用规模显著扩大 “加速器”作用日益凸显

杨长风*

摘　要：本文在概述北斗系统服务基本功能性能的基础上，从基础产品、行业、大众、区域、海外应用和支撑保障环境等方面，介绍了北斗系统应用进展，分析了北斗应用面临的深化应用与产业化、产业结构转型升级和融合发展的形势，并从优化总体发展战略、强化基础支撑保障和促进“北斗+”“+北斗”创新融合应用等方面提出了后续发展的对策建议。

关键词：北斗系统　卫星导航　北斗应用

北斗卫星导航系统（以下简称“北斗系统”）是中国着眼于国家主权、安全和发展利益需要，服务经济和社会发展，建设、运行和应用的全球卫星导航系统，是为全球用户提供全天候、全天时、高精度定位、导航和授时服务的重要时空基础设施。① 中国高度重视卫星导航技术的发展和应用，自20世纪80年代开始探索适合国情的卫星导航系统发展道路。1983年，“两弹一星”元勋、“863计划”倡导者之一陈芳允院士，创造性地提出“双星定位”构想。这一方案，能以最小星座、最少投入、最短周期实现卫星导航系统“从无到有”。之后，“两弹一星”元勋、北斗系统工程首任总设计师

* 杨长风，北斗卫星导航系统工程总设计师。

① 中国卫星导航系统管理办公室：《北斗卫星导航系统发展报告（4.0版）》，2019年12月。

孙家栋院士，进一步组织研究提出“三步走”发展战略，决定先建试验系统（北斗一号），然后再建区域系统（北斗二号），最后建成全球系统（北斗三号）。2000 年建成北斗一号试验系统，使中国成为世界第三个拥有自主卫星导航系统的国家。2012 年建成北斗二号区域系统，并为亚太地区提供服务。2020 年建成北斗三号全球系统，开通全球服务。2020 年 7 月 31 日，习近平总书记向世界宣布“北斗三号全球卫星导航系统正式开通!”，标志着北斗系统迈入全球服务新时代。

一　系统服务[①]

目前，北斗系统已提供导航定位和通信数传两大类功能七种服务。具体包括：面向全球范围，提供定位导航授时（RNSS）、全球短报文通信（GSMC）和国际搜救（SAR）三种服务；在中国及周边地区，提供星基增强（SBAS）、地基增强（GAS）、精密单点定位（PPP）和区域短报文通信（RSMC）四种服务。北斗三号系统成为国际上第一个多功能一体化的全球卫星导航系统。从功能看，北斗系统具有有源和无源两种体制，用户不但可以自己知道“我在哪”，还能告诉别人“我在哪”“在干什么”。该系统是中国迄今为止规模最大、覆盖范围最广、性能要求最高、与百姓生活关联最紧密的巨型复杂航天系统。

1. 定位导航授时服务

北斗系统空间信号精度优于 0.5 米；全球定位精度优于 10 米，测速精度优于 0.2 米/秒，授时精度优于 20 纳秒；亚太地区定位精度优于 5 米，测速精度优于 0.1 米/秒，授时精度优于 10 纳秒。

2. 国际搜救服务

按照国际搜救卫星组织标准，与其他卫星导航系统共同组成全球中轨搜救系统，同时提供北斗特色的反向链路服务，极大提升了搜救效率和能力。

---

① 中国卫星导航系统管理办公室：《北斗卫星导航系统发展报告（4.0 版）》，2019 年 12 月。

3. 全球短报文通信服务

系统通过14颗MEO卫星，可为全球用户提供试用服务，单次通信能力为40个汉字字符。

4. 区域短报文通信服务

服务中国及周边地区，容量提升至1000万次/小时，用户机发射功率降到1~3W，单次报文长度1000个汉字。

5. 星基增强服务

系统按照国际民航组织标准建设，服务中国及周边地区用户，支持单频及双频多星座两种增强服务模式，满足国际民航组织相关性能要求。

6. 地基增强服务

已在中国范围内建设155个框架网基准站和2200余个区域网基准站，提供实时米级、分米级、厘米级和后处理毫米级增强定位服务。

7. 精密单点定位服务

目前系统已通过3颗GEO卫星播发精密单点定位信号。定位精度实测值水平优于15厘米，高程优于30厘米，收敛时间优于15分钟。

二　应用进展

自中国第二代卫星导航系统重大专项（以下简称“北斗专项”）2009年正式启动实施以来，积极努力打破当时国内卫星导航产业产值小、核心基础产品不能自主可控、社会对北斗认知度不高的局面，创造性地将应用推广与产业化和工程研制建设、关键技术攻关并列作为北斗专项建设的三大任务之一，逐步探索建立起北斗应用责任体系、服务保障体系和产业生态体系。目前，北斗系统已在交通运输、气象探测与预报、水利水文监测、通信网络授时、电力调度、应急救援、公共安全、智慧城市等行业领域，智能驾驶、共享出行、电子商务、智能终端等大众化服务领域得到广泛应用，有力地支持了国家和区域的经济社会发展，并在国防和国家安全领域得到大范围应用，有力地保障了国家主权、安全和发展利益。与此同时，北斗相关产品和服务已输出到120余个国家和地区，为全球用户提供了高质量的服务。

（一）基础产品

国产北斗芯片、模块已实现自主可控，性价比达到国际先进水平。完成了从早期的130nm、90nm工艺，到目前的22nm工艺的演进；从早期的单基带芯片，到目前的基带射频一体化，尺寸不断缩小，性能不断提升；基于自主芯片，开发了一系列多系统多频高精度高性能的板卡和模块产品，从架构设计到定位融合算法实现了自主知识产权。"应用一代、研发一代、论证一代"的良好局面已经形成，北斗应用全面装备"中国芯"。

2020年9月，中国卫星导航系统管理办公室发布了《北斗三号民用基础产品推荐名录（1.0版）》，共收录RNSS射频基带一体化芯片、双频多系统高精度射频基带一体化芯片、多模多频宽带射频芯片（全球信号）、多模多频高精度天线（全球信号）、多模多频高精度模块（全球信号）等五大类24款产品。[①] 截至2019年底，国产北斗兼容型芯片及模块销量已突破1亿片，季度出货量突破1000万片。采用北斗兼容芯片的终端产品社会总保有量超过7亿台（套）（含智能手机），北斗应用正在诸多领域迈向"标配化"发展的新阶段。国内卫星导航定位终端产品总销量突破4.6亿台，其中具有卫星导航定位功能的智能手机销售量达到3.72亿台。[②] 汽车导航后装市场终端销量达到400万台，汽车导航前装市场终端销量达到300万台，各类监控终端销量达到500万台，各类高精度接收机终端销量超过20万台（套）。国产高精度板卡和天线销量占比分别达到国内市场总量的30%和90%。通过北斗、GNSS定位芯片及IP核，配合不同细分应用的软硬件配套方案，实现了手机、物联网、车载及可穿戴领域在全球范围内的超千万量级规模应用。

---

① 中国卫星导航定位协会：《2020中国卫星导航与位置服务产业发展白皮书》，2020年5月18日。

② 中国卫星导航定位协会：《2020中国卫星导航与位置服务产业发展白皮书》，2020年5月18日。

（二）行业应用

1. 交通运输方面

北斗系统广泛应用于重点运输监控监管、公路基础设施监控、港口作业高精度调度等领域，显著提升了综合交通管理效率和运输安全水平。截至2020年10月底，有近700万辆道路营运车辆已经安装使用北斗系统，占运营车辆的96%；3.14万辆邮政快递车辆安装使用北斗系统，占运营车辆的88%；约1400艘公务船舶安装使用北斗系统，占船舶的75%；约300架通用飞行器安装使用北斗系统，占比11%。① 特别是在运输航空器上成功实现了北斗首次应用。此外，北斗在中欧班列运输、京张高铁建设运营、浩吉和沪昆等铁路测试监测等方面也得到大量应用，为铁路运输高质量发展赋能赋智。

2. 农林渔业方面②

农业领域，基于北斗的农机自动驾驶系统推广应用近4.5万台（套），节约了50%的用工成本；基于北斗的农机作业监管平台和物联网平台为40万余台（套）农机设备提供服务，极大地提高了作业管理效率。林业领域，北斗定位与短报文通信功能广泛应用于森林防火、天然林保护、森林自然调查、病虫害防治等。渔业领域，为渔业管理部门和渔船提供船位监控、紧急救援、信息发布、渔船出入港管理等服务，全国7万余只渔船和执法船安装北斗终端，累计救助1万余人。

3. 水文监测方面

北斗系统成功应用于多山地域水文测报信息的实时传输，提高灾情预报的准确性，为制定防洪抗旱调度方案提供重要支持。

4. 气象测报方面③

研制一系列气象测报型北斗终端设备，形成系统应用解决方案，提高了国内高空气象探空系统的观测精度、自动化水平和应急观测能力。

---

① 《国务院新闻办就2020年前三季度交通运输经济运行情况举行发布会》，2020年10月28日。

② 北斗专项“作业机械精准控制北斗应用示范工程”建设应用成果。

③ 北斗专项“基于北斗导航卫星的大气、海洋和空间监测预警示范应用”建设应用成果。

5. 通信授时方面

突破光纤拉远等关键技术，研制出一体化卫星授时系统，北斗系统单双向授时得到成功应用。

6. 电力调度方面

基于北斗系统的电力时间同步应用，为在电力事故分析、电力预警系统、保护系统等高精度时间应用创造了条件。同时，通过将北斗高精度服务赋能无人机等智能装备，实现了电力线路的自动巡检作业，有效提升了电力系统的运维效率和安全保障水平，并实现了人力成本的大幅降低。

7. 减灾救灾方面

已建成部、省、市（县）三级平台，实现六级业务应用，推广北斗终端超过4.5万台。基于北斗的导航、定位、短报文通信功能，提供实时救灾指挥调度、应急通信、灾情信息快速上报与共享等服务，显著提高了灾害应急救援的快速反应能力和决策能力。[①] 湖南、江苏、贵州、广西、四川等地利用北斗/GNSS高精度技术建立地质灾害监测预警系统，在抗击洪灾期间，多次成功预报山体滑坡等灾害事件的发生，保障了人民生命财产安全。

2020年，在抗击新冠肺炎疫情战斗中，北斗也助力其中。为建设武汉火神山、雷神山医院提供精确标绘；基于北斗的无人机、无人车纷纷应用到疫区医疗物资配送；基于北斗的车联网推动疫情期间交通智能化、精准化。

8. 公共安全方面

构建了部、省、市（县）三级北斗公安应用体系，全国部署北斗警用装备40余万部[②]；通过北斗警用授时，统一了公安信息网时间基准，北斗系统在指挥调度、反恐处突、禁毒铲毒等公安工作中发挥了重要作用。

（三）大众化应用

1. 智能驾驶方面

近年来，随着自动驾驶功能等级从L1、L2到L3、L4及L5的逐级升

---

① 北斗专项“国家综合减灾与应急典型示范项目”建设应用成果。

② 北斗专项公安应用示范项目建设应用成果。

高，车端在 L1 及 L2 功能中普遍使用的相对定位传感器技术，超声波雷达、毫米波雷达及视觉定位等技术解决方案已无法满足相关自动驾驶功能在可用性、安全性及经济性方面的需求。而基于北斗的高精度定位技术，则可以在相对定位传感器失效或误报场景下使用北斗高精度定位结果进行校验及冗余备份，从而提高系统整体的可用性及安全性。目前，以千寻位置网络有限公司为代表的北斗高精度服务企业通过提供定位精度达到 2 ~ 30cm、首次定位时间仅为 3s 的高精度服务，为智能驾驶汽车量产化提供了有力的保障。

2. 共享出行方面

针对共享单车，北斗高精度定位融合惯性导航，可以提供车辆高精度位置，结合精准地理围栏，让用户还车更省心、用车更方便。针对网约车，基于北斗高精度定位，可以实现全程无死角监控车辆位置，保证人员和车辆的安全，同时使得平台派单更精细、司机不绕路，实现车辆轨迹不漂移、不丢失，计费更加精准。目前，针对网约车监管需求，基于北斗高精度服务，形成了多形式载体的高精度定位终端解决方案，可实现精准定位、轨迹回溯、限区管控、报警提醒等监管功能，有效提升了网约车运营管理效率。

3. 电子商务方面

目前，国内多家电子商务企业的物流货车及配送员都应用了北斗车载终端和手环，实现了车、人、货信息的实时调度。

4. 智能终端方面①

据统计，2020 年上半年申请入网支持北斗定位的智能手机达到 80%，占据国内绝大多数市场份额的华为、小米、vivo、OPPO 等品牌大部分款型均支持北斗功能。同时，北斗高精度定位也广泛应用于高精度儿童手表、老人手环、宠物追踪器、对讲机等设备中。

① 中国卫星导航定位协会：《2020 中国卫星导航与位置服务产业发展白皮书》，2020 年 5 月 18 日。

（四）区域应用

1. 京津冀地区

目前，京津冀地区正在大力推进"北斗+5G"和车辆自动驾驶相关应用。其中，北京市作为5G建设的排头兵，五环内室外5G信号已基本实现覆盖，五环外实现精准覆盖。冬奥会张家口赛区已开通了5G网络，预计"北斗+5G"技术将被运用到2022年冬奥会的方方面面。雄安新区实现全域5G覆盖，"5G+北斗高精度定位开放实验室"在雄安新区成立并揭牌，将推动"北斗+5G"的高精度定位在垂直行业的应用落地。在自动驾驶领域，京津冀地区已开放自动驾驶测试道路150余条，共计500余公里，测试道路长度达到全国第一；已为13家自动驾驶公司的77辆测试车辆发放了道路测试牌照，安全测试里程已经超过100万公里，所有测试车辆均安装了基于卫星导航技术的定位传感装置。

2. 长三角及其相关地区

2019年国务院批复了《长三角生态绿色一体化发展示范区总体方案》，"北斗长三角综合集成应用项目"作为"青吴嘉"（上海青浦区、江苏苏州吴江区、浙江嘉兴嘉善县）一体化示范区建设的重要内容之一，将建成覆盖长三角示范区典型应用场景的"北斗+5G+AI"时空信息网络与高精度时空数据中心，形成云服务能力及多行业"智能+"应用服务平台，在示范区率先建成全球领先的高精度、低成本、大众化、综合性、跨区域、跨行业位置服务综合应用创新试验区。2019年江苏省在农业、交通运输等领域继续推进北斗应用，发布了《江苏省推进车联网（智能网联汽车）产业发展行动计划（2019~2021年）》，指出推动基于北斗三号系统的高精度差分基站等设施建设，构建集感知、通信、计算等能力于一体的智能基础设施环境。2019年"浙江省卫星导航定位基准服务平台"向全社会免费开放，为用户免费提供实时一米以下甚至厘米级定位服务。

3. 珠三角地区

珠三角地区正在持续推动北斗产业生产制造高端化、创新化发展。广东省已经为超过3万余名学生和老人免费发放了北斗智能穿戴式设备并提供相关服务；在广州港和南沙港，北斗等多种新一代信息技术与港口业务深度融合，实现了码头生产作业智能管理。

4. 华中地区

华中地区大力推动“北斗+5G”融合发展，中国移动和武汉大学联合发起成立了5G北斗精准定位产业联盟、5G北斗精准定位联合创新实验室，以促进5G北斗精准定位在各个行业的交流融合与创新发展。2019年湖北省出台了《关于推进全省十大重点产业高质量发展的意见》，提出在地球空间信息领域，将建成具有全球影响力的地球空间信息及应用服务创新型产业集群，形成完整的地球空间信息及应用服务产业生态。湖南长沙打造“北斗+”产业发展高地，发布了《长沙市关于深化北斗应用的若干政策》，重点支持北斗在智能网联汽车、地理信息两个领域的应用示范、市场拓展、研发创新和平台建设等。

5. 西部地区

四川省出台《新一代网络技术产业培育方案》，提出主攻5G、北斗等方向，将成都建成提供亚米级导航定位和位置服务的城市。重庆市发布了《重庆市现代服务业发展计划（2019～2022年）》，提出发展北斗物流应用以及建设北斗导航产品检测认证中心，同时还在智能网联汽车、智能智造、智能物联网、精准时空服务和电网云边协同多站融合等方面启动了多个卫星导航与位置服务产业化项目建设。贵州省发挥国家大数据综合试验区的优势，聚焦“北斗+大数据”，建成贵州北斗卫星导航公共位置服务中心，建成覆盖全省9个市州和贵安新区的北斗卫星导航定位基准站网，建成贵州北斗时空信息大数据云平台，开展基础地理信息与专题图层信息的集成和叠加，建成贵州北斗卫星导航终端产品质量认证中心。

6. 广西地区

2019年，广西发布了《中国—东盟信息港建设实施方案（2019～2021年）》，全方位向东盟国家推广北斗落地应用，目前已建成运行的北斗导航与位置公共服务平台（一期），业务数据覆盖越南、老挝和柬埔寨等东盟国家，初步实现了天地图·广西与东盟国家联通。

此外，在智慧城市建设方面，浙江德清和上虞、安徽铜陵、重庆长寿等地区，已经开始利用北斗高精度定位服务，通过将现实城市和数据城市“全域、全量、高精度、动态”的精准映射，让城市管理者更加全面地了解城市整体架构，实现对城市规划、设计、管理、运行的自我完善和创新驱动。

（五）海外应用

中国始终坚持“中国的北斗、世界的北斗、一流的北斗”的发展理念，同世界各国共享北斗系统建设发展成果，共促全球卫星导航事业蓬勃发展。2020 年 6 月，北斗三号系统星座部署完成后，联合国外空司专门发来视频，祝贺北斗系统完成全球组网部署，肯定北斗系统正在推动全球经济社会发展，赞赏北斗系统在和平利用外太空、参与联合国空间活动国际合作方面作出的巨大贡献。

早在 2013 年，缅甸农业系统就使用了 500 余台高精度北斗终端，这是北斗高精度产品首次在东南亚国家批量应用于农业数据采集、土地精细管理。2015 年，基于北斗系统的高精度接收机应用于科威特国家银行总部 300 米高摩天大楼建设，实现了施工过程中垂直方向毫米级测量误差，这是北斗首次在海外应用于高层建筑监测。2018 年，北斗系统走进新加坡，基于北斗高精度的静音打桩系统可进行桩点精准管理，根据导航提示快速找到钻点位置，每个打桩点精度可达厘米级，同时大幅提高钻机钻孔速度。①

2019 年，北斗系统走进柬埔寨，为柬埔寨政府部门综合规划、国土整治监控、基础设施建设、生态环境监控等提供了更加完整的基础信息资料，高精度服务成为政府基础设施建设不可或缺的一项重要技术手段。北斗系统走进老挝，为全国性土地确权工程放样、地形测图等各种控制测量提供新的方法手段，逐步替代了传统全站仪作业的方式，为老挝地籍调查、土地管理

① 中国卫星导航系统管理办公室：《北斗卫星导航系统应用案例》，2018 年 12 月。

以及相关法律法规的制定提供了原始依据和科学基础。

北斗系统走进俄罗斯，西伯利亚电力巡线实现现场人员与管理中心双向互动，及时发现设备缺陷和危及线路安全的隐患，保证输配电线路安全和电力系统稳定。北斗系统“驶入”欧洲，在中欧班列上，装有北斗终端的集装箱，高精度定位导航功能让物流更便捷，实现了传统运输方式的升级与转型。北斗实时记录列车及货品的运行轨迹，定位精度 10 米以内，实现全程跟踪无缝中转。

自 2020 年以来，北斗落地更多海外国家。北斗安全监测系统落地缅甸莱比塘铜矿，高精度定位守护矿区安全；基于北斗的港口智能控制系统已经在意大利、卡塔尔、印度等 20 个国家的 50 余个港口成功应用。目前，国产北斗基础产品已出口 120 余个国家和地区，在东盟、南亚、东欧、西亚、非洲等地得到成功应用。

（六）支撑和保障环境

《中华人民共和国卫星导航条例》按照国务院立法工作计划有关要求，已完成征求意见工作。各行业部门和地方政府配套政策持续跟进，截至 2020 年 9 月，国务院 30 多个部门相继出台了涉及北斗系统的政策文件 180 余件，30 多个省市和地区出台涉及北斗应用的指导性文件 500 余件。成立了“全国北斗卫星导航标准化技术委员会”，主要负责与北斗卫星导航系统有关的基础、系统建设、运行维护、应用领域的国家标准制修订工作，发布了《国家北斗卫星导航标准体系 1.0》。联合国家知识产权局、工业和信息化部，围绕北斗知识产权创造、运用、保护、管理、服务全链条，建立了北斗产业专利体系，自 2016 年以来，北斗导航系统专利申请量高速增长，截至 2019 年底，专利申请总量已突破 7 万件，居全球首位。在导航体制、射频单元、信号处理等关键技术领域中国已拥有一定量的核心专利并逐步建立比较优势。北斗系统已进入国际海事组织标准，继 GPS、GLONASS 之后成为全球海事领域可以推广使用的卫星导航系统。北斗三号全球系统 189 项性能指标技术验证全部通过国际民航组织导航系统专家组审定，标志着北斗三号全球系统进入国际民航组织标准工作的最核心和最主要任务圆满完成，北斗三号全球系统为全球民航提供服务的能力得到国际认可。支持北斗的应用终端数据接口格式（RINEX3.03 版）和基于北斗第三、四代移动通信定位业务等国际标准规范正式发布。

三　趋势分析

全球卫星导航系统的应用领域并不受技术限制，而受我们想象力的限制。卫星导航系统还在持续发展中，新的机遇不断涌现①。目前，北斗三号全球系统进入全面深化推广应用、加快北斗产业化发展、加速推进国际化进程的新时代、新阶段，面临引领未来接续发展的新形势、新挑战。

（一）北斗应用与产业化工作任重道远

在国家北斗专项的带动下，北斗已在事关国计民生、社会公益的重大方向，涉及国家安全、公共安全和经济安全的重要领域，如交通、渔业、气象、民政、公安、农业等得到推广应用，但时空信息等方面仍深度依赖美国GPS。一段时期内，北斗应用将面临与 GPS 的激烈竞争局面，占有更多的市场份额、转变用户使用习惯将是一项重要任务。这不但需要不断加强技术创新，而且需要在国家层面，从发展战略、政策制度、规划计划、标准规范、资金投入等多方面加以引导支持。

（二）北斗应用面临产业结构转型升级需要

中国北斗应用已有一定基础，全产业链布局基本形成，各类应用产品体系完备，在产品功能性能上已具备相当竞争力。但总体上，仍处于由数量规模型向质量效益型转型发展的阶段，在产业规模、企业规模、品牌国际影响力、综合竞争实力等方面与国际一流相比还有差距，亟须进一步完

① Hein, G. W. Status, Perspectives and Trends of Satellite Navigation. Satell Navig 1, 22 (2020).

善应用发展环境、优化应用生态体系，以推动产业结构调整和快速转型升级。

（三）融合发展趋势对 PNT 能力提出了更高要求

随着新一轮科技革命和产业革命变革孕育兴起，工业互联网、物联网、大数据、云计算、人工智能迅速发展，定位导航授时需求不断趋于高精度化；无人作战、自动驾驶、智能交通、智能工厂、智慧城市、智慧海洋等更是完全依赖精确的时空位置信息，对快速高精度定位应用需求日益强烈。同时，卫星导航也存在信号弱、易被遮挡和干扰等固有缺陷，不能有效满足室内、水下、深空，以及恶劣环境下的定位导航授时需求，推进北斗系统持续升级，同步发展不依赖卫星导航的其他定位导航授时（PNT）手段，形成各类手段更加融合、更加泛在、更加智能的综合 PNT 体系，已是较为迫切的任务。

四　对策建议

以北斗三号提供全球服务为新的起点，系统总结北斗专项建设成果和经验，持续加强总体设计，构建北斗法制体系，立足科技自立自强，形成北斗应用高质量发展新格局。

（一）持续优化总体发展战略

一是目标设定高起点，要贯彻落实十九届五中全会精神，以“十四五”规划为牵引，力争到“十四五”末，中国卫星导航与服务产业产值翻一番，实现北斗应用更高质量、更高水平、更高效率可持续发展。二是主要思路明白晓畅，要扎扎实实“两抓一推”，即抓生态保障，包括政策法规、标准规范、知识产权、投融资环境等；抓共性基础，包括基础产品、基础技术、基础平台等；推应用，包括行业、区域、新兴、大众、海外等规模化、产业化和特色化应用。三是主要原则不动摇，要固守“四个坚持”，即坚持体系协调，继续强化集中统一协调；坚持共性统抓，避免重复投入、资源浪费，确保发挥最大效益；坚持建用并举，推动体系化应用，实现系统建设和应用同步推进、迭代发展；坚持内外统筹，统筹系统内外，统筹国内外，形成以内循环为主、"双循环"相互促进的局面。

（二）进一步强化基础支撑保障

加强国家卫星导航立法，加快出台《卫星导航条例》，要把集中统管、国产替代、标准配置、安全监管等上升为法律规范，将北斗产业发展全面纳入法制化轨道。持续完善北斗应用标准体系，持续推进北斗进入各类国际标准。建立健全北斗产业知识产权评议制度和工作机制，强化知识产权系统运用。围绕高精度、多源融合等新需求，开展关键技术攻关，丰富并形成全系列货架产品。建立并完善北斗产品质量认证体系。开展面向 PNT 应用的基础产品技术攻关、应用模式验证和集成性验证。进一步提升特色服务平台性能，在已有平台的基础上，结合新形势新任务，不断升级完善，确保满足各类用户不断增长的现实需求。加强北斗增强服务系统建设统筹，推动现有设施共享互通。支持短报文通信服务平台市场化运行，按照市场规律提升运营能力，强化公益类保障。

（三）进一步促进"北斗＋""＋北斗"创新融合应用

当前北斗应用与产业化发展已经全面进入技术融合、应用融合、产业融合的新阶段，已形成"北斗＋"与"＋北斗"两大类应用场景群。其中，"北斗＋"应用场景，是以北斗技术为核心要素及应用发展的必要基础，以卫星导航与位置服务为主要解决方案的应用场景，并已逐步发展形成新兴市场，如车辆导航、物流监控、共享单车、滴滴打车、智能驾考、电力授时等。而"＋北斗"应用场景，是以北斗技术为赋能手段，与原有技术方案相结合或替代传统应用方式，从而解决效能提升和自主可控问题，促进行业转型升级的应用场景，如智慧管网、智能交通、智慧旅游、5G 应用、无人机应用、环卫应用、公安应用、人工智能应用等。未来中国卫星导航产业发展，要充分发挥北斗三号系统的优势，充分利用产业发展的良好基础，运用“+北斗”思维，推动各行各业主动应用北斗，不断扩大北斗应用的广度和深度，实现北斗应用服务效益最大化。推动北斗地基增强网、高精度位置服务网、宽带移动互联网等互联互通。加强北斗与5G、人工智能、物联网、大数据、区块链、无人系统等新兴技术交叉融合，催生新业态、新产业。推动北斗全面服务“新基建”和新型城镇化建设。

参考文献

中华人民共和国国务院新闻办公室：《中国北斗卫星导航系统》，人民出版社，2016。

B.5

中国互联网协议第六版发展状况及趋势

邬贺铨　田　辉　赵　锋　马丹妮*

摘　要： 发展基于互联网协议第六版（IPv6）的下一代互联网，是互联网演进升级的必然趋势，中国早在2003年就开展了下一代互联网的研究，先后经历了高技术产业发展项目、应用示范工程、规模商用工程、示范城市、规模部署等五个阶段的发展历程，目前中国IPv6发展在网站应用、网络基础设施、应用基础设施、终端设备、地址拥有量、用户及网络流量等各个方面都取得了阶段性成果。本文针对现阶段在IPv6规模部署过程中存在的IPv6流量占比偏低、端到端IPv6网络质量不高、应用基础设施改造进度较慢、家庭无线路由器对IPv6支持度不足等问题进行分析，并从引导互联网应用开展IPv6升级改造、持续优化IPv6网络质量、支持“IPv6+”网络技术体系自主创新等方面提出持续推进IPv6发展的措施建议。同时面向未来5G和云时代的商业场景创新需求，展望了“IPv6+”技术体系创新。

关键词： IPv6　下一代互联网　技术体系

---

* 邬贺铨，中国工程院院士，中国工程院原副院长，长期从事数字通信和光通信领域研究开发工作；田辉，中国信息通信研究院标准所互联网中心主任，高级工程师，从事互联网领域技术、产业及政策研究；赵锋，中国信息通信研究院标准所副总工，教授级高级工程师，从事数据通信领域标准和测评技术研究；马丹妮，中国信息通信研究院标准所，高级工程师，从事互联网领域技术标准及产业政策研究。

一 中国 IPv6发展历程

近年来，全球下一代互联网产业呈现加速发展态势，各国政府及产业界积极推动 IPv6 发展，纷纷出台国家战略层面的规划和布局，IPv6 部署在全球推进迅速。为主动迎接全球互联网技术变革的挑战，中国较早开展了下一代互联网的研究，实施了一系列技术产业发展项目、应用示范和试商用工程，取得了卓越的成绩，为中国下一代互联网持续高质量加速发展奠定了坚实的基础。从发展历程来看，可以划分为五个阶段。

（一）启动中国下一代互联网示范工程

2003 年，为把握互联网技术变革的重要历史机遇，国务院批复了由国家发展改革委联合教育部、科技部、工信部、中国科学院、中国工程院、国家自然科学基金委等 8 部门“关于推动中国下一代互联网有关工作的请示”，目的是搭建基于 IPv6 的下一代互联网试验平台，中国下一代互联网示范工程（CNGI）项目在全国正式启动。以此项目的启动为标志，中国的 IPv6 进入实质性发展阶段。

（二）实施下一代互联网业务试商用及设备产业化专项

按照中国下一代互联网示范工程总体安排，推动中国下一代互联网业务应用和产业发展，国家发展改革委办公厅在 2008 年组织实施了 CNGI 试商用及设备产业化专项项目，包括列入国家拉动内需计划的“教育科研基础设施 IPv6 技术升级和示范应用”重大项目，以及 46 个业务试商用及产业化项目。来自国内上百所高校、上百个科研机构、所有全国性电信运营商、数十个设备制造商以及软件开发商共计上万人参加了此项工程建设。

（三）实施下一代互联网技术研发、产业化和规模商用专项

2012 年，国家发展改革委组织实施“下一代互联网技术研发、产业化

及规模商用专项”，进一步加快中国下一代互联网发展的工作部署。国家推动下一代互联网和 IPv6 不再只是规划和概念，而是落到实实在在可操作层面的产业化政策，专项对中国如何从 IPv4 向 IPv6 平滑过渡提出了具体目标和支持重点，项目的启动意味着 IPv6 即将展开规模商用。

（四）开展下一代互联网示范城市建设

2014 年，在 CNGI 项目实施的基础上，国家发展改革委、科技部、工信部、国家新闻出版广电总局等 4 部门共同实施“国家下一代互联网示范城市”建设工作，选择北京、上海、郑州、南京、无锡、苏州、杭州、青岛、武汉、西安、成都、广州、深圳、厦门、克拉玛依 15 个城市部署国家下一代互联网示范城市建设工作；长沙、湘潭、株洲建立相关工作机制，联合开展国家下一代互联网示范城市群建设、统筹协调推进，确定了加强基础设施建设、推动业务全面升级、开展行业特色应用、健全产业支撑体系、提高安全保障能力等主要建设任务，推动中国下一代互联网产业加快发展。下一代互联网示范城市在加速中国基础设施建设升级的基础上，重点探索持续创新发展模式，突出特色应用，树立标杆，发挥“样板工程”示范效应，有效促进了新型信息消费。

通过前期 CNGI 建设，相关试商用、商用专项的实施以及下一代互联网示范城市建设等工作部署，中国已初步建成全国规模的 CNGI 示范网络，不仅带动了中国在国际、国内互联网领域标准的制定，更重要的是培养了一批相关专业技术人才，为后期科研项目以及新兴业务提供了重要的试验床，以项目带科研，以科研促产业，取得了大量示范性应用成果，增强了下一代互联网领域的自主创新能力。CNGI 项目推出后，其核心成果及建设路线为中国下一代互联网更大范围的规模部署打下了坚实的基础。中国政府陆续出台多项国家政策，以 CNGI 项目为基础进行延伸演进，全面推进以 IPv6 协议为基础的下一代互联网发展。

（五）推进互联网协议第六版规模部署行动计划

2017 年 11 月，中共中央办公厅、国务院办公厅联合发布了《推进互联网协议第六版（IPv6）规模部署行动计划》（以下简称《行动计划》），要求加快布局下一代互联网技术标准、产业生态和安全保障体系，全面向互联网协议第六版演进升级，并分阶段提出未来5～10年IPv6发展的整体目标和各项重点任务。《行动计划》的发布实施拉开了中国全面加速向IPv6演进的帷幕，政府部门、科研机构、央企、运营商、互联网企业、设备制造商等积极响应，加速制定具体的落地实施方案，并严格按照时间要求实施企业内部IPv6升级改造。

二　中国IPv6发展总体情况

自《行动计划》发布以来，中央网信办充分发挥统筹协调作用，牵头整体实施，着眼全局，制定好顶层设计，一方面组织建立“推进IPv6规模部署专家委员会”，凝聚各领域专家力量，发挥智库潜能，从战略研究、决策咨询、指导落实、监测发布、宣传推广等方面开展推进工作；另一方面负责互联网网站和应用升级改造任务，督导TOP100互联网企业、中央新闻媒体IPv6规模部署工作落实，打破了长期困扰IPv6发展的应用资源不足难题，有效促进IPv6用户与IPv6流量的双增长。各部门、各地方、各相关单位按照职责分工，协同推进《行动计划》落地实施，在坚持不懈、共同努力下，中国IPv6网络基础设施、应用基础设施、网站应用、终端设备、地址拥有量、用户及网络流量各方面都取得了积极进展。

（一）重点网站及应用升级取得明显成效

2020年12月，中国政府网、外交部等全国91个省部级政府网站中，有87个网站主页支持IPv6访问，支持率为95.60%；中国核工业集团有限公司等97个央企网站中，主页可通过IPv6访问的网站有83个，支持率为85.57%。人民网、新华网等16个中央重点新闻媒体网站及其应用，均可通过IPv6访问，支持率为100%；教育部公布的137所“双一流”高校网站中，主页可通过IPv6访问的网站共有123家，支持率为89.78%。

中国电信、中国移动、中国联通三家基础电信企业集团及下属省级公司稳步提升自营移动互联网应用（App）的 IPv6 浓度，完成了企业门户网站、网上营业厅、邮箱以及掌上营业厅等排名前 10 自营业务的 App 深度改造，到 2020 年末，三家运营商排名前 10 的 App 的 IPv6 浓度达到 74. 26% 以上。

自《行动计划》实施以来，中国 TOP100 互联网应用支持 IPv6 访问的数量保持稳步增长。2020 年 12 月，国内用户量排名前 100 的商业网站及应用（涵盖门户、社交、视频、电商、搜索、游戏、浏览器、电子邮件、应用商店、生活服务等）全部支持 IPv6 访问，从 IPv6 流量占比上看，在 LTE 网络环境下，通过对移动应用端产生的 IPv6 流量进行测试分析，TOP100App 平均的 IPv6 流量占比达 49. 19%，其中 48 个 App 的 IPv6 流量占比超过 50%。

（二）网络基础设施能力已经全面就绪

自《行动计划》发布以来，中国电信、中国移动、中国联通发挥了 IPv6 规模部署的国家队、主力军作用，全面建成中国 IPv6 网络“高速公路”。

IPv6 网络改造全面完成。中国 LTE 网络、骨干网和城域网全面支持 IPv6，具备 IPv6 环境下各类业务承载能力，并开通全国 14 个骨干直联点 IPv6 互联互通，目前已累计开通 IPv6 网间互联带宽 6. 39Tbps。全国获得 IPv6 地址的用户数从 2018 年的 1. 64 亿增长至 2020 年 12 月的 14. 94 亿，其中，LTE 用户 12. 39 亿，固定网络用户 2. 55 亿。开通 IPv6 国际出入口带宽 90Gbps，实现了“从无到有”的突破。

IPv6 网络质量与 IPv4 基本趋同。根据国家 IPv6 发展监测平台最新监测数据，2020 年 12 月，中国 IPv6 网内、网间骨干网性能已经和 IPv4 趋同，其中部分链路 IPv6 性能优于 IPv4 性能。

IPv6 专线业务已具备全国范围服务能力。三家基础电信企业均推出了 IPv6 专线业务，在全国范围内为有需求的政企客户提供 IPv4、IPv6 双栈专线，IPv6 单栈专线，IPv6 代播等专线产品，为新开通的 IPv6 单栈专线给予最低 95 折等资费优惠。

（三）应用基础设施初步具备全国范围 IPv6 服务能力

应用基础设施主要包括内容分发网络（CDN）、云服务平台和数据中心（IDC）。推进应用基础设施 IPv6 改造，是保障各类应用在 IPv6 高速公路上畅行的“加油站”。

CDN 资源 IPv6 支持能力持续提升。2020 年 12 月，阿里云、腾讯云、网宿科技等 11 家大型 CDN 企业平均支持 IPv6 的节点占比达到 93.47%，平均 IPv6 带宽资源占比达到 93.92%，按地域计算的 IPv6 地域覆盖率达到 93.55%，平均 IPv6 运营商覆盖率为 95.44%（见表 1）。

表 1　TOP11 CDN 企业改造情况

单位：%

企业名称	IPv6 节点占比	IPv6 带宽资源占比	IPv6 地域覆盖率	IPv6 运营商覆盖率
中国移动	100.00	100.00	100.00	100.00
华为云	98.02	97.74	98.03	100.00
七牛云	100.00	100.00	100.00	100.00
阿里云	90.06	90.10	90.06	95.97
腾讯云	98.73	98.73	98.73	100.00
京东云	88.60	91.05	88.60	90.52
百度云	90.99	91.00	91.86	96.77
网宿科技	93.37	93.51	93.37	96.11
白山云	89.41	91.69	89.41	95.16
UCloud	89.21	89.15	89.21	89.25
金山云	89.76	90.17	89.76	86.08

资料来源：国家 IPv6 发展监测平台。

云服务平台 IPv6 业务承载能力大幅提升。2020 年 12 月，阿里云、腾讯云、天翼云等国内主要 11 家云服务企业的云服务平均 IPv6 支持率、可用域（Region）（按照50%可用域改造计算）平均IPv6改造率均为100%（见表2）。

表2　国内主要11家云服务企业IPv6改造情况

单位：%

排名	云服务平台	TOP20云服务IPv6支持率	所有云服务IPv6支持率	可用域IPv6改造率
1	移动云	100.00	100.00	100.00
2	天翼云	100.00	100.00	100.00
3	京东云	100.00	100.00	100.00
4	金山云	100.00	100.00	100.00
5	腾讯云	100.00	100.00	100.00
6	阿里云	100.00	100.00	100.00
7	华为云	100.00	100.00	100.00
8	沃　云	100.00	100.00	100.00
9	青　云	100.00	100.00	100.00
10	百度云	100.00	100.00	100.00
11	UCloud	100.00	100.00	100.00

资料来源：国家IPv6发展监测平台。

数据中心IPv6改造成效显著。三家运营商数据中心的IPv6升级改造全面完成，共计907个IDC（包括超大型、大型、中小型）已升级改造完成，相比2018年的226个数据中心，增幅超过400%。除此之外，阿里云、腾讯云、百度云等大型数据中心企业的IPv6改造加快推进，初步统计，全国已有997个数据中心支持IPv6。

（四）终端IPv6支持度显著提升

基础电信企业、家庭路由器制造企业加快固定终端设备的迭代升级，固定终端设备IPv6的支持度已经得到大幅度提升，相比2018年支持IPv6的产品数量增加超过3倍。目前，市场主流智能家庭网关已全部支持IPv6，各企业正加快对存量家庭网关的淘汰替换。2020年12月，三家基础电信企业已完成所有可升级固定终端的IPv6升级，固定终端IPv6地址分配占比平均为62.49%。

市场主流移动终端和网络设备均已支持 IPv6。苹果、三星、华为、小米等市场份额较大的移动终端厂商，自 2018 年起新发布的机型和系统已具备 IPv6 支持能力。家庭无线路由器方面，中国信息通信研究院对市售的小米、普联、友讯 3 个品牌共 12 款 2020 年新上市的样品进行了 IPv6 支持度评测，测试结果见表 3，新产品在获取、分配 IPv6 地址方面均正常，但未做到默认开启 IPv6 协议栈，全部需要手动配置。

表 3　家庭无线路由器 IPv6 支持情况

生产单位	设备型号	软件版本	前置家庭网关部署方式	
			桥接模式	路由模式
普联	TL－XDR1860 易展版	1.0.6	配置后支持	配置后支持
	TL－XDR6060 易展 Turbo 版	1.0.6	配置后支持	配置后支持
	TL－WDR7632 千兆易展版	2.0.8	配置后支持	配置后支持
	TL－WDR5660 千兆易展版	1.0.4	配置后支持	配置后支持
	TL－WDR8690 易展版	1.0.0	配置后支持	配置后支持
	TL－WDR8661 易展版	1.0.3	配置后支持	配置后支持
	TL－WDR5650 易展版	1.0.7	配置后支持	配置后支持
	TL－WDR8670 易展版	1.0.9	配置后支持	配置后支持
	TL－WDR5620 千兆易展版	1.0.0	配置后支持	配置后支持
小米	小米 AIoT 路由器 AX3600（R3600）	1.0.20	配置后支持	配置后支持
	小米路由器 AX1800	1.0.34	配置后支持	配置后支持
网件	Nighthawk MR60	V1.0.3.86_2.0.34	配置后支持	不支持

资料来源：国家 IPv6 发展监测平台。

（五）基础资源、IPv6活跃用户、流量等关键发展指标取得突破

中国 IPv6 地址申请量持续增长，位居世界前列。截至 2020 年 12 月，中国已申请 IPv6 地址资源总量达到 54592 块（/32），仅次于美国。IPv6 地址拥有量能够满足当前 IPv6 商业规模部署的要求，但单个网民人均 IPv6 地址拥有量与发达国家还有一定差距，未来对于 IPv6 地址的需求量依然较大。

IPv6 活跃用户国际排名显著提升。随着互联网应用改造的不断深入，中国 IPv6 活跃用户数逐步上升。根据国家 IPv6 发展监测平台的采样统计，

中国 IPv6 活跃用户数已达 4.62 亿，占比为 49.11%，较 2019 年同期上涨了 58.60%。

IPv6 网络流量快速增长。自 2018 年以来中国城域网 IPv6 流入流量从 50.65G 跃升至 2020 年 12 月的 10545.13Gbps，占全网流量的 4.67%；LTE 网络流入流量从无到有，达到 9233.17Gbps，IPv6 流量占比增长迅速，从改造初期的 1.7% 左右跃升至 22.04%；骨干直联点 IPv6 总流量是 2019 年同期的 3.8 倍，三家运营商及教育网总计达 390.88Gbps，占全网流量的 4.64%。

三 现阶段 IPv6 发展面临的主要问题

现阶段网络和移动终端全面就绪、应用改造逐步推进、用户流量稳步提升的良好局面已经形成，但各环节支持 IPv6 的情况仍存在诸多显著问题。

（一）IPv6 流量占比偏低

虽然基础电信企业完成了固定网络和 LTE 移动网络的 IPv6 升级改造，IPv6 流量获得了快速增长，但与 IPv4 流量相比占比仍然很低，监测数据显示，基础电信企业国际出入口、骨干直联点、城域网 IPv6 平均流量占比不足 5%，说明大部分应用尚未真正在“IPv6 通道”上跑起来。在基础网络设施已经取得阶段性成果的背景下，网站及互联网应用的 IPv6 能力提升显得尤为重要，尽管国内互联网网站及应用支持 IPv6 访问的情况大幅改善，但仍存在部分网站和应用改造不彻底，二、三级深层次链接无法正常使用的情况，真正产生流量的流媒体、图片等仍然使用 IPv4 建立连接，尤其是直播、视频、游戏等大流量应用，改造的力度与深度对 IPv6 的支持度还远远不够。

（二）端到端 IPv6 网络质量较 IPv4 网络质量仍有差距

经过 2019 年基础电信企业对 IPv6 网络质量链路持续优化，现阶段骨干网层面 IPv6 网络性能与 IPv4 基本趋同，IPv6 已经从“能用”逐渐步入“好用”阶段，但是端到端监测的 IPv6 网络传输时延和丢包率高于 IPv4，仍存在一定差距。在推进IPv6升级改造过程中收到一些互联网企业反映，端到端监测的IPv6网络传输时延和丢包率与IPv4相比存在一定差距，部分IPv6网间互通性能还存在问题，影响用户访问体验，成为互联网企业在应用上线、用户放量阶段的主要顾虑。

（三）应用基础设施改造进度仍需加速

虽然CDN和云产品的支持情况较前期有一定的改善，但CDN在节点服务覆盖范围、IPv6服务带宽及服务性能方面仍显不足，云服务平台在业务类型、IPv6服务性能及服务创建易用性方面仍待改善。现阶段，很多应用基础设施的IPv6服务性能还劣于IPv4，对用户体验产生不良影响，这些因素都在一定程度上制约了互联网企业IPv6升级改造。

（四）家庭无线路由器成为IPv6发展瓶颈

当前，移动终端对IPv6发展的瓶颈得到了改善，但固定宽带网络环境下获得IPv6地址的用户规模还有较大的提升空间。市场上主流的家庭无线路由器对IPv6支持度普遍较差，大部分终端默认配置未开启支持IPv4、IPv6双栈。作为重要的网络接入设备，其支持能力阻碍了大量固网家庭宽带用户获取IPv6地址访问网络，在一定程度上制约了中国IPv6发展，并成为固定网络IPv6地址分配比例偏低的主要原因。

四　下一代互联网演进趋势

我们必须认识到IPv6不是下一代互联网的全部，而是下一代互联网创新的起点。在互联网发展的历程上，数据通信产业经历了Native IP、MPLS两代协议，随着企业信息化建设的深入、移动互联网和云数据中心的发展，社会走向全面数字化和智能化，传统只能提供有限电信级连接的网络已经无法满足以云为中心的业务对网络海量的、随时随地可能发起的数据连接的需求。

为了满足5G和云服务的灵活组网、按需服务、差异化保障等需求，中国互联网产业界持续研究探索IP网络的发展演进。依托中国IPv6规模部署进展成果，整合IPv6相关产业链力量，进一步将IPv6与其他技术结合，发展增强性的“IPv6+”网络，如IPv6+SRv6提供业务快速发放，IPv6+5G实现网络端到端切片，提供差异化的网络服务水平，“IPv6+”应用感知，提供关键业务的体验保障等，激发业务创新，改变商业模式，增收提效。

“IPv6+”是面向5G和云时代的智能IP网络，包括以网络切片、IPv6分段路由、随流检测、新型组播、应用感知网络等内容为代表的协议创新，以网络分析、网络自愈、自动调优等网络智能化为代表的技术创新。

（一）IPv6分段路由

分段路由（Segment Routing，SR）是一种源路由技术，它为每个节点或链路分配Segment，将业务流的Segment组合起来形成端到端的源路由转发序列。SRv6是SR与IPv6的结合，是基于源路由理念设计的IPv6转发协议，它利用IPv6扩展报头（Segment Routing Header，SRH），从源节点开始压入一串指示显式路径的IPv6地址栈（Segment序列），指引该路由器及后续路由器按照Segment序列进行报文转发，路径中间节点不断进行目的地地址更新操作完成逐跳转发，实现了普通IPv6转发与隧道转发的统一。

与电信网络数据转发所使用的MPLS协议相比，SRv6仅配置业务信道的两端，无须逐点配置，简化了控制协议与封装协议，中间节点无须知道数据包从哪里来和最终到哪里去，仅是执行收到的IPv6包中指示的下一跳路由，可实现端到端路由的快速开通。SRv6可以为每一段路由预先设计好故障状态下的备份路由段，从而支持快速保护倒换。SRv6可以为多播和组播设计同一源节点到不同目的地节点的多条路由。为了支持高可靠的业务，SRv6可以为同一源节点到同一目的地节点同时配置多条路由，以冗余实现高可靠传输。SRv6与APN6结合，用于表达信道SLA策略，实现符合特定业务SLA的网络路径规划，可以优选符合业务需要的路由，例如低时延路由、高带宽路由和高可靠路由，支持路径优化与流量工程。

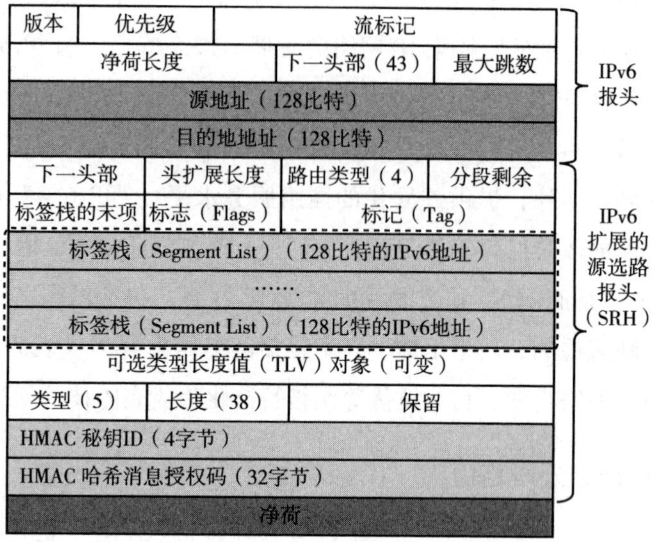

图1　IPv6 扩展报头与标签栈

SRv6 技术发展也面临着挑战，例如 128 比特的标签栈太长，开销大，效率低，增加了芯片实现难度，当前针对 SRv6 的扩展头压缩技术成为业界的热点研究方向。此外，SRv6 依赖于 SDN 的 SRv6 控制器的集中控制，容易成为网络安全事件攻击的对象，需要特别重视对其安全防护。

（二）网络切片

网络切片是 5G 关键技术之一，能够实现在同一张网络中同时满足各种各样类型业务的差异化需求。承载网切片为 5G 的端到端切片提供定制化的网络拓扑和连接，以及为不同网络切片的业务提供差异化且可保证的服务质量（Service Level Agreement，SLA）。基于 VPN + 技术的承载网切片的整体架构包含网络基础设施层、网络切片实例层和网络切片管理层，具有以下优势。

网络基础设施层：利用 SRv6 编程能力，网络设备为每个网络切片分配专用或共享的网络资源，通过各种底层技术提供网络资源切分和隔离能力，

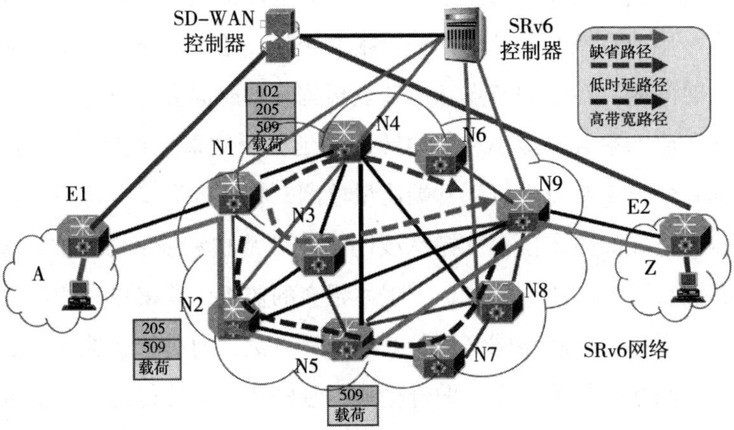

图 2　SRv6 原理示意

为不同的网络切片提供资源隔离，避免或减少不同网络切片之间的影响。

网络切片实例层：提供按需定制的虚拟网络拓扑等属性，并实现切片虚拟网络与为切片分配的底层网络资源有机整合。SRv6 的数据面和控制面技术是网络切片实例层的重要组成技术。

网络切片管理层：得益于 SRv6 对 SDN 的内生支持，网络切片控制器与网络设备分布式控制相互配合，提供网络切片的生命周期管理，包括切片的规划、创建、监控、调整和删除。网络切片管理层还提供开放接口与 5G 的端到端切片管理器交互切片的需求和能力信息。

当前，端到端网络切片已经形成了部分产品解决方案和网络实践，但距离规模商用部署还存在一定差距。

（三）随流检测

随流检测技术（In-situ Flow Information Telemetry，IFIT）区别于主动的 OAM 方法，如单向主动测量协议（One-Way Active Measurement Protocol，OWAMP）和双向主动测量协议（Two-Way Active Measurement Protocol，TWAMP）。随路网络测量无须发送主动探测报文，而是将 OAM 指令携带在

用户报文中，例如对 IPv6 扩展报头的特定字段的比特交替染色，首节点、中间节点、尾节点按照着色周期进行报文统计，给出业务丢包率。通过在首节点加入时间戳，在中间节点和尾节点根据接收时间戳计算时延。每个节点只将该业务流的最大、最小和平均转发时延分析结果上报尾节点的分析器。随流检测在信道正常时进行端到端质量检测，在业务质量劣化后，自动使能逐跳检测，完成故障定位，支撑承载网络自证清白和业务故障的自动定界。IFIT 具备测量真实的用户流量、实现逐报文的监控、获得更多的数据面信息等能力，并提供一种随路网络测量的架构和方案，通过智能选流、上送数据压缩、动态网络探针等技术，融合隧道封装的考虑，使得此项技术可以在实际网络中部署。

感知网络状态面临更大的挑战是如何通过随流检测获得实时、准确、完整的网络状态数据，指导包括合理调度分配计算、存储及网络资源在内的资源管控系统做出更加完备、准确的管理与控制决策，制定安全控制策略，提升网络整体利用率，优化用户体验。

（四）应用感知网络

IPv4 报头仅有源地址和目的地地址，可用于选路，但网络并不知道该 IPv4 包承载什么类型的业务，从而也无法提供适应业务需要的差异化服务，而且为了应对业务的不确定性，运营商往往需要预留较大的流量峰值冗余，导致网络经常处在轻载运行，网络利用率很低，同时用户因缺乏精细化服务而获得感不高。应用感知网络（App-aware IPv6 Networking，APN6）是一种面向未来的新型 IPv6 网络架构。APN6 针对现有网络无法感知应用而导致的运营商现网痛点，改变网络与应用感知割裂现状。APN6 利用 IPv6 逐跳扩展头（Hop-by-hop Options Header，HBH）携带用户应用信息，APN6 的格式如图 3 所示。应用信息包括用户身份信息、应用标识信息、SLA 需求等级信息和网络性能需求信息等。APN6 还可扩展到包含网络服务的指示（区分服务、分层服务质量、网络切片、确定性网络、业务功能链等）和网络测量指示（带内、带外，无源、有源，逐包、逐流、逐节点、端到端，更细粒度，综合测量等）。应用信息由报文携带进入网络，使网络感知用户应用及其对网络的需求，为高优先级应用提供精细化运营服务，从而实现网络可编程能力的充分利用，有效衔接网络与应用。应用感知网络可以使能网络为特定应用（如游戏、直播或支付等）提供定制化服务，在保障用户网络体验的同时提升承载网络的商业价值。

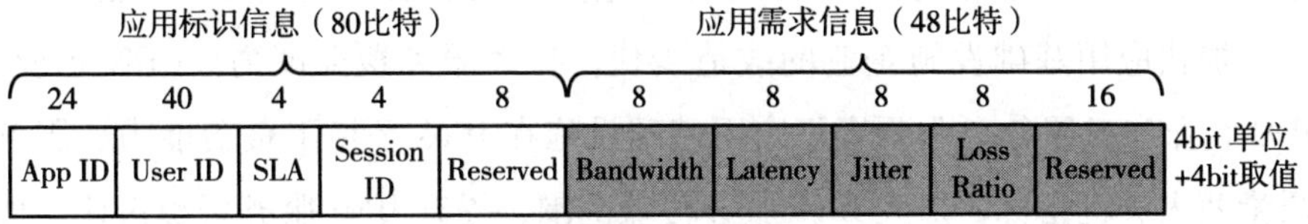

图 3　HBH 中的 APN6 格式

应用感知网络现阶段仅处于场景和需求讨论阶段，尚未进入架构设计和方案实现阶段。如何利用 IPv6 扩展头的可编程能力，将应用层需求完整地传递到网络层，使能网络对用户应用进行精细化运营，如何防止用户滥报或误报应用信息等都是值得研究的问题，需要加快解决。

五　加快中国 IPv6 发展的措施建议

为进一步巩固和扩大 IPv6 规模部署成果，激发企业和用户优先选择 IPv6 的内生动力，全面完成向下一代互联网的平滑演进升级，针对后续利于中国 IPv6 发展，本文提出以下建议。

（一）着力解决当前问题，推进各项 IPv6 工作向纵深发展

引导更多互联网应用开展 IPv6 升级改造，带动 IPv6 流量提升。为有效解决 IPv6 流量占比偏低的问题，下一步要在加快互联网应用 IPv6 改造、测试、大规模上线的基础上，扩大应用 IPv6 上线范围，并且在改造“深度”方面对互联网企业提出更高的要求，大幅提升深层链接及主营、大流量业务支持 IPv6 访问，有效拉动 IPv6 流量，实现覆盖用户与流量的双重提升。

持续优化 IPv6 网络质量，切实解决网络性能与应用需求之间的矛盾。以提升用户体验、满足应用需求为出发点，重点提升 IPv6 网络基础设施访问性能和服务能力。开展端到端网络访问性能监测，确保 IPv6 网络网速、时延、丢包等访问性能指标趋同于 IPv4 网络；加强网间性能检测，持续优化 IPv6 网间互联互通性能，确保 IPv6 网间互联互通性能指标优于 IPv4 网络。着力改善 IPv6 服务性能，扩大覆盖范围，支撑更多用户向 IPv6 迁移。

加快应用基础设施企业的改造步伐，扩大服务覆盖能力。CDN 企业、IDC 企业和云服务企业要聚焦应用基础设施在 IPv6 环境下覆盖能力、服务质量两大关键指标，扩大 IPv6 服务覆盖范围，提升 IPv6 服务资源占比，优化 IPv6 应用加速性能，加快自身 IPv6 改造进度，满足各类互联网应用在全国范围内大规模开展 IPv6 业务的需求，助力互联网应用加快 IPv6 用户放量步伐。

增强固定终端 IPv6 支持能力，推进“最后一公里”网络的 IPv6 改造。终端对 IPv6 的支持度和便利性是用户与流量向 IPv6 转化的重要制约因素，需进一步加快老旧家庭网关的升级替换，推动国内主要电商平台对支持 IPv6 的家庭宽带终端设备进行标识并优先向用户推荐。此外，市面上主流家庭无线路由器制造企业需着力提升终端产品 IPv6 支持能力并默认配置支持双栈，提高网络设备产品对 IPv6 的支持能力，为更多的家庭固定宽带用户同步分配 IPv6 地址。

（二）开展“IPv6 +”创新应用研究，促进下一代互联网演进升级

IPv6 丰富的开销蕴藏很大的编程空间，可以开发很多新功能，例如确定性广域网、变长 IP 地址、增强网络安全等，这既是需求也是挑战，需要持续创新。后续要着力构建“IPv6 +”产业能力及标准体系，统筹产业链各方力量，推动“IPv6 +”网络及安全产品研发，开展测试验证、现网试点以及规模部署，形成“IPv6 +”自主产业生态，从而驱动网络和业务的融合创新，形成中国自主可控的“IPv6 +”标准体系并积极参与国际标准制定。

全力支持“IPv6+”网络技术体系自主创新。依托国家科技重点研发计划，支持国内产学研用开展“IPv6+”网络体系架构技术创新，突破巨量规模组网、网络编程、确定传送、网络自动驾驶、内生安全等关键技术。

同时，加大IPv6创新应用发展支持力度。加大IPv6在新型智慧城市、工业互联网、车联网、物联网等垂直行业领域的应用推广力度，推动IPv6与5G等新技术新网络融合发展，不断增强网络信息技术应用能力。

参考文献

中共中央办公厅、国务院办公厅：《推进互联网协议第六版（IPv6）规模部署行动计划》，2017年11月26日。

曹蓟光、赵锋、马军锋：《宽带中国与下一代互联网》，电子工业出版社，2015。

IETF，IPv6 Segment Routing Header：RFC8754，2020.

Li Z.，BGP Request for Candidate Paths of SR TE policies，2020.

Filsfils C.，SRv6 Network Programming，2020.

Cehn H.，SRv6 Midpoint Protection，2020.

Dong J.，A Framework for Enhanced Virtual Private Networks（VPN+）Services，2020.

IETF，Deterministic Networking Architecture：RFC8655，2019.

Song H.，In-situ Flow Information Telemetry，2020.

Xie J.，BIER IPv6 Requirements，2020.

Li Z.，Application-aware Networking（APN）Framework，2020.

新一代信息技术产业篇

B.6

以新一代信息技术创新推动信息产业发展　打造高质量发展新引擎

张　立*

摘　要：　自2020年以来，中国信息产业持续推进高质量发展，整体规模稳步扩大，重大项目建设持续推进，重点领域复工复产顺利，创新能力持续增强。展望未来，新一代信息技术正成为科技革命和产业变革的引领力量、传统产业转型升级的引擎、新发展格局构建的支撑底座以及实现国家安全战略的关键支撑。与此同时，信息产业也面临国际政治经济不确定和产业基础领域支撑力度不足的内外部隐忧。为破解产业发展难题，提振产业发展内生动力，建议应夯实产业核心技术底座，构建自主演进的创新生态，提升产业链供应链水平，拓展国际开放合作新空间，提升产业治理水平。

* 张立，中国电子信息产业发展研究院院长、党委副书记。

关键词：　新一代信息技术　信息产业　高质量发展

2020年是中国“十三五”规划收官、“十四五”规划部署的关键之年。中国正处于现代化经济体系加速构建、产业高质量发展深化的关键时期，即将开启由全面建成小康社会向基本实现社会主义现代化迈进的新征程。新一代信息技术作为全球科技和经济竞争博弈的焦点，在新的历史时期将继续发挥创新引领作用，为制造强国、质量强国、网络强国和数字中国建设提供新动能、新引擎。

一　2020年中国信息产业发展情况

（一）整体发展态势良好，收入利润指标双双增长

2020年，面对复杂严峻的国内外政治经济形势，中国信息产业砥砺前行，加快高质量发展和转型升级步伐，产业收入、利润规模均稳步提升。规模方面，据工信部运行局数据，前三季度电子信息制造业实现营业收入8.4万亿元，同比增长7.4%，增速较2019年同期提高2个百分点；软件业收入5.8万亿元，同比增长11.3%，增速较2019年同期降低3.9个百分点。利润方面，前三季度电子信息制造业实现利润总额3940亿元，同比增长15.5%，增速较2019年同期提升11.9个百分点；软件业利润总额5948亿元，同比增长7%，增速较2019年同期提升3.8个百分点。

（二）产业出口保持平稳，重点产品出口呈分化态势

在复杂多变的国际形势和持续增大的外部压力下，电子信息制造业出口保持平稳。2020年前三季度，电子信息制造业实现出口交货值40273亿元，同比增长4%，增速较2019年同期提高1.5个百分点。从重点器件看，集成电路出口额一枝独秀，面板出口额有所下降。据海关

数据，集成电路出口额824.7亿美元，同比增长12.1%，增速较2019年上半年提高1.6个百分点；液晶显示板出口额141.8亿美元，同比下降13.8%。从整机产品看，笔记本电脑出口额快速增长，手机出口额有所下降。笔记本电脑出口额618.6亿美元，同比增长14.6%；手机出口额777.5亿美元，同比下降3.1%。

（三）行业投资保持活跃，重大项目建设稳步推进

计算机设备制造业助力高技术制造业成为投资拉动领域。2020年1～10月，电子信息制造业固定资产投资额同比增长12.0%，较前三季度（11.7%）提升0.3个百分点，低于2019年同期水平（13.6%）1.6个百分点。信息产业助力高技术制造业投资快速增长，2020年1～10月，高技术制造业投资同比增长10.0%，较1～9月（9.3%）提升0.7个百分点，其中，计算机及办公设备制造业投资额增长14.8%，是高技术制造业投资增长的重要力量。重大项目复工成为投资的重要推动力。在复工复产工作组的积极推进下，长江存储、合肥长鑫、华星光电、京东方等集成电路、新型显示领域的重大项目稳步推进。

（四）重点产品生产分化，集成电路产量快速增长

计算机产量增势显著。2020年1～10月，微型计算机设备累计生产2.95亿台，同比增长8.3%，其中10月生产3946万台，同比增长28.0%。手机产量受需求不足所限仍处于负增长。1～10月移动通信手持机设备累计生产11.5亿台，同比下降5.9%，降幅相比2019年同期（-4.8%）扩大1.1个百分点，相比于1～9月（-5.1%）扩大0.8个百分点。智能手机设备累计生产8.5亿台，同比增长2.6%，但10月产量达到9603万台，同比下降5.4%。集成电路产量快速增长。1～10月，中国集成电路产量2114亿块，同比增长15.5%，增幅相比于2019年同期（4.0%）提升11.5个百分点，其中10月生产273亿块，同比增长20.4%。

（五）工业品出厂价格保持稳定，全球市场需求不足

产品出厂价格出现小幅下跌。2020 年 1 ~ 10 月，电子信息制造业生产者出厂价格指数（PPI）同比下跌 1.4%，其中 10 月单月 PPI 同比下降 1.7%，降幅比上月（-1.9%）收窄 0.2 个百分点，反映了电子信息制造业生产恢复良好，市场需求有所改善。主要产品全球出货量出现显著下降。中国是电子产品生产大国，手机、计算机和彩电产量分别占到全球总产量的 90%、90% 和 60%，对市场变化具有高度敏感性。受新冠肺炎疫情影响，第三季度全球计算机、手机、彩电出货量分别为 7140 万台、3.54 亿台和 6205 万台，其中，计算机、彩电分别同比增长 3.6%、12.9%，手机同比下降1.3%。国内手机、彩电出货量分别为 8300 万台和 1220 万台，同比下降 15.0% 和 7.4%。主要整机产品销量的走低将对生产环节造成传导效应，从而对国内订单及出口订单产生负面影响。

（六）重点领域复工复产顺利，为产业发展迎来窗口期

自 2020 年以来，信息产业重点领域焕发出较强的内生活力，主动开拓新的市场应用，推动上下游、大中小企业整体配套、协同复工。整机领域，随着复工复产提速和疫情常态化防控措施生效、远程办公与在线教育等场景需求加大、国产化替代提速，下半年出货量有所恢复，华为、小米、OPPO、vivo 等头部企业在全球手机出货量排名中保持稳定，笔记本电脑出货呈现迅猛增长势头。电子元器件及面板领域，在 5G 商用和内循环提振下爆发出新发展潜力。国内下游厂商主动增加国产元器件备货，为电子元器件厂商带来市场迭代机遇，大量企业处于满产状态，加速建设新产线扩产；显示面板产能与需求逐步恢复、价格回调，部分 OLED 产品出现 30% 以上快速增长，预计价格上升将持续至年底。综上，在全球疫情蔓延对供应链分工体系不造成根本性影响、国内疫情不出现大规模二次暴发、中美产业对抗不激化的情况下，2021 年内产业将在较为稳定的生产环境下实现平稳增长。

二　当前和今后一段时期中国信息产业发展面临的机遇和挑战

（一）新一代信息技术持续创新成为推动信息产业发展的主引擎

新一代信息技术是全球研发投入最集中、创新最活跃、应用最广泛、辐射带动作用最大的领域之一。当前，以新一代信息技术为代表的全球新一轮科技革命正孕育兴起，智能、融合、泛在、互联的发展趋势日益明显，成为推动信息产业发展的主引擎。新一代信息技术基础理论、架构加速酝酿突破，以芯片和操作系统为代表的基础软硬件技术自主研发正加速推进，新一代 E 级超算、AI 算法平台等新型计算机架构蓄势待发，存算一体、分布式计算、异构计算等新型计算架构多路演进，量子计算、类脑计算等前沿计算理论创新和实践不断取得突破，为信息产业发展带来颠覆性变革新机遇。面向应用的系统化、集成化创新密集涌现，5G、云计算、大数据、物联网、虚拟现实、人工智能等发展方兴未艾，单点技术、单一产品、单个环节的技术创新正逐渐向覆盖芯片、计算、显示、软件、网络、内容的体系化创新演变，多元技术融合创新不断加速新业态新应用新模式升级迭代。

（二）经济社会转型升级需求为信息产业开辟新空间

十九届五中全会提出要加快发展现代产业体系，推动经济体系优化升级。信息技术赋能已成为实现产业基础高级化、产业链现代化的关键路径，经济社会众多领域也迫切需要信息技术的融合渗透来添薪续力。从赋能效应看，信息技术在现代产业体系中的引领作用越发凸显，一方面，通过发挥信息技术的创新引领作用，促进传统产业跨专业、跨领域、跨环节的多维度、深层次合作与联合攻关，以集成创新为引领实现传统领域技术与应用的系统性突破；另一方面，通过激发数据这一核心驱动要素的潜能，从生产方式、组织管理和商业模式等维度推动产业模式与企业形态根本性转变，加速产业现代化进程。从底层支撑看，“十四五”时期中国经济社会发展的核心要义是以质量变革、效率变革、动力变革推动经济社会实现高质量发展。以 5G、工业互联网、智慧交通、智慧电网、城市大脑、一体化数据中心为代表的新型基础设施将为各行各业的结构优化、效率提升、动能转换提供引擎。以制造业为例，工业互联网深入推进，将大幅提升重点领域企业关键工序数控化率和数字化研发设计工具普及率，加快制造强国发展目标实现。

（三）全球疫情蔓延对供应链影响风险长期存在

自 2020 年以来，世界面临新冠肺炎疫情冲击。不同阶段疫情对电子信息产品供应链带来不同风险点：2 月前主要风险点在于人流、物流限制带来的产能供给不足，3 月日韩疫情升温给中国产业带来材料、元器件大规模断供的风险，4 月以来欧美及全球疫情的大暴发造成了主要市场的需求不足，并提高了产业链关键环节的海外“断供”风险。以手机为例，中国手机芯片、存储器、面板等配套供应链生产端除中国大陆外，多集中于日本、韩国等国家以及中国台湾地区。由于相关国家和地区疫情控制平稳，主要终端生产企业备料充足，短期内产线停工风险较小，但仍应谨防疫情持续蔓延带来的更大范围和更长时间的生产影响。对此应持续跟踪重点厂商海外生产基地、重点环节和物料的生产情况，做好相关厂商对接和重点风险预案。

（四）全球产业分工体系面临变革调整新挑战

在复杂多变的国际形势和地缘政治等不确定性因素影响下，全球信息产业发展格局正面临新一轮调整和变革，产业的形态、结构、分工等迎来深刻变化，发达经济体、新兴经济体、发展中国家之间的国际分工或将重新定位。一方面，发达国家正积极吸引高端制造业回流。美、欧、日、韩等发达国家和地区已在着力培育发展以人工智能、5G、智能制造等为代表的新兴高端产业，并努力促使国际资本调整布局，重构高端制造业优势。富士康在美国威斯康星州建厂，日本政府出资助力日本企业回迁本土，“五眼联盟”正系统性研究、实质化推动供应链体系中的“去中国化”。另一方面，新兴经济体加速承接中国制造业转移。中美经贸摩擦对全球生产布局的影响正在显现。越南方面，近年三星加快“撤华奔越”节奏，先后关闭惠州手机工厂、天津电视工厂，并将大部分产能转往越南，笔记本、手机等代工企业也加大了在越南工厂的产能准备力度，大批零部件厂商随之转移。印度方面，通过设置关税壁垒发展本土制造业，对进口手机征收20%关税，在印销售的手机基本全部当地生产。墨西哥、巴西、波兰、印尼等地因临近目标市场，成为部分企业规避关税壁垒的全球性生产布局节点。

三　2021年中国信息产业发展的总体态势

（一）行业基本面呈现触底反弹、强势回暖趋势

自2020年第三季度以来，行业在疫情防控常态化、一系列纾困惠企政策的落实和扶持下，整体营收、利润逐步摆脱第一季度的负增长趋势，增速较第一、二季度有明显边际修复。展望2021年，行业整体呈现“触底反弹、强势回暖”趋势的概率较大，营收、利润等主要指标将持续改善。一方面，随着全球疫情逐步受控，2020年被抑制、被冻结的消费需求将加速释放；另一方面，随着全球供应链体系逐步恢复，中国扮演的角色和地位将得到强化，产能优势、要素协同、产业链韧性将得到充分发挥，有机会填补国际供应链体系中的关键空白。随着中央和地方顶层设计、资源配套优化推进，中国信息产业有望在“十四五”开局之年迎来开门红。

（二）出口面向不同海外市场形成梯度分化格局

随着全球经济疫情后修复、部分海外供给能力恢复等因素的正向驱动，信息产业出口将保持增长，并将面向不同海外市场形成梯度分化格局。新兴市场出口劲增，由于新兴经济体对中国设置的贸易壁垒较低，随着疫情防控

下远程办公电子设备产品需求加大，以及海外冲击下的供给缺失，中国将以完备的电子信息产业链和快速修复的产能，对共建“一带一路”国家与其他新兴经济体形成供给替代；北美等市场贸易降温，美国、加拿大、澳大利亚等国家频频设置较高的贸易壁垒，对中国企业在当地的市场开拓造成专利、成本等阻力，预计对上述海外市场出口将大幅放缓；欧盟市场波动因素较多，欧洲国家一方面出于二次疫情、市场开拓、供应链合作等目的希望与中国信息产业加强合作，另一方面在美国压力下态度存在摇摆。信息产业对欧出口受市场、政治、疫情等多重因素影响，将成为2021年产业出口的主要变量。

（三）典型细分行业孕育迸发出新的动能

2021年，随着新基建部署加速落地、“双循环”新发展格局加速形成，信息产业各领域迎来新的发展机会。集成电路领域，在国内大循环和一系列鼓励政策的扶持下，通用芯片、存储器等短板领域有望加速“破冰”，并在内循环中发挥更为重要的作用。新型显示领域，液晶面板产能优势持续扩大，OLED生产能力与市场份额不断提升，车载显示应用逐步普及，透明、柔性、量子点、Macro/Mini LED等新型显示技术加速产业化。5G领域，工业CPE、5G机器人、车载模块等行业应用终端形态将不断创新涌现，持续扩大5G终端外延，随着支持Sub-6GHz 5G网络基础设施部署和支持毫米波波段设施技术完善推广，支持毫米波通信的终端类型将有所增加，5G全场景终端生态将进一步完善。超高清视频领域，产业链各环节整机产品将向高质量、高品质路径加速迈进，8K相关产品的研发与产业化提速，超高清内容供给短板有望得到明显缓解。虚拟现实领域，面向普及型消费的头显产品快速迭代，5G边缘计算推动VR云渲染能力大幅提升，“非接触”VR应用将成为疫情防控常态化下工作、生活的新方式。汽车电子领域，LTE－V2X将加速向5G－V2X过渡升级，带动C－V2X芯片、车载模组（OBU）、路侧设备（RSU）、边缘计算设备等市场规模快速加大。

（四）产业集群区域化布局和差异化发展趋势愈发明显

“十四五”期间信息产业将结合区域发展环境和产业优势，集中力量打造一批梯次共生、差异互补、珠串联动的产业集群。京津冀、长三角、粤港澳在原创能力、智力资源、创新平台、资源配置、多元要素供给等方面具有显著优势，2021年将进一步聚焦5G、集成电路设计、人工智能、超高清视频、工业软件等领域，打造世界级产业集群；湖北、安徽、江西、成渝经济圈等中西部地区各自在光通信、集成电路、新型显示、智能终端制造等方面形成产业集聚，2021年将进一步强化细分领域技术创新和高端产品、服务供给，着力打造差异化、专业化、特色化的产业集群。

（五）多重战略机遇叠加拉动产业发展

2021年前后相继启动的一系列国家战略与重大产业部署将为产业发展带来难得机遇。RCEP协定签署将进一步提升与东盟的贸易合作便利性，上海、北京等自贸区将在2021年加速吸引高端要素、推动产业转型升级、形成高附加值产业集聚平台；2020年底签署的中欧全面投资协定将为中欧提供高标准的投资保护和高水平的投资自由化便利化措施，“一带一路”建设将在2021年延伸出产业发展新空间。在国家“双循环”新发展格局部署下，产业供给体系的创新性和关联性将全面提升，多类芯片、存储器等信息产业“卡脖子”和瓶颈问题将得到缓解。信创工程也有望在2021年进一步完善重点区域产品体系布局，推动软硬适配能力持续升级，带动信创市场规模快速扩大。

四　“十四五”时期促进中国信息产业发展的关键任务

当今世界正经历百年未有之大变局，大变局孕育大机遇，大机遇谋划大发展。面对“十四五”时期复杂多变的发展环境以及一系列新机遇和新挑战，以新一代信息技术为代表的信息产业应从夯实产业基础能力、构建创新生态、提升产业链供应链现代化水平、深化开放合作、提升治理能力等方面着手发力，助力现代化产业体系构建，服务经济社会高质量发展总目标。

（一）夯实核心技术底座

面向产业关键短板和瓶颈问题，强化创新链、产业链、资源链协同，发挥新型举国体制优势，重点提升基础软硬件、关键元器件、关键电子材料和关键生产装备性能、稳定性和自给保障能力，着力补齐产业短板。强化整机系统牵引能力，引导和推动新型主导产品和服务发展，强化系统集成优势，不断完善整机产品产业链，推动上游短板环节加快市场迭代与产品成熟，打造一批要素领先、生态完备的产业集群，巩固竞争优势。

（二）构建自主演进的创新生态

紧抓信息产业底层技术架构变革和国际分工体系调整机遇，树立生态协同、联立共生、互为渗透的发展观念，与国外企业建立更加紧密的生态关系，形成你中有我、我中有你的生态格局。加快构建自主技术主导、产业链支持、可持续迭代演进、开放领先的产业生态，围绕基础软硬件国产化生态快速收敛，强化基础软硬件适配。开展国产、国外信息技术关键领域联合攻关和双向验证，加强集成电路产业链上下游的协同和适配。在成熟领域稳定供应链的前提下，积极推动新兴领域的转轨换轨，在5G、人工智能等已有比较优势的产业领域，建立中国全面主导的基础理论、底层架构、技术标准、应用生态。

（三）提升产业链供应链水平

主动应对国内外产业发展新形势和新挑战，继续发挥信息产业体量大和体系化优势，全面夯实产业基础能力，面向高质量发展的新要求，提升产业链供给能力和竞争力，切实保障供应链安全稳定。紧抓信息技术商用化和数字经济融合发展新趋势，加快引导和推动新型主导终端产品发展，抢占新一轮信息技术发展新的制高点，努力形成量大面广的“拳头级”产品。加快信息技术与经济社会深度融合的场景挖掘，提供面向差异化融合场景的产品与服务。畅通产业链供应链循环，释放国内供应链巨大潜力，以应用拉动供应链逆向创新，不断提升跨环节、跨部门、跨区域的协同供给效率。

（四）拓展国际开放合作新空间

拓展产能合作新市场，充分利用各类新型国际合作机制、项目、平台等，积极推动通信设备、通信系统、光伏、彩电等优势产能“走出去”。探索技术融合新途径，加强高端芯片、高性能服务器、先进存储、汽车电子计算系统等产业关键技术领域国际合作，鼓励和支持信息产业企业与境外优势企业在研发创新、新产品开发、标准制定、品牌建设等环节开展深入合作。优化信息网络国际布局，进一步构建高效跨境信息通道，加强与周边国家信息通信设施互联互通，完善中国国际通信出入口布局，加强海外节点建设，以亚非欧拉为主要方向提升中国国际互联网能力，加快推进海外网络服务提供点（PoP）和互联网数据中心（IDC）建设。

（五）提升产业治理水平

推动集约化云边端协同的“一朵云”建设，构建开放可扩展的云平台架构，提供弹性扩容、平滑升级能力，实现各级部门基础设施统建共用、信息系统上云互通、数据资源汇聚共享、业务应用高效协同。在有条件的城市逐步打造互联、开放、赋能的智慧城市中枢，实现向下统接智能基础设施、向上赋能行业应用，打造数据驱动、协同高效的城市治理新格局。以授权开放、数据沙箱等模式逐步推动政府数据开放，支持构建交通、安防、公共资源交易等规范化数据利用场景，鼓励政企数据融合创新。加快人工智能、云计算、大数据等在城市治理中的深度应用，支持企业、高校、研究机构等多元主体面向智能交通、智慧港口、应急管理等重点领域，积极开展解决方案创新，培育一批具有国际一流水平的应用平台和市场主体。

B.7
传感器，信息技术基础

郭源生 *

摘 要： 人类步入21世纪，已全面进入“信息化时代”，从一定意义上讲，也就是进入全面感知的传感器时代。特别是近年来，伴随5G、大数据、云计算、物联网、虚拟现实、人工智能等新一代信息技术在产业应用中的不断创新，以及数字化、网络化、智能化等信息化技术迭代升级，作为数据采集与获取唯一功能器件传感器技术就显得尤为关键。毫不夸张地讲，传感器技术优劣决定系统功能和智能化整体水平，严重影响和制约信息技术全面发展。然而，当前传感器技术滞后已成为数字产业链中最大的“短板”。其产业化能力也成为数据采集技术创新应用的又一“障碍与瓶颈”，成为产业数字化、数字产业化推进中亟待解决的突出问题。

关键词： 传感器 MEMS工艺 信息技术

一 概述

传感器与计算机、通信被称为信息技术与系统的三大支柱。作为信息技

---

* 郭源生，博士，教授级高级工程师，九三学社中央科技委副主任，中国传感器与物联网产业联盟副理事长，工信部电子元器件行业发展研究中心总工程师，长期从事敏感元器件、传感器技术研究，养老健康管理、物联网等技术创新应用研究与产业化工作。

术的基础，传感器技术的优劣，已成为衡量一个国家信息化程度和科技发展水平的重要标志，也是衡量一个国家综合国力和是否处在国际战略竞争制高点的重要标志。同时，传感器技术也是发达国家高度重视与争相发展的核心基础技术和用以“卡脖子”的重要手段之一。传感器可广泛应用于冶金、石油、化工、电力、交通、水利、新能源、电子、环保、家电、航天、航空、军工武器装备等国民经济及国防、科研等各个领域，关乎并影响技术创新，以及国防、经济和全社会信息安全等，对于产业结构调整与转型升级具有十分重要的战略意义。

如果把计算机比喻为“人的大脑”，通信比喻为“人的神经系统”，那么传感器就是“五官”和“皮肤”，承担着感知并获取自然环境中的一切信息数据的功能，是信息采集与数据交换的“窗口”。西方发达国家正因重视传感器等技术，逐步形成了全球高新技术发展及军工武器装备的基础技术的应用差异。

20 世纪 70 年代初，西方也忽视了传感器技术发展，以至于呈现“大脑发达”而“五官迟钝”的尴尬状态，致使计算机及通信技术受到严重制约和影响。70 年代中期，各国快速制订相应的产业规划，相继开始加快传感器发展。80 年代初美、日、德、法、英等国家纷纷制订相关计划并将其列为长远发展规划的重点，倾注人力物力并重点投资进行研究开发，以年均 20% ~30% 的速度高速发展，并长期予以重点支持。

二　传感器产业发展现状

传感器是指利用一定规律把被检测量转换成便于处理的其他物理量的器件，通常由直接响应被测量的敏感元件和产生可用信号输出的转换元件（目前主要以电信号输出）及相应的电子线路组成。按照中国标准文献分类法及国民经济统计分类，一般将敏感元器件及传感器归类到电子元器件与信息技术。

据美国官方相关统计数据，自 2015 年开始，全球传感器市场进入高速增长阶段，当年市场销售额突破千亿美元，达到 1047 亿美元；2019 年销售额约为 2048 亿美元，2020 年约为 2150 亿美元，以年均大于 10% 的速度持续增长（仍然是高增长行业）。其中，军工占比由 2015 年的 67% 迅速降至 2020 年的 29%，而非军工应用的占比快速上升为 71%，充分表明智能化需求由军工转为民用和日常生活，民生信息化不断增强的时代特征较为明显。

1. 全球传感器产业概况

全世界从事传感器研制与生产的企业有 6500 多家，其中美国、欧洲、日本均超过 1000 家，俄罗斯 800 多家。在其产业化水平和市场占有率中，美国占比最高，约为 35%，日本为 20%，德国为 15%。三国处于全球的领先地位，占据总市场销量的 70%。以消费类产品配套为主，依次为家用电器与终端产品、汽车等运输工具、工业自动化控制系统与设备、医疗电子与专用器械、飞机和船舶等大型装备、大型工程配套、工业与商业机器人、环境保护专用、设施农业等。

国外传感器产业发展有以下几个特点：一是重视基础技术、基础工艺和共性关键技术的研究，共性关键技术研究与应用技术研究并行，典型产品开发与产品工程化并行；二是从传感器完整产业链出发推动产业发展，全面理解并掌握整个控制系统或信息采集过程中上下游接口联接的各项标准的完整性、统一性、协调性；三是重视传感器的可靠性设计、控制与管理，严格设计符合性控制和工艺可靠性控制，有效提高产品生产成品率，瞄准产业化需求。

受全球疫情后经济复苏和信息化进程加快等因素的影响，各应用领域对传感器需求不断扩大，市场需求将会呈现爆发式增长。例如，在汽车、家电类产品，以及农业、环保、大健康产业等领域的应用，将形成万亿美元的增长需求；尤其是在 5G、人工智能、物联网技术推动下的应用需求，是突如其来、难以估计的。

2. 中国传感器产业发展现状

目前中国已有 1700 余家企事业单位从事传感器的研制、生产和应用，产业门类基本齐全，分布在全国各个省、区、市。长三角、珠三角、京津冀等地区形成了一定的产业聚集和总体优势。国内传感器涉及声、力、光、气、磁、温、湿、RFID、电压、生物等 10 大门类 42 小类 7000 多个品种。受工艺技术水平与产业化装备能力影响，中国传感器产业化水平和西方相比还存在很大差距。

据行业分析统计，近几年国内传感器市场份额一直持续增长，2014 年全国传感器销售额突破 1000 亿元；2020 年达到 2510 亿元。而国内市场需求和产业化能力在持续增长，增速高达 15% 以上。目前通信电子产品、消费电子产品、工业及汽车电子产品和专用设备是中国传感器应用集中的四大领域。农业、能源、交通、医疗与大健康产业等各个行业领域也都呈现快速增长势头。随着中国传感器产业整体水平的提高，中国传感器会逐步地替代进口。

经过多年发展，中国传感器产业的科研、生产、应用体系及区域布局已基本形成：传感器形成了以中科院国家实验室、传感器国家工程研究中心、高等院校为核心的研发体系；以公司企业为主的生产体系；以工业自动控制、科学测试仪器、机电一体化产品为服务对象的应用体系；以地区中心城市为主的产业布局。传感器产业逐步形成长三角、珠三角、京津地区、东北地区、中部地区等五个较为集中的区域。伴随物联网的兴起，陕西、四川和山东等地传感器产业发展也很快。

3. 技术创新发展趋势

传感器是高技术领域多学科的聚合体，具有技术密集，工艺复杂，种类繁多，品质高端，以及独立性、边缘性、综合性和技艺性强等特征。与其他高技术基础产品一样，多品种、小批量产业现状，在短期内很难形成良好的盈利模式或产业规模效益。

从全球产业化与技术创新发展趋势看，传感器将进一步向数字补偿技术、网络化技术、智能化技术、多功能复合技术方向发展，同时，在产品技术上新原理、新材料、新工艺运用的技术创新不断涌现，新结构、新功能层出不穷。技术参数指标更加严格，制造工艺更加精细，补偿工艺更加完善，外观质量更加精美。

美国2003年提出传感器未来三大技术创新趋势：一是MEMS工艺技术；二是智能化、网络化技术，形成可自组网的节点化传感器网络；三是微能量捕捉与获取技术。比如飘在这里的电子灰尘，可以将自然界光、风、电磁能收集起来，给传感器实时供电，以解决电源问题。

目前，以硅基半导体为敏感材料，以硅平面和MEMS工艺制作的敏感元件是国际传感器产业化主流产品技术，可覆盖十大敏感元器件及传感器产品；薄膜溅射、丝网印刷、固体烧结、光纤成形、化学合成、机械加工、金属绕线、复合组装、手工涂浮等传统工艺在部分行业应用和生产中仍有延续，但总体占比正在逐年下降或被MEMS工艺所取代。

技术创新发展趋势表现在以下五个方面。

一是敏感机理和材料创新。一个敏感机理的诞生就会产生新的结构器件，并形成数据采集、场景描述等新的突破和创新应用。

二是MEMS工艺技术。与半导体平面工艺相互渗透和相互依存，是紧密关联的，在同一个硅片上可以制作各种不同结构、形状的器件，同时一致性、低成本等特征明显，可实现规模化批量生产。

三是器件产品化的创新。围绕MEMS工艺芯片，根据应用不同，进行不同形状、结构设计，形成不同功能封装形式的创新。

四是无线网络化和智能化。一个或多个敏感元器件，外加数字化电路和网络化接口电路，加上算法软件，进行多功能复合与组合，形成智能化模块与不同功能的智能化传感器节点，打通产用之间的障碍与瓶颈。

五是微能量捕捉与获取技术。收集自然界光、风、电磁等微量能源，给传感器实时供电，以解决电源配套问题。

传感器生产制造技术和产业化迎来了良好的发展机遇，未来10～15年，硅的低成本制造技术和应用技术不断快速发展，将为研制生产微型传感器、智能传感器等新型传感器提供可靠的技术保障，国际应用市场正在向包括中国在内的亚太地区转移。

三　中国传感器产业发展存在的问题

国内从20世纪50年代初开始发展传感器技术，主要用于科研和军工领域，较大程度制约和影响了技术推广与产业化发展，造成长期科研与产业化、市场化严重脱节现象，产业化水平很低，国内市场至今仍依赖进口。

（一）缺乏产业发展的统筹规划，政策支持与调控力度不够

到目前为止，国内传感器行业产业集中度不高，产业布局过于分散；政府部门管理归口不统一，造成多头管理现象，难于协调；政策支持的集中度不高，力度不够；缺乏专项计划集中扶持，支持缺乏持续性；现有一些企业缺乏工艺型产业化的高端人才，特别是国际化人才，企业没有竞争优势和特色，缺乏全球化市场观念和发展思路，国际化合作基础较差，国际化对接能力不够，难以形成国际化产品技术和市场竞争优势。

（二）企业普遍“散、小、乱”，产业空心化现象严重

中国从事传感器研制和生产的院校、研究所、企业有1700多家，90%以上均属于小微企业，缺乏龙头企业。中国企业主要占据低端领域，低端产能过剩，价格恶性竞争；在高、精、尖领域，国产传感器处于空白，受制于国外进口（例如某航空企业所用传感器，订货周期长达52周，且须出口许可，往往最终订货被取消），严重影响中国产业安全。

（三）研发成果转化率低，产业化水平低

中国对传感器技术研究开发阶段的资源投入比较重视，却相对忽略了对产业化基础性技术的开发，对产品化、商品化基础技术的开发严重滞后，材料、制造工艺和装备、测试及仪器等相关和配套的共性基础技术相互脱节，科技与生产脱节，影响科研成果的转化，研发成果产业化率低于10%，导

致中国传感器产业综合实力较低，产业发展后劲不足。

中国传感器在设计、可靠性、封装、工艺等方面，缺乏统一标准和自主知识产权；加之行业内企业规模小、产品技术水平偏低、技术研发能力弱等，尤其是缺乏龙头企业的示范效应，导致产业难以吸引资金投入，严重影响了中国传感器产业化进展。

（四）基础研究薄弱，与国外先进技术差距大

由于传感器在重大技术装备中所占价值量不足2%，加之技术攻关及产业化难度大，中国传感器行业整体缺乏创新的基础和动力，基本处在市场追随者的地位，特别是在敏感元件核心技术及生产工艺方面差距较大，很多企业都是引进国外的元件进行加工。传感器企业长期依赖国外技术，在技术上形成了“外强中干”的局面，不仅失去了中高端产品市场，而且也直接导致自己产品品种单一，同质化十分严重。甚至有相当部分产品只能模仿别人的外形，但在产品可靠性指标上低1~2个数量级。

（五）认识存在误区，浮躁现象严重

行业内外存在很多认识误区，包括忽视传感器产业自身规律，有的将智能传感器等同于传感器全部或将MEMS工艺等同于传感器本身，有的将仪器仪表等下游环节等同于传感器上游产品或将传感器在某些领域的应用等同于传感器全部。行业内进行基础研究的少，自主创新严重不足。

（六）配套体系不健全，标准及行业机构缺位

产学研用各环节资源缺乏有效整合，行业组织缺乏。传感器是多学科、多技术的综合集成，技术含量高，攻关难度大；具有多品种、小批量的特征。从业企业规模偏小，缺少战略规划，企业标准化配套能力、售后技术支持与服务能力较低，造成了忽视市场信息导向、设计生产与市场需求脱节的情况，成为产业化发展的最大障碍。由于没有一个统一的标准机构，标准之

间缺少通用性，同时标准严重缺失，标准体系不完善，缺少物理接口、信息和协议接口标准。

四　推进产业发展建议与措施

目前，中国传感器产品依赖国外配套的情况尤为突出。其中民用市场中大约67%，高端装备和大型工程等主流市场中90%以上的传感器，仍要依赖进口，严重制约和影响新一代信息技术发展与应用创新，成为中国社会、经济、产业发展又一个“卡脖子”的关键性节点。

伴随中国工业转型升级与制造业高质量发展，产业数字化和数字产业化进程要求，以及物联网、5G、人工智能等新一代信息技术发展和日常生活的智能化推动下的市场需求，为传感器产业化发展提供了良好创新机遇。从传感器产业自身来看，其产业化发展也迎来了一次挑战，使其从敏感机理、敏感材料、工艺装备、多功能复合与协同、产品结构、智能化节点、应用场景特征描述等进入一场全产业链的变革。创新成为产业发展的新常态，传感器产业呈现全面渗透、融合、转型等发展的新特征。

因此，我们必须直面应对，抓住这一有利时机，全面快速提升中国独立自主发展的产业化体系。“十四五”期间，特别是中共十九届五中全会提出的新的发展战略格局，在“双循环”新发展格局推动下，伴随“自主可控”战略全面升级，使传感器产业又一次迎来了历史性的机遇和发展的“春天”。

传感器产业化发展建议与措施如下。

（一）加强行业管理，发挥政策引导和协调作用

针对传感器行业的顶层设计，开展系统化、科学化的研究和规划，出台具有延续性的产业发展政策，加强产业宏观引导和统筹规划。对行业进行合理的结构调整和产业布局，为行业持续发展创造条件。

（二）建立产业投融资体系

研究建立产业发展股权投资基金等金融支撑体系，解决产业投融资瓶颈问题。由国家设立传感器产业专项资金或专项基金，以政府资金为先导，充分运用市场机制，引入社会资本与专业管理公司，设立产业发展股权投资基金，对行业中的骨干企业、重大项目和创新企业进行投资，加快产业资源整合，优化产业发展环境，提升产业综合竞争力，创造有利于产业发展的投融资环境。

（三）建立人才培养体系，积极开展国际交流

鼓励科研院校开设相关工艺基础课程，加强传感器专业学科建设，探索适合中国传感器行业的人才培养模式，建立培养人才的新机制，促进创新型、应用型、复合型和技能型人才的培养。制定相应的鼓励配套政策，积极开展国际交流，建立跨国人才培育与合作机制，引导国外高级人才回国投身行业发展建设；鼓励国内人才积极创业发展，创造良好人才环境与氛围。

（四）实施重点专项工程，建立产业技术创新体系

统筹利用工业转型升级资金设立传感器专项或者产业创新提升工程，从国家层面引导传感器领域前沿技术、基础性技术、关键共性技术的研发。加强国际合作，坚持引进和自主研制相结合，积极促进引进技术的消化吸收和再创新，提高研制起点，缩小国内外技术差距。建立政策、财政奖励的技术创新机制（体系），激励行业对科研环节加大投入力度，持续提高中国传感器技术水平。

（五）加快产业化进程

选取具备产业化基础的区域，进行产业化试点工作。针对中国产业

化过程中的问题，有针对性地开展基础研究工作，以创新的思维制定具有前瞻性、开拓性的产业顶层规划，形成科学、合理、完整的体系；以联合、合作、集聚的理念，打造产业环境优越的国际化传感器产业园区。

（六）健全产业公共服务平台体系

建立行业技术研发、检测标准及知识产权等公共服务平台，搭建由政府、大学、科研院所、企业共同组建的共性实验平台和生产工厂。建立传感器标准委员会，制定传感器标准体系，加快标准建设。联合传感器企业、大专院校、科研院所、行业协会、支撑机构成立产业联盟。优化产业发展环境，实现行业自律，形成行业资源优势互补，促进产学研结合，创造上下游整合契机。

（七）集中优势资源，创建传感器生态产业链

在现有国内外企业、人才、技术、市场等资源基础上，结合区位优势、政策优势，整合国内外产品检测、技术标准、市场对接平台、产品技术开发、国际交流与协作、人才培养等公共服务现有条件，利用5～10年时间，在国内合适地区，打造一个自然环境良好、产业环境优越的双生态国际化传感器产业园区——中国传感器谷。

形成一个由500余家公司和科研院所组成，涉及各类传感器产品，具有国际影响力和知名度，著名企业聚集，产业优势突出，品牌特色明显，国际化市场对接能力较强，以及政、产、学、研、用、服六维度立体化发展的“双生态产业链”，形成产业结构完整、科学、合理的环境体系，形成实现年销售额2000亿元人民币（300亿美元）以上，并以大于20%的年增速增长的国际化传感器产业园区。形成自然环境、产业环境双生态国际化产业园区，形成具有世界技术、市场、人才高度集中的“传感谷”，促进传感器产业化整体水平提升。

总之，感知技术是信息技术的基础，是智能化系统中信息获取的

“电子五官”，微处理器是数据处理的“大脑”，5G等通信承担着系统的“神经”传输功能。三者相互依存，构成了信息化、智能化的核心支柱，相互依托和赋能推动了中国产业结构调整与转型升级快速迈向未来。我们期待着智能化时代的到来，更期待着传感器产业化能在智能时代创造辉煌。

B.8
虚拟现实对产业的影响

程 聪　方中雄　吉 利　赵 燕*

摘　要： 近年来，虚拟现实(VR)技术日益成熟并得到广泛的应用，它将像互联网一样逐渐成为人们了解世界和改造世界的崭新载体。近年来，在政策、项目、资本、教育培训、技能大赛及技术沙龙等的全方位推动下，VR产业获得迅猛发展，并不断应用于军事、医疗、建筑、教育、文化、工业生产等各个领域。目前，VR产业仍面临着人才供给严重不足、高品质VR内容缺乏、法律法规及标准体系不健全以及源头技术创新不足等的制约。

关键词： 虚拟现实　增强现实　人工智能

自2019年以来，随着5G商用化和行业需求的增长，虚拟现实头戴产品的需求大幅增长，虚拟现实行业进入蓬勃发展阶段。在政策、项目、资本、教育培训、技能大赛及技术沙龙等的全方位推动下，虚拟现实在工业、医疗、文化、房地产等行业的应用越来越深入。随着技术的日益成熟，它将进一步拓展人类感知能力，改变产品形态和服务模式，成为人们了解世界和改造世界的崭新载体，像互联网一样影响人们生产、生活方式。

---

* 程聪，北京工业职业技术学院教授，主要研究方向为计算机网络、虚拟现实技术应用；方中雄，哲学硕士，北京教育科学研究院院长，研究员，主要研究方向为教育政策；吉利，博士，北京教育科学研究院职业教育研究所所长，研究员，主要研究方向为职业教育及教育经济；赵燕，中国电子信息产业发展研究院电子信息研究所消费电子产业研究室主任，高级工程师。

一　2020年虚拟现实产业发展情况

（一）虚拟现实相关政策环境不断优化

近年来，从中央到地方，先后出台了几十项相应的政策或规定，从不同角度对虚拟现实的发展与应用提出了明确的要求（见表1）。

此外，北京、浙江、湖南等20多个省市纷纷出台相关政策，以加快虚拟现实等关键技术研发创新，并将虚拟现实技术与当地产业发展相融合，以此推动区域经济和教育等发展。

表1　国家相关部门关于虚拟现实产业相关政策

时间	名称	发布机构	主要内容
2020年11月	《关于推进对外贸易创新发展的实施意见》	国务院办公厅	充分运用5G、VR、AR等现代信息技术开拓国际市场
2020年7月	《关于统筹做好乡村旅游常态化疫情防控和加快市场复苏有关工作的通知》	文化和旅游部	鼓励一批有条件的乡村通过直播、短视频、VR等多种形式，在线展示乡村优美自然风光和优秀传统文化
2020年4月	《关于创新展会服务模式培育展览业发展新动能有关工作的通知》	商务部	创新展会服务模式，培育展览业发展新动能，充分运用5G、VR、AR、大数据等现代信息技术手段
2020年3月	《虚拟现实工程技术人员新职业》	人力资源社会保障部与市场监管总局、国家统计局	人社部等三部门联合发布虚拟现实工程技术人员等16个新职业
2020年3月	《关于公布2019年度普通高等学校本科专业备案和审批结果的通知》	教育部	新增本科专业：虚拟现实技术
2020年2月	《关于有序推动工业通信业企业复工复产的指导意见》	工信部	支持新业态新模式，丰富5G+、超高清视频、增强现实、虚拟现实等场景

续表

时间	名称	发布机构	主要内容
2020 年 2 月	《关于运用新一代信息技术支撑服务疫情防控和复工复产工作》	工信部	推动制造企业与信息技术企业合作，深化工业互联网、工业软件、人工智能、增强现实、虚拟现实等新技术应用
2020 年 1 月	《数字农业农村发展规划(2019～2025 年)》	农业农村部、中央网络安全和信息化委员会办公室	建立长期任务委托和阶段性任务动态调整相结合的科技创新支持机制，加强农产品柔性加工、人工智能、虚拟现实、大数据认知分析等新技术基础研发和前沿布局
2019 年 12 月	《关于促进“互联网 + 社会服务”发展的意见》	国家发改委、文化和旅游部、教育部、民政部、商务部、卫生健康委、国家体育总局	鼓励发展数字图书馆、数字文化馆、虚拟博物馆、虚拟体育场馆等
2019 年 12 月	《关于改善节假日旅游出行环境促进旅游消费的实施意见》	国家发改委	充分运用虚拟现实(VR)、4D、5D 等人工智能技术打造立体、动态展示平台，为游客提供线上体验和游览线路选择

资料来源：2020 年国家虚拟现实相关政策整理。

（二）虚拟现实技术专业纳入本科目录

2020 年 2 月 25 日，教育部公布了 2019 年度普通高等学校本科专业备案和审批结果，其中“虚拟现实技术”本科专业被纳入《普通高等学校本科专业目录（2020 年版)》。2019 年，已有多所高校以及 71 所高职院校开设“虚拟现实技术”专业。

为了促进虚拟现实技术在教育教学活动中的应用，教育部先后启动了国家级虚拟仿真实验教学项目、示范性虚拟仿真实训基地建设项目等重大项目。2017 年，教育部决定用 4 年时间面向 60 个专业类遴选 1000 个国家级虚拟仿真实验教学项目，2019 年将该项目纳入一流本科课程建设，截至目前，已经认定 700 余门“国家虚拟仿真实验教学一流课程”，覆盖 41 个专业类

168 个专业①。

近两年来，教育部与江西省政府着力打造全国首个国家级职业教育虚拟仿真示范实训基地，设立 8 个专业大类的虚拟仿真教学区，未来还将打造虚拟仿真教学云服务平台等载体，提供一站式虚拟现实智慧教育综合解决方案，力争形成可面向全国推广的标准②。2020 年 9 月，教育部发文要求在全国遴选 100 个示范性虚拟仿真实训基地。当前，各地正按照文件要求遴选优秀建设方案。

（三）重大活动举办促进国际交流合作

全国各地的虚拟现实学术研讨、教育培训、技术论坛、技能大赛、创业活动此起彼伏，成为推动产业前行的强大动力。

全球虚拟现实领域规模最大、规格最高、影响最广的活动当属工业和信息化部、江西省政府联合主办的世界 VR 产业大会。习近平总书记向 2018 年首届世界 VR 产业大会发去贺信，对推进虚拟现实产业发展、加强虚拟现实领域国际交流合作提出殷切期望。

2020 年 10 月 19 日的第三届世界 VR 产业大会以“VR 让世界更精彩——育新机 开新局”为主题。尽管受疫情影响，大会仍以各种方式展示虚拟现实行业最新的产品与技术，吸引了国内外领导、专家、学者、投资商、采购商等人士，成为推动全球虚拟现实产业资源高效聚合、展示、对接、共享的重要平台。以世界虚拟现实大会为契机，2020 年江西省重点产业招商引资项目一共分 10 个项目，合计投资达 153.8 亿元。

（四）产业投融资呈现“外热内冷”特点

虚拟现实领域投融资的热点经历了以虚拟现实硬件为主逐渐到以虚拟现实行业应用为主的变化。2018 年前行业的投资主要集中在硬件设施、平台

① 虚拟仿真实验教学课程共享平台官网，2020 年 12 月 27 日。

② 柴葳：《江西打造首个国家级职业教育虚拟仿真示范实训基地》，中国教育新闻网，2020 年 7 月 29 日。

门户、内容制作、拍摄捕捉技术等领域，其中硬件设施和平台门户获得的投资分别占整个虚拟现实行业的 51.9% 和 19% 。[①]

2019 年虚拟现实的投融资规模进一步扩大，仅 2019 年 1 ~ 10 月投融资规模就达到 73.2 亿美元，投融资以内容和硬件为主，分别占投融资规模的 41.8% 和 31% 。[②]

2020 年受疫情影响，国内虚拟现实整体投融资金额规模和数量有所下降，而海外市场投融资金额基本未受影响，投融资事件数量逆势上涨，创历史新高，表现出较强的投融资活跃度[③]。2020 年全球 VR、AR 产业投融资总额为 244 亿元，较 2019 年增长了 15% ；投融资事件数量为 220 起，较 2019 年增长了 11% 。国外 2020 年投融资金额为 223 亿元，较 2019 年上涨了 37% ，投融资事件数量为 166 起，较 2019 年上涨了 15% ，国外 VR、AR 产业无论是金额还是数量均达到历史新高。国内 2020 年 VR、AR 产业融资并购金额为 21 亿元，较 2019 年缩水一半以上，投融资事件数量为 54 起，与前两年基本持平。

（五）虚拟现实应用场景不断落地开花

2019 年，联想公司为了解虚拟现实等新技术的影响，先后对中国、美国、英国、印度、日本、德国、法国、意大利、墨西哥、巴西等 10 个国家的 15226 位受访者进行调查，结果表明，84% 的被访者表示此类技术提高了他们的生活质量。自 2016 年以来，随着国内政策的大力扶持，产业生态和技术的不断成熟，虚拟现实产业显现出巨大的潜力和广泛的应用空间，越来越多的行业对其产生兴趣并且持续关注，应用领域从最初的军事、游戏迅速扩展到工业生产、制造、教育培训、医疗、文化传播等各个领域，用户对其认知度和体验感明显增强。未来，随着 5G、人工智能、物联网等新一代信息技术的融入，虚拟现实的应用领域将会更加多元。

---

① 艾瑞咨询：《2016 年中国虚拟现实（VR）行业研究报告》，2016 年 3 月 4 日。

② 赛迪顾问股份有限公司：《2019 中国 VR/AR 产业投融资白皮书》，2019 年 11 月 20 日。

③ 数据来源于 VR 陀螺。

1. 虚拟现实 + 教育

教育培训作为虚拟现实应用最有前景的行业之一吸引了大批企业的眼球。百度、网易等科技巨头早早介入，另外，像新东方、巧克互动等一大批教育公司引入虚拟现实技术，上海曼恒、网龙华渔等虚拟现实公司都纷纷入驻 K12、职业院校和高等院校，并开发一体化虚拟现实解决方案以满足院校需求，如小小牛创意、灵石科技等独辟蹊径以此切入早教市场。

利用虚拟现实技术构建各种教学场景，如微观世界的分子、原子，宇观世界的太空、太阳系，以及人体三维器官、重大历史事件场景等，这些 K12 中孩子们感到抽象、难以接触的知识点，职业教育中“进不去、看不见、动不了、难再现”的技能点，企业培训时间安排难、地点安排难、人员整合难、技术传接慢的痛点，通过虚拟现实技术都可以得到有效解决。

K12 中的应用大都是视频教学类场景，开发相对容易，属于弱交互虚拟现实；职业院校和高等院校除了视频教学类应用，还有实操类的强交互虚拟现实应用，一般是以建立虚拟现实教室的形式在院校推广，专业性强，开发难度大，制作成本高。在建筑工程、考古、医学教育、导游培训、历史、化学和物理、社会科学等方面，虚拟现实都有很大的发展空间。

表 2　以虚拟现实技术推动教育培训市场的案例

公司类型	公司名称	以虚拟现实开启教育市场
IT 公司	百度	推出虚拟现实教育理念
	网易云科技	专注虚拟现实游戏设计师培训
	立思辰	子公司与北航合作围绕虚拟现实领域加强产学研用协作
	川大智胜	子公司华图科技已有科普教育领域的虚拟现实产品
虚拟现实公司	上海曼恒	推出 Idea 虚拟现实编辑器以及虚拟现实一体化解决方案
	网龙华渔	推出 101 虚拟现实教室，打造虚拟现实编辑器
	黑晶科技	推出虚拟现实、AR 超级教室
	北京智诚众信	推出智诚科技虚拟现实教育体验平台
	北京微视酷	推出 IES 沉浸式课堂系统
教育公司	巧克互动	研发虚拟现实 class 教学系统，进军虚拟现实英语教育
	新东方	携手乐视，开启虚拟现实全景式教学
	邢帅教育	融资 3 亿元投入虚拟现实教育
	智课网	携手创维，基于 5000 多家海外名校库接入虚拟现实技术

资料来源：根据相关资料收集及整理分析。

身临其境的沉浸式教育培训，一旦出现误操作，虚拟现实技术还可以给出视觉、听觉、体感上的“小刺激”，避免学员因误操作而触电、坠落等风险事故的发生，降低试错成本，提高应变能力和处理技能。

2. 虚拟现实 + 建筑

目前建筑类型越来越复杂多样化，三维建筑信息模型的操作界面复杂、可视化表达效果不足，需要熟练掌握该技能的人员操作，另外建筑物中的大多数管线属于隐蔽工程，机电管理线的维护一直是一个难点，对于那些未参加设计和施工的运维管理人员更难说清楚。

BIM 模型通过软件平台转换后，可以通过虚拟现实头盔及操作手柄进行漫游，机电设备管线清晰可见，人们在虚拟的建筑环境内四处浏览，还可以实现模拟演练，对于紧急方案的制定、隐蔽管线的查询都有良好的使用空间。

物业运维管理人员的巡检、保养、维修的培训考核中应用虚拟现实技术，那些原本枯燥复杂的培训变得生动有趣，便捷、高效、可视化的操作带来全新的工作情景和体验，大大提高了运维管理的效率和水平。

3. 虚拟现实 + 工业

随着虚拟现实在垂直行业中的深化应用，工业虚拟现实的活跃度也日益提高，虚拟现实成为智能制造发展的重要平台和基础支撑，产品和解决方案的供给日渐丰富，逐渐覆盖制造、管理、服务全流程。根据 Greenlight 测算，2019 年全球 AR、虚拟现实工业领域应用市场规模超过 4 亿美元，同比增长 145%，其中 AR 工业应用市场规模超过 3 亿美元，虚拟现实工业应用市场规模达到 1 亿美元。

工业 4.0 时代需要加快工业生产向智能化方向的发展，而虚拟现实技术的出现给工业智能化带来深层次的技术支持，虚拟现实 + 工业应用场景越来越普遍，主要体现在产品设计、运维巡检、远程协作、操作培训和数字孪生等方面。

近年来，国内外很多企业已经着手开发虚拟工厂，它解决了传统方式生产设计难、管理成本高、实时监控难、资源利用率低等问题，成为很多企业信息化建设的必备工具。厂房、设备、控制系统、子系统等庞大的数字化建模工程，从机械设备的运行状态、工况监测数据到产品的装配、调试，都能实现三维可视化；虚拟化动态演示的设备运行轨迹，所有数据都能以多角度显示，管理人员在中央控制室可以对设备进行可视化监控，并依此对生产设备设置、运行状况提供科学的参考依据。

表 3　虚拟现实应用于工业典型案例

环节	企业	虚拟现实应用环节
设计	福特	利用虚拟现实技术帮助设计师进行车辆外观设计
	空客	使用虚拟现实技术将数字模型融入生产环境，产线工人在生产过程中能查看到飞机的 3D 模型
	沃尔沃	发布了虚拟现实试驾体验吸引用户
	宝马	采用虚拟现实技术进行汽车零部件设计、模拟撞车安全试验等
	一汽	通过虚拟现实技术模拟车门灯复杂覆盖件的冲压成形过程
生产	西门子	产品推出前虚拟调试自动化系统等
	奥迪	在虚拟空间完成产品装配工作的预估和校准
	DHL	用虚拟现实提升物流操作工作流的效率，物流生产力平均提升 15%
	东软	以虚拟制造运作模式，将零部件制造业务拆分给外协厂
	江铃	采用虚拟现实技术对发动机进行三维模型注册跟踪等
维修	PG&E	使用虚拟现实技术来提升控制阀门的维修效率，节约 60% 的维修时长
	三菱	虚拟现实技术观察空调机等元件，快速掌握维修方法
	国家电网	虚拟现实智能变电站仿真平台实现智能巡检、远程操控等

资料来源：根据相关资料收集及整理分析。

虚拟现实技术还提供了一种全新视角，让生产企业和用户可以观察产品被制造的全过程。不断成熟的虚拟现实软硬件技术，已经成为企业迈向工业 4.0 时代的核心力量。

4. 虚拟现实 + 医疗

在虚拟现实环境下把心脏托在手里，翻看肌肉、血液流动，加强对于器官的认识，提高手术的安全性；能深入人体观察血液循环、进行尸体解剖；在虚拟场景中设置更多的手术突发状况，模拟手术场景反复练习等，这都是虚拟现实技术在医疗领域的直接应用。

虚拟现实在医疗上的应用不仅局限于上述手术模拟，它能在降低成本的前提下进行多项治疗和培训学习，像健康保健、医疗培训、临床诊断和医学干预，对有心理障碍、自闭症、抑郁症、成瘾症、慢性疾病的疼痛等进行治疗，克服诸如公开演讲、恐高症、面试恐惧、入学考试等恐惧，以虚拟现实技术预设的“暴露性治疗”法让使用者先适应场景，从而有效应对特定场景带来的压力；通过神经科学和虚拟现实结合来帮助中风患者进行面部恢复等。未来，随着技术不断成熟和产品价格的大众化，虚拟现实在医疗领域将发挥更重要的作用。

5. 虚拟现实 + 文化

虚拟现实技术在文化领域的应用主要包括影视内容、直播、艺术创作、党建、博物馆等。

影视内容方面，虚拟现实作为视频内容的新型设计制作工具，成熟应用于体育赛事、影视剧、纪录片、综艺节目等，有效提升了观看效果；直播过程中采用全景摄像技术录制内容，将虚拟现实创作、视频内容拼接和编解码，观众可以与内容场景互动；艺术创作方面，设计者用虚拟现实技术把大脑中的构思变成可见的虚拟场景，将几千年前的人物、古董生动展示出来，为文化艺术发展带来遐想空间。近几年来的虚拟现实党建、虚拟现实思政、虚拟现实红色教育、虚拟现实党史馆等，让人们获得沉浸式、互动性的体验学习，深切感悟党的艰辛历程，锤炼党性。

近年来，数字博物馆大量运用虚拟现实技术，突破原有技术条件和保存方式，对收藏珍品进行展示，观众通过感应终端操作，实现了对虚拟文物的旋转、放大、缩小等，实现了真实文物无法提供的交互式参观。

6. 虚拟现实 + 商贸

虚拟现实技术在商贸领域的应用主要定位于虚拟购物、虚拟展示，它创造了革命性的体验方式，颠覆了传统电商的展示模式，为用户带来全新的交互购物体验。

表 4　虚拟现实应用于商贸领域的典型案例

企　业	虚拟现实商贸应用
阿里巴巴	推出全新网购方式“虚拟现实 + 购物”,用户可以通过时装秀上展示的虚拟模型快速拉动产品详情和查看服饰展示
京　东	推出京东虚拟现实试衣间,基于人工智能和仿真技术的虚拟试衣系统,解决了用户线上购买服装遇到搭配效果不佳问题
亚马逊	开设虚拟现实购物厅,消费者可以通过虚拟现实眼镜看到亚马逊商店,包括冰箱电器、时尚搭配甚至还有智能家居、儿童玩具主题房间等
贝壳找房	虚拟现实看房为用户提供线上内容体验
泰州市政府	虚拟现实购物中心设置食品区、生鲜区、酒水区、日用区等,涵盖了生活所需的所有商品

资料来源：根据相关资料收集及整理分析。

以虚拟现实车展为例，它创造了沉浸式汽车体验场景，吸引到更大区域潜在客户的关注，消费者不论身在哪个城市，都能随时随地“逛车展”；虚拟现实技术在房地产领域的应用也越来越广泛，传统的房地产展示是制作沙盘模型，制作成本高，购房者无法获得真实感，虚拟现实看房为用户提供了更高效的线上内容体验，提高整个居住服务业的用户体验、服务标准与交易效率。

二　虚拟现实产业发展面临的主要问题

制约虚拟现实发展的主要问题有很多，例如，人才供给严重不足、高品质虚拟现实内容缺乏、法律法规及标准体系不健全，另外，源头技术的原始创新等方面还有很大的提升空间。

（一）专业型、复合型人才供给严重不足

虚拟现实产业缺乏复合型的、高素质的虚拟现实专业人才。虚拟现实核心技术主要涉足图形图像、输入算法、交互、光学等技术领域，对于人才要求比较高。能专攻某一领域的专业人才本身就很少，能综合性地扎根虚

拟现实的就更加凤毛麟角。当前虚拟现实开发人员大多是从游戏、动漫、3D 仿真、模型等行业转型而来的，由于行业技术间的壁垒，人才很难快速融入虚拟现实领域。从技能型人才看，开发维护类、美术设计类以及影视处理类岗位是目前需求量最多的，运营管理类、产品策划类、销售类也具有较多的人员需求。

面对行业企业的急迫需求，政府各部门适时响应、启动了人才培养的各类举措。教育部在 2018 年 9 月将虚拟现实应用技术列为高职新增专业，根据全国高等职业教育专业设置备案结果，2019 年共有 71 所院校开设了虚拟现实应用技术专业；2020 年，教育部公示的第三批职业教育培训评价组织和职业技能等级证书名单中，虚拟现实“1 + X”证书职业技能等级标准名列其中。从 2019 年开始，人力资源和社会保障部在全国技能大赛中增设了“虚拟现实资源开发”“虚拟现实技术应用”赛项。两个赛项本着“以赛促教、以赛促学、以赛促训、以赛促建”的宗旨，为行业企业培养并选拔虚拟现实领域的技术技能人才。

从 2020 年人力资源和社会保障部“虚拟现实技术应用”赛项全国总决赛数据看，选手除了来自计算机大类的虚拟现实应用技术、数字媒体、软件技术、计算机网络等专业外，更有美术设计、机电一体化、数据技术、模具制造、产品造型设计、测绘地理信息技术、3D 打印、教育技术学、建筑室内设计、机械设计、智能制造、汽车维修等专业的选手也纷纷参赛，可见虚拟现实应用覆盖面非常广；从性别看，学生选手的男女比例为 73∶15。

（二）高品质的虚拟现实内容供给不足

虚拟现实内容数量仍然偏少，杀手级虚拟现实应用场景稀缺，很难满足用户需求，虚拟现实领域还没有发现行业标杆级的作品。面向终端消费者的开发内容未形成合理的商业模式，尚未形成良好的产业生态和正向循环。在行业应用方面，大多数应用案例属于定制化解决方案，不具备在行业内大面积普及推广的条件。此外，至今仍然未确立虚拟现实内容分级机制，未依据不同人群对 VR 内容的敏感度（暴力、色情、血腥、争议主题等）进行划分。

（三）虚拟现实法律法规和伦理规范尚待完善

在虚拟现实技术发展过程中，有一些法律和伦理风险问题需要引起特别重视，要提前制定配套制度予以防范。虚拟世界里面的物品所有权、犯罪等问题尚没有法律的界定。虚拟现实应用过程中的沉浸式、交互式体验可能会给用户的精神、心理状态带来影响，改变消费者在离开虚拟世界后的行为，如可能导致的暴力倾向等，因此需要尽快研究虚拟现实应用对人及社会带来的影响，并尽快出台相关约束与法律法规。

（四）虚拟现实标准体系亟待完善

2018 年，全国信标委图形图像分委会（TC28/SC24）虚拟现实与增强现实标准工作组拟定了《信息技术虚拟现实头戴式显示设备通用规范》、《信息技术增强现实第 1 部分：术语》以及《虚拟现实应用软件基本要求和测评方法》标准的草案，但目前国家标准尚未发布。

整体看，虚拟现实设备的标准体系不完善，相关技术、产品和系统评价指标体系尚不健全，硬件、系统、内容之间的兼容性差，产品性能和质量缺乏标准规范，软件开发工具、数据接口、人体健康适用性等标准尚未明确，虚拟现实设备之间、设备和应用之间的标准尚未建立。虚拟现实行业级软硬件标准以及工业互联网设备、产品之间标识解析、数据交换、安全通信等标准尚未出台，用户对大规模使用虚拟现实产品缺乏信任。标准不统一造成设备、操作系统、版本的分裂发展，从而加大了游戏、影视等内容的适配难度，内容生态混乱的同时也干扰了用户选择和体验。

制约虚拟现实发展的因素除了人才、内容、标准和法律法规外，我们在源头技术的原始创新、软硬件基础平台建设、专用设备研发等方面还有很大的提升空间。“十四五”时期是中国虚拟现实产业走向集约优化的关键时期，期待虚拟现实技术的长足发展，并为社会生活增色添彩。

三 虚拟现实产业发展的趋势展望

（一）多类技术将持续突破，增强虚拟现实产业升级发展新动力

虚拟现实是感知、建模、呈现、交互等多类信息技术集成孕育的产物。当前，人工智能、5G、云计算等新一代信息技术不断突破与发展，虚拟现实和新一代信息技术不断融合创新发展，带来了虚拟现实技术的整体进步和虚拟现实产品质量的持续提升，推动了虚拟现实在各行业的应用落地，并催生新的业态和服务。

5G是基础、平台性的技术，它能解决因带宽不够、时延长带来的虚拟现实体验感差、终端移动性差等问题；人工智能在提升虚拟现实设备效能的同时，进一步赋能建模和算力，提升交互能力和操作效率，满足个人感知、分析、判断和决策等的实时信息需求；部署在云端的虚拟现实内容可以利用云服务强大的计算、存储能力，降低终端成本以及虚拟现实对存储、服务器等的硬件依赖（见表5）。

表5 虚拟现实与AI、5G、云等新技术融合发展案例

融合技术	具体内容
AI＋虚拟现实	RealMax推出的AR智能眼镜RealWearHMT－1，全语音控制，支持嘈杂的工业环境，可以与标准安全帽配套使用，以远程指导现场服务、设备检查、维护和复杂的制造组装
	Pangu虚拟现实研发的3D智能型大数据学习系统，针对3D模型到虚拟现实交互场景的这一过程，通过云端对3D模型进行智能判断，自动将传统家装方案转换成虚拟现实互动场景
5G＋虚拟现实	中国联通发挥5G大带宽、低延时等优势，引入虚拟现实影视、虚拟现实游戏、虚拟现实教育等应用，开展“5G＋虚拟现实”的全流程端到端解决方案研究、方案验证及应用推广平台
	中国电信携手华为及产业合作伙伴，建立了一整套云虚拟现实业务体系，推出面向家庭普及能力的虚拟现实直播、虚拟现实全景视频、3D影院、虚拟现实游戏等

续表

融合技术	具体内容
云+虚拟现实	HTC 利用阿里云改善虚拟现实视频直播、数据分发与处理方面的问题;阿里云为 HTC 的虚拟现实平台 Viveport 提供云服务,让用户获得更加优质的体验
	利用云高速稳定的网络,华为将云端的显示输出和声音输出等经过编码压缩后传输到用户的终端设备,实现虚拟现实业务内容上云、渲染上云

资料来源：根据相关资料收集及整理分析。

从应用创新看，5G 和虚拟现实融合后已经在广播电视、医疗、教育方面带来突破；人工智能结合虚拟现实在零售、家装、智能制造等领域展开应用；云与虚拟现实技术的融合大幅降低了用户门槛，各类新技术广泛助力虚拟现实应用的规模化发展。

（二）内容制作热度大幅提升，硬件全方位迎合用户需求

随着大量企业加大虚拟现实内容开发力度，虚拟现实内容产业将会向规范化、规模化、品牌化发展。虚拟现实行业应用内容大量涌现，以内容服务为核心的赢利模式越来越成熟，并衍生出体验场馆、主题公园等线上线下结合模式。开发成本低的全景内容除了在房地产、旅游等垂直领域传播外，在更大范围内得到普及。虚拟现实将从消费用户向行业用户拓展，从泛娱乐向生活服务拓展，从标准化内容向个性化定制服务拓展。

硬件方面，随着 5G、人工智能等新技术的融合，突破数据传输瓶颈、产品成本下降、具备不同功能和不同价位的虚拟现实新设备将陆续上市。头戴式显示设备向超高清、舒适、轻量化发展，眩晕感减轻，眼动跟踪等会使交互更加自然。移动端虚拟现实设备将成为突破口，轻便易携、移动化、小型化、无线化成为发展方向。开发商和手机制造商将会把注意力集中在移动 AR 技术方面，系统体验更加逼真，交互更加自然，社会上广受诟病的健康、技术、隐私、安全等风险越来越低。

（三）虚拟现实助力智能制造，市场规模持续增长

虚拟现实产品和解决方案供给不断丰富，覆盖工业制造、管理、服务的全流程，成为智能制造发展的重要平台和基础支撑。得益于对底层硬件和软件技术的大量投资，虚拟现实工业场景中的应用将快速发展，行业生态体系进一步成熟，企业大规模采购案例逐渐增多。预计 2018～2023 年，全球 AR、虚拟现实工业领域应用市场规模将保持 83.5% 的高速复合年均增长率，AR 占据主体地位且增速更为显著。从工业类别来看，虚拟现实工业应用中以建筑为主，占比超过 33%，汽车、制造分列二、三位；AR 工业应用中制造、建筑、汽车、能源占比较为平均，各为 18% 左右，其中制造比重逐年提升。

据微软估计，全球 AR、VR 市场规模将从 2020 年的 61 亿美元增长到 2025 年的 343 亿美元，且企业市场规模达 184 亿美元，超过消费市场的 159 亿美元。IDC 则估计，全球 AR、VR 支出在 2019～2024 年五年的复合年均增长率为 76.9%，到 2024 年将达到 1369 亿美元。同时，IDC 预计，2020 年中国 AR、VR 市场规模最大的依然是消费行业，约占总支出的 50%，但其增长速度较商用行业放缓；2020～2024 年，零售、流程制造、离散制造、建筑和个人及消费者服务将成为增速最快的五大市场。

（四）产业链条将更加健全，促成虚拟现实产业多维并进新态势

虚拟现实的产业链条长，包含硬件、软件、内容制造与分发、应用和服务等环节。只有拥有完整的产业链条，各环节才能相互促进、避免短板，实现虚拟现实产业的全向度发展。

除了终端设备发展将为虚拟现实产业提供基础动力外，虚拟现实内容的不断丰富和虚拟现实应用商业模式的探索成熟，将推动虚拟现实产业链、价值链商业闭环的形成。先进、高速传输协议与连接接口的出现，“云－网－端”解决方案的推出，将加速虚拟现实设备、用户以及应用、内容与服务资源的联网，进一步“指数化”虚拟现实的价值实现。

未来，产业链条的健全，将推动虚拟现实的应用形式与商业模式进入大探索、大爆发阶段，而其爆发的结果，又将反过来推动虚拟现实技术的进步，增强产业链各环节的创新驱动力，从而呈现多维度并进的创新发展格局。

（五）行业应用将普及扩展，释放虚拟现实产业融合发展新需求

任何技术的普及发展，都要以行业应用为重要基础，虚拟现实技术也是如此。随着社会各界注重并深化虚拟现实等信息技术与实体经济的融合，企业级应用场景将带来旺盛需求，赋予虚拟现实产业越来越强大的实际生命力。

越来越多的行业和企业正在积极探索虚拟现实技术的应用，并根据企业发展应用需求，在多方面进行有针对性的部署。例如，以虚拟现实的呈现模式和交互优势，提高用户参与度，提供仿真的演示体验；以虚拟研发、虚拟装配、虚拟测试等提高创新研发效率、降低研发成本；以低成本的沉浸式培训，提高企业员工的专业技能；以虚拟办公室、虚拟会场形式，提高分布在各地的员工的临场感、参与度和沟通效率。根据《毕马威 2020 科技行业创新》报告，随着新冠肺炎疫情开创了远程办公和远程消费者互动的新时代，市场再次把目光投向虚拟现实。所有企业都加大了对虚拟现实的投入，其中36%的企业将投资额提升了 1% ~19%；21%的企业提升了 20% ~39%；14%的企业甚至将投资力度加大了 40%以上。

未来，将有更多用例扩展到不同行业的生态系统之中，给行业发展带来全新变革。虚拟现实也将与实体经济各行业领域充分结合，将行业应用需求转化为产业发展动力。

（六）龙头企业将着力布局，激发虚拟现实产业主体竞合新活力

龙头企业拥有大量优势资源和强大的产业引领力、影响力，是带动一个产业领域大发展的中坚力量。当前，越来越多的国内外龙头企业加快布局，给虚拟现实产业发展注入强大动力。

例如，在 Facebook Connect 2020 大会上，Facebook 公布 AR、VR 未来战略规划，发布了一系列的 AR、VR 信息，内容涵盖硬件产品、软件产品、解决方案、开发者服务、前沿技术研究等，展现出 Facebook 大举布局和开拓虚拟现实市场的决心。面对 Facebook 来势汹汹的布局，微软、苹果等企业也在发力创新，许多中小企业和创业型企业则在探索建立联盟，以技术组合强化自身实力，对抗大企业优势资源。

未来，更多龙头企业的进入，将在一段时期、一定程度上改变虚拟现实产业既有格局，各类产业主体间的竞争与合作将展现出更多形式，并给虚拟现实产业发展带来更多可能。

四　结束语

未来，在政府、专家、行业和企业共同努力下，虚拟现实技术体系将更加成熟完善，在各个行业的应用更加深入，也会为百姓生活增色添彩。在助力虚拟现实产业发展的同时，也要注意以下几个问题。

第一，推进各区域协同联动发展，地方产业发展要与国家总体规划协同，避免盲目扩张，依托各地产业基础，推动虚拟现实创新中心、产业应用示范基地建设；第二，支持院校加强虚拟现实相关专业建设，加强虚拟现实产业人才发展统筹规划，完善从研发、转化、管理到技能型人才的供给体系，健全技术人才使用、评价体系；第三，大力推动虚拟现实在各个行业的应用，在工业生产、教育、文化、健康、商贸、医疗、旅游、文化创意等重点行业推广和深化那些实用性强、具备示范效应的虚拟现实技术及应用，创新社会服务方式；第四，进一步加快标准体系建设，加快制定虚拟现实相关软硬件、系统、接口等方面的标准，发挥标准对产业的引导支撑作用；第五，推动虚拟现实内容开发的同时提升内容供给质量，加快虚拟现实电影、纪录片、直播、视频教育等内容生产，完善虚拟现实网络分发和内容服务平台，提升虚拟现实内容生产创新能力。

参考文献

虚拟现实产业联盟：《虚拟现实产业发展研究报告（2020）》，世界虚拟现实产业大会，2020 年 10 月 19 日。

赛迪智库电子信息研究所、虚拟现实产业联盟：《虚拟现实产业发展白皮书（2019 年）》，世界虚拟现实产业大会，2019 年 10 月 19 日。

虚拟现实产业推荐会：《工业虚拟（增强）现实应用场景白皮书（2019）》，2019 年 11 月。

惠博文：《虚拟现实 VR 技术在博物馆中的应用与发展——以陕西历史博物馆为例》，云南大学硕士学位论文，2019。

中国电子技术标准化研究院：《2016 年虚拟现实产业发展白皮书》，2016 年 9 月 18 日。

赵沁平：《虚拟现实，让生活更精彩》，《人民日报》2020 年 12 月 15 日，第 20 版。

B.9

加快推动区块链技术和产业创新发展

朱皞罡　胡春明　李　渝　赵精武　暴明坤*

摘　要：区块链自诞生以来，技术内涵在不断扩展，从早期的分布式记账，到随后的智能合约，再到当前盛行的隐私计算，区块链正在被行业应用需求逐步带入具有初步成熟度的阶段。随着中国新型基础设施建设的推进，区块链更成为新型智能城市治理体系与数据要素市场化的关键基础设施，并在这一过程中从基础定义、科学问题、技术研发、工程实现以及思想思维层面被重新定义。在国际环境中，RCEP的签署创造了全球规模最大的自由贸易协定，区块链平等与和谐的规模化协同能力为更安全的数据使用、更高质的公共服务、更廉价的资产封装、更独立的贸易流动创造了全新的可行性与想象空间。

关键词：区块链　数字基础设施　数据要素

近五年来，区块链技术改变了过去信息系统构建的基本模式，信息存储与计算方式的安全性得到大幅提升，该项技术从无人问津的小众技术一跃成为前沿应用技术，其创新价值主要表现为以下三个方面。

---

* 朱皞罡，北京航空航天大学计算机学院教授、博士生导师；胡春明，北京航空航天大学软件学院院长，教授、博士生导师；李渝，中思博安科技（北京）有限公司CEO；赵精武，北京航空航天大学法学院助理教授；暴明坤，北京航空航天大学计算机学院研究生。

第一，区块链革新了既有的安全防御体系建构框架和信息系统安全管理策略。传统信息系统的安全管理策略基本都是依靠自上而下的管理模式发现系统异常与维护日常运营，这种模式也可被称为“头节点”模式，即整个系统的安全、稳定和可靠是由具备最高操作权限的顶层节点予以保障的，但安全防御能力的上限完全取决于这个顶层节点的网络安全管控能力。与之相反，如比特币的区块链网络中，并不存在一个处于网络中心位置的“网络管理员”负责整个网络的安全维护，而是由网络中各个节点的 10 万余行代码进行共同维护和管理，虽然其性能饱受诟病，但是并未发生致命的稳定性与安全性事故。区块链系统自身具有中心化信息系统无法达到的鲁棒性，其安全性来自节点共识的“群体涌现”，这为新型信息系统的构建提供了全新的思路，物理网络的去中心化能够换来整体系统更高层级的稳定与安全。

第二，区块链优化了提供云计算服务的新型计算体系结构。云计算通过资源虚拟化屏蔽了物理设备的复杂管理，使信息系统的集约化建设成为可能。但是，这一计算体系结构也加剧了云即孤岛、系统即壁垒的现象，加之以云为基础产品的互联网营销，更加大了云间、系统间打通与融合的难度。究其原因，云计算将计算与数据进行了深度的绑定，计算服务在云内的中心化部署，自然导致相关数据的中心化汇聚。区块链提出的智能合约以及之上去中心化应用（Decentralised Applications）能够将计算代码在链上任意节点执行，提供了一种新的计算与数据分离的方法，有可能将云计算中数据向计算移动的固定模式，转变为计算向数据移动的新型计算体系结构。诸如此类的计算体系结构具有突破云计算局限与边界的潜质，也是区块链在未来技术发展中的核心方向之一。

第三，区块链推动了数据治理模式从系统中心主义向数据要素中心主义的转变。在政务等公共服务领域，数据治理能力决定了多部门协同能力，以及所能提供服务的质量与多样性。中国电子政务在完成集约化建设之后，踏上了数据治理的道路，也催生了“数据跑路代替百姓跑路”的治理理念。在各地成功案例中，依托于政务云的各部门系统数据集中成为数据共享与协同的主要方法，各地在数据治理的制度适配上也走出了具有各自特色的道路，以“大数据局”为代表的机构也成为数据治理的规管机构。但以系统为中心的模式也遇到了运营成本高、无法适用于政府以外系统的问题，甚至在横向与纵向部门之间仍然无法形成有效协同。另外，算法与知识是数据要素的主要消纳方，其流动不畅会直接导致数据无法有效利用。但是算法、知识等新要素在当前的治理方法中并没有被充分考虑，更无法在被保护状态下有效流动。区块链的技术思想所具有的“存算分离”特性将数据与计算进行了分离，使算法与知识能够根据需求被投放于数据源，在数据不集中的前提下完成多数据源的协同，并在此过程中形成各要素使用的踪迹与计量，从而形成数据、算法、知识要素的有序流动。以要素为中心的数据治理，降低了数据协同的门槛与侵入性，实现“不为所有，但为所用”的治理方法，同时也提出了数据、算法、知识流动基础设施的需求。

一　区块链基础技术与应用现状

（一）区块链技术应用的纵深发展与趋同发展

2020 年是区块链应用集中落地的一年，以地区为单位的应用几乎同时将区块链应用指向了不同领域内的信息源头追溯、证据留存、票据真实性背书。绝大多数落地应用以区块链技术的去中心化、对等传输、记录的不可逆等技术优势为依托，实现了数据防篡改、多方数据有效同步更新等数据安全目标。部分落地应用选择将链下应用系统的业务逻辑通过智能合约的形式逐步迁移到区块链上，借助区块链自身的共识机制公开和溯源业务的全过程。在技术应用过程中，具体应用场景所形成的个性化应用需求同时也在优化区块链的基础技术和系统架构。基础应用区块链的本质是对各节点提交的事务数据（Transaction 与交易同名，下文中采用“交易”代指节点向区块链提交的数据）进行排序，用智能合约中的业务逻辑产生交易，用共识协议使各节点对交易顺序达成一致，用数据结构存储达成共识的交易顺序。

区块链应用纵深发展，技术创新助力产业变革。在早期，区块链技术仅仅以辅助型技术的角色出现在比特币等数字货币场景中，而在 2020 年前后的爆发式落地应用中，区块链落地应用已经开始触及数据结构、共识机制和工作量证明等技术原理，在金融资产交易结算、数字政务、存证防伪和数据服务等领域呈现应用场景和应用方式纵深化的发展趋势。例如，中国外汇管理局推出跨境金融区块链服务平台，北京市海淀区政府推出“基于区块链的中小企业供应链金融服务平台”，安徽“皖事通”亳州分厅上线律师职业资格证“区块链+电子证照”应用系统，上海虹桥公证处发布一站式电子证据存取证平台“采虹印”，湖南省湘雅常德医院上线国内首个健康链平台等。这些应用模式将区块链技术的“工作量证明”（Proof of Work，俗称“挖矿”）和“权益证明”（Proof of Stake）作为数据存储安全性的基础模块，分别按照“以消耗计算量最大的节点为准”和“以权益最大的节点为准”为各个节点的数据记录与传输进行排序。尤其是在智能合约领域，一方面合约代码本身作为链上数据不可篡改地记录在区块链上，另一方面链上的代码能够被不同的节点执行，保证条件达成时合约一定会被客观执行，这也是区块链可信任性的主要来源。

随着基础技术的逐步成熟，区块链的性能与可用性已经能够支撑多数简单应用，同时各区块链产品所采用的技术也显现出很强的趋同性。例如，绝大多数区块链采用了“链式存储+投票类共识”（Raft① 或 PBFT②），其中以 Hyperledger Fabric 的变种居多，都是在性能、安全性、去中心化程度之间通过对基础算法的变种与不同的工程实现方法进行取舍与平衡。另外，基础技术的成熟使区块链作为标准服务成为可能，区块链技术的云服务化降低了建立应用的难度与成本。区块链即服务（Blockchain as a service，BaaS）③目前已经是各云提供的标准服务，应用能够通过该服务快速建立区块链，管

① Ongaro D., Ousterhout J., “In Search of an Understandable Consensus Algorithm,” *Usenix Annual Technical Conference* (2014): pp. 305 - 320.

② Miguel Castro and Barbara Liskov. “Practical Byzantine Fault Tolerance,” *3rd Symposium on Operating Systems Design and Implementation* (*OSDI 99*) (1999).

③ J. Singh, J. D. Michels, “Blockchain as a Service (BaaS): Providers and Trust,” *IEEE European Symposium on Security and Privacy Workshops* (*EuroS&PW*), *London*, *UK*, (2018): pp. 67 - 74, doi: 10.1109/EuroSPW.2018.00015. Mendis, Gihan J., Wu Yifu, Wei Jin, Sabounchi, Moein and Roche, Rigoberto, “A Blockchain-Powered Decentralized and Secure Computing Paradigm,” *arXiv*: *1807.02515*, doi: 10.1109/tetc.2020.2983007.

理节点、数据与合约，以及适配应用系统。当前，已有多地采购了不同云上的 BaaS 服务，这也是在短时间内能够涌现出大量区块链应用的基础。

（二）区块链应用的几个误区

虽然区块链基础技术在逐步成熟的过程中被使用在不同类型的应用中，但很多预设的应用场景误解了区块链的技术特征，主要包括以下四个方面。

第一，联盟链不是搭建应用软件的唯一选择。公有链与联盟链的本质差别在于前者节点数量未知而后者节点数量已知，其他差别均是这一本质差别所导致的结果。由于公有链节点数量未知，无法直接使用投票的方法进行共识（投票比例的分母未知），因此多数公有链采用证明类共识算法，或者采用自动（例如 Algorand）或人为（例如 EOS）方法选取已知数量的节点后再使用投票类共识算法。采用证明类共识算法的公有链也因此存在分叉问题，不具有最终确定性，导致交易确认的延迟。另外，联盟链由于节点数量已知，能够采用更加直接的投票方法进行共识，具有最终确定性，不存在交易确认的延时问题。但是，由于投票过程中的广播行为，网络通信的复杂度非常高，无法承载大规模节点。因此，为了构建规模化的区块链网络，带有节点准入许可的公有链是更具实际意义的选型，在共识协议层面也出现了证明类与投票类协议的融合（例如 PoS + PBFT），以达到性能与规模间的平衡。

第二，区块链的分布式存储特征不等于数据共享。区块链的对等记账被很多应用用于数据共享，但是这一方法仅适用于能够被完全公开于所有节点的数据，也是对隐私最大的侵犯，适用范围很窄。虽然很多联盟链提供了如 Fabric 通道的机制，使链上不同通道之间的数据隔离，但是同一通道内的数据仍然共享于通道内所有节点，数据的隐私保护只能通过通道配置粗颗粒度地解决，很难应对频繁变换的需求。另外，区块链作为各个应用的后台数据系统，其本身也成为数据孤岛，链间的互通甚至比传统系统间的互通难度更大。虽然目前的跨链技术能够解决链间资产转移的问题，但在操作的泛化性、原子性、性能上仍然无法满足一般应用的需求。因此，区块链本身无法成为数据共享的工具，需要搭配密码学工具，或将其嵌入新型计算体系结构，才能够从根本上解决隐私控制下的数据共享问题。这一点已经超越区块链基础技术本身，也是在区块链思想引导下的技术前沿。

第三，区块链不能保障数据绝对真实。区块链仅能够保障产生于链上数据的真实性，而绝大多数区块链上的数据是由链下应用产生并提交至链上的，并无法保证上链之前数据的真实性。因此，单纯区块链并无法解决溯源、追踪和真实性问题。为了提高上链数据的可靠性与可用性，需要增强上链前数据采集的可信度，这也诞生了预言机、物联网芯片等置于区块链节点之上的链下数据采集工具，目的是将数据采集客观化，减少人工干预。另一个可以搭配的方法则是尽量将数据产生的过程从链下应用系统迁移至链上智能合约，使尽可能多的数据原生于链上，降低对链下应用系统的依赖程度。例如，由智能合约直接产生的票据，其可信度要高于链下应用系统产生，之后再存证于链上的票据。

第四，BaaS 不是区块链基础设施。BaaS 解决了区块链云上部署与管理的易用性问题，降低了区块链应用的门槛，但仅凭其自身无法成为基础设施。BaaS 仅仅是区块链服务化的入口，本身并不包括区块链技术本身，也无法单独提供应用服务。BaaS 的基础设施属性极大程度上取决于区块链自身的基础设施化，这就好像高速 ETC 之所以能够成为基础设施是因为公路本身的基础设施化。以目前区块链基础技术的能力，只能为单个应用提供孤立的服务，作为 SaaS 服务尚显单薄，更远远没有达到面向要素服务的基础设施级别。另外，目前的 BaaS 产品仍然停留在对区块链本身进行管理的层面，无法对区块链上流动的数据、算法、算力、资产等要素提供直接管理与服务接入。因此，在区块链自身没有发展成为面向新要素流动服务的基础设施之前，BaaS 仅仅是云上区块链的管理平台。

二　区块链技术的核心特征

从早期的分布式账本，到随后的智能合约，再到当前盛行的隐私计算，行业应用需求的变化推动了区块链技术的逐步成熟，也改变了既有区块链核心技术边界的基本定义。2020 年 10 月 15 日，美国白宫在《关键技术国家战略》中将区块链列为禁止出口的核心技术，并同时指出，所有耳熟能详的开源应用级区块链并不属于其国家核心技术。这意味着理想中的区块链技术应用远远不止于常见的数据存储、证据留存等简单应用场景，现有的应用场景并没有真正释放区块链技术的核心特征优势，未来的区块链技术势必会影响到国家安全和主权利益。

（一）核心特征之一：“有限匿名 + 完全隐私 + 可控审计”

应用级区块链的诸多问题归结于数据体系的不成熟。首先，区块链本身采用的公私钥机制从第一个应用比特币开始就形成了匿名的惯例，无法适配于监管以及其他复杂应用的要求；其次，区块链的对等记账虽然满足了公开透明的需求，但同时也构成了对隐私的侵犯，很难产生规模化应用；最后，数据要么完全公开，要么完全加密，无法控制其可审计性。因此，“有限匿名 + 完全隐私 + 可控审计”的数据体系是区块链的首要核心技术。

一方面，基于数字身份的有限匿名，实现身份的“常态匿名、授权验证、监管实名”。要在区块链默认匿名的账户体系下，增加针对特定对象、特定身份属性的授权式与监管式身份认证能力，使得区块链上的账户在对多数应用保持匿名的前提下，在授权或监管需求下能够选择性地验证其身份以及身份属性，即链上数字身份技术。数字身份将是区块链规模化应用的核心技术要素之一，它可以解决链间账户互通、链下数据互通等问题。数字身份要将法定身份与数据体系进行高度融合，产生普适于物理世界与网络空间应用的数字身份标识体系，实现可控匿名身份验证与身份属性证明，使区块链在可匿名状态下完成对用户身份的验证与身份属性的证明。同时可以在用户授权的智能合约下进行“一事一议”的跨链账户互认与数据互通，并在整个过程中保证链上账户身份的匿名，形成场景化可定制的身份应用支撑体系，以新的体系结构与技术缓解规模化身份服务与安全隐私之间的矛盾。

另一方面，基于密码学与去中心化计算体系结构的“完全隐私 + 可控审计”，实现数据的零拷贝使用。随着区块链隐私暴露问题的日益明显，隐私计算已经成为区块链领域的前沿技术方向。完全隐私与可控审计在表面看来是一对不可调和的矛盾体，因此多数隐私计算技术（例如 zk-snark[①] 等）仅解决数据在加密状态下的计算，即计算过程中的隐私保护，但无法解决可控审计问题。真正解决隐私与审计的矛盾需要在密码学以及计算体系结构上突破固有模式，其核心问题是如何最小化数据的有效拷贝。对于链上数据，由于区块链对等记账的基础属性，需要综合运用数字签名、同态加密和零知识证明等密码学技术，将明文数据进行加密，并由数据相关方或监管方出具数据的密码学证明，再由审计方进行证明的验证，从而避免明文数据在使用过程中的拷贝。对于链下数据，尤其是需要协同多方链下数据的需求，则要改变现有计算体系结构中数据向算法端移动的惯例，实现“算法跑路代替数据跑路”。这一需求对现有的计算体系结构构成了较大的挑战，需要在具有异构安全需求的网络中，动态对计算进行拆分与投放[②]。区块链智能合约能够多点执行的特性使构建新的链下零拷贝计算体系结构具有可行性，但仍需要从去中心化存储、计算、编程语言乃至软件工程层面进行全面的重构[③]。

（二）核心特征之二：从区块链“局域网”到“城域网”

区块链最初应用目标的局部性与实践需求场景的广泛性存在冲突，这也导致该项技术在落地应用过程中面临诸多技术限制。这就好比给定的目标就是建立一张小范围或功能单一的“局域网”，自然不会考虑到更大范围的需求。因此，区块链需要以核心技术推进从“局域网”向“城域网”的进化。

1. 城域区块链下的“数据互联网”

“城域区块链”是面向智能城市治理的区块链体系，具有在去中心化网络环境下以链治链、跨链互通、链下协同的技术，能够将城市数据系统通过

---

① Maksym Petkus, “Why and How zk－SNARK Works: Definitive Explanation,” *arXiv*: 1906. 07221s.

② Yang Cao, Wenfei Fan, Yanghao Wang, Ke Yi, “Querying Shared Data with Security Heterogeneity,” *SIGMOD/PODS 20*: *International Conference on Management of Data*. 10. 1145/3318464. 3389784.

③ Johes Bater, Gregory Elliott, Craig Eggen, Satyender Goel, Abel N. Kho, Jennie Rogers, “SMCQL: Secure Query Processing for Private Data Networks,” *PVLDB* 10, 6 (2017), pp. 673－684.

链的接入转化为符合“有限匿名 + 完全隐私 + 可控审计”数据体系标准的能力。通俗地讲，城域区块链是城市数据、算法、算力新要素流通的管道，其核心功能是使指定计算发生于数据安全域内指定的算力空间内。因此，城域区块链有着典型的“分层多链”架构，多链代表了一个个应用形成的局域网（包括链以及与链相连的传统系统），分层通过上层链将下层应用链接入更广阔的网络空间，上层链负责下层应用系统间数据、算法的流动。如果说传统互联网是将部署在云内的应用相互连接，依靠数据的流动完成计算的“应用互联网”，那么“城域区块链”则交织了一张连接云内数据，依靠算法流动完成计算的“数据互联网”。可以想象，这样基于城域区块链的数据互联网会在基础网络协议、网络设备、区块链软件、应用软件等诸多方面带来全技术栈的革新。

2. 提升城域区块链的移动与边缘接入能力

由于城域区块链将应用区块链扩展为数据与算法流动的数据互联网，其自然产生了移动端与边缘端这一重要数据源接入的需求。因此，城域区块链的形成除了需要在网络架构与软件体系结构上实现技术创新外，还要利用下一代网络技术扩展其边缘接入能力。以目前应用区块链所能实现的性能，只能在服务器端部署节点，由于对算力、网络及其所导致的功耗要求，移动端与边缘端很难成为节点直接参与组网，很大程度上限制了区块链技术的发展与应用空间。例如，区块链网络依靠节点之间的不断通信按照一致性协议达成多节点间账本数据的一致。现有的区块链网络通常建立在 IP 协议之上，依靠 UDP 或者 TCP“模拟”数据在全网的广播，其网络开销为 O［$n$log（n）］至 O（n^2）之间。因此，现有区块链很难规模化地承载 n 个节点，必须在延时与节点规模之间做出妥协。

这些传统区块链所固有的问题，有可能通过新的网络技术得到缓解甚至解决。例如，2020 年 7 月 3GPP 冻结的 Release－16 版本中已明确制定 5G 广播标准（又称“5G 广播”）。“5G 广播网络 + 专网”能够高效地解决目前区块链网络开销的问题。过去需要轮询 IP 地址“模拟”广播的过程可以被真正的广播网络替代，将通信复杂度降至 O（1）至 O［log（n）］，从而使移动端区块链技术成为可能。同时，其他网络技术，如 IPv6，也为边缘端的独立接入提供了可能性。

城域区块链体系结构与下一代网络技术的结合能够使区块链更加自然地融入互联网，使区块链成为连接设备更加通用的基础协议，进而实现更加广泛、高效的新要素流动。

3. 基于城域区块链的主动、分布式网络安全

自 1969 年互联网诞生至今，整个互联网协议栈的设计始终遵循以香农为代表的信息论，追求高效、高速、容错。互联网安全则表现为攻防过程中独立开发的安全补丁，多数安全协议也被设计为支持局部应用或者点对点传输，导致安全措施始终难以覆盖复杂网络下的复杂行为。同时，在互联网的建设过程中，中国在核心基础设施之上的掌控力也相对较弱。因此，如果单纯沿用现有的网络体系，我们会对来自设备、协议、基础软件的安全漏洞看不到、抓不住、堵不完，后续也会被不断地“卡脖子”。

与其竭力叠加无止境的安全补丁，不如重新思考一下网络与安全一体化的体系设计，让安全内生于网络、防御遍布于网络、治理进化于网络。区块链的分布式治理结构、链网相融的潜质以及规则强制化执行的特性，使其成为向互联网这一充满安全空洞的地基注入安全要素的关键管道。在这一进程中，要在科学上不拘一格，重新定义“城域区块链”，从根本需求与本质属性上理性思考，建立基于链网一体的主动、分布式安全体系，从根本上解决国家网络空间安全之忧，将中国从网络大国推向网络强国。

三　区块链技术的产业发展方向

（一）区块链产业发展面临诸多难题

区块链技术天然具备金融属性，以代码与算法的权威性降低“点对点”交易的信任成本，以去中心化的新型信任关系降低全社会的交易成本，具备成为基础设施的基本素质。自十九届四中全会以来，数据与技术成为要素市

场中的新成员①，新要素的市场化配置与流通和区块链技术特征高度匹配，将成为区块链技术的重点发展方向。区块链技术作为供给侧改革方向上的核心技术，可以广泛应用在新型基础设施建设中，服务于要素市场化配置。但是，目前区块链技术产业化发展面临着巨大的障碍与瓶颈。

第一，社会公众与政府、企业对区块链技术认知不足。时至今日，仍然将区块链与比特币、数字货币画等号。在此认识下区块链作为供给侧改革的典型技术，却无法从供给侧改革的核心力量层——政府、银行、大型企业中获得订单以及业务合作支持，根本无法发挥其技术价值，更没有场景应用的深度，很难以“产业－研发”互促方式完善自身技术体系。

第二，应用市场尚不成熟，实践需求难以推动区块链技术的优化迭代。由于区块链技术核心客户群对区块链技术应用的模糊与片面的认知，区块链技术企业无法像海外竞争对手那样实现跨越式成长。中国区块链技术公司在过去5年中尚无一家上市公司，甚至连进入C轮以后融资的技术企业都缺乏②。作为智力高度密集的新型信息技术行业，其研发成本高昂，没有市场化的权益投资机构支持，各企业难以加大投入完善产品技术体系，缺乏成熟合理的技术产品，进一步导致市场对技术的接受度降低。中国区块链行业实际上进入一个负反馈的阶段。

第三，区块链技术的金融属性与信息科学属性之间存在内部失衡。区块链技术自诞生之初就具备鲜明的金融属性，而金融行业在任何一个国家均是强监管行业，而区块链技术从业者具有强烈的信息科学属性而非金融行业属性，导致去中心化的技术属性和高度中心化的金融属性形成了理念与发展上的冲突。区块链技术的蓬勃发展必然影响现有金融市场的商业模式与作业流程，而其中最难的部分并不是技术实现问题而是改革创新问题。作为供给侧

① 中华人民共和国商务部：《中共中央 国务院关于构建更加完善的要素市场化配置体制机制的意见》，2020年3月30日，http：//www.mofcom.gov.cn/article/b/g/202005/20200502967296.shtml，最后检索时间：2021年2月20日。

② 赵越：《中国区块链产业投融资报告（2020）》，2021年1月25日，https：//www.163.com/dy/article/G2LDB2MR05198086.html，最后检索时间：2021年2月20日。

改革的核心力量层需要为技术人员创造应用的空间与路径，要有创新的勇气与方法，从业务和监管两个方向接受与适配技术化的未来。

（二）区块链基础设施的城市发展观

在上述现状与背景下，区块链技术的产业化之路尚在起步阶段，其基础设施化更是任重道远。基础设施具有强外部性、公共产品属性、受益范围广、规模经济等特点，其基础地位决定了相关建设必须适度超前。基础设施建设必须走在经济社会发展的需要前面，否则将制约经济社会发展。区块链技术的发展需要城市级或城市群的力量给予支持和推动，将其当作供给侧改革的核心工作之一，从场景与投资两个方向带动技术与资本的聚集，支持产业发展，同时也形成未来城市之间要素流通竞争的重要力量。

现以两类城市的发展与区块链的推动意义剖析区块链技术基础设施化发展的必然性。

新加坡作为最有危机意识的世界中心城市，已经清晰地规划出未来 50 年的发展方向与实施路径。希望通过“开放和互联互通”“掌握精深和与时并进的技能”“劳、资、政三方以新的形式合作”三条路径再造一个数字新加坡①。“数字新加坡”的要义在于，将新加坡从世界物资贸易与商业服务枢纽中心变成世界算法贸易与智力服务枢纽中心，从而掌控未来最有价值的资产（知识与算法）流动性，进而守住其作为世界中心城市的地位。新加坡虽然制度完善，经济发达，但地狭人稀，数据密度小，人才资源匮乏。如何解决数据资源供给问题以及吸引开发者成为头号难题。利用区块链技术推动数据与知识的流动将是新加坡保持世界中心城市之实的必选之路。

四川省成都市作为中国西部地区最发达的城市，身处大陆腹地，距离最近的北部湾出海港口有 1500 公里之远。如何克服地理位置问题，崛起成为西部金融中心与“一带一路”核心节点城市，成为其战略思考的要点。在

① 驻新加坡经商参处：《新加坡发展规划》，http：//sg. mofcom. gov. cn/article/gqjs/201809/20180902784758. shtml，最后检索时间：2021 年 2 月 20 日。

这一难题上，迪拜的过往经验以及新加坡的未来发展蓝图为成都提供了参考模本。成都拥有一流的信息化基础设施（领先的5G试点城市、第一批DCEP试点城市），可提供丰富的数据资源（覆盖西南地区1.2亿人口以上的广阔市场），建立开放的身份认同（拥有国家级新区“天府新区”与“一带一路”自贸区）以及激活深厚的知识创造系统（辐射200所高校、电子产业集群过万亿）。建立数据资源全球互联互通、知识资产全球采购应用的新经济基础设施，才能同电子商务相结合，构建出一个实体和虚拟的混合市场，将中国西部与中南半岛乃至整个亚洲连接起来，商品、交易、支付以及物流等服务日益无缝连接。因此，必须利用区块链技术建设新经济的基础设施，从数据连接、知识连接、财富连接以及身份连接上系统性部署，以推动要素市场化流通为核心目标，实现城市的崛起。

之所以谈城市的发展，是因为高流动性生产要素与高价值服务的聚集是世界中心城市崛起的内在推动力。区块链作为一种独特的“人格化技术”，其发展并非“变革式”，而是“进化式”，要在不断的适应性发展过程中，充分满足人类社会对“知识交换、物质交换与利益交换”的根本需求，这将在城市发展、数字社会的混合体系中产生不可估量的意义与价值。

（三）区块链产业集群式创新

今天，实力强劲的大型建设机构正在对中国城市的新型基础设施进行建设、运营、管理、服务，希望使各大城市具备世界级的数字技术服务能力。区块链技术产业是城市新基建中要素资源流动的组织者，可以大幅提升数据、知识与人的流动性，以多中心协同的方式使三者在数字空间中创造新的价值。过去一年中，区块链技术在政府公共服务、医疗健康、金融贸易等真实生产环境中产生了应用。针对全行业实践进程，就技术路径发展方向提供以下参考观点。

一是多中心协同方式的高度中心化是当前技术实践的必然，推动区块链技术理念的实际应用须不争论、不纠结、不停步。

二是流动性的创造与深化离不开交易系统与交易制度，区块链技术实践首先要解决在合规场景下的合规交易问题。

三是数据要素难以确权与孤岛林立是数字文明发展的必经磨难，区块链正是从权利、成本、隐私三个角度改善数据的流动性，这一现状既是阻碍，更是契机。

在未来的数字社会中，数据将逐步成为战略级要素资源，算法与 AI 也将成为司空见惯的服务商品，“数字供应链”① 将会在全球逐步形成如今天全球供应链般的规模，这也是世界级新兴城市发展与崛起的必经之路。在此背景下，区块链技术需要承担“数字供应链”基础设施②，以及下一代新金融基础设施建设的重任。结合当前国内新基建与数字经济发展现状来看，区块链技术产业发展应避免单打独斗的局面，要采取“集群创新”模式进行探索与发展。

第一，建立“区块链基础设施 + 要素服务”特有的核心技术群，聚焦对要素（数据、算法）安全性与可监管性有高度需求的应用方向，与传统数据应用技术差异化发展。联合网络安全核心实验室、大专院校、金融科技等领域内专业机构与企业，在城域区块链、数据协同、金融安全、DCEP 支付、车路协同、卫星数据服务等战略领域深入探索，形成区块链嵌入式核心技术体系与应用产品。

第二，建立“区块链应用示范城市场景 + 协同服务生态群”。结合城市资源禀赋，在优质城市先行建设部署，以“场景带技术”的方式分布式发展。一方面实施部署区块链基础设施，另一方面部署集成化的特有城市级应用，在基础设施建设的同时，积累核心技术并培育协同服务企业。在区块链基础设施外形成围绕要素流通服务的特色经营企业，为国家解决区块链产业既无大基建也无广应用的困局。

---

① Gülçin Büyüközkan, FethullahGöçer, “Digital Supply Chain: Literature Review and a Proposed Framework for Future Research, Computers in Industry,” Computers in Industry 97, (May 2018): pp. 157 – 177.

② Kari Korpela, Jukka Hallikas and Tomi Dahlberg, “Digital Supply Chain Transformation toward Blockchain Integration,” HICSS 2017 (2017): pp. 1 – 10.

第三，建立“区块链新金融基础设施 + 国际数字资产产业群”，结合“一带一路”倡议以及刚刚签署的 RCEP 合作协议，向相关国家或地区输出基于“数据互联网 + 区块链数据治理 + 央行数字货币”的新金融基础设施，更好地服务于数字资产跨境交易以及贸易数字化。可将新金融基础设施广泛应用于 RCEP 和“一带一路”国家特殊监管区域以及传统信息化业务覆盖成本高昂的区域，建立数字资产交易区并持牌经营。在海外探索并支持各国家建设基于新要素流通、交易、支付结算的新一代金融基础设施。

（四）区块链基础设施战略演练

区块链技术的创新发展可参考“贸—工—技”的路径逐步深入，随着国家对数字贸易的大力推进，区块链在贸易流通的新基础设施建设上将大有作为。以国家“西部陆海新通道”发展战略为例，区块链产业参与者可以围绕此战略深度参与，具体包括以下四方面。

一是信息化建设，围绕“西部陆海新通道”规划，制定城域区块链综合服务建设方案。西部陆海新通道覆盖重庆、广西、贵州、甘肃、青海、新疆、云南、宁夏、陕西、四川、内蒙古、西藏等 12 个省区市，以及海南省、广东省湛江市。以“人流、物流、资金流、数据流”在全通道上的信息化服务为核心建设目标，以提升公共服务质量为运营目标，以切入金融服务为盈利目标，打造独特的区块链应用网络。与此同时，在“一带一路”倡议以及 RCEP 签署的背景下，将区块链服务沿中欧班列渗入中亚地区，沿云南、广西口岸延展到中南半岛。

二是流量入口获取。区块链技术企业可以通过“数据治理 + DCEP 支付”两大抓手形成业务核心力量，以“数据流 + 资金流”的管理服务，从能力上带动人流、物流的融合。通过西部陆海新通道上对敏感数据跨主体、跨区域、跨监管、跨国境的可信应用，以及 DCEP 在 M_0 支付、贸易金融、跨境支付领域中的深度应用，形成业务抓手，切入新通道上近 3 万亿元的进出口商贸物流服务。与此同时，通过新通道上的紧密合作，区块链技术企业可以获取 21 个核心枢纽节点城市中特定应用场景，复制业务模型。

三是商业模式创新。参照并创新于信息化建设中“我建你用”的基础交付模式，区块链技术企业的建设模式可以采用“我们建，他们用”的“场景共建”逻辑进行共同建设。围绕西部陆海新通道的建设，区块链技术企业可与21个枢纽节点城市针对特定场景（如商贸物流）提供共建模式，对传统老基建提供升级方案，以共同投资或者业主投资、企业承建的方式，共同向场景中的用户提供服务，通过服务进行收费与分成。区块链技术企业主要的服务收费模式分为建设服务（为业主提供服务，如城市物流中心、港口、口岸等）、运营服务（提供公共服务提升解决方案，如建立公共信息平台为政府和市场主体提供增值服务等）、金融服务（提供基于DCEP的支付结算服务，为金融机构提供撮合服务等）。

四是场景开拓深化，区块链技术企业的产品服务需区隔于传统信息化行业的竞争，在场景选择上要有明确的战略定位，以“高价值、长未来”为择取标准，可聚焦在“商贸物流、医疗健康、应急通航、节能环保”等有待技术提升与产业升级发展的场景中。通过服务西部路海新通道的商贸物流业务，将数据应用与DCEP支付在场景中深度绑定，同时展开各类服务业务。与此同时沿线打开21个枢纽城市合作大门，再针对医疗健康、应急通航等场景复制商贸物流领域的商业模型。

总之，区块链产业的创新发展离不开国家战略的支持。作为供给侧改革中锋利的技术工具，区块链技术应被作为治理工具、监管工具与基础设施来看待，眼光与视野的转变将会对一个产业的发展空间与迈进速度产生巨大而深远的影响。

产业数字化转型篇

B.10 中国数字经济发展态势

张新红*

摘 要： 疫情完成了一次全社会数字化生存能力的大考验、大培训，对数字经济发展起到了加速作用。疫情防控常态化下，中国数字经济会继续保持快速增长态势，数字化转型成为信息化和经济高质量发展主线，数字化生存环境会进一步改善，数字新物种会大量涌现，一批新的超级平台会脱颖而出，关键核心技术研发会获得新突破，就业形态、竞争格局会出现重大变化，数据治理难点会长期存在，制度创新将成为最急迫的任务。

关键词： 数字经济 数字化转型 数字新物种

* 张新红，国家信息中心首席信息师，高级经济师（正高级），主要研究方向为信息化、信息社会、数字经济。

2020年初暴发的新冠肺炎疫情是对全社会应变能力、反脆弱能力、数字化生存能力的一次大考验，也凸显了数字经济的优势。大力发展数字经济，减少对线下场景的依赖，用数字化思维和方法解决面临的问题，是后疫情时代所有企业努力的方向，也是中国经济重新焕发青春活力的重要保障和必然选择。总体来看，未来几年中国数字经济将继续保持快速发展态势，数字化将成为经济发展最重要也最活跃的新动能。

一　数字经济继续保持高速增长

现代化让社会分工越来越细、要素流动越来越快，也使得社会和经济体系的脆弱性越来越大。新冠肺炎疫情暴发后，隔离（限制人口流动）成为最有效和最无奈的阻止病毒传播的措施，由此引发的多米诺骨牌效应和蝴蝶效应几乎使整个经济陷入停顿。与17年前的非典相比，这次疫情波及范围更广、持续时间更长，对国民经济的危害也更大。在大考面前，不同业态反脆弱能力和表现差别很大。

部分产业受疫情影响较大。严重依赖线下场景的产业在疫情中遭受了重大损失，旅游、餐饮、交通运输、影院等在疫情中几乎完全停摆，复工复产需要的时间也较长。传统制造业工人回不来，原料进不来，产品出不去，面临市场、资金、成本集中恶化，资金链断裂可能会引发一批企业倒闭和大量人员失业。中小企业数字化基础薄弱，利用数字技术应对疫情冲击的能力有限，能否顺利闯关只能看现金流储备是否充足。双创企业资金链本就脆弱，主要依赖线下运行的双创企业面临的打击可能是致命的。

数字经济优势凸显。以互联网为基础的数字经济具有天生的减少物理空间依赖的基因，在疫情中表现出较强的柔韧性。与当年抗击非典对比可以发现，这次抗击新冠肺炎疫情，从疫苗研制到远程医疗，从数据统计到追踪排查，从资源配置到协同管控，从在线办公到复工复产，数字技术都发挥了至关重要的作用。同时，在战役中暴露问题较多的地区、产业、领域、环节，与数字化应用基础弱、水平低、效果差不无关系。互联网企业则迎来新机遇，众多以互联网为基础的科技创新企业在应对疫情中发挥了重要作用，也利用疫情期间获得成本大幅降低的机会积极拓展，取得新的增长。生鲜快递、网络游戏、网络直播、在线教育、知识付费、在线医疗、云办公、云服务等领域的众多平台企业的新增注册用户都大幅增加。

线下转线上加速。原来一些严重依赖线下场景的行业和领域也开始了线上服务的探索与创新。视频售楼、视频售车、线上首发、在家上学、在家看病、在家办公等成为新热点，2020 年成为真实版“远程办公元年”。

对许多企业和个人而言，疫情帮助大家完成了一期数字化生存的强制体验和急速培训。未来几年，数字化转型将成为更多企业构建竞争新优势的主线。

2016 年，中国数字经济占 GDP 比重首次突破 30%，标志着数字经济开始从量变走向质变。疫情让更多的人和企业融入数字经济，越来越多的经济活动从线下转到线上，预计未来几年数字经济占 GDP 比重每年提升两个百分点以上，到 2025 年，数字经济占 GDP 比重有望达到 45% 以上。

二　数字化转型成为信息化和经济高质量发展主线

数字化转型将成为“十四五”时期甚至更长时间内中国经济发展的主旋律。数字化转型是新技术的广泛应用，也是组织方式、商业模式的改变，更是思考方式、思维模式的转变。

数字化转型的加速体现在四个方面。第一，传统企业数字化转型加速。第二，产业数字化转型加速。产业互联网、虚拟产业集群等迅速成长。第三，政府数字化转型加速。以人民为中心的智能化服务型政府建设成为努力的方向。第四，城市数字化转型加速。基础设施、经济发展、公共服务、社会治理、人民生活的全面数字化已经起步。

总体来看，数字化转型将沿着“八化”方向演进。

数字化。数字化将重新定义一切，改变我们过去所熟悉的一切东西。越来越多的事物将被贴上“数字”标签，比如数字经济、数字社会、数字政府、数字产业、数字企业、数字产品、数字城市、数字马桶等，其形象、内容、特征、运动过程都在产生变化。

网络化。网络将重构一切，成为创新的源泉。过去认为资源配置有两大重要力量：一个是政府，叫有形的手，另一个是市场，叫无形的手。现在互联网已经成为资源配置的第三种力量。有了互联网，就可以动员全社会的资源来为全社会创造新价值。有了“互联网+”，新生事物就会源源不断地产生。一旦互联网的所有功能与产业结合起来，就会出现无数个新的组合。

数据化。数据驱动一切正在变成现实。将来人们会更多地用数据说话，靠数据决策，依数据行动。

智能化。人工智能将参与甚至代替绝大多数现有工作和岗位。当然也不必过于担心大多数人会失业，因为会有更多的新工作新岗位被创造出来。

平台化。平台可以动员全社会的资源和力量来共同做一些有价值的事情。比如一个网约车平台可以集中2000多万个司机，一个共享住宿平台可以集中700多万套房源，一个货运平台可以集中700多万辆重卡汽车，一个外卖平台可以集中300多万家餐饮企业，这是过去任何一家单体企业不可能做到的。

生态化。生态化是平台化无边界发展的必然结果，通过生态化可以走出与规模化、多元化不一样的扩张之路。

个性化。每个人都是唯一的，每个人都可以做出独特的共享，并接收不一样的服务。

共享化。企业要学会做强自己的长板，短板部分可以让别人去做。所有资源可以通过共享使其发挥更大作用，短缺的资源也可以通过共享来获得。

三　数字化生存环境进一步改善

我们已经习惯到一个新地方直接问“WiFi密码是多少”，但疫情期间还是有一些老师和学生要到山坡、屋顶上上课。我们已经习惯通过扫码支付买青菜、购门票、交电费，但还有很多地方需要到固定地点排队等号。我们已经习惯在机场、酒店、医院、公园、地铁、办公楼出示健康码，但很多老人却因此无法正常出门。我们开展了数十年的信用建设，但众多小微企业急需资金时仍然求告无门。我们拥有全世界最庞大最先进的电子商务和现代物流系统，但很多优质农产品依然找不到销路。这些典型的发展不充分不平衡问题俯拾皆是，足以说明数字化生存环境还有很大改善空间，数字产业还有很多发展机会，也是未来数字化转型的努力方向。种种迹象表明，未来 5 ~ 15 年中国数字化生存环境将有很大的改观。

更好的信息设施环境。为了应对疫情带来的冲击，更为了适应新时代构建现代经济体系的需要，新基建上升到国家战略层面。可以预期，未来几年信息基础设施建设将再上新台阶，为人民提供更便捷、更优质、更普惠的支撑服务。

更多的数字化创新产品和服务。数字化生产、生活将变得更加简单、便捷，产品和服务将有更好的体验。

更强的数字能力。经过疫情的培训，国民数字素养和数字化生存能力有了进一步的提升。政府、企业会更加重视对员工、用户和公民的数字培训，弱势群体、小微企业的数字能力也会有很大的提升。

更优的政策环境。经过多年的实践探索，政府对于如何培育和监管新业态已经积累了较多的经验，相关法律法规、标准规范将更加完善、更加友好，政府数据开放、协同办公等将会取得更大进步。

四　数字新物种大量涌现

数字新物种是对伴随数字化应用而出现的新生事物的统称，比如新产品、新业态、新模式等。未来几年，新一代信息技术还将继续孕育、发酵、成熟。

自改革开放以来，我国已经出现过两个新物种快速成长的阶段。第一个阶段是 20 世纪 80 年代早中期，制度创新引发了一系列新生事物的出现。第二个阶段是 2000 年以来，随着互联网应用向纵深发展，尤其是 2010 年之后移动互联网的快速发展，一大批数字化的新生事物迅速出现。

2020 年新冠肺炎疫情的暴发助推数字化转型，也带来了一大批数字新物种的出现。新个体、新基建、直播带货、健康卡、云蹦迪、云喝酒、网上广交会、宅经济、永久在家办公等成为流行物种。很多人抱怨现在的新名词、新概念太多，其实是因为新生事物多了，人们不得不用新名词和新概念去概括它、定义它。这些新生事物的出现大都与数字经济有关，所以，这些新生事物又被称为数字新物种。

数字新物种有很多，大体可以分成三类。一是新产品，比如，智能手机、数码相机、数字电视、智能机器人、无人驾驶汽车等。二是新业态，比如微博、微信、视频直播、数字游戏、共享经济、平台经济、工业互联网等。三是新模式，比如电子商务、电子政务、直播带货、远程办公、互联网医院、无人超市、云服务等。

2020 年 7 月 15 日，国家发改委颁布《关于支持新业态新模式健康发展激活消费市场带动扩大就业的意见》，提出的 15 种新业态新模式主要分布在四大领域：一是线上公共服务和消费领域，包含在线教育、互联网医疗、远程办公和数字化治理；二是企业数字化转型领域，包含产业互联网平台、传统企业数字化转型、虚拟产业园和产业集群、无人经济；三是新个体经济领域，包含新经济、微经济和灵活用工；四是共享经济，包含生活资料的共享、生产资料的共享和数据的共享。这 15 种新业态新模式在未来一段时间内定会有更好的发展，但实践中的新业态远不止这些。

新基建和新技术发展会不断催生新的业态。以不同时代移动技术发展带来的变化为例，2G 时代有了短信、QQ、支付宝，3G 时代有了智能手机、移动电子商务、微博、微信、线上线下相结合（O2O），4G 时代有了扫码支付、共享经济、社交电商、短视频。关于 5G 时代可能的新物种，现在讨论较多的有 4K/8K 高清电视、AR/VR/MR、智能物联网（AIOT）、工业互联网、数字孪生等，但真正伟大的产品还没有出现。

未来几年，5G、人工智能、AR、VR、区块链、数字孪生等新一代信息技术已经做好准备，一些革命性的产品和应用正蓄势待发。

五　一批新的超级平台有望脱颖而出

在BAT（百度、阿里、腾讯）之后，TMD（今日头条、美团、滴滴）已经成长为超级独角兽。更多的平台企业正在积蓄能量，期待腾飞。

就像3G催生智能手机一样，5G也会催生新的影响全局的产品，尽管我们现在还不知道它最终会是什么。

无论是互联网创业，还是传统产业里的明星企业，平台化已经成为大势所趋。一旦形成行业平台，其生态化扩张的速度会急剧加快。未来15年内，经过探索和积累，产业互联网将从酝酿走向爆发，多数垂直行业都会出现新的大型平台。

六　关键核心技术研发取得新突破

在全面建成小康社会取得决定性成就之后，中国将进入社会主义现代化建设的新阶段。未来15年要完成人均国内生产总值达到中等发达国家水平、进入创新型国家先进行列的总目标，关键核心技术研发必须取得重大突破，目前各方面的条件也已经成熟。

动力十足。十九届五中全会已经提出了2035年远景目标，紧随而来的将是一系列政策创新和务实行动。在新一代信息技术的研发和应用方面，很多领域已经进入“无人区”，领先企业正在寻求创新突破。

实力齐备。中国为解决关键核心技术卡脖子问题已经进行了多年的努力，已经取得了长足进步，积累了经验，也积累了能力。从实践层面看，超级计算机、智能机器人等领域技术水平已经位居全球前列，电子商务、移动支付、现代物流、共享经济、产业互联网、5G发展等领域已经引领全球，高端芯片、操作系统、数据挖掘、安全防控等领域也取得了重大进展。

未来15年，中国将继续发挥制度优势，结合政策创新，关键核心技术取得重大突破是可以期待的。

七　数据治理成长期热点

随着5G应用等不断深化，新一轮数据爆炸正在形成。未来几年，数据开放、数据交易可能取得新突破，隐私保护、数据权益、数据跨境流动等治理难题将贯穿始终。

数据应用越深入，用户隐私保护与数据安全保障就越显得重要和迫切。如何防止过度收集数据、滥用数据、窃取和篡改数据等，不仅是技术问题，还是意识问题、制度问题和法律问题。

利用数据侵害消费者利益、从事不正当竞争甚至违法犯罪的现象已经开始出现，将来还会有更多的表现和变化。

数据跨境流动是广泛存在的，在日益成为推动全球经济发展重要力量的同时，也成为各国政府在网络空间战略博弈与数据资源争夺的焦点，应对不当还会对国家安全形成一定风险和挑战。从现实看，各国数据跨境流动政策越来越受到地缘政治、国家安全等因素的影响，利益的复杂性、价值认同的差异性和国家间信任的缺乏，使得各国间达成规则共识十分困难。

这些问题不仅会长期存在，还会不断变形。认识、理论、政策、制度、司法等都需要不断创新和完善。

八　就业形态出现重大变化

新冠肺炎疫情引发的经济衰退使就业压力骤然增大，灵活就业正成为化解就业难题的重要突破口。以电子商务、共享经济、宅经济等为代表的新业态正在催生大量的灵活就业，不仅创造了更多的新就业岗位，也拓展了就业渠道，改变了就业模式，改善了就业环境，提高了就业质量。

新业态成为最重要的就业蓄水池。2013～2019年，中国城市新增就业岗位连续7年都在1300万个以上，可以说是就业形势最好的一个阶段。在经济增长明显放缓、传统经济就业容量趋于减少的新常态下，能够取得这样好的成就绝不是偶然的。这一阶段恰好也是数字经济加速发展、新业态不断涌现的阶段，较好地化解了就业难题，从山重水复走到了柳暗花明。国家信息中心发布的《中国共享经济发展报告（2021）》数据显示，2020年，中国共享经济领域的平台员工数达到631万，还创造了8400万个灵活就业岗位①，大大增强了中国经济运行的就业承载力。

新业态成为新职业的催生者。伴随大量数字新物种的出现，社会上会涌现出一系列新的职业。1995年，自中国新的职业大典颁布以来，共发布了三批新职业，总计有38种新职业。第一批新职业里有“电子竞技师”，第二批新职业里有“网络配送员”，第三批新职业里有“互联网营销师”。2013~2019年，中国每年新增城市就业岗位都在1300万个以上，也就是说在经济发展进入新常态后，我们经历了就业问题解决最好的阶段。这个现象用传统的经济学理论是无法解释的，就是因为数字经济发展促进了大量新业态的出现。

就业模式呈现多样化。灵活就业大量增加，“斜杠青年”正是新职业者的标签之一。近年来，大受年轻人欢迎的民宿房东职业，兼职率达到六成左右。工作不设限，创业同样不设限，新职业者中也有不少“小老板”。比如，猪八戒网上有1300多万个创意提供者，好活平台上线两年就让40万多个农民工变成“网络个体户”。全国不同类型的众创空间大量涌现，青年创业者群体规模迅速扩大。

门槛降低打开了普惠制就业大门。据相关平台大数据统计，50%的网店老板、60%的共享住宿房东是女性。滴滴平台上20.4%的专职司机是下岗职工、失业者，12.6%的是退役军人，51.5%的是进城务工人员，21%的是家庭唯一就业人员，有70多万人来自贫困县，6.7%的是建档立卡贫困人

① 《2019年共享经济交易额32828亿》，人民网，2020年3月4日。

员[①]。2018年，美团外卖的270万骑手中，75%的来自农村，有67万人来自贫困县，其中相当一部分为国家建档立卡贫困户；截至2019年10月，过去一年里，通过美团外卖平台获得收入的骑手增至370万人，其中有21.6万人是国家建档立卡贫困户[②]，有不少实现了脱贫。

新就业形态的就业质量明显提高。就业质量体现在多个方面，比如劳动者有更多的选择，劳动者得到更多的劳动报酬，劳动者权益得到更好地保护，劳动者拥有更好的职业素质和更强的工作能力等。与传统就业形态相比，新就业形态在多个方面都有较佳表现。

未来几年，新职业还会大量产生，灵活就业占比会进一步提高。

九　竞争格局出现大调整

每一次全局性的技术变革都会引发竞争格局的大调整，这次由移动互联网、大数据、人工智能引发的全球经济格局和产业竞争格局大调整已经拉开序幕，其影响将在未来5～15年进一步呈现。

全球经济格局将出现大调整。历史上几次大的产业革命都曾引发过全球经济格局大调整，工业重心的梯次转移先后成就了欧洲大陆、美国、日本、亚洲四小龙、中国的崛起。在以互联网为代表的数字革命中，中国无疑也是受益最大的国家之一。1994年中国开始全面接入互联网时，GDP占全球的比重只有4%左右，到2017年该比重已达到15%左右。在此时间段，美国GDP占全球比重从40%降到25%。以智能化为代表的全面数字化转型刚刚开始，全球竞争格局的变化还将持续。

产业竞争格局将出现大调整。在过去十多年的时间里，全球市值最大的十名企业里，建立在互联网基础上的平台型企业已经占绝对优势，成为拉动全球经济增长的主要力量。数字化、网络化、智能化程度决定了产业的竞争

---

① 《新就业形态脱颖而出》，《中国青年报》2020年9月2日。

② 《21.6万贫困户通过送外卖实现自立》，中新网，2019年10月24日。

能力和生命力，这个趋势在未来几年会日益强化。

企业竞争格局将出现大调整。同一产业内的企业竞争格局也会发生重大变化，数字化转型成功的企业会对墨守成规的企业形成降维打击，网络效应会加剧形成赢家通吃的局面。同时，跨界竞争越来越普遍，产业边界会越来越模糊。对于任何企业而言，未来竞争对手可能都不在现有的视野里。

地区间、城市间竞争格局也会出现大调整。互联网打破时空界限，地缘优势的决定性作用正在减弱，善于把握数字化转型机遇的地区和城市将有可能获得跨越式发展。

坚持改革开放和创新引领，中国在全球信息化和数字经济发展领域的影响力将进一步增强。

十　制度创新成为最急迫的任务

数字化转型的根本是动能转换。新动能集中表现为四个方面，即技术创新、模式创新、制度创新和理念创新。从中国国情看，制度创新是现阶段最紧迫的任务。

在数字化转型过程中，生产活动中的基本矛盾主要体现为以工业化为基础的现有制度体系与数字生产力发展之间的严重不适应。无论从战胜疫情共克时艰的角度，还是从构建未来国家竞争新优势的角度，都需要重视建立和完善适应数字经济发展的社会制度体系与治理体系。

培育新动能很重要，释放新动能更迫切。应梳理并清除与数字经济发展需求不一致的政策、法规，为数字经济创造更好的发展环境。应坚持以“鼓励创新，包容审慎”为基本原则对待新业态新模式发展，创新监管模式。按照创新国家制度体系和治理体系的要求，鼓励并要求政府各部门对明显不利于数字经济发展的政策法规条款限期进行清理和改进。

尽管未来几年还存在很多不确定性，但数字变革进一步深化、数字经济快速发展的大趋势不会改变。加速数字化转型，重构新动能和新优势的历史性机遇不容错过。

参考文献

国家发改委等：《关于支持新业态新模式健康发展 激活消费市场带动扩大就业的意见》，2020 年 7 月 15 日。

徐宪平、杜平、张新红等：《驱散增长的迷雾：新常态下的新动能》，中国财富出版社，2017。

《中国共产党第十九届中央委员会第五次全体会议公报》，2020 年 10 月 29 日。

国家信息中心分享经济研究中心：《中国共享经济发展报告（2020）》，2020 年 2 月 28 日。

张新红、于凤霞等：《共享经济 100 问》，中共中央党校出版社，2019。

B.11

工业互联网赋能产业数字化转型

尹丽波*

摘　要：　产业数字化转型是实现高质量发展的必由之路，是全球各国面临新一轮科技革命和产业变革的共同选择。工业互联网推动产业数字化转型是中国特色新型工业化路径，并且已经在原材料、装备、消费品、电子行业实践中促进了产业的效率变革、质量变革和动力变革，应继续推动工业互联网发展，建设制造强国和网络强国。

关键词：　工业互联网　产业数字化　高质量发展

随着新一轮科技革命和产业变革蓬勃兴起，制造业正加速向数字化、网络化、智能化的方向延伸和拓展。工业互联网作为新一轮科技革命和产业变革的重要驱动力量，成为推动产业数字化转型的重要途径。与此同时，全球制造业发展动能不足，国际竞争格局进入调整期，加快发展工业互联网成为世界各国顺应产业发展大势、抢占产业未来制高点的战略选择。自2018年以来，中国工业互联网产业发展迅猛，形成了以平台为核心、以解决方案为落地抓手、以跨界服务为支撑的工业互联网生态体系。随着工业互联网技术逐渐成熟，在各行业的落地实践也已取得一

---

* 尹丽波，海南省工业和信息化厅厅长，曾任国家工业信息安全发展研究中心主任，获国务院特殊津贴，长期跟踪研究信息化和网络安全技术与产业发展情况，研究领域包括工业互联网、工业化和信息化融合以及网络安全等。

定进展，经济效益、社会效益逐步显现，有力支撑了产业数字化转型和制造业高质量发展。

一　产业数字化转型是制造业高质量发展的关键

自党的十八大以来，习近平总书记多次对“中国制造”转型升级作出重要论述，明确指出“突围破局”之路，2020 年 2 月 21 日，中央政治局会议再次强调，要推动工业互联网加快发展。能否实现制造业的高质量发展关乎能否实现中华民族伟大复兴的中国梦。因此，必须加快制造业数字化转型升级，以数字驱动提升全要素生产率、技术创新能力、资源利用效率、质量品牌效益，以技术创新为突破，抢占未来产业竞争制高点。

（一）制造业是立国之本、强国之基

制造业是技术创新和效率提升的核心领域，是全球主要强国竞争的主战场。纵观工业革命以来发达国家的发展轨迹，任何一个强国的崛起都离不开发达的制造业。

近年来，在贸易保护主义持续升温、区域经济一体化受阻、大国间博弈加剧、新冠肺炎疫情反复等复杂多变的国际形势下，全球经济发展面临的不确定、不稳定性因素明显增多，主要工业发达国家重新高度重视制造业发展，纷纷出台制造业发展战略，围绕新一代信息技术与制造业融合发展加强布局，大力支持先进制造技术的研发创新。以美国为例，从奥巴马政府时期就不断推出鼓励制造业回归美国的各项政策，特朗普政府更是采取了大量措施吸引制造业回流，同时以技术创新为突破持续筑高技术壁垒。在疫情防控常态化下，制造业还将是各大强国的立国之本、兴国之器、强国之基，并决定一个国家的综合实力和国际竞争力。

（二）产业数字化转型是实现高质量发展的必由之路

在上一轮全球产业竞争中，部分发展中国家始终处于产业链中低端，难

以跨越“中等收入陷阱”。前车之鉴不容漠视，从国际经验来看，21 世纪初期没有跨越“中等收入陷阱”的国家，如巴西、阿根廷、马来西亚等大多都是没有把握工业化扩张的窗口期，忽略了推动先进制造业的发展。近年来，世界经济持续低迷，制造业发展从增量阶段进入存量阶段，发展中国家通过要素投入、规模扩张等传统发展模式实现赶超的机会进一步变小。与此同时，随着 5G、人工智能、区块链、AR、VR 等新一代信息技术与实体经济深入融合、集成与创新，为后发国家争夺全球产业竞争、全球治理体系的制高点提供了千载难逢的新机遇。

在全球产业竞争格局未定的当下，各国基本站在同一起跑线上，亟须加快新一代信息技术与制造业融合发展，推动制造业数字化转型。数字化转型是实施创新驱动发展战略的关键，是推动产业结构优化调整的需要，是应对发展环境变化、把握发展自主权、提高核心竞争力的必然选择，有利于创造经济新增长点。

二 工业互联网成为赋能产业数字化转型的重要途径

当前，新一代信息技术与制造业融合发展已逐步进入创新突破、深入渗透、应用推广的加速期，工业互联网通过支撑构建全要素、全产业链、全价值链、全面连接的新型生产制造和服务体系，成为数字化转型的实现途径，成为实现新旧动能转换的关键力量。

（一）工业互联网推动破解产业数字化转型难题

工业互联网是新一代信息技术与制造业融合最彻底、最全面、最深入的标志性产物，是互联网创新发展与新工业革命的历史交汇点，有助于破解企业“不会转”“不敢转”“转不动”的难题，成为中国夺取竞争新赛道、开拓产业布局新方向、推动中国经济向高质量发展迈进的重要路径。

有利于为传统产业转型升级赋能，打破“不会转”难题。工业互联网将连接对象延伸到整个工业系统，通过新一代信息技术融合应用，促进了工业技术进步与创新，加速了生产工具和工业产品的迭代优化，帮助传统企业转变增长方式，实现降本提质增效。当前，面向细分领域、满足多场景需求的平台解决方案供给能力不断增强。从应用案例来看，生产制造过程优化、供应链管理、管理决策优化、设备资产管理、节能减排、产业协同等应用场景已经实现了全行业覆盖，并且在部分行业、领域实现了规模应用。

有利于产业结构优化，帮助企业“勇敢转”。工业互联网通过低成本、轻量级、易部署的平台化解决方案，降低应用门槛，实现工业生产资源优化、协同制造和服务延伸，通过新模式、新业态为制造企业提供持续、轻量级的专业化数字服务。2020 年初，受疫情影响，大量工人返工困难，这对劳动密集型制造企业和采用传统管理手段的中小企业冲击较大。在此背景下，华为云、钉钉、企业微信、飞书、金蝶、用友、浪潮等多家平台企业陆续宣布免费开放在线办公、远程协同、异地协助的应用，基于平台提供疫情期间员工健康管理、企业内部医疗物资调配、疫情监测等应用。疫情期间工业互联网平台在帮助企业提升管控水平、复工复产的同时，也带动各行业企业走出了数字化转型的第一步，极大地激发了企业数字化转型的积极性。

有利于协同推进数字化转型步伐，避免产业链“转不动”。与传统一体化系统不同，工业互联网解决方案以微服务、松耦合为核心特征，能够形成沉淀在平台上可复用的微服务和机理模型，然后以统一的平台标准进行场景集成，最终实现更大范围的协同应用。因此，工业互联网具有较强的渗透效应、网络效应和叠加效应，有助于促进制造业企业组织内外协同、与产业链上下游协同、在大范围内实现社会化协同，加速企业组织重构和数字转型。如全流程质量管理通过集成研发设计、生产制造、售后反馈等各环节数据，不仅能够实现单点的质量管控，还将带动原材料、经销商、用户等各方共同参与，实现全流程闭环的质量优化。

（二）工业互联网发掘产业转型价值成效

近年来，工业互联网落地深耕的步伐不断加快，在助力工业企业改变传统生产方式、促进组织管理变革、带动新价值新市场、帮助企业实现降本增效创新等方面成效凸显。

在生产方式方面，工业互联网正在推动粗放式生产转为集约型制造。中国制造业发展已经从增量阶段进入存量阶段，在日趋激烈的市场竞争背景下，成本控制成为提高企业竞争力的关键。国家工业信息安全发展研究中心统计数据表明，设备资产管理是当前应用数量最多、覆盖范围最广的应用场景，尤其是对高价值、高风险设备，停工损失和政策压力都让企业更愿意在保障设备稳定运行方面有更多投入。目前，中国主要工业互联网平台的平均设备连接数正在迈向百万级，处于快速增长期，假如每台设备的维护费降低一点、劳动强度降低一点、能耗损失降低一点，所产生的效益将是巨大的，进而促进实体经济振兴，推动制造业高质量发展，形成强大的国内市场。

在组织管理方面，工业互联网正在推动虚实融合，增强弹性供给能力，实现跨组织协同优化。传统组织将行业、企业、部门都划分成互相独立的单元，随着工业互联网的发展，行业跨界、企业协同、部门合作从长周期向实时化转变，这些单元式组织结构就成为企业发展的障碍。工业互联网平台通过跨领域、跨行业要素汇聚和能力开放，显著降低了创新者技术、资金和人才壁垒，培育和催生了更多市场创新主体，逐步以个体创新积累带动产业发展质变，将链式制造体系拓展成资源富集、创新活跃的产业价值网络。如海尔双创平台深入探索“人单合一”模式，目前已涌现出68个小微企业，创业项目总估值近600亿元。

在价值创新方面，工业互联网平台通过构建新型工业制造与服务体系，不断催生协同研发、共享制造、按需定制、产融合作、零工就业等新模式新业态，并通过与其他行业龙头企业共建、与中小企业共享的方式实现跨界服务，以平台链接各行业，改变行业烟囱式发展局面，拓展跨界融合新生态。基于工业互联网平台，设备供应商可以对工业设备进行状态监测、运行优化和安全防护，不仅帮助用户实现设备稳定安全运转，提高生产效率和生产精度，还将创造更多服务效益。如树根互联的新能源车电池运维及租赁解决方案帮助制造企业降低30%的维护成本，以租代买降低快递车电池成本20%[①]。总的来说，工业互联网正在以产品创新探索高质量路径，以服务创新推动业务转型，以模式创新拓展新市场，有助于带动存量市场发展、创新增量市场。

在产业链供应链稳定方面，工业互联网平台支撑构建数字产业链供应链，能够动态感知产业发展态势，有助于提升识变能力、应变能力。工业互联网平台打通了消费与生产、供应与制造、产品与服务间的数据流，提供了更广范围的产业可视度，有助于实现对产业运行状态的动态监测、预警预测与闭环反馈，并通过快速调配已有物资、挖掘社会潜在产能，保障供应链弹性供给。如疫情期间，用友防疫物资采购平台已发布采购需求超2132万件，对接可供货数量达2262万件[②]。另外，有助于深化新一代信息技术融合应用，为产业链各类主体、要素和环节赋能赋智，在提升企业内部柔性和应对外部不确定性方面发挥了巨大作用。如迪尚集团在24小时内实现疫情防护服转产，日产防护服1万余套。

三　工业互联网赋能产业数字化转型的实践成效

当前，工业互联网已渗透应用到包括工程机械、钢铁、石化、采矿、能源、交通、医疗等在内的30余个国民经济重点行业，形成了一批具备行业特点、解决企业痛点、价值成效有亮点的行业解决方案，行业应用范围不断扩大，推动产业转型升级。由于工业行业所处的产业链位置、生产特征、业务需求和数字化基础存在差异，以钢铁、电子、纺织为代表的典型行业先行先试，积极探索并形成了与行业特性紧密结合的应用路径[③]。

---

① 国家工业信息安全发展研究中心：《工业互联网平台创新应用案例》。

② 国家工业信息安全发展研究中心：《数联物智 风劲扬帆——工业互联网解决方案创新应用报告（2020）》。

③ 本部分引用企业案例数据均来自2019～2020年国家工业信息安全发展研究中心调研资料。

（一）推动原材料行业向绿色集约发展转型

原材料行业包括钢铁、石化、有色金属等行业，2020 年，两化融合总体水平为 55.7[①]，大部分原材料行业具有资源能源密集、前端流程、后端离散等特点，也正面临低端产品供给过剩、环境能源约束增强、下游需求日益个性化、质量稳定性较差等痛点问题。以钢铁行业为例，钢铁企业数字化基础较好，为工业互联网应用打下了坚实基础。基于工业互联网平台的数字化转型是钢铁行业从“大规模、粗放式、资源型”的生产模式向“小批量、精细化、服务型”转变的重要途径。

钢铁行业逐步形成了“龙头企业主导 + 解决方案供应商 + 产业链协同应用”的工业互联网平台发展格局。宝武钢、鞍钢、南钢等大型钢铁企业是工业互联网平台建设的主力军，通过推动上下游信息共享、设备上云、业务协同与产能优化，带动产业链中小企业集聚应用。如宝武钢面向钢铁行业设备远程运维建立了工业互联网平台，每年基于平台服务带来的效益达 2000 万元以上。

工业互联网推动钢铁行业向集约生产、绿色环保转型。工业互联网促进新一代信息技术在钢铁节能减排、工艺优化、产业协同等方面的融合应用不断深化。在生产制造环节，节能减排、工艺优化、质量检测、设备运维是当前落地应用的重点场景。如在质量检测方面，基于“5G + 机器视觉”的带钢表面检测解决方案在鞍钢落地实施后，常规缺陷检出率达 95% 以上，每年提高经济效益 400 万元。在产业协同方面，供应链优化、个性化定制、产融合作是当前主要创新应用模式。钢铁企业基于平台打通上游矿石原料供给、响应下游用户对差异化产品和服务的需求，正在构建数据驱动的全产业链协同体系。如宝武钢与上汽通用五菱合作打造供货协同与按需定制解决方案，供应链全程周期平均缩短 10%，渠道库存整体下降 25%。特别是在疫

① 国家工业信息安全发展研究中心：《中国两化融合发展数据地图（2020）》。以下章节中出现两化融合得分水平均出自《中国两化融合发展数据地图（2020）》。

情期间，在全球多国钢铁企业纷纷减产甚至停产的情况下，中国钢铁企业通过推广“黑灯工厂”、无人工厂，保障了疫情期间的钢铁供给链稳定。

（二）推动装备制造行业向产品服务化转型

装备制造行业是汇聚大国重器的重要工业，在行业向高端化转型的大背景下，行业市场竞争加剧，转型升级需求迫切。以工程机械行业为例，工程机械是高价值设备、差异化工况、复杂环境的行业，同时，国内市场竞争激烈，需求饱和度不断提高，下游市场处于去产能过程中，设备购买力不足，设备制造商正在改变设备的销售和使用模式，以扩大市场。

工程机械行业成为引领服务化探索的先导行业。以三一重工、徐工集团为代表的行业先行者率先打出工业互联网大旗，成立工业互联网平台公司，开拓基于设备的服务业务，提供挖掘机指数等数据服务产品。此外，信息技术服务商也开展与龙头企业的合作，积极进入工业互联网领域，如爱动超越与林德叉车合作，提供叉车的智能远程运维。

工业互联网帮助工程机械行业拓展跨界数据服务市场。基于工业互联网能够为工程机械行业提供设备远程运维、故障诊断等解决方案，同时还能扩展更大领域的服务范围，一方面能够为政府及主管部门提供相应的数据服务，如挖掘机指数、叉车指数等，通过汇聚全国工程机械的实时数据，帮助政府识别和摸清产业发展实际情况。另一方面能够为金融机构提供产融合作的数据服务，如树根互联成立的久隆财险，通过工程机械开关机和施工实时数据，帮助保险公司识别贷款风险。

（三）推动消费品行业向创新模式转型

消费品行业是中国传统优势行业，目前面临劳动力、能源、运输和环境治理成本不断上升的压力；同时行业与消费互联网联系紧密，创新丰富，市场竞争充分，消费者个性化需求强烈，不断推动行业成为模式创新的先导行业。以纺织行业为例，具有产业链长、中小企业多、劳动密集等特点，随着工业互联网的应用，消费品行业涌现出覆盖设计创新、设备运维、协同制造、按需定制等行业全流程解决方案，并在产业集群实现聚集应用。

纺织行业成为工业互联网创新发展的必争之地。一是龙头企业的创新引领动力较强，如青岛红领（酷特智能）将消费者、供应商、商业伙伴置于一个平台上，通过 C 端数据驱动全价值链的运营体系，全球实时响应，实现全价值链的高效协同，打造了“完全以需求数据驱动的智能制造体系”。二是设备服务商的转型意识超前，纺织设备制造商、设备智能装备解决方案服务商等以纺织设备的运维管理为切入点，推动纺织行业机理与新一代信息技术融合，将经营模式从卖产品向卖服务延伸。如武汉纺友公司将 VR、AR 技术应用于设备远程维护，使设备工程师能够远程快速做出故障诊断。

工业互联网帮助纺织行业实现新旧动能转换。由于终端消费者对个性化、功能化、快时尚产品的需求越来越大，个性化定制、协同研发设计、产融合作等基于工业互联网的新模式新应用在纺织行业不断涌现。一是借助消费互联网优势探索个性化定制解决方案。如苏宁易购基于自身零售供应链体系，帮助海聆梦建成全球最大的窗帘智能个性定制柔性生产线，实现小批量、多品种生产。二是面向多变需求创新协同设计解决方案，如睿时尚等研发设计类平台，提供流行趋势、设计、样衣、面料等方面的一站式服务，取得了显著经济效益。三是基于中小企业资源提供产融合作解决方案，众衣联、美衫联、七彩云等平台，汇聚中小企业制造资源，建设满足中小企业集采、集销等业务需求的平台，并提供金融服务。

（四）推动战略性新兴行业向价值链高端转型

电子行业是中国国民经济的战略性和基础性行业，具有产品种类多、技术含量高、质量要求高、技术更新快等特征，但仍处于全球价值链中低端。近几年，中国电子行业通过加强自主创新，行业市场规模和技术含量都在迅猛提升。工业互联网通过将行业知识、数据、机理模型等有机结合，提高电子产品制造工艺、技术等水平，助力产品向高精尖方向演进。

行业龙头企业、创业创新型企业齐头并进，加快打造电子信息垂直领域的工业互联网平台。一方面，电子行业领域头部企业立足自身需求，通过打造平台，输出应用解决方案等，逐步向服务型制造转型。如富士康建成工业互联网平台 BEACON，为客户提供新形态的电子设备产品和科技服务解决方案；研祥智能、华星光电等一批电子制造企业也在输出自身解决方案。另一方面，行业不断涌现出盘古、深圳微讯、益普科技等解决方案服务商，利用 5G、大数据、人工智能等新一代信息技术与生产制造各环节深度融合，在柔性生产、质量管控等方面赋能电子企业转型。

工业互联网帮助电子行业向高价值链迈进。电子产品种类多，质量要求高，生产周期短，对生产制造过程优化的需求较高，工业互联网通过实时数据和智能算法帮助企业进行柔性生产，通过构建预测性维护模型，提升设备管控水平，利用机器视觉实现像素级缺陷识别，增强质量管控能力。生产管理优化从研发设计、智能排产、生产管理等方面入手，解决行业生产能力低、组织管理效率低等痛点问题。如手机零配件厂商泰诺衡引入盘古 SMT 智能管理系统，实现 RID 条码从物料入库到上线生产全制程管控。设备状态监测通过对生产设备进行实时精确的状态感知、故障诊断和预测性维护，解决行业生产设备耗损大、维护难等痛点问题。记忆科技通过远程维护异地子公司的贴片机、晶圆切割机、镭射开槽机等智能装备，单位产品成本下降 4.5%。产品质量检测利用机器视觉等技术，实时采集跟踪产品全生命周期质量数据，实现异常品快速响应，解决行业产品质量要求高等问题。如华星光电依托东智工业应用智能平台上线自动缺陷识别系统，实现无间断、高精准地自动缺陷分类，减少异常发生和损失 10% 以上。

四　趋势和展望

新一代信息技术与制造业融合发展已逐步进入创新突破、深入渗透、应用推广的加速期，工业互联网创新发展向多领域、多层次推进，将引发生产组织方式和产业形态的变革。

工业互联网促进形成新型工业生态体系。链式、线性关系的工业体系逐步被网状、多元关系的新型工业生态体系取代，正推动形成“制造 + 服务”

“平台 + App”“虚拟 + 实体”的新型工业生产模式。一方面，新产业发展加快制造业服务化进程，工业互联网产业化发展迅猛，截至 2020 年，全国从事工业互联网业务的服务商超过 2 万家，服务工业企业数近 40 万家，成为生产性服务业的重要组成部分。另一方面，随之而来的组织、管理、文化等变革也正在发生，大部分在数字化转型前沿的工业企业已经逐步与信息化、数字化或工业互联网等服务商携手，制造企业与服务商合作、服务商之间合作、制造企业之间合作成为未来趋势。

工业互联网促进跨界融合趋势演进。跨界融合已在消费领域蔚然成风，并逐步向制造领域延伸，正在形成制造业与金融、零售、能源、医疗、农业等各领域深度融合的产业新形态。在消费品制造领域，跨界融合给市场带来趣味和活力，比如大白兔奶糖和美加净跨界合作推出“大白兔润唇膏”。在装备制造领域，设备共享、产能预售、供应链金融等新模式也成为推动中小企业轻资产运转的重要力量。总的来看，工业互联网平台已成为新模式新业态的依托载体，并正在加快数据互联互通，深度挖掘跨界融合创新业务，推动一、二、三产业融合发展。

参考文献

王建伟：《工业赋能 深度剖析工业互联网时代的机遇和挑战》，人民邮电出版社，2018。

B.12 2020年中国智能制造发展现状与展望

臧冀原　薛 塬　杨晓迎　古依莎娜　屈贤明　董景辰*

摘　要： 智能制造是中国制造业创新发展的主要抓手，是中国制造业转型升级的主要路径，是加快建设制造强国的主攻方向。回顾“十三五”智能制造推进成果：智能制造生态架构基本建立，国家、地方、行业等多方协同的推进体系日趋完善，智能制造理念深入人心，全社会推动智能制造发展的风气已经形成，重点领域智能转型取得积极成效，有力地推动了制造业高质量发展。但在大力推进智能制造的实践中，也暴露出一些有待及时解决的问题：目前中国智能制造还处在以数字化制造为主流的阶段；正处在点上突破、面上没有推广的阶段；还处在所需制造装备和软件主要依赖国外的阶段，推进智能制造任重道远。未来应重点从“推广”“提高”“补短”三个方面，全力推动制造业转型升级。

关键词： 智能制造　试点示范　智能化改造

* 臧冀原，中国工程院战略咨询中心制造业研究室副主任，主要研究方向为制造业发展战略、智能制造；薛塬，中国工程院战略咨询中心博士后，主要研究方向为制造业发展战略、智能制造；杨晓迎，中国工程院战略咨询中心高级工程师，主要研究方向为制造业发展战略；古依莎娜，中国工程院战略咨询中心高级工程师，主要研究方向为制造业发展战略；屈贤明，国家制造强国建设战略咨询委员会委员、中国工程院制造业研究室主任，教授级高级工程师，主要研究方向为制造业发展战略；董景辰，中国工程院制造业研究室教授，主要研究方向为制造业发展战略。

当前，主要工业国家纷纷抢占智能制造制高点，巩固全球经济技术实力、竞争力以及工业领先地位。随着新一代信息技术的快速发展，并与制造业深度融合，智能制造成为新一轮科技革命和工业革命的关键动力，使制造业的发展理念、模式业态均发生了根本性的变革，推动全球制造业发展步入新阶段，实现社会生产力的整体跃升。中央全面深化改革委员会第十四次会议强调，要以智能制造为主攻方向，加快工业互联网创新发展，加快制造业生产方式和企业形态根本性变革。2020 年的政府工作报告也明确指出，要推进智能制造。经过多年的发展，智能制造已经成为企业的普遍需要，以企业为主体推进智能制造发展成为共识。2020 年对于中国制造业，对于智能制造都是极不平凡的一年，贸易摩擦、疫情影响，全球的产业链供应链都在动荡之中，站在岁末，总结经验、展望未来，以智能制造为主攻方向，坚定不移建设制造强国，将是我们国家应对挑战、抓住机遇的重要发展路径。

一　发展现状

（一）智能制造战略形成

2017 年初，中国工程院开始架构智能制造理论体系，提出了中国智能制造发展战略。明确了智能制造的内涵，广义而论，智能制造是一个大概念，是新一代信息技术与先进制造技术的深度融合，贯穿产品、制造、服务全生命周期的各个环节及相应系统的优化集成，实现制造的数字化、网络化、智能化，不断提升企业的产品质量、效益、服务水平，推动制造业创新、绿色、协调、开放、共享发展。

中国工程院提出智能制造是一个迭代升级的大系统。几十年实践的过程中，智能制造演化中形成了许多不同的范式，包括精益生产、柔性制造、并行工程、敏捷制造、数字化制造、计算机集成制造、网络化制造、云制造、智能化制造等，这些范式在不同程度、不同视角上反映制造业的数字化、网络化、智能化，在指导制造业智能转型中发挥了积极作用。但是，众多的智能制造范式不利于形成统一的智能制造技术路线，给企业在推进智能升级的实践中造成了许多困扰。面对智能制造不断涌现出的新技术、新理念、新模式，迫切需要归纳总结基本范式，进而探讨基本范式的背景起源、概念内涵及总体架构等，以凝聚共识，更好地服务于中国制造业的智能转型、优化升级。

智能制造作为制造业和信息技术深度融合的产物，其诞生和演变是与信息化发展相伴而生的。从 20 世纪中叶到 90 年代中期，以计算、感知、通信和控制为主要特征的信息化催生了数字化制造。从 20 世纪 90 年代中期开始，以互联网大规模普及应用为主要特征的信息化催生了数字化网络化制造。当前，工业互联网、大数据及人工智能实现群体突破与融合应用，以新一代人工智能技术为主要特征的信息化开创了制造业数字化网络化智能化制造的新阶段。这就形成了智能制造的三种基本范式，如图 1 所示，即数字化制造——第一代智能制造，数字化网络化制造——“互联网 + 制造”或第二代智能制造，数字化网络化智能化制造——新一代智能制造。

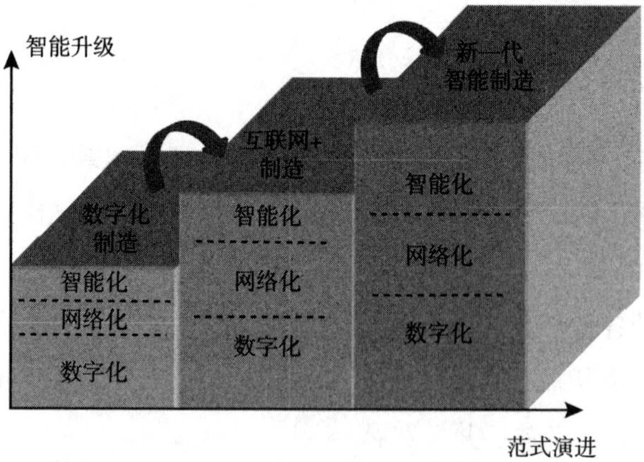

图 1　智能制造的三种基本范式

智能制造的三种基本范式体现了智能制造发展的内在规律：一方面，三种基本范式有各自阶段的特点，有各自需要重点解决的问题，体现了信息技术与制造技术融合发展的阶段性特征；另一方面，三种基本范式在技术上是融合集成、相互交织、迭代升级，体现了智能制造发展的融合性特征。对中国而言，应发挥后发优势，采取三种基本范式“并行推进、融合发展”的技术路线。智能制造系统（见图2）是由智能产品、智能生产和智能服务三大功能系统，工业智联网和智能制造云两大支撑系统，以及它们的系统集成构成的。智能制造战略的形成从理论层面解决了什么是智能制造以及如何推进智能制造的问题。

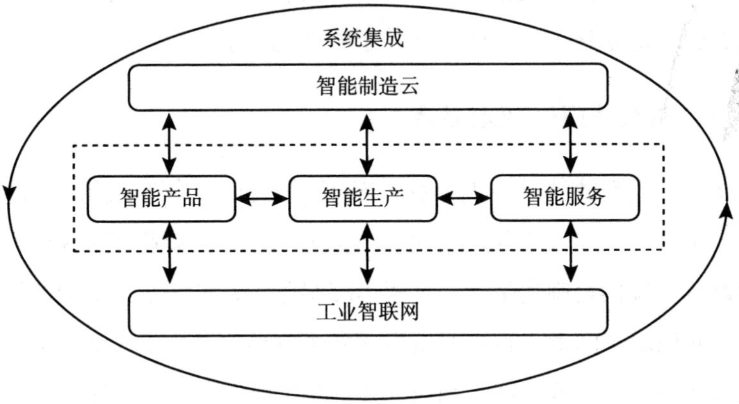

图2　智能制造系统组成

（二）试点示范全面开花

自2015年以来，工信部面向300余家企业进行了智能制造试点示范，推动了智能制造综合标准化和新模式应用项目400余项。在项目实施过程中，企业加强关键技术装备、核心工业软件和解决方案的创新应用，带动智能制造供给能力明显提升。如徐工集团大规模投入焊接机器人、装配机器人、智能加工中心群、AGV小车等智能化装备，建成了行业领先的智能化生产线、应用机器视觉技术、传感技术、边缘计算技术等，以生产执行系统（MES）为纽带，将智能化装备与生产管理信息系统相结合，实现制造端实时在线监测、大数据分析挖掘与过程优化，大幅提高了生产制造过程的稳定性和质量水平，并同步实现降本增效。

部分优秀制造企业在自身实践的基础上，努力向外推广成熟的经验和模式。据不完全统计，目前已有超过200家制造业企业向外复制推广了近1500个项目，有效地带动了相关行业的转型升级。如康平纳在研发筒子纱数字化自动染色成套技术与装备的基础上，建立了数字化染色工厂，实现了染色一次性合格率达98%以上、生产效率提高28%、用工减少80%，吨纱节水70%、污水排放减少68%，形成了国际领先的筒子纱智能染色解决方案，并将解决方案推广到鲁泰纺织、孚日集团等45家同行业企业，在山东、江苏、新疆等地新建了4个标准化筒子纱染色数字工厂。

（三）新模式应用成效显著

基于数据驱动的数字化网络化不断发展，推动了产业链供应链加速重构，改变了信息交互方式和产业模式，萌生了一系列新业态新模式，如网络化协同制造、规模定制化生产、远程运维服务、共享制造等。智能制造带来的各要素联通成本降低，推动制造方式和企业形态发生了革命性变化。制造企业通过连接客户，获得客户画像，实现精准营销和个性化定制；通过连接产品，远程诊断、预测性维护成为现实，传统的售后服务模式被颠覆，由“卖产品”转向“卖服务”，服务型制造新模式逐渐成为主流；通过连接供应商，打通产业链上下游，实现网络化协同设计、协同生产。同时，供应链金融也为企业融资提供新渠道，降低融资风险，经济社会效益显著；通过连接员工，为员工数字化赋能，打造敏捷、扁平化的组织，人机协作更加普遍，共享制造新模式逐渐呈现，企业人力资源管理将被颠覆和重塑。中国制造企业紧抓发展机遇，加强融合创新，推动生产方式转变，向服务型制造转型，新业态新模式大量涌现。目前，我国已形成了服装家具等领域的大规模个性化定制模式，航空汽车等领域的网络化协同模式，电力装备和工程机械等领域的远程运维模式等。

（四）标准制定先行初见成效

自2015年以来，为支撑制造强国战略实施，促进制造业高质量发展，工信部持续推进了智能制造综合标准化工作，在凝聚产业共识、推动技术迭代创新、促进企业转型升级等方面发挥了积极作用，特别是围绕智能制造技术研究、标准编制、试验验证、试点应用等关键环节，开展了一系列工作。

构建并持续完善标准化顶层规划。组织制定并推动发布了《国家智能制造标准体系建设指南》2015 年版和 2018 年版，初步构建了涵盖基础共性、关键技术和行业应用三方面，且较为完善的国家智能制造标准体系。

推进标准立项协调和应用实施。推动发布智能制造标准近 300 项，立项国家标准 120 项，标准体系二级目录实现全覆盖。指导建设近 200 个标准试验验证平台，围绕通用系统架构、智能工厂建设、互联互通等方面实现了标准重点突破，逐步解决了由标准缺失带来的产业发展共性问题。

开展标准化宣传贯彻推广。编制出版的《国家智能制造标准体系建设指南解读》《智能制造标准案例集》《智能制造标准化》等书籍，作为智能制造标准化宣传贯彻教材，深化了社会各界对智能制造标准化工作的理解和认识，在全国范围内累计培训 2000 余人次。

推进细分行业智能制造标准体系建设。已规划和参与了船舶、电子、纺织、钢铁、轨道交通装备、航空装备、航天装备、建材、民爆、农机、汽车、石化、印刷、有色等 14 个细分行业智能制造标准体系建设工作，致力于将建设指南深化至各个行业，促进标准落地应用。其中，《船舶总装建造智能化标准体系建设指南（2020 版）》（工信厅科〔2020〕36 号）已于 2020 年 8 月发布。

积极开展国际标准化合作与交流。近几年来，中国智能制造系统架构已输出至 ISO/IEC JWG21 智能制造参考模型联合工作组报告中，成立了 IEEE/C/SM 智能制造标准委员会，召开了 10 次中德智能制造/工业 4.0 标准化工作组会议，达成了 84 项中德合作共识，发布了 13 项合作成果报告。截至目前，中国主导制定的智能制造相关国际标准已达到 47 项，包括已发布标准 29 项。

（五）系统集成商队伍初步形成

中国的智能制造系统解决方案供应商联盟依托试点示范和新模式应用项

目建设，大力培育智能制造系统解决方案供应商，初步打造了一支能够对行业的需求痛点明晰、具有系统集成解决方案提供能力、行业推广经验丰富的智能制造服务队伍。据不完全统计，中国智能制造系统解决方案供应商超过5000家，其中，主营收入10亿元以上的有43家。

系统解决方案供应商推动重点行业加速转型升级。如，新松机器人的智能制造解决方案已覆盖汽车、家电、工程机械等10余个行业，在一汽、华晨、海信、创维、临工等数十个行业龙头企业及上下游企业实施了基于自主工业机器人的生产线；石化盈科的智能制造解决方案已成功应用于中国石化、中煤集团、神华集团等近90家企业。这些系统解决方案供应商长期服务于企业智能化改造实践一线，有效推动了中国制造业转型升级。

（六）智能制造装备供给能力有所提高

近年来，随着智能制造的推进，我国在供给侧突破一批智能制造装备。据不完全统计，四年来已突破并应用了超过8000台（套）智能制造关键技术装备，申请专利3000多项。如北自所研发的化纤长丝智能卷装成套装备已成为行业新建工厂的必备装备，占据国内近90%的市场份额，并出口至韩国、东南亚等国际市场；和利时研制了精准辨药、精确称量的智能中药饮片调剂成套装备，已应用于100多家制药企业，占据国内80%以上的市场份额。

同时，我国开发了一批核心工业软件。据不完全统计，目前已开发并应用了3000多套核心工业软件，申请软件著作权近2000项，涵盖研发设计、工业控制、信息管理等多个方面。如浙江中控研发的分布式控制系统（DCS）在核电、轨道交通、石油化工等领域广泛应用；宝信软件开发的制造执行系统（MES）占据国内钢铁行业50%以上的市场份额；数码大方开发了具有完全自主知识产权的CAD、CAPP、CAM、DNC、PLM系列研发设计软件，广泛应用于航空航天装备、装备制造、汽车及零部件、电子信息等行业。

（七）传统产业智能化改造成效显著

推动制造业高质量发展，实现建设制造强国“三步走”的宏伟目标，中国既需要做强“十大领域”的高端制造业，培育战略性新兴产业，也需要量大面广的传统产业通过转型升级成为先进制造业。传统产业是建设中国现代化产业体系的重要组成部分。我们必须提高认识，重新审视传统产业在国民经济中的重要地位。

目前，中国传统产业的企业对应用数字化网络化智能化技术实现转型升级的需求迫切。根据中国工程院2018年对中国11个城市的1859家企业发展智能制造的问卷调查，绝大多数企业对智能化改造持积极态度。有73%的企业智能化改造需求强烈，24%的企业计划开展智能化改造，仅有不到3%的企业持犹豫态度或者明确表示不需要。在企业智能化改造的投资预算上，计划（或已投入）资金规模在100万~1000万元和1000万~5000万元的企业占大多数，分别为36%和35%；而投资规模在100万元以下的企业占比为11%。

不同类型的传统产业实施智能化改造的技术路线也不同。钢铁、石化、建材等流程型制造业，主要是向自动化、数字化、可视化、网络化、集成化、智能化方向发展，实现自动化生产、各控制系统（DCS、PLC、SCADA、ERP等）的一体化应用、精细化管理、可视化监控和合理化调度。汽车、家电、服装等离散型制造业，主要是通过产品制造装备的互联互通、对所有生产要素所产生数据的泛在感知，结合大数据、云计算、虚拟制造、人工智能等技术，实现对生产制造过程的实时感知、自主决策、精准控制和深度学习等功能，达到对工厂的高效率、高质量、绿色化运营。

例如，泉州华宝科技公司开展“用产学研金政”相结合的协同创新，联手泉州华中科大智能制造研究院、国家数控系统工程技术研究中心、华数机器人公司，通过工程技术人员与制鞋工艺师傅的无缝对接，研制休闲鞋智能化成形生产线，以提高生产效率，如表1所示，解决“用工难”问题。

表1　华宝智能产线与传统产线效益指标对比

序号	项　　目	传统产线	智能产线
1	用工人数(人)	66	—
2	产品合格率(%)	96	99.9
3	产品返修率(%)	5	0.5
4	外观质量合格率(%)	96	100
5	鞋面平均拉力(kg)	≥2	≥3
6	鞋底平均拉力(kg)	≥3	≥4
7	±45°耐曲折测试(万次)	≥5	≥6
8	胶线精度(mm)	≤±1	≤±0.5
9	胶水耗费(元/双)	0.95	0.7

华宝公司还建立了国内制鞋行业首创的信息化管理系统，实现了生产过程的智能监控、生产运营的综合管理、产线远程故障诊断、制鞋产线的虚拟制造（数字化双胞胎），将制鞋成形过程的数据进行互联互通，通过数据采集、映射及工艺参数分析，完成从订单承接到产品交付及售后服务全过程的智能化控制。

（八）地区智能制造蓬勃发展

1. 东莞市：智能产品 + 智能装备，实现双轮驱动

拥有规模庞大的优势智能产品制造集群，如何围绕做精做优智能产品发展智能制造？如何发挥优势，补足短板，促进产业链上下游协同发展？东莞市走出了自己独特的发展道路，取得了不俗的成绩。

东莞市坚持“智能产品 + 智能装备双轮驱动”的智能制造发展路径，形成了年产值超5000亿元的智能手机世界级产业集群。2018年，东莞全市手机出货量达3.68亿部，占全球市场的1/5。智能装备的增长率高达30.8%；工业机器人研发及生产企业约占全国的10%，形成了较为完善的产业链。

东莞市政府着力培养智能手机龙头企业，构建围绕智能产品的智能制造生态体系。位于东莞的华为和步步高系列智能手机骨干企业加大研发投入，

不断研发新产品，赢得了用户信赖。同时，东莞的智能手机配套企业也加速创新发展，围绕高效能微处理器、智能人机交互、柔性可拉伸器件、快速充电等关键技术开展攻关，增强智能手机的产业优势。一批在细分领域掌握核心技术的“隐形冠军”渐成气候。如长盈精密公司专营手机结构部件生产，连续八年保持10%以上的利润增长，成为电子元器件的行业龙头。五株科技生产了全世界1/10的手机电路板。智能手机也带动了相关服务业的蓬勃发展，云计算、大数据、软件和信息技术服务业持续实现高速发展。

装备制造业过去一直是东莞的弱项。市政府紧紧抓住电子信息产业和各大传统产业实施“机器换人”的需求，强化智能装备供给，重点培育和引进生产工业机器人、高档数控机床和数控专用设备、智能化生产线、3D打印设备等装备制造企业。在市政府大力支持下，2015年，广东省智能机器人研究院在东莞松山湖建成，围绕机器人产业的核心技术，开展产品创新、成果转化、企业孵化。从事工业机器人研发制造和系统集成的东莞拓斯达公司是全国机器人行业的后起之秀，该公司2020年第三季度实现营业收入20.03亿元。广东华中科大东莞研究院紧密结合东莞各大传统产业智能化改造的需求，研发专用智能装备，在“机器换人”行动中发挥了重要作用。在市政府推动下，东莞逐渐形成了智能装备这一新的供给侧产业集群。

2. 宁波市：从企业诊断入手，优化智能化改造方案

对于发展智能制造，企业虽有意愿，但也有担忧和困惑。首先面临的问题是不知从何处入手。“麻雀虽小，五脏俱全”，研发、生产、管理、物流、销售……这么多环节，从哪里开始？找哪家工程服务公司？针对这一难点，各地区政府鼓励工程服务公司为中小企业智能化改造事先进行诊断，起到发掘需求、深化服务的作用，取得了明显效果。

宁波市政府分三批先后认定了52家工程服务公司，支持工程服务公司为企业开展智能化改造的诊断工作，并制定了政府出资支持企业诊断的政策。对有意愿的企业，根据行业类型，推荐工程服务公司为其进行诊断，并出具诊断报告。对于符合要求的诊断报告，每份补助1万元。之后由企业根据诊断情况，自己选择工程服务公司设计解决方案。对于每个解决方案，市

政府给予8万~15万元不等的补助。工程服务公司还为企业制订智能化改造培训计划，开展管理、技术、操作、维护保养等方面的人员培训。并针对企业在生产管理中的薄弱环节，联合管理咨询公司，并为企业提出管理改革的建议。目前，宁波市完成智能化改造诊断服务的企业共2481家。

3. 杭州市：互联网深度融入，提高产品智能水平

杭州拥有具备全球影响力的互联网产业。市政府充分利用互联网产业的优势，为制造业赋能，推动物联网、云计算、大数据、人工智能等新一代信息技术与制造业深度融合，逐步形成了分层实施、同步推进、总体集成的“杭州智造”路径。

市政府积极推广阿里云“ET工业大脑”、中控supOS工业操作系统在制造业中的应用，在中策橡胶、恒逸高分子、神华等企业开展试点示范，实现以数据驱动的生产流程再造和产业提质增效，发展基于互联网的制造新模式。

近年来，家电产业在杭州不断发展壮大。市政府在《关于推进“互联网+”行动的实施意见》中提出了“提升终端产品智能化水平”的任务，家电企业争先研发智能产品，以满足消费者的需求。但很多家电企业困于人才、技术等方面的原因，无法满足对智能家电庞大的市场需求。针对这一问题，杭州涂鸦智能公司为家电企业提供一站式解决方案（包括模块、云端、控制端），将智能模块安装到家电产品上，快速便捷地使各个企业生产的产品得到智能化升级。该方案将微处理器、传感器、网络通信技术引入家电产品，并在大数据、云计算与算法模型三大要素支撑下，将语音识别、机器视觉、智能安防等多项技术应用到智能家电和智能家居场景中。这家公司还在家电产业集聚的区域成立分公司或研发中心，通过线下线上融合服务的方式，为区域家电产业的智能升级提供解决方案。目前，涂鸦智能的解决方案已覆盖绝大多数家电品类，累计服务全球超18万家客户，日处理请求800亿次，日AI语音交互4000万次，平均控制响应时间10ms。

4. 镇江市：龙头企业带动，实现产业链智能升级

龙头企业对于发展智能制造的重要性毋庸置疑。但是，在发展智能制造

中，龙头企业如何起到引领、先行、示范和集聚作用，如何带动中小企业共同发展，这也是中国各地区发展智能制造积极探索的一个重要方面。

镇江市以建设先进制造业集群为目标，打造智能电气、特种船舶与海洋工程、航空航天等12条产业链，以产业链骨干企业为龙头，紧紧围绕智能化改造、智能车间（工厂）建设、创新能力提升等领域，大力推进智能制造发展。

镇江市政府主推的“产业链+智能制造”路径主要表现在两个方面。第一，依托龙头企业，整合创新资源，建设行业创新中心。采取市场主导、政府引导、企业主体、校院协作、社会参与的方式，建设一批智能制造创新中心，为产业链中小企业提供工业基础软件、智能制造共性技术攻关、工业云平台、智能制造示范推广等服务功能。第二，充分发挥龙头企业的带动效应，提高关键管控软件在企业中的普及率，提高中小企业应用智能装备的水平。将企业资源计划（ERP）、制造执行系统（MES）、供应链管理（SCM）、产品全生命周期管理系统（PLM）等关键管控软件普及率和智能装备应用水平作为认定供应商的重要标准。

在市政府支持下，镇江电气设备龙头企业大全集团采用物联网、云计算等信息技术，自主研发了面向电气行业全生命周期管理的“大全智慧工业云”平台，将分散的电气设备实时传感数据汇聚到大数据平台，并对数据进行聚类、关联、统计、预测，向中小企业用户提供资产管理、系统集成、在线监测、专家诊断、状态预测、移动交互等一系列智能化运维管理服务和信息服务。

5. 青岛：推行规模定制生产，催生新型业态

自青岛红领首创个性化量身定制新模式之后，规模定制已逐渐成为消费品制造业发展智能制造的一种普遍模式。青岛市对如何随着规模定制等新模式、新业态的涌现，催生智能制造的产业生态，做了积极探索。围绕规模定制，青岛先后打造了海尔“海创汇”、红领“酷特智能”、橡胶谷“众研网”、三迪时空“3D云智造”等一批互联网工业平台，带动了一大批企业向“互联网工业”转型。

酷特智能公司从一家生产企业变身为C2M工商一体化生态平台，推广应用数据驱动的规模定制模式，为服装、鞋帽、化妆品、自行车、机械、家居等30多个行业的70余家试点企业提供规模定制解决方案，在各行业逐步形成了C2M商业生态。

三迪时空充分整合行业资源，构建3D打印云平台，包含3D打印服务、3D打印模型、3D打印资讯、3D打印商城等板块，为各行业用户提供增材制造的定制服务。青岛市逐步形成了3D打印材料、装备、方案设计、服务、行业应用、教育培训、金融供给的产业生态圈。

青岛家电产业的智能制造产业生态体系也正在逐步形成。在政府推动下，海尔智能制造研究举办“智能制造高端研修班”，为企业家介绍海尔规模定制平台COSMOPlat的功能和建设经验。在政府大力推动下，围绕规模定制模式的产业生态圈正在形成，建立柔性生产线和数据驱动的规模定制车间、工厂，开展大数据系统、智能终端App、智慧物流等规模定制工程设计和服务，促进家电产业向价值链高端延伸转型。

（九）疫情期间智能制造大显身手

2020年伊始，一场突如其来的新型冠状病毒肺炎疫情弥漫全球，对全球制造业产生了重大冲击。为应对复杂严峻的疫情形势，国家采取了严格的防控措施，为了有效减少人员聚集，各地陆续出台延迟复工政策。这些防控措施切断了企业生产的物流、人流，致使制造企业供应链破裂、劳动力流动受阻，各地制造业企业面临复工难、用工荒的严峻问题。在此期间，劳动密集型企业受疫情影响较为严重，而自动化和智能化程度越高的企业受疫情影响的程度相对越小，尤其是智能制造落地实施效果较好的企业，在疫情中凸显了强大韧性、显现了更强的抵抗风险能力。面对劳动力供给不足、人员流动难、产业链协同差、换型转产等问题，智能制造发挥积极作用，助力企业快速复工复产。低成本劳动力优势加速减弱，传统行业升级需求迫切，产业结构亟待优化，只有通过智能制造加快产业升级，才能不断提高产品质量和劳动生产率，提升中国企业在全球制造业产业链中的地位和竞争力。

以智能生产线为例，疫情发生后，新松、埃斯顿等11家机器人制造企业迅速响应，研制口罩等医疗卫生用品。埃斯顿公司以“TRIO高端运动控制+高性能伺服系统+机器人”为核心，为口罩生产工厂提供口罩生产线。汽车企业上汽通用五菱用3天时间就完成了“五菱牌”口罩机的研发设计和生产制造任务，成为国内第一家既生产口罩也生产口罩机的企业。

以智能产品为例，在一些隔离用的酒店和医院中，用机器人进行配送餐食和消毒等方面的作业，用无人机给隔离区送物资，用3D打印出隔离间和呼吸机配件等。此外，各类智能终端产品应用大数据系统，在疫情防控中起到了重要作用。

在复工复产方面，智能制造开展好的企业复工复产更加顺利。例如，江苏鸿佳电子公司最新的产品检测生产线将传统的人工检测改为自动检测，效率提高了30%。在复工复产中虽然20多位外省员工未能返岗，企业依然能够有序组织生产。

（十）小结

自制造强国战略实施以来，智能制造蓬勃发展，已取得丰硕成果和宝贵经验。采用新一代信息技术赋能的智能制造已成为企业技术进步、提质增效和转型升级的主要手段。新冠肺炎疫情发生后，一批智能化检测检验设备、医疗器械、护理机器人等得到了广泛应用，工业互联网和人工智能技术发挥了重要作用，智能制造基础较好的企业复工复产更快更顺利，这些充分证明了智能制造提升了企业应对突发情况的能力和水平。

以数字化技术为基础。智能制造是一个长期的过程，不能一蹴而就。要充分认识到中国的国情，中国大多数企业，特别是广大中小企业，还处于从第二次工业革命向数字化制造迈进的阶段，尚未完成数字化制造转型。“基础不牢地动山摇”。面对这样的现实，中国在推进智能化改造过程中必须实事求是、踏踏实实地完成数字化“补课”，进一步夯实智能制造发展的基础。以宁波为例，宁波深入实施数字经济“一号工程”，在完善服务体系、实施试点示范、推动平台建设等方面打出了一系列组合拳，规模以上工业企业累计竣工数字化项目5450个，生产效率平均提高31.4%，企业运营成本平均降低9.8%。

推动企业采用数字化网络化智能化“并行推进、融合发展”技术路线。“创新引领”，条件允许的企业可直接利用互联网、大数据、人工智能等先进信息技术，瞄准制造业高端方向，加快新一代智能制造技术的研究、开发、推广、应用。通过推进先进信息技术和制造技术的深度融合，走出一条以智能化改造为重点推动技术改造的新路。同时，企业必须实事求是、因企制宜、循序渐进地推进企业的技术改造和智能升级。企业可根据自身发展的实际需要，充分考虑技术经济性和技术先进性的平衡，采取先进的技术解决传统制造问题，不断加入各种新技术，丰富完善，提高“互联网+制造”水平，踏踏实实地完成数字化“补课”，并向更高的智能化水平迈进。

二 存在的问题

在大力开展推进智能制造的实践中，也暴露了一些亟须解决的问题。

1. 大量成功案例经验没有推广

智能制造在推进过程中已经形成了大量成功的案例和经验，但示范带动作用没有充分发挥，先进经验和成功模式没有能够得到交流、总结、推广。

2. 核心软硬件供给能力严重不足

智能制造关键装备的研发、设计、加工难度较大，产品性能，尤其是稳定性、可靠性问题突出，核心元器件和零部件主要依赖进口。工业软件开发企业数量少、规模小，技术上与国外企业存在很大差距，中国不缺这方面的人才，但产业化的软件产品却很少。

3. 服务平台建设有待加强

多数地区缺乏支撑企业创新的孵化器、实验室等公共服务平台，面向技术研发测试、标准实验验证和创新应用验证的公共测试床，供应链协同的专业化服务平台等智能制造支撑平台建设滞后、支撑能力较弱。部分地区已建成的服务平台，由于运行机制和服务市场化方面存在的问题，尚未发挥应有的作用。

4. 智能制造人才严重不足

智能制造对高端专业技术人才和高技能人才需求量较大，但目前智能制造人才培养体系尚未建立，人才储备不足，人才缺口较大。具有智能制造基础的高级技工缺乏，具备操控关键设备技能的一线人员不足，企业陷入用工困局。

5. 系统解决方案供应商仍需加快培育

多数地区多数行业的智能制造系统解决方案供给能力不足，缺乏硬件和软件体系完整、行业积累深厚、能提供系统智能制造解决方案的供应商。

6. 中小企业智能化改造难度较大

多数中小企业受技术、人才、资金等制约，智能制造参与程度很低。中小企业信息化、自动化基础普遍薄弱，可借鉴的低成本智能化改造方案严重缺失，融资难度远大于大型企业，管理、技术稀缺，开展智能制造难度较大。

三　未来展望

（一）智能技术路线图和五大发展趋势

中国工程院战略咨询中心在制造强国战略研究中，持续推动智能制造理论体系的构建，提出了中国智能制造发展的战略和技术路线，并在2019年与国际智能制造联盟启动“面向2035的智能制造技术预见和路线图”项目研究工作，组织10余位院士，1600余位专家学者、工程师，其中，也包括美国、德国、日本专家，开展对国内外技术最新动态和趋势的分析，以及对智能制造相关技术发展的预测和路线图的研究工作。这项研究对于未来智能制造技术发展的政策制定、价值评价、竞争力评价和战略管理等具有重要指导作用。

2020 年 11 月，在南京世界智能制造大会，课题组发布智能制造技术路线图，包括技术清单共计 27 项，如表 2 所示。

表 2　面向 2035 智能制造技术清单（2020 版）

序号	关键技术名称	序号	关键技术名称
1	面向产品设计和工艺的知识库	15	设备健康评估和故障预示技术
2	数据采集、处理和分析技术	16	共享制造(协同与共享)
3	分布式智能控制技术	17	个性化规模定制
4	人机共融机器人	18	知识工程和工业知识软件化
5	智能传感器技术	19	智能工业网络
6	企业智能决策系统	20	新一代移动和数据通信技术
7	智能数控加工技术与装备	21	边缘智能技术
8	增材制造技术与装备	22	标识解析与管理技术
9	离散智能工厂	23	网络安全技术
10	智能建模与仿真技术	24	基于语义的智能识别技术
11	智能制造标准体系	25	混合增强技术
12	智能优化决策技术与系统	26	人 - 信息 - 物理系统(HCPS)
13	流程智能工厂	27	工业电子商务
14	数字孪生技术		

通过对面向 2035 年的智能制造技术预测，课题组综合提出，智能制造今后将呈现五大发展趋势。

1. 数据驱动

面向 2035 年的 25 项智能制造技术，覆盖了数据的感知、采集、传输、处理、建模、仿真、计算、分析、决策、执行、反馈、知识软件化、综合应用等各个环节，充分体现了制造业与数字化网络化智能化技术深度融合后，数据驱动成为未来制造业获得更高效益、效率、质量的大趋势。

2. 智能决策

在大数据驱动下，通过对产品的设计、生产、流通、消费、服务全生命周期、全流程、多要素准确分析，实现对成本、效益、交货期的控制和优化，提升竞争力。

3. 人机共融

未来，人机共融是生产方式变革的重要发展方向，也是构筑智能制造空间的重要特征。人仍然是智能制造过程当中不可或缺的重要组成部分。机器与人之间将形成更好的协作关系，机器的快速、高效、耐久的特性与人类的灵活、智慧的思想实现完美融合，是智能制造未来发展的重要议题。

4. 虚实结合

未来制造将是虚拟空间和物理空间相结合的制造，它将覆盖生产制造的全部环节，使整个生产制造过程实现数字网络化。实体产品的全生命周期生产制造过程将映射到虚拟空间，通过在虚拟空间进行优化，并将优化结果及时反馈到物理空间，保证生产制造过程的智能优化运行。随着虚实结合能力的增强，虚拟制造空间所反映的产品系统真实程度也将不断增强，这不仅大幅提高了企业产品设计质量、生产效率，而且将引发面向全流程制造的变革。

5. 模式创新

人工智能等新一代信息技术不断突破、深度融合与广泛应用，引发了新一轮的创新升级，并使产业的边界日渐模糊、融合发展态势更加明显。制造业产业价值链的增值环节从生产制造环节开始向设计和服务环节转移，促进其经济增长方式从主要依靠资源投入向效率和体验提升转变，促进中国制造业的整体产业升级。大规模定制、开放式众包、共享制造、远程运维等新模式广泛应用。

（二）对未来智能制造发展的一些考虑

从发展现状来看，目前中国智能制造还处在数字化制造为主流的阶段，正处在点上突破、面上没有推广的阶段，还处在所需制造装备和软件主要依赖国外的阶段，因此，推进智能制造任重道远。未来五年发展重点可归纳为推广、提高、补短六个字。

1. 推广

在细分行业、地区大力推广已成熟的数字化制造及正在成熟的数字化网络化制造的案例和经验。推广可分为四个层次进行：一是在细分行业普遍推广；二是在产业聚集区推广；三是由主机企业牵头，按产业链推广；四是在中小企业推广应用。

2. 提高

提高可以分为三个层次进行。一是积极推进现有案例的迭代升级，以提高企业的经济效益和市场竞争力为宗旨。二是积极探索大数据、5G、人工智能、区块链等新一代信息技术的应用。三是进行智能工厂的试点示范。在数字化网络化制造比较成熟的企业，积极应用人工智能技术，力争在2025年建设若干智能工厂。

3. 补短

补强智能制造装备、关键元器件、工业软件这三个短板，实现中国数字化工厂、智能制造工厂由自主化的国产智能制造装备和工业软件武装。这是挖掘国内市场潜力的重要着力点，也是实现产业链安全可控、现代化的主要抓手。初步测算，到2025年有望形成年产几万亿元的智能制造装备产业。

目前，中国广大企业具有转型升级的强烈需求，而新一代信息技术和互联网技术在中国应用越来越广泛，将给制造业带来新价值、新路径、新支撑、新生态等创新突破契机。与此同时，这些技术本身成熟度不足，尚不能支撑制造业广泛应用。对此要心中有数，谨慎行事。在危机中育新机，于变局中开新局，让我们共同奋斗，以智能制造为主攻方向，全力推动制造业转型升级，为建设制造强国做出更大贡献!

参考文献

国家制造强国建设战略咨询委员会：《智能制造》，电子工业出版社，2016。

王柏村、臧冀原、屈贤明等：《基于人－信息－物理系统（HCPS）的新一代智能制造研究》，《中国工程科学》2018年第4期。

新一代人工智能引领下的智能制造研究课题组：《中国智能制造发展战略研究》，《中国工程科学》2018年第4期。

姚锡凡、雷毅、葛动元等:《驱动制造业从“互联网+”走向“人工智能+”的大数据之道》,《中国机械工程》2019年第2期。

臧冀原、王柏村、孟柳、周源:《智能制造的三个基本范式:从数字化制造、“互联网+”制造到新一代智能制造》,《中国工程科学》2018年第4期。

制造强国战略研究项目组:《制造强国战略研究》,电子工业出版社,2015。

钟志华、臧冀原、延建林等:《智能制造推动中国制造业全面创新升级》,《中国工程科学》2020年第6期。

周济、李培根、周艳红等:《走向新一代智能制造》,*Engineering*2018年第1期。

周济、周艳红、王柏村等:《面向新一代智能制造的人-信息-物理系统(HCPS)》,*Engineering*,2019年第4期。

B. Esmaeilian, S. Behdad, B. Wang, "The Evolution and Future of Manufacturing: A Review," *Journal of Manufacturing Systems*, 2016 (39): 79-100.

F. Wortmann, K. Flüchter, "Internet of Things," *Business & Information Systems Engineering*, 57 (2015) 221-224.

G. Xiong, F. Zhu, X. Liu, X. Dong, W. Huang, S. Chen, K. Zhao, "Cyber-physical-social System in Intelligent Transportation," *IEEE/CAA Journal of Automatica Sinica*, 2015 (2): 320-333.

M. Rüßmann, M. Lorenz, P. Gerbert, M. Waldner, J. Justus, P. Engel, M. Harnisch, Industry 4.0: The Future of Productivity and Growth in Manufacturing Industries," *Boston Consulting Group*, 9 (2015).

S. John Walker, Big Data: A Revolution that will Transform How we Live, Work, and Think, in, Taylor & Francis, 2014.

S. K. Sowe, K. Zettsu, E. Simmon, F. D. Vaulx, I. Bojanova, Cyber-Physical Human Systems: Putting People in the Loop, It Professional, 2016 (18): 10-13.

X. Yao, H. Jin, J. Zhang, "Towards a Wisdom Manufacturing Vision," *International Journal of Computer Integrated Manufacturing*, 2014 (28): 1291-1312.

Y. Chen, "Integrated and Intelligent Manufacturing: Perspectives and Enablers," *Engineering*, 2017 (3): 588-595.

Y. Pan, "Heading Toward Artificial Intelligence 2.0," *Engineering*, 2016 (2): 409-413.

Z. Zhao, W. Xiong, J. Fang, "Impact of Internet plus to China Economy Development," *Modern Economy*, 2016 (7): 933.

公共服务篇

B.13

数字政府建设助力国家治理现代化

孟庆国　陈晓阳　王理达*

摘　要：　自党的十八大以来，以习近平同志为核心的党中央高度重视信息化工作，指出要以信息化推进国家治理现代化，对加快数字政府建设提出明确要求。数字政府是国家治理现代化的必经之路和重要手段。本文以数字政府与国家治理现代化的关系为着眼点，从数字政府提高政府治理水平、赋能高质量经济发展、完善公共服务供给等角度出发，剖析其对国家治理现代化的支撑作用，总结建设进展，并提出对策建议，推动数字政府为国家治理现代化提供更多助力。

关键词：　数字政府　国家治理　数字中国

* 孟庆国，清华大学公共管理学院教授，清华大学国家治理研究院执行院长；陈晓阳，清华大学公共管理学院博士研究生；王理达，清华大学公共管理与决策科学实验室高级工程师。

一　数字政府与国家治理现代化

在2016年网络安全和信息化工作座谈会上，习近平总书记明确指出："要以信息化推进国家治理体系和治理能力现代化。"自党的十八大以来，信息化工作以数字中国战略落实为中心，以数字政府为重要抓手，全面贯彻新发展理念，推动国家治理能力与治理体系现代化进程。数字政府作为实现国家治理现代化的重要途径和着力点，为国家治理现代化提供了强大动力。

（一）数字政府与国家治理现代化的关系

党的十九届四中全会提出"建立健全运用互联网、大数据、人工智能等技术手段进行行政管理的制度规则。推进数字政府建设"。习近平总书记强调："要运用大数据提升国家治理现代化水平，建立健全大数据辅助科学决策和社会治理的机制，推进政府管理和社会治理模式创新，实现政府决策科学化、社会治理精准化、公共服务高效化。"

在党和国家相关要求的指引下，经过近年来的不断探索与发展，数字政府已成为国家治理体系和治理能力现代化的重要抓手与必然选择。

一方面，数字政府是国家治理现代化的必经之路和重要手段。国家治理现代化提出数字政府建设需求。数字政府是保障国家现代化建设、实现政府回应性的有力措施，在推进国家治理现代化过程中发挥着提高管理效率、改善服务质量、优化资源配置、实现社会价值等作用。有学者指出："实现国家治理现代化，必须把握技术革新的关键时机，全面提升政府在经济调节、市场监管、社会治理、公共服务、环境保护等领域的履职能力，形成'用数据对话、用数据决策、用数据服务、用数据创新'的现代化治理模式。"①新时期的数字政府是作为国家治理现代化的根本命题出现的。作为未来政府模式，数字政府以其治理范式、治理理念、治理手段的全面革新为国家治理

① 本刊编辑部、邵景均：《扎实推进数字政府建设》，《中国行政管理》2020年第10期。

现代化提供了强力支持。

另一方面，数字政府通过不同治理路径为国家治理现代化提供助力。数字政府提高政府治理水平，回应了国家治理现代化对数字政府提出的政府决策科学化、管理精准化、服务便民化等多方面要求；数字政府在促进数字经济发展、加强政企合作、改善营商环境等方面赋能经济高质量发展；数字政府通过建设全国政务一体化服务平台，助力数字乡村建设和疫情防控等内容完善公共服务供给。数字政府的建设与发展在数字中国战略中扮演了重要角色，作为核心发力点推进国家治理现代化，通过与政治、经济、公共服务等多方位结合的治理路径为国家治理现代化提供了充足的内生动力。

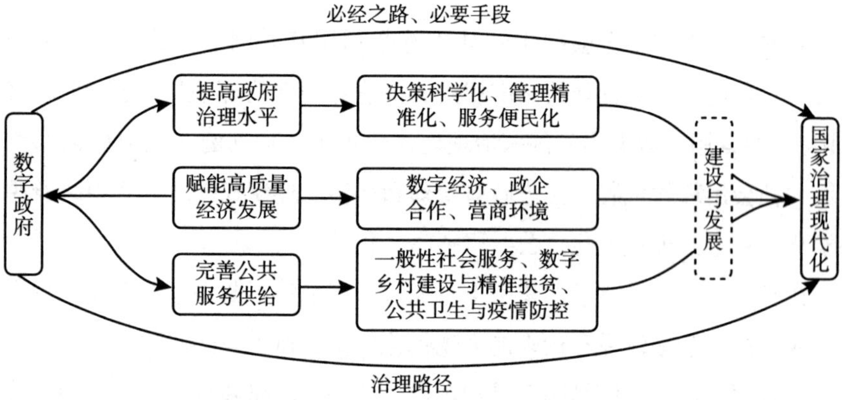

图1　数字政府与国家治理现代化之关系

（二）数字政府的概念、内涵与特征

数字政府的概念起源于1998年美国时任副总统戈尔提出的“数字地球”①。伴随社会发展和管理范式的变化，最初以电子政府（E-Government）形式出现在政府实践中的数字政府逐渐成为一种重要政府模式引起广泛关注。在数字科技的广泛应用和治理理论范式变迁的大背景下，数字政府的定

① 徐晓林：《“数字城市”：城市政府管理的革命》，《中国行政管理》2001年第1期。

义和内涵得到不同的阐释。

从目标上来说，数字政府发展的核心目标在于推进以公民为中心的公共服务，提高管理效率、改善服务体验，促进公众与政府的良性互动，实现政府的社会公共服务价值。[①] 从过程上来说，所谓数字政府，是指政府通过数字化思维、数字化理念、数字化战略、数字化资源、数字化工具和数字化规则等治理信息社会空间、提供优质政府服务、增强公众服务满意度的过程。[②] 其改革意义在于适应信息时代治理和服务需求的自我改革与创新。[③]《广东省"数字政府建设"总体规划（2018～2020年）》指出："'数字政府'是对传统政务信息化模式的改革，包括对政务信息化管理架构、业务架构、技术架构的重塑。"

广泛来看，旨在建立一个更好的政府结构的数字政府项目就是提升政府信息化能力的过程。根据 Veit[④] 的观点，数字政府旨在利用信息和通信技术（ICT），特别是互联网，以积极的方式改变政府和社会之间的关系。更具体地说，数据和通信的数字化使政府及其组织的性质发生了根本性的变化，政府、公民与社会在以信息化为基础的社会结构中发展了新的互动关系。为这种互动提供便利条件，促进国家发展改革的战略就是数字政府的根本出发点。

具体到中国情境，研究认为，数字政府是以推进国家治理体系与治理能力现代化为出发点和根本任务，以推进决策科学化、管理精准化与服务便民化为目标，以新兴信息技术为驱动，以管理范式变迁、治理工具革新、业务流程再造、政策议题拓展为路径的整体政府改革战略。

---

① 戴长征、鲍静：《数字政府治理——基于社会形态演变进程的考察》，《中国行政管理》2017年第9期。

② 戴长征、鲍静：《数字政府治理——基于社会形态演变进程的考察》，《中国行政管理》2017年第9期。

③ 逯峰：《整体政府理念下的"数字政府"》，《中国领导科学》2019年第6期。

④ Veit D., Huntgeburth J., Introduction to Digital Government. In: Foundations of Digital Government. Springer Texts in Business and Economics. Springer, Berlin, Heidelberg. https://doi.org/10.1007/978-3-642-38511-7_1.

在职能特征层面，《2006～2020年国家信息化发展战略》中体现了电子政务的根本目的是实现政府职能：改善公共服务、加强社会管理、强化综合监管、完善宏观调控。新时期"数字政府"发展在核心目标上服务于国家治理现代化的战略要求和总体指挥。政府职责体系的优化作为国家治理现代化不可或缺的重要保证，数字政府建设始终围绕政府职能展开，以政府职能为核心领域，以提高政府工作效能为目标。

在技术特征层面，数字技术不断进步与广泛应用是推动政府数字化转型的重要基础。从传统的OA办公系统到面向智能化的社会环境，运用大数据、云计算等智能化管理工具提高国家治理现代化水平是数字政府的根本法宝和战略"高地"。平台化的管理制度和智能化的管理模式为政府工作信息的传递提供了统一、标准化的渠道，保障了政府工作质量。

在业务特征层面，以全面数字化为基本特征的数字政府已经在全国铺开，由此形成的业务网络涉及政府业务各个层面。目前已形成以中央网信办、国务院办公厅、国家发展改革委、工业和信息化部为核心，垂管部门负责全国行业系统，非垂管部门负责本级数字政府建设的治理模式。

二　数字政府提高政府治理水平

数字政府的整体框架，是紧紧依靠国家治理现代化的总体布局展开的，按照国家治理现代化体系与能力的建设要求，其助力最核心也是最突出的贡献就在于政府治理水平的提高。政府在国家治理现代化中扮演着核心角色，其治理水平的高低直接关系着国家治理现代化的成功与否。数字政府建设，使政府决策科学化、管理精准化、服务便民化，数字政府得以满足国家治理现代化的战略需求，成为推进国家治理现代化的基本着力点。

（一）从决策层面看——决策科学化

2015年发布的《国务院关于印发促进大数据发展行动纲要的通知》（国发〔2015〕50号）提出："要建立'用数据说话、用数据决策、用数据管理、用数据创新’的管理机制。”传统的行政模式受技术条件限制，往往基于宏观情况开展决策、实施监管和提供服务，这容易造成决策不够科学、监管不够充分、服务不够细致等问题。随着新信息技术的发展与应用，政府工作过程可以实现全流程数据化记录，为深度分析、过程回溯、事后监管、优化服务等工作提供可靠依据，并为快速落实责任，及时发现、处置问题提供便利条件。①

针对传统政府决策模式中存在的社会主体有效参与不足、情况发现和处置不及时等问题，数字政府通过网络设施搭建政府网站与服务平台，可以让更多社会力量参与到社会治理过程中。为促进政府决策科学化、智能化和主动化，扩大国家治理参与主体范围，基于数字政府的好差评、政务服务热线、政府网站在线咨询等服务反馈渠道吸收群众意见建议，社会与数字政府的良好互动增强了政府信息透明度，不断优化服务，提高决策科学度，切实保障了政府对人民需求的回应性和实效性。

（二）从管理层面看——管理精准化

互联网、大数据、人工智能等技术的发展和应用推动政府管理从粗放型向精细化转变。通过对社会运行中产生数据的挖掘分析，可以全面了解社会运行情况，使社会治理更具有精准性和预见性。通过采集政府服务对象的特征属性和行为数据，以技术手段对政府服务接受者进行用户画像，应用人工智能技术提供智能化的管理和服务，实现管理和服务从被动向主动的转变，更好满足人民需求，增强人民群众获得感。

例如，在杭州、合肥等多个城市范围内建设的城市大脑，通过使用城市自然资源卫星遥感数据等静态数据与交通流量等动态数据，对城市进行数字化构建，实现了城市事件的仿真推演和预测，提供了实时决策支持，为管理精准化提供了必要保障。目前，由数字政府催动、联动、共建的智慧城市（城市大脑）项目已达 117 个，共涵盖了 25 个省区市 44 个城市，涉及招标金额 102 亿元、中标金额 98 亿元。

---

① 孟庆国：《运用大数据提升治理水平》，《人民日报》2018 年 10 月 26 日。

表 1　2015～2020 年智慧城市涉及项目统计

项目类型	项目内容
交通大脑	以交通治理为主
城市大脑	以城市治理为主，且项目名称包含城市大脑字样
智慧城市	以城市治理为主，项目名称不包含城市大脑，范围接近城市大脑
政务服务	以政务服务为主，强调使用政务服务 App，为市民服务
孪生城市	以三维城市为主，强调 BIM、CIM 的使用
交通管控	公安交警部门主导的交通项目，包括电子警察等
智慧交通	非公安交警部门主导的交通项目，主要包括高速公路、城市道路等
智慧警务	以公安部门主导，至少包含 2 个警种
平安城市	公安科信部门主导的城市视频监控项目，包括雪亮工程、天网工程
智安社区	公安部门主导的社区智慧化建设，包括人脸识别、车辆识别、社区门禁系统等

资料来源：课题组整理，2020 年 12 月。

2020 年疫情防控期间，以数字政府为基础，依托国家“互联网＋监管”系统，国务院办公厅电子政务办公室、国家卫健委与中国电子科技集团有限公司，整合跨部门、跨行业、跨层级的数据资源，快速开发出“密切接触者测量仪”，公众只要输入姓名和身份证号码，就能知道自己是不是密切接触者。民航、铁路等部门根据掌握的出行人员数据，快速上线新型冠状病毒确诊患者行程查询系统，第一时间向旅客发送通知和预警。疫情期间，几乎所有的防疫信息均通过网络平台发布，方便快捷高效的信息传递有力地推动了疫情防控工作的稳步开展与精准化管理，这离不开信息化手段的技术保障，离不开数字政府的制度基础（见图 5）。

（三）从服务层面看——服务便民化

伴随数字政府不断推进，中国政务服务的供给由传统的线下模式转向线上线下相结合，逐步实现便民化、利民化，并取得显著成效。《2020～2024 年中国数字政府建设深度调研及投资前景预测报告》显示，截至 2019 年 6 月，中国在线政务服务用户规模达 5.09 亿，占网民整体的 59.6%（见图 3）。

传统数字政府模式中，公众参与形式主要包括领导信箱、民意征集、网

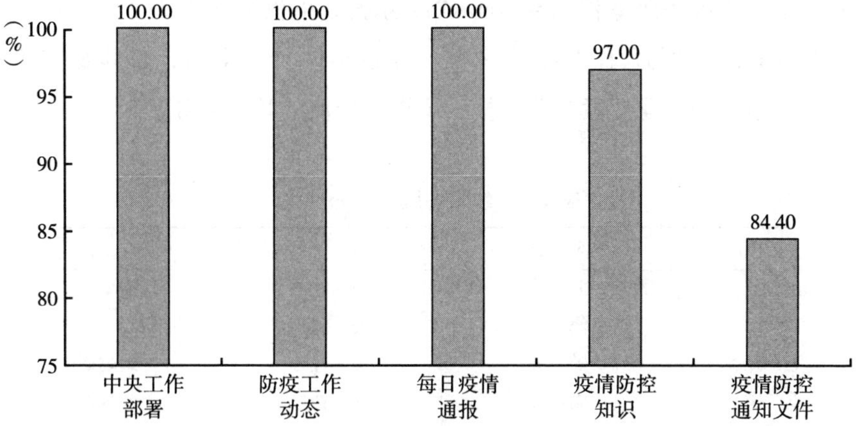

图 2　中国地方政府不同类别疫情防控信息网上发布情况

资料来源：课题组整理，2020 年 12 月。

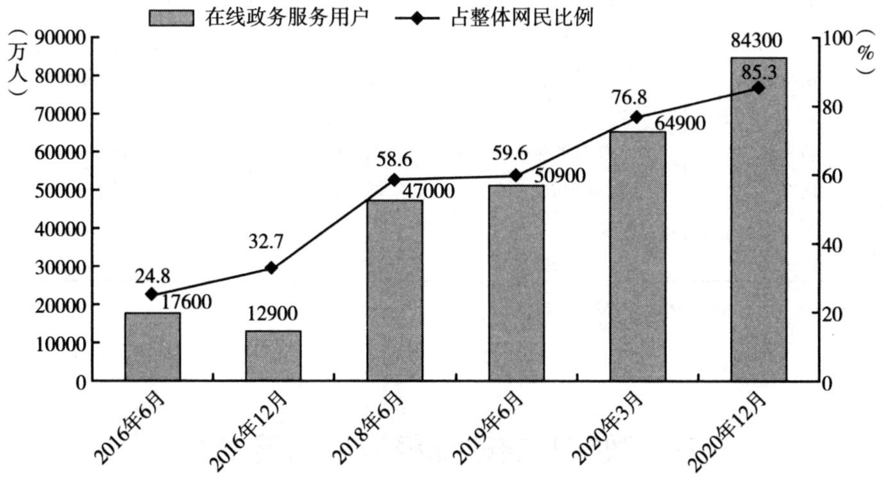

图 3　2016 ~ 2020 年中国在线政务服务用户规模

资料来源：课题组整理，2020 年 12 月。

上公示、在线访谈与公众论坛等。随着移动互联网等技术手段的快速发展和深入应用，逐渐普及的融媒体渠道整合了各类社会通信资源，通过政务微博、政务微信、政务热线等新兴媒体方式，以公众熟悉的分流平台提供政务服务，更好地诠释了服务便民化的实践精神。以政务 App 为例，31 个省区市建设了省级政务服务移动端 App 或政务服务小程序（见表 2），297 个地级行政区政府已开通了“两微一端”等新媒体传播渠道，总体覆盖率达 88.9%，通过信息化手段为公众提供了更加便捷的政务服务。①

表 2 省级政务服务 App 汇总

省区市	名称	省区市	名称
北京	北京通	浙江	浙里办
天津	津心办	安徽	皖事通
上海	随申办	福建	闽政通
重庆	渝快办	江西	赣服通
广东	粤省事	山东	爱山东
海南	码上办事	陕西	陕政通
四川	天府通办	甘肃	甘快办
贵州	多彩宝	青海	青松办
云南	一部手机办事通	吉林	吉事办
河北	冀时办	黑龙江	龙江政务通
山西	三晋通	江苏	江苏政府服务
辽宁	辽事通	湖北	鄂汇办
新疆	新疆政务服务	湖南	新湘事成
内蒙古	蒙速办	河南	豫事办
宁夏	我的宁夏	西藏	西藏政务服务
广西	爱广西		

资料来源：课题组整理，2020 年 12 月。

三 数字政府赋能经济高质量发展

习近平主席在亚太经合组织第二十七次领导人非正式会议上指出：推动各方分享数字技术抗疫和恢复经济的经验，倡导优化数字营商环境，激发市场主体活力，释放数字经济潜力，为经济发展注入新动力。随着信息化与经

① 中国互联网络信息中心（CNNIC）：第 44 次《中国互联网络发展状况统计报告》［EB/OL］，http：//www.cac.gov.cn/2019－08/30/c_ 1124939590.htm。

济社会广泛、深度融合，数字化已成为各行各业转型提升的重要方向。数字政府通过制度保障、政策引导和市场调控赋能经济高质量发展，在促进数字经济发展、加强政企合作与改善营商环境等方面发挥了巨大作用。

（一）数字政府促进数字经济发展

实现国家治理现代化，市场是基础力量，实现高质量发展，数字经济起到关键作用。据推测，数字经济的成长速度，是传统经济的 2.5 倍[①]，在过去的五年中，中国数字经济规模不断扩大，在 GDP 中的比重不断增高（见表 3）。在新技术支撑下，经济社会的数字化进程将继续加快，数字经济将成为高质量发展的重要支柱。

表 3　2015～2019 年中国数字经济规模发展情况

单位：亿元，%

年份	数字经济规模	占 GDP 比重
2019	47.44	47
2018	31.00	33
2017	27.20	32
2016	22.60	30
2015	18.90	10

资料来源：课题组整理，2020 年 12 月。

从数字产业发展角度看，数字政府对数字化基础设施普及产生了强力带动作用。在“新基建”浪潮的引领下，2020 年中国政务云市场规模预计达到 632 亿元，政务云用云量增速将超过工业、金融和互联网等其他行业，[②]数字政府作为数字产业发展的重要需求方和建设方，在中国数字经济发展中起到了重要带头作用。

① 华为：《数字溢出：衡量数字经济的真正影响力》，2017 年。

② 中国信息通信研究院：《云计算发展白皮书（2020）》，2020 年 7 月 30 日。

从数字经济政策角度看，2019～2020年中国中央政府与地方政府对数字经济发展均发布了战略性计划文件，如发改委与网信办联合印发《关于推进“上云用数赋智”行动 培育新经济发展实施方案》（发改高技〔2020〕552号），工业和信息化部办公厅《关于推动工业互联网加快发展的通知（工信厅信管〔2020〕8号）》等，均在数字产业化与产业信息化等方面提出要求，旨在促进数字政府建设联动数字经济发展，为数字产业提供良好环境，降低行政成本，创新经济调节方式。在过去的一年中，软件和信息技术服务业、互联网和相关服务企业、计算机和其他电子设备制造业等数字产业均取得显著增长效果，数字政府为产业规制政策实施奠定基础，为政府经济监管决策提供科学依据，有利于合理引导数字经济发展。

从数字经济监管角度看，以数字政府为基础的“互联网＋监管”逐步成为重要的市场监管手段。2018年10月召开国务院常务会议，确定建设国家“互联网＋监管”系统，促进政府监管规范化、精准化、智能化。2019年8月，《关于促进平台经济规范健康发展的指导意见》提出要依托国家“互联网＋监管”等系统，推动监管平台与企业平台联通，实现以网管网、线上线下一体化监管。2020年5月国务院政府工作报告中提出，要加快制定“互联网＋监管”事项清单，不断完善全国信用信息共享平台功能和服务，构建以信用为基础的新型监管机制。优化数字经济监管，推动产业发展和技术创新，补足新技术环境下的监管短板问题，以数字监管维护市场秩序，是数字政府促进数字经济高质量发展的重要举措。

（二）数字政府推动强化政企协作

近年来，数字政府的建设与发展极大地推动了政府与企业间协作的强化。大量企业正在深度参与到数字政府的建设中来。数字政府在政务云、政府大数据中心、政务大数据平台、公共服务平台等各类系统、平台的建设和运营管理中发挥了巨大的作用。

表 4　数字政府建设的企业参与者（部分）

类　型	公　司	主要参与内容
互联网企业	腾　讯	云、数据应用、城市大脑、办公协同等
	阿　里	云、数据应用
	百　度	云、智慧交通
ICT 企业	华　为	云、数据应用
	浪潮信息	政务云
	中科曙光	政务云
传统电子政务服务商	南威软件	“放管服”、电子证照、网上办事大厅、“互联网 + 监管”等
	博思软件	非税收入电子化
	数字政通	城市网络化管理
	美亚柏科	电子取证、公安大数据
	太极股份	集成、云、公共安全、国防等

资料来源：课题组整理，2020 年 12 月。

除了数字政府建设中的合作之外，政府与企业开展合作运营，通过共建企业、共建平台、PPP 等形式推进数字政府建设，也成为近年来各地各部门积极探索的新模式。例如，北京市交通委与高德合作，对接北京公交集团、运通公司、八方达客运公司（9 字头公交）、北京地铁等多家公司公交车辆的实时数据，搭建了北京交通绿色出行一体化服务平台（MaaS 平台），向社会开展公共交通服务的平台和企业免费开放对接接口，提供实时公交数据。目前，高德地图、百度地图、腾讯地图等多个互联网交通服务产品都已经完成了对接，公众可以在自己常用的手机地图 App 上方便地看到车辆到站时间、拥挤程度等信息，显著改善了市民的公共出行体验。①

（三）数字政府大幅改善营商环境

在世界银行发布的《2020 年营商环境报告》报告中，中国营商环境全球排名上升至第 31 位，比 2019 年提升 15 位。数字政府作为打造优质营商环境的重要抓手，通过优化政务服务体系，简易行政审批事项，建立多业务

① 部分数据资料来源于《中国政务数据治理发展报告（2021）》。

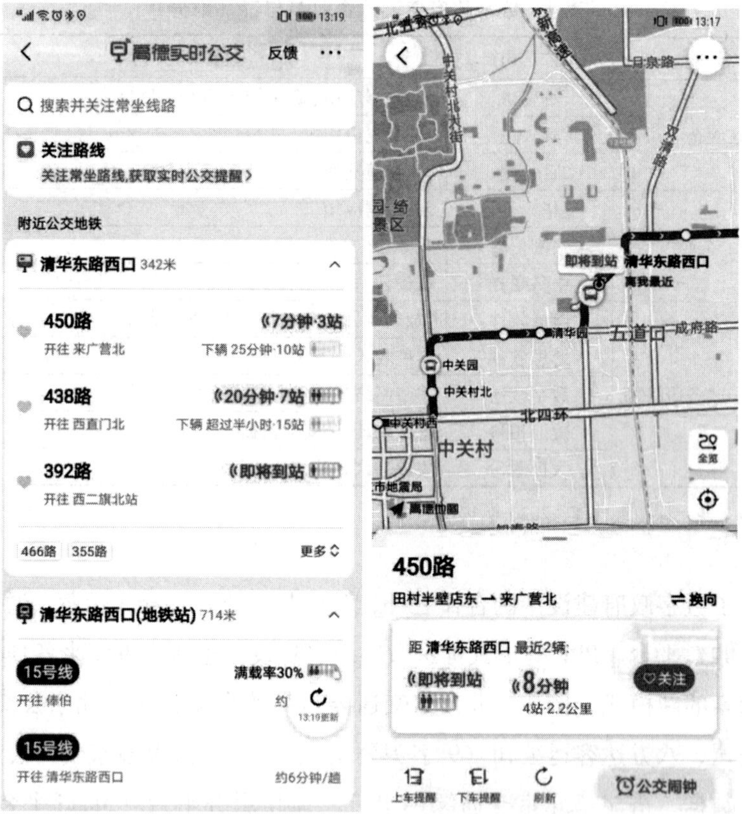

图 4　基于政企合作的实时公交服务

协同应用大大降低了企业行政难度，为企业打造了良好的营商环境。

从业务角度看，数字政府作为深化“放管服”改革、优化营商环境的核心环节，通过推行“一网通办”“一网通管”，深化商事服务改革，为改善营商环境提供制度保障。例如，最早实现企业开办电子执照、电子印章同步发放的上海开启了“无纸化”创业模式，通过运用数字技术实现业务改革，数字政府为企业经营发展提供了诸多便利，同时，无纸化办公作为绿色发展的典型代表，是构建高质量现代化经济体系的必然要求，凸显数字政府业务创新在经济高质量发展与营商环境改善之间重要的支柱作用。

从组织角度看，数字政府打破数据孤岛，实现数据共享，为优化营商环境奠定基础。以广东为例，通过“单一窗口”实现报关、报检、国税的信息化无缝对接，搭建政企沟通、企业互助平台，实现信息互通互换、监管互认，实现政府与市场间企业资质数据的流动与核实，从而避免了政企重复工作。社会数据的集中统合与有效共享，变“群众跑腿”为“数据跑路”，大大降低实现企业办事成本，减轻行政负担，有利于实现“简政放权”的根本要义。

从技术角度看，以信息技术驱动智能化创新应用，是提升商事服务体验、优化营商环境的重要手段。以上海推出“随申办”为例，借助“一网通办”便利促进政银合作，“随申办”有效推广电子证照的社会化应用，实现行政审批，助力商事服务。

从监管角度看，创新市场监管方式，打造健康市场氛围，为优化营商环境提供坚实保障。以2019年上线的成都“守信通”为例，在政务服务中结合企业和个人信用评分，构建“企业＋居民”一体化诚信体系，优质信用企业将可以进一步缩短政务服务办理周期。从传统监管转向智慧监管，打通全监管监督机制，通过精准监管与高效治理，为产业发展提供良好的市场空间，有效激发市场主体活力。

四　数字政府完善公共服务供给

数字政府把增进人民福祉作为出发点和落脚点，通过推进政府工作数字化提高社会服务水平和效率，通过数字乡村建设与精准扶贫，切实回应国家重点战略需求，通过疫情防控信息化建设提高政府社会风险管理能力，使公民具有获得感、幸福感、安全感，建设人民满意的服务型政府。

（一）数字政府提高一般性服务水平和效率

提供优质、高效、便捷的网上政务服务是中国大力发展电子政务的初衷，是坚持以人民为中心的发展思想，以信息化和深化行政体制改革双轮驱动撬动政府治理现代化，增进民生福祉、遵循民生情怀，让人民群众有更多获得感的重要手段。近年来，中国将政务服务平台作为数字政府建设的重要内容开展了大量工作，积极推动国家政务服务平台和各地各部门政务服务平台建设。2019 年 11 月 8 日，全国一体化在线政务服务平台整体上线试运行。目前，已联通 31 个省（区、市）及新疆生产建设兵团、40 余个国务院部门政务服务平台，接入地方部门 300 余万项政务服务事项和一大批高频热点公共服务，为社会公众和企业办事提供了极大便利。①

一体化政务服务平台的上线运行是中国政务服务数字化进程的重要成果，通过统一标准规范，企业和群众可直接通达全国各地区各部门政务服务，极大地降低了公民办事成本，提升了一般性政府业务供给效率，提升百姓生活服务和企业商事服务等一般性社会服务水平和效率，让人民共享数字红利和发展红利。

（二）数字政府助力数字乡村建设与精准扶贫

数字乡村是国家治理现代化与数字政府所关注的重要方面，是切实回应国家重点战略需求、满足人民对美好生活向往的必然选择。一方面，中国城乡数字鸿沟仍在，数字乡村发展需要依托数字政府建设基础。农村地区基础设施薄弱，据农业农村部信息中心数据，2018 年全国县域用于农业农村信息化建设的财政投入中有 25.2% 的县域低于 10 万元，仅有 20.0% 的县域在 500 万元以上，中国县域数字农业农村发展总体水平仅为 33%。另一方面，农村数字经济潜力巨大，据统计，2019 年中国农村电商规模达到 1.7 万亿元以上，农产品电商交易额高达 3500 亿 ~ 4000 亿元，数字政府建设能够推动数字经济发展，为数字乡村建设提供有力支撑。

中国数字政府在乡村振兴与新基建的战略基础上，为缩小城乡数字鸿沟、加强农村地区信息化建设、完善农村地区公共服务提供了有力支撑。2019 年，中国信息进村入户工程在全国 18 个省份整省均有推进，共建成运营 34.6 万个益农信息社，累计培训村级信息员 73.7 万人次，开展便民服务

① 国务院：《全国一体化政务服务平台整体上线试运行》，http://www.gov.cn/xinwen/2019-11/08/content_5450249.htm。

2.6亿人次。在此基础上,“雪亮计划”、“全国农业科教云平台”、乡村数据库等政务应用逐步上线,为建设农村数字文化发展完善了制度保障,为数字乡村建设提供了基础支持。

同时,数字政府也积极回应精准扶贫的战略需求,为打赢脱贫攻坚战提供了技术支持和制度保障。以“云上贵州”为例,该平台连通了21个国家部委和省市数据,形成了一体化的贵州政府数据共享交换开放体系。依托“云上贵州”政务数据平台的精准扶贫大数据支撑平台,横向打通了多部门多地区的数据通道,实现了数据共享交换,促进了扶贫工作的精准推进。①

(三)数字政府保障公共卫生管理与疫情防控②

数字政府在公共卫生领域发挥着重要的基础性作用,依靠信息技术和政府数字化平台建立的公共卫生网络系统,成为公共卫生体系智能化发展的重要手段。

国务院新闻办公室发布的《中国健康事业的发展与人权进步》白皮书指出:“中国已建成全球最大规模的法定传染病疫情和突发公共卫生事件的网络直报系统。”2020年暴发的新冠肺炎疫情既是对中国治理体系和治理能力的一次大考,也是对中国数字政府发展的一次实际检验。

数字政府系统的快速部署有效提升了疫情监测、疫情防护的效率。据统计,中国地方政府使用多渠道发布疫情防控信息,政府网站、微博、微信等已经成为主要信息沟通渠道(见图5),数字政府成为疫情防控期间的重要基石。

除了疫情防控工作本身之外,在疫情期间,为保证政务服务的正常开展,大多数线下业务转为线上办理,并通过数字政府的支撑得以实现,如在线户籍办理、在线出入境证办理、在线庭审。2019~2020年,共有33亿人次享受了无接触线上服务,涉及办事服务700余项。

---

① 周雅颂:《数字政府建设:现状、困境及对策——以“云上贵州”政务数据平台为例》,《云南行政学院学报》2019年第2期。

② 本节部分内容曾发布于公众号文章,孟庆国《新冠肺炎疫情下的大数据与政府治理》,https://mp.weixin.qq.com/s/cH0DJEGcYre00rjO-ZXMkw。

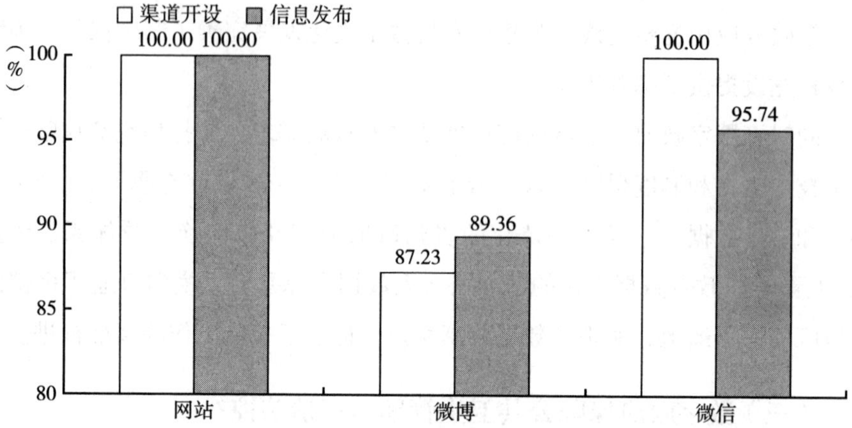

图 5　2020 年疫情期间中国地方政府疫情发布信息主平台分布

资料来源：课题组整理，2020 年 12 月。

五　数字中国背景下的数字政府建设与发展

数字政府作为数字中国体系的有机组成部分，是推动数字中国建设、推动社会经济高质量发展、深化行政体制改革、提升政府工作效能、优化营商环境的重要引擎。数字政府是在现代科技发展的背景下，政府适应时代发展、响应广大人民群众对数字化业务开展的迫切需求，对政府职能、业务流程、管理机制、运作模式、组织结构等进行系统性重塑所形成的能够灵敏感知、科学决策、精细管理、高效服务的政府形态，是推进国家治理体系和治理能力现代化的重要抓手。

从建设内容上来说，数字政府建设包括公共基础设施、数据资源体系、共性支撑平台、对外服务平台、重点业务系统、人才和技术支撑体系、安全保障体系、配套体制机制设计等诸多方面。近年来，中国数字政府建设不断深化，在数据共享与业务协同、数字化平台系统建设、数据管理机构设置、数据要素价值发挥等方面取得积极进展。

（一）业务间的协同日益广泛

政务数据共享和业务协同是深化数字政府建设、提升治理能力和治理水平的关键环节。目前，政务数据共享和业务协同等命题已经成为中国电子政务建设的重点内容，通过开展政务系统整合共享，逐步解决长期以来影响政务服务建设的“各自为政、条块分割、烟囱林立、信息孤岛”问题，为政务数据资源共享交互与业务协同奠定基础。通过国家数据共享交换平台等渠道，汇聚并发布各部门各地区政务信息资源目录，挂接各部门共享数据资源，从基础设计上支撑跨部门、跨地区、跨层级的信息共享与业务协同应用。

截至 2020 年 11 月底，国家数据共享交换平台上线目录累计超过 64 万条，发布共享接口 1200 余个，自平台开通以来累计提供查询、核验超过 20 亿次。公安部的自然人基础信息、教育部的高校学历学位信息、市场监管总局的企业基本信息、民政部的婚姻登记信息等高频共享需求得到普遍满足，数据共享和业务协同成效显著。国务院办公厅的防疫健康码信息从 5 月开始被各地各部门大量调用，为疫情防控工作的开展提供了有力支撑。①

同时，面向权责不清、边界模糊等数据共享中的传统难题，政府数据归属权、使用权、共享管理权“三权”分置的理论框架逐步得到推广和认可。基于“三权”分置的政府数据共享机制以数据权责明晰为基础，以数据应用需求为导向，以共享智能安全为目标，将需求、技术、管理有机融合，推动实现自动化、可持续的长效共享。

（二）数字化的平台系统大量涌现

近年来，各地各部门积极开展数字政府平台的建设和应用，涉及政务数据、政务服务、领导决策等多个方面，应用于公安、财税、应急、教育、医

---

① 数据资料来源于《中国政务数据治理发展报告（2021）》。

疗等各个领域，取得积极进展。以北京市为例，于2018年正式启动北京大数据行动计划，推动建设了大数据平台、领导驾驶舱、目录区块链系统、政府网站集约化平台、一体化政务服务平台、综合监管系统、综合执法系统等，显著提升了政府的决策、管理和服务能力。

其中，政务数据相关平台建设是各地各部门普遍关注的重点方向。2017～2019年，全国31个省（自治区、直辖市）累计开展省级政务数据治理平台和系统建设（含服务）项目1800多个，累计投入资金超过82亿元。相关项目分散于财税、社保、交通、卫计等20余个不同领域，为中国政府治理能力的提升注入巨大动力（见图6）。①

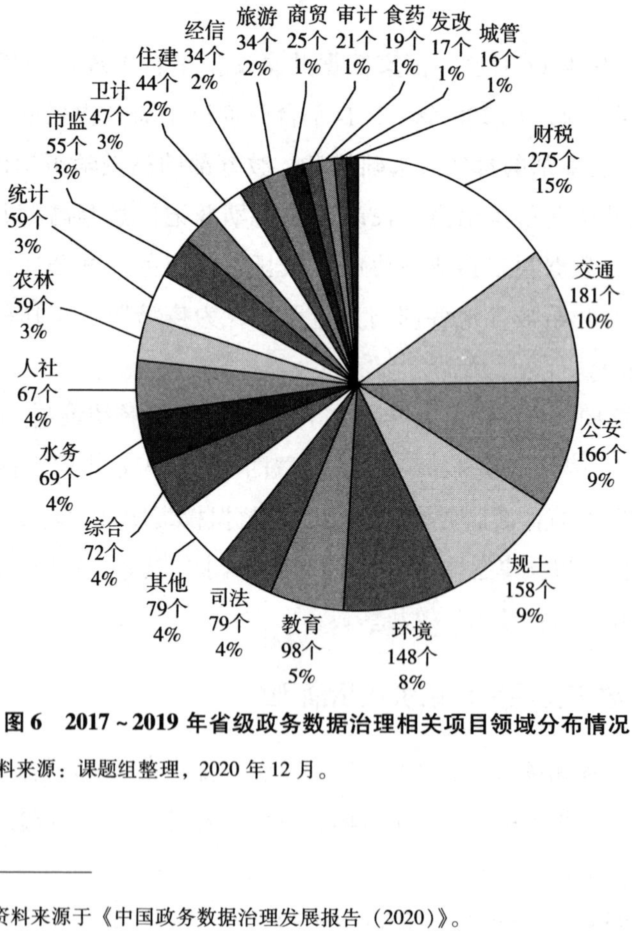

图6　2017～2019年省级政务数据治理相关项目领域分布情况

资料来源：课题组整理，2020年12月。

① 数据资料来源于《中国政务数据治理发展报告（2020）》。

（三）数据管理机构设置不断完善

新一轮机构改革为数据管理机构的设立提供了关键机遇，中国大数据管理机构自2017年始，至2019年全国各省份均有所设立，大数据局的行政级别逐步提高，机构职能逐渐完善，是数字中国战略中落实数字政府建设的重要举措，作为数据治理中政府主体的典型代表，大数据局的出现为建设集约化、一体化的数字政府、统筹推进数据治理提供了制度保障。

截至2019年7月，中国共有20个省设立了大数据机构，11个省级行政单位未设立大数据机构；全国333个地级行政单位中共有208个建有数据管理机构，占比62.5%，主要分布于中国东部沿海地区。32个副省级城市及省会城市中，仅拉萨1个城市未设立数据管理机构，其余城市均设有数据管理机构或行政部门。

政府大数据管理机构是数据治理体制的核心机构和职能部门，服务于国家数据治理体系建设和制度化发展。“互联网与政务服务深度融合”“推进政府数字化转型和数字政府建设”作为设立大数据局的关键点，是数字政府机构建设中的重要目标。以2018年10月成立的浙江省大数据发展管理局为例，该局在建设过程中，明确提出“深化‘最多跑一次’改革，落实支撑改革相关的信息系统建设任务，推进‘互联网+政务’深度融合、政府数字化转型”等战略要求和政策目标。

表5　2015～2019年省会及副省级城市数据管理机构设立情况（部分）

城　市	年份	名　　称
济　南	2019	济南市大数据局
太　原	2019	太原市大数据应用局
西　安	2019	西安市大数据资源管理局
南　昌	2019	南昌市大数据发展管理局
长　沙	2019	长沙市数据资源管理局
郑　州	2019	郑州市大数据管理局
深　圳	2019	深圳市政务服务数据管理局（市大数据资源管理中心）
福　州	2018	福州市大数据发展委员会

续表

城　市	年份	名　　称
大　连	2018	大连市大数据发展中心
乌鲁木齐	2018	乌鲁木齐经信委(市大数据发展局)
南　宁	2018	南宁市信息网络管理中心(南宁市大数据统筹管理中心)
西　宁	2017	西宁市大数据服务管理局
杭　州	2017	杭州市数据资源管理局
合　肥	2017	合肥市数据资源局
昆　明	2017	昆明市工信委(市大数据管理局)
成都市	2017	成都市大数据与电子政务管理办公室
南　京	2017	南京市大数据管理局
呼和浩特	2017	呼和浩特市大数据发展管理局

资料来源：课题组整理，2020 年 12 月。

（四）数据生产要素得到普遍关注

数据是信息时代的重要经济要素，也是实现国家治理现代化过程中必须加以治理的核心资源之一。根据有关预测："到 2025 年，中国被创建、采集或是复制的数据总量将增长到 48.6ZB，在全球数据总量中占比 27.8%。"① 数据作为全新的生产要素，既是政府管理对象，也是可利用资源。数据治理能力的提升可以保障数字政府持续推进，优化资源配置，持续挖掘价值，有利于提升国家竞争力，改善政府治理模式，促进社会协同共治。

关于数据作为生产要素的认识，国家层面的发展始于 2015 年 8 月 31 日印发的《促进大数据发展行动纲要》，文件指出"数据已成为国家基础性战略资源，大数据正日益对全球生产、流通、分配、消费活动以及经济运行机制、社会生活方式和国家治理能力产生重要影响"。2017 年 12 月 8 日，中共中央政治局就实现国家大数据战略进行第二次集体学习，在此次学习中明确提出"要构建以数据为关键要素的数字经济"。2019 年 10 月 31 日，十九届四中全会通过的《中共中央关于坚持和完善中国特色社会主义制度 推进

① IDC，Data Age 2025，https：//www.seagate.com/cn/zh/out－story/data－gae－2025/.

国家治理体系和治理能力现代化若干重大问题的决定》提出，“健全劳动、资本、土地、知识、技术、管理、数据等生产要素由市场评价贡献，按贡献决定报酬的机制”，明确了数据作为生产要素同其他传统生产要素具有同样的报酬机制原则，体现了数据要素的重要战略地位。2020 年 3 月 30 日，《中共中央 国务院关于构建更加完善的要素市场化配置体制机制的意见》出台，明确提出“加快培育数据要素市场”，并强调要推进政府数据开放共享、提升社会数据资源价值、加强数据资源整合与安全保护的具体要求。①

在国家政策文件的指导下，各地政府对数据要素市场化，发挥数据价值做出要求和实践。以上海为例，依托城市运行“一网通管”基础，实现数据要素在管理制度之间的流动与价值创造，反对大数据的“大水漫灌”，以精准化管理引导数据要素成为新的发展动能。2021 年新出台的《关于全面推进上海城市数字化转型的意见》明确提出建立数据要素市场，健全数据要素生产、确权、流通、应用、收益分配机制。例如，推进数据安全流通平台“安全屋”在数据要素市场中发挥作用，在保障数据拥有者的数据所有权不变的情况下实现数据使用权的流通共享，应用于多个领域的公共信息资源开放，带动社会数据融合与开发，实现数据要素流动。

六 对策与建议

从中国数字政府建设路径来看，数字政府的建设模式正面临从“增强型”到“融合型”的转变。“增强型”指以往的数字政府建设基于原有政府业务提升效能，不改变传统的业务逻辑。“融合型”指根据数字时代的特点进行政府体系和业务上的创新，实现政府与数字化融合发展的新形态。未来数字政府的建设发展不应再围绕现有业务的数字化需求开展，而是应该从政府可以掌握的数据生产要素、数字化的工具和方法出发，重新审视、定义政府的履职模式，推动实现国家治理体系和治理能力现代化。

① 数据资料来源于《中国政务数据治理发展报告（2021）》。

坚持深化改革，加快推进数字政府建设。以数字政府建设为契机，深化行政体制改革，优化完善政府治理体系，实现从传统管理向现代服务的转变，从部门化管理向整体化管理的转变，适应新时代需求。充分发挥新一代信息技术的作用和价值，利用互联网、移动互联网、大数据、人工智能等新兴科技，提供更加高质、高效的政府服务。

加强数据开发利用，充分发挥数据资源价值。对于公共数据权属、数据流通交易中的权责边界和度量定价等问题加以重视，加快破除数据开发利用中的机制障碍，持续扩大公共数据利用的广度和深度。深化数据资源治理，推动数据分类分级管理，提升数据质量和可用性，让数据成为政府治理的全新维度。有序推动公共数据资源向社会公平开放，用数据激活、撬动产业创新活力，释放数据红利，赋能数字经济。

提升服务效能，进一步提高为民服务水平。基于全国一体化政务服务平台建设，破除行政壁垒，推动便民事项集成办理、异地办理，实现省内通办、跨省通办、全国通办。充分吸纳“最多跑一次”“一网通办”等做法的成功经验，持续推动线下服务线上办，由“群众少跑腿”变为“群众不跑腿”，为公众提供便利政务服务。持续优化服务方式，让群众办事便捷、易操作，从“一网通办”升级为“一网好办”，持续推进建成政务服务“好差评”制度体系，加快建设人民满意的数字政府。

深化整合共享，提升跨部门、跨层级协同治理能力。进一步加强数据共享，构建覆盖多领域、多层级的综合管理和协同治理体系。做好数字化防疫成果的沉淀转化，合理固化疫情防控中的数据共享、协同治理成果，提升后疫情时代的政府治理效能。以数据共享为切入点，向基层治理赋能，满足基层实际管理和服务工作中的数据需求，提高协同治理能力。

加强创新应用，充分发挥新型基础设施建设效能。大力推动 5G、物联网等技术在政务治理工作中的应用，提升政府的联接能力、感知能力，及时发现问题、处置问题、解决问题。积极运用人工智能等技术手段提升政务工作效能，提高政务服务水平，为政府提供更强的决策、管理工具，为社会提供更加便捷、高效的服务体验。

B.14
中国数字化抗疫实践与健康医疗数字化展望

代涛　刘硕　王玙珩*

摘　要：2020年新冠肺炎疫情传播速度快，感染范围广，防控难度大，是新中国成立以来在中国发生的一次重大突发公共卫生事件。以人工智能、大数据、5G网络、“互联网+”等为代表的新型数字信息技术，在国家快速部署和政策鼓励引导下，涌现了一批创新应用，在服务病患救治和疫情防控、支持卫生应急决策以及赋能社会生产生活转型等方面得到广泛应用，助力中国成功遏制国内新冠病毒大范围流行，逐步实现社会复工复产。与此同时，数字化抗疫也引发新的趋势，加速新型数字信息技术在健康医疗领域中发展和应用，对提高政府数据治理能力、把握技术风险与安全等方面都提出了新的挑战。在步入疫情常态化防控阶段后，健康医疗数字化发展应继续吸收数字化抗疫中的优秀案例经验，通过构建良性的利益协调机制推动数字化医疗创新落地和产业发展；破除数据流通障碍，提升政府数据治理能力；通过弥补基层短板、加快数字化基础设施的建设与普及应用；要更加注重数字技术应用的安全性，防范技术风险与社会问题；更加注重技术应用与社会伦理的平衡。

* 代涛，博士，研究员，现任国家卫生健康委医药卫生科技发展研究中心副主任，长期从事医学信息学、卫生政策等领域的研究与实践；刘硕，中国医学科学院卫生政策与管理研究中心，助理研究员，研究方向为健康医疗大数据、卫生信息化；王玙珩，中国医学科学院卫生政策与管理研究中心，研究实习员，研究方向为卫生政策与管理。

关键词： 数字信息技术 健康医疗 数字化医疗

2020年新冠肺炎大流行是当前全球面临的最严重的公共卫生危机，是人类近百年来遭遇的影响范围最广的全球性流行病。据世界卫生组织统计，截至2020年12月31日，全球累计新冠肺炎确诊病例超过8148万例，累计死亡病例超过179万例，全球单日新增新冠肺炎确诊病例连创新高。海外疫情的拐点尚未到来，当前疫情仍在全球传播蔓延。①

一 数字化抗疫概况

新冠肺炎疫情传播速度快，感染范围广，防控难度大，是新中国成立以来中国发生的一次重大突发公共卫生事件。据国家卫生健康委统计，截至2020年12月31日，国内累计治愈出院病例82067例，累计死亡病例4634例，累计报告确诊病例87071例。中国已经取得了疫情防控的重大战略成果，成功遏制了新冠病毒的大范围流行，国内疫情防控工作已转向控制局地偶发和常态化防疫的阶段。②

在2020年新冠肺炎疫情流行早期，中国政府快速部署，支持和引导数字信息技术广泛应用到抗疫工作中，鼓励企业界、医疗卫生机构、科研机构和社会组织等多方积极行动，充分发挥新型数字信息技术的创新能力，在服务疫情防控救治、支持卫生应急决策和赋能社会生产生活转型等方面发挥了十分重要的支撑作用，为成功遏制新冠肺炎疫情的继续大范围流行和恢复社会经济生活正常运转提供了有力保障。

---

① 数据来源于世界卫生组织网站，https：//covid19. who. int/。

② 数据来源于国家卫生健康委网站，http：//www. nhc. gov. cn/xcs/yqtb/202101/fb6984369cf24060b5d4187e7fa3fc53. shtml。

（一）抗击新冠肺炎疫情迫切需要数字信息技术的支撑

新冠肺炎疫情暴发之初，湖北省和武汉市面临医疗资源挤兑，并关闭离汉离鄂通道，疫情防控、医疗救治和生活物资保障需求巨大；全国同时也采取了前所未有的大规模隔离措施，社会经济面临下滑甚至短期“停摆”①。中国抗疫工作，面临对大量新冠肺炎患者诊断救治、全社会疫情防控以及恢复社会经济正常运转的多重压力。当时前线的疾病诊治、后方的人员管控、社会整体疫情预警和信息发布都承受着巨大考验，亟须在有限的人力物力资源下提升快速响应能力。

以人工智能、大数据、5G网络、“互联网+”等为代表的新型数字信息技术支持疫情相关信息的搜集与传播，加速对未知病毒的研究和临床诊疗探索，利用网络载体进行远程操控与医疗服务，满足疫情防控需求。数字信息技术的应用被赋予更多的社会责任，需要加快技术升级和产品落地，火线加入抗疫之中。

（二）快速部署，数字信息技术广泛应用助力抗疫

疫情发生后，中央迅速组织调集全国的医疗资源和抗疫力量，建立统一高效的指挥体系，在防控和救治两个战场协同作战，并快速部署科技力量投入抗疫战场。政府积极出台政策措施，支持鼓励各级政府部门、医疗卫生机构、科研机构、企业和社会组织等大力运用数字信息技术，在疫情防控和医疗救治中积极作为。

2020年2月4日，工信部科技司发布《充分发挥人工智能赋能效用协力抗击新型冠状病毒感染的肺炎疫情倡议书》，鼓励人工智能上下游企业和应用单位联合起来，加大科研攻关力度，补齐疫情管控技术短板，挖掘新冠肺炎诊疗和疫情防控应用场景，将人工智能应用到这场大型公共治理实践中来。②

---

① 国务院新闻办：《抗击新冠肺炎疫情的中国行动》，2020年6月7日，http://www.scio.gov.cn/zfbps/ndhf/42312/Document/1682143/1682143.htm，最后检索时间：2020年11月30日。

② 工信部科技司：《充分发挥人工智能赋能效用协力抗击新型冠状病毒感染的肺炎疫情倡议书》，2020年2月4日，https://www.miit.gov.cn/ztzl/rdzt/xxgzbdgrdfyyqfkgz/gzdt/art/2020/art_f8660a2b7fcb44028ee8d7914e03f125.html，最后检索时间：2020年11月30日。

2020年2月4日，国家卫生健康委办公厅《关于加强信息化支撑新型冠状病毒感染的肺炎疫情防控工作的通知》提出各地要“充分发挥信息化在辅助疫情研判、创新诊疗模式、提升服务效率等方面的支撑作用”，尤其强调了数据采集分析、远程医疗服务和互联网诊疗的应用。①

2020年2月7日，国家卫生健康委办公厅发布《关于在疫情防控中做好互联网诊疗咨询服务工作的通知》，肯定了在疫情防控工作中充分利用“互联网+医疗”的优势，同时也要求各省级部门科学组织互联网诊疗咨询服务工作，建立服务平台，具备条件的医疗机构要充分利用互联网平台引导患者有序就医、精准就医。

2020年2月17日，国家卫生健康委办公厅《关于加强疫情期间医疗服务管理满足群众基本就医需求的通知》强调，各地对疫情期间的医疗服务管理要因地制宜，对医疗秩序的组织安排要精细管理，尤其是要利用好互联网诊疗咨询服务，加强线上就医指导，发挥“互联网+医疗”的优势作用。②

2020年2月28日，国家医保局、国家卫生健康委联合印发《关于推进新冠肺炎疫情防控期间开展“互联网+”医保服务的指导意见》，明确互联网医院为参保人员提供的常见病、慢性病“互联网+”复诊服务可被纳入医保基金支付范围。③

在医疗救治之外的抗疫战场，新型数字信息技术应用同样发挥了重要作用。2020年2月9日，中央网信办印发《关于做好个人信息保护利用大数

① 国家卫生健康委办公厅：《关于加强信息化支撑新型冠状病毒感染的肺炎疫情防控工作的通知》，国卫办规划函〔2020〕100号，2020年2月4日，http://www.nhc.gov.cn/guihuaxxs/gon11/202002/5ea1b9fca8b04225bbaad5978a91f49f.shtml，最后检索时间：2020年11月30日。

② 国家卫生健康委办公厅：《关于加强疫情期间医疗服务管理 满足群众基本就医需求的通知》，2020年2月17日，http://www.nhc.gov.cn/yzygj/s7659/202002/6d5a8556c5ce46368263711698d8237a.shtml，最后检索时间：2020年11月30日。

③ 国家医保局、国家卫生健康委：《关于推进新冠肺炎疫情防控期间开展“互联网+”医保服务的指导意见》，2020年2月28日，http://www.gov.cn/zhengce/zhengceku/2020-03/03/content_5486256.htm，最后检索时间：2020年11月30日。

据支撑联防联控工作的通知》①；2020年2月24日，国务院应对新型冠状病毒肺炎疫情联防联控机制印发《关于依法科学精准做好新冠肺炎疫情防控工作的通知》②；2020年3月2日，民政部办公厅、中央网信办秘书局、工业和信息化部办公厅、国家卫生健康委办公厅联合发布《新冠肺炎疫情社区防控工作信息化建设和应用指引》③。在人员管控、社区防控和特殊场所防控方面，小程序、二维码、AI测温、物联网等成为重要的数字信息技术的支撑。

（三）数字信息技术在抗疫主要领域得到广泛应用

在国家快速部署和政策鼓励引导下，政府部门、医疗卫生机构、企业界、科研机构和社会组织积极行动，充分发挥新型数字信息技术的创新能力，将新型数字信息技术广泛应用到抗击疫情实践，实践中涌现了众多新的技术应用案例。数字信息技术全方位支持抗疫行动，并取得良好的效果。

一是服务病患救治与疫情防控，提升救治防控能力。如利用人工智能和5G远程技术对新冠肺炎患者诊断救治的增效，提供智能诊断和治疗；使用大数据和云计算加速对病毒病原学研究、药物靶点发现和疫苗研发；以及使用物联网机器人技术，支持远程无接触的医疗操作和医疗物资配送等。二是面向管理部门提供决策支持。如基于地理信息系统和移动互联网的人口迁徙预测，使用智能算法和大数据技术的人群电话筛查，通过互联网平台的疫情发布与物资供需信息对接，使用健康码识别、记录和管控人口流动等，达到控制传染源、保护易感人群的目的。三是加速数字信息技术赋能传统社会生

① 中央网信办：《关于做好个人信息保护利用大数据支撑联防联控工作的通知》，2020年2月9日，http：//www.cac.gov.cn/2020－02/09/c_1582791585580220.htm，最后检索时间：2020年11月30日。

② 国务院应对新型冠状病毒肺炎疫情联防联控机制：《关于依法科学精准做好新冠肺炎疫情防控工作的通知》2020年2月24日，http：//www.gov.cn/xinwen/2020－02/25/content_5483024.htm，最后检索时间：2020年11月30日。

③ 民政部办公厅、中央网信办秘书局、工业和信息化部办公厅、国家卫生健康委办公厅：《关于印发《新冠肺炎疫情社区防控工作信息化建设和应用指引的通知》（民办发〔2020〕5号），2020年3月2日，http：//www.mca.gov.cn/article/xw/tzgg/202003/20200300025313.shtml，最后检索时间：2020年11月30日。

产生活转型。面对局部、零星的疫情反弹，疫情防控进入常态化。互联网医疗因无接触、方便快捷等优势，赋能医疗卫生服务体系，为满足群众基本医疗卫生需求，尤其是常见病多发病的咨询、复诊开药等提供了新的选择。以互联网医疗为代表的线上化转型，同样发生在教育、培训、商业、工业等其他社会生产生活领域，助力全社会复工复产。

二　数字化抗疫应用实践

在抗击新冠肺炎疫情的特殊形势下，政府积极引导社会各界同心协力，主动调整部分限制政策以更好地支持数字信息产品应用，为新型数字信息技术创造了有利的外部环境。在持续的抗疫过程中，涌现出一批新型数字化抗疫产品和服务，用于解决疫情防控救治中的各种问题。因篇幅所限，本报告难以收录数字化抗疫的所有实践应用，谨以服务疫情防控救治、提供应急决策支持和赋能生产生活转型等典型领域的部分案例，展现数字化抗疫取得的巨大成就和支持效果。

（一）服务病患救治与疫情防控

疫情初期，对新冠病毒的病原学和新冠肺炎发病规律的认识尚不清晰，临床救治存在很大不确定性，加紧对已确诊患者尤其是重症患者的救治和对病毒的基础研究至关重要。增加优质医疗资源，尤其是“智力”资源的供应是当务之急，以远程技术汇集全国优秀专家开展会诊，以人工智能辅助医生提升疾病诊断效率，运用大数据和云计算加速病毒学基础研究。同时，快速识别、搜寻和定位新冠病毒肺炎的密切接触者，构建严密的疫情防控网络，也是数字信息技术发挥作用的重要方面。

1. 远程诊疗支持新冠患者的重症救治

在疫情初期，偏远地区和疫情重灾区患者缺乏医疗救治资源，远程诊疗提供了会诊指导和技术支持。如在中国联通协助下广东 5 例重症和危重症患者由钟南山院士专家团队完成了远程会诊。广东省构建了“省—市—县—镇—

村”五级医疗机构的远程医疗平台，在疫情防控中发挥了“投送”医疗资源的作用[①]。由华为与中国电信联合完成了在武汉火神山医院首个远程会诊平台的网络铺设和设备调试，通过5G网络解放军总医院和火神山医院可以实现5G网络远程会诊[②]。武汉协和医院作为疫情中心的重症病患救治机构，通过远程医疗实现多个院区联通，并实现与北京协和医院、北京朝阳医院、武汉肿瘤医院联通，进行异地远程会诊[③]。浙江省人民医院远程超声波医学中心的专家，利用5G技术远程控制武汉市黄陂体育馆方舱医院的超声机器人为患者进行超声检查[④]。

2. CT + AI智能诊断提升效率

在疫情初期，由于确诊病例样本量少，医疗机构缺少高质量临床诊断证据，只能以核酸检测作为诊断的主要参考标准。随着临床诊断数据的积累，新冠肺炎的影像学大数据特征逐渐清晰，CT影像临床诊断变得越发重要。根据国家卫生健康委《新型冠状病毒感染的肺炎诊疗方案（试行第五版）》内容要求，临床诊断无须依赖核酸检测结果，CT影像临床诊断结果可作为新冠肺炎病例判断的标准。但是，医生分析一位病人的CT影像需要耗时5～15分钟，临床诊断亟须得到辅助加强。为提高诊断效率，包括阿里达摩院、腾讯觅影、依图科技等数十家医疗AI企业陆续推出了CT + AI的新冠肺炎辅助诊断系统[⑤]，或在原有的肺炎AI产品上强化了新冠肺炎的

① 《广东联通助力钟南山院士专家组远程会诊》，澎湃新闻，2020年1月31日，https://www.thepaper.cn/newsDetail_forward_5693924，最后检索时间：2020年12月5日。

② 《火神山医院首个“远程会诊平台”正式投入使用》，《北京商报》，2020年2月4日，https://www.sohu.com/a/370505151_115865，最后检索时间：2020年12月5日。

③ 《5G支撑远程医疗：武汉火神山医院有了远程会诊平台》，新华网，2020年2月3日，http://www.xinhuanet.com/tech/2020-02/03/c_1125526994.htm，最后检索时间：2020年12月5日。

④ 《湖北战疫首次启用远程超声机器人专家远程操纵超声检查》，中国新闻网，2020年2月20日，https://www.chinanews.com/sh/2020/02-20/9097780.shtml，最后检索时间：2020年12月5日。

⑤ 《22款“CT + AI”新冠肺炎辅助产品，记录影像AI的“全行业”抗疫》，AI掘金志，2020年3月2日，https://www.sohu.com/a/377228402_651994，最后检索时间：2020年12月5日。

检出功能，帮助医生区分病灶，进行三维影像重建，甚至能够在20秒内完成从疑似病例中区分出新冠肺炎、普通病毒性肺炎及健康的CT影像，显著提高了诊疗效率，缓解医务人员不足问题，为一线医疗工作提供了强有力支持。

3. 机器人技术支持无接触医疗，有效减少医护人员感染风险

在医疗诊治中，医务人员作为新冠病毒的密切接触者，已成为感染新冠肺炎的高风险人群。基于人工智能和通信等技术的智能机器人运用，可以实现对疫情监测分析、与病患沟通、规避医务人员被感染的风险。医疗服务机器人具有人脸识别、自动避障、远程协作等功能，可进入传染病房和隔离区完成对患者的测温、记录、问询、送餐、配药以及对病房进行消毒清洁等工作。如已在一线投入使用的上海交大AirFace智能医护机器人可以支持武汉的医护人员在任何时间、地点对病房内患者进行指导①。达闼科技的医护助理机器人，通过5G连接，可帮助医护人员快速安排对病患的疾病治疗，降低人员劳动强度；智能运输消毒机器人能代替医护人员进入隔离病房，递送药品、食品、物品，减少交叉感染风险；智能消毒清扫机器人可自动实现对医疗机构地面的消毒清洁工作，大幅减轻清洁人员的劳动强度，减少病毒传播；移动测温和消毒机器人部署在开放流动区域，对过往行人进行实时测温，助力疫情全方位监测②。

机器人视觉+远程监控技术的使用，进一步保障了医护人员的安全。如浙大二院在重症病区部署高清摄像头，使医护人员可随时对病患进行观察、远程指导与会诊，减少医护人员与重症患者之间的直接接触，降低医护人员的感染风险③。北京朝阳医院对三个隔离病房开展远程监控，隔离区外医生

---

① 《智能机器人“小白”加入武汉新冠肺炎治疗“一线”》，中国新闻网，2020年2月7日，https://www.chinanews.com/cj/2020/02-07/9082624.shtml，最后检索时间：2020年12月5日。

② 《达闼科技：5G云端机器人全面发力，疫情下的“奇兵”》，网易新闻，2020年3月2日，https://dy.163.com/article/F6MU7PO505389X2M.html，最后检索时间：2020年12月5日。

③ 《硬核！浙江移动“5G智能战士”全力阻击疫情》，《人民邮电报》，2020年2月9日，https://m.sohu.com/a/371739274_354877，最后检索时间：2020年12月5日。

办公室可以实时通过视频监控隔离区情况；指挥中心能对所有隔离区实现多画面实时监控，与任意一个隔离区视频通话①。

4. 大数据算法加快病毒的基因学研究和药物研发

全球健康药物研发中心（Global Health Drug Discovery Institute，GHDDI）会同清华大学药学院上线了人工智能药物研发平台和大数据分享平台②，免费将药物研发资源开放给科研人员，共同加速新型冠状病毒药物研发。平台涵盖了既往冠状病毒相关研究中涉及的900多个小分子在不同阶段的相关实验信息。结合“老药新用”的思路，可以帮助科学家高效筛选经过临床一期实验的安全性已知的化合物，有效缩短了针对此次疫情的药物研发时间。

新型冠状病毒的基因组长达3万个碱基，用最快的经典算法测序需要等待很长时间，多家人工智能企业开放算法以提升测序效率。百度研究院利用线性时间算法LinearFold将新冠病毒的全基因组二级结构预测从55分钟大幅缩短至27秒，效率提高了120多倍③。浙江省疾控中心基于阿里达摩院研发的AI算法，利用自动化的全基因组检测分析平台，将原来需要耗费数小时的疑似病例基因分析缩短至半小时，还可以精准检测出病毒的变异情况④。

5. 数字信息技术支持高效筛查，助力精准防控

智能机器人提升人员筛查效率。在筛查重点人群方面，作为社会基本防控单位，社区和企业负责个人健康信息的统计工作，并不断更新。这种高重复性的工作，依靠人力统计会给基层带来很大压力。智能外呼机器人在疫情期间发挥了重要作用。如百度、京东、思必驰等互联网企业分别开放了智能

---

① 《助力北京朝阳医院快速搭建隔离病房远程医疗系统》，红云医疗，2020年2月13日，http：//www.butel.com/index.php？m=content&c=index&a=show&catid=28&id=106，最后检索时间：2020年12月5日。

② GHDDI：《一站式科研数据与信息共享平台上线，为新型冠状病毒研究提供支撑》，2020年1月29日，http：//www.ghddi.org/zh/node/234，最后检索时间：2020年12月5日。

③ IT之家：《百度：免费开放LinearFold算法，可将RNA分析从55分钟缩短至27秒》，2020年1月30日，https：//www.ithome.com/0/470/593.htm，最后检索时间：2020年12月5日。

④ IT之家：《阿里达摩院研发AI算法：疑似病例基因分析缩至半小时》，2020年2月1日，https：//www.ithome.com/0/470/909.htm，最后检索时间：2020年12月5日。

外呼机器人服务，社区只需向外呼机器人输入问题列表，导入居民电话号码，就可以实现自动呼叫和记录，并自动生成数据结果报表。使用智能机器人，仅用2小时就可以完成对10000人规模社区的“1对1”外呼机信息收集①。

手机健康码助力人员管控。在疫情防控过程中，电信运营商凭借掌握的数据资源规模大、人群覆盖广的特点，为政府提供数据支持，辅助勘探人员流动情况。2020年2月7日，杭州余杭上线了全国首张健康码，通过分析手机用户的地址位置记录和时间信息，显示用户隔离风险程度，辅助隔离工作开展，也成为复工复产的“通行证”。2020年2月11日，杭州健康码在支付宝率先上线，首创红、黄、绿三色动态健康码模式，绿码可凭码通行，红码和黄码需按规定隔离并健康打卡②。2020年2月29日，国家政务服务平台正式推出“防疫健康信息码”，公众通过“国家政务服务平台”微信小程序，进行实名认证并上报个人健康状况之后，即可申领自己的防疫信息码，凭码出入社区、办公楼等地方。③

2020年3月，国务院办公厅快速推动建立了健康码信息跨省互认机制，并对全国一体化政务服务平台“防疫健康信息码”进行了升级：关联全国31个省（区、市）及新疆生产建设兵团防疫健康码信息，实现了信息共享和互通互认，让全国绝大部分地区可“一码通行”，在符合本地防疫管理要求前提下推动人员有序流动④。

---

① 《特殊情报员紧急上岗：2小时排查万户家庭，服务近300个社区》，澎湃号机器之心，2020年2月11日，https：//m. thepaper. cn/newsDetail_ forward_ 5916666，最后检索时间：2020年12月5日。

② 《健康码：让复工复产按下快捷键》，《光明日报》2020年3月22日，https：//baijiahao. baidu. com/s? id = 1661819540019736942&wfr = spider&for = pc，最后检索时间：2020年12月5日。

③ 《全国一体化政务服务平台“防疫健康信息码”来了!》，中国经济网，2020年2月29日，http：//www. ce. cn/xwzx/gnsz/gdxw/202002/29/t20200229 _ 34368631. shtml，最后检索时间：2020年12月5日。

④ 《依托全国一体化政务服务平台共享信息 全国绝大部分地区“健康码”已可实现“一码通行”》，央视网，2020年3月21日，http：//news. cri. cn/toutiaopic/4ae4acdc - a79e - cbcc - a075 - e56ad605bdc7. html，最后检索时间：2020年12月5日。

（二）做好疫情态势和流行病学分析，提供决策支持

切断传播途径是传染病防控科学有效的手段。在关闭离汉离鄂通道后，对春运期间大规模人群流动趋势预测，及时发布疫情信息，辟谣，以及牵头组织医疗、生产、生活物资对接，都是稳定社会情绪、保持全社会共同齐心协力抗疫共识的重要手段。新型数字信息技术在这些方面发挥了重要作用，使这次疫情防控的反应速度比2003年SARS防控期间有了巨大进步。

1. 地理信息数据支撑疫情态势分析，支持科学决策

传染病模型与人口流动大数据相结合，能够展示、推测、预演疫情的分布和发展趋势，为疫情防控部门确定防疫工作重点区域、重点人群和重点场景，同时也为物资投放和政府管控提供了科学决策支撑。如工信部在疫情发生后立即组织开展电信大数据分析，对武汉和湖北等重点地区的人员流动情况进行统计，对患者及密接人员的流动情况进行分析预测，支撑政府的疫情防控部署。企业方面，“迁徙3.0”在疫情发展早期即上线，支持对每日、每座城市的人口流入流出数据进行查询，并根据从武汉流出人口情况，准确预测了孝感和黄冈成为武汉之外的疫情暴发地①。

深圳大学在2020年2月中旬发布《新冠肺炎疫情防控时空分析研究报告》②，基于深圳出行和定位大数据，结合当地人口数据、新冠病毒传播力等数据参数，以SEIR/SIR传染病模型为基础，测算出复工比例为60%时，疫情传播风险率相对较低，为政府安排复工复产提供了决策支持。

2. 互联网平台助力疫情防控信息共享与传播

在严峻的新冠肺炎疫情面前，权威机构及时的信息报道可以帮助普通群众了解事态变化，更好地保护自己和家人。疫情初期，百度公司和丁香园分

① 《面对武汉疫情，这是大数据能贡献的力量》，虎嗅App，2020年1月23日，https：//mp. weixin. qq. com/s/1a0ZnngbqYKthPxvVWA5Ag，最后检索时间：2020年12月5日。

② 《深大最新研究报告：若全市复工率为60%，新冠肺炎传播风险度将大为降低》，《晶报》2020年2月14日，https：//baijiahao. baidu. com/s? id = 1658494296507921934&wfr = spider&for = pc，最后检索时间：2020年12月5日。

别推出“疫情实时大数据报告”App和“疫情实时动态”网页，根据国家卫生健康委的最新统计数据及时更新，以地图和图表格式，清晰呈现、传达最新的疫情数据，包括疫情动态、迁徙地图、全面热搜、实时播报几大板块。国家卫生健康委自2020年1月25日起，每日在官方网站上更新全国疫情情况，各大头部互联网平台以此为权威信息源制作可视化图表工具，并在醒目位置设置“辟谣专区”，让权威准确的信息能够更有效地传递到社会，避免杂乱消息引起社会恐慌。

3. 无人化调配助力抗疫物资供应保障

随着疫情在全国范围内的传播，医疗和生活物资需求激增。提升物资调配效率，以有限资源保障医疗救治工作顺利开展，是疫情防控的重点工作之一。高频次、规模化、站到站的无人化运送，不仅有利于确保各类物资精准配发，而且可以有效减少物流配送人员的接触性感染。此次疫情防控中，在高速公路出口，无人机下悬挂的二维码可供司机提前录入个人信息；在医院和疾控中心之间，无人机自动化转运疫情防控急救药品和标本；在社区和农村，无人机“空中喊话”进行宣传劝导，无人机应用场景不断拓展加深①。

工信部建设了“疫情防控国家重点医疗物资保障调度平台”，通过该平台优化调度、全力保障疫情防控物资的生产供应②。工业互联网平台也发挥了重要的抗疫保障作用，如基础电信企业为医疗物资需求部门与供应方之间提供更加精准高效的对接服务，通过远程设备管控服务，对设备进行智能化、网络化的远程管控，对施工生产精准调配。中国信息通信研究院和中国医院协会在防疫期间，分别搭建疫情防控信息资源供给平台，给医疗机构和信息化厂商之间架起沟通桥梁，支持湖北以及全国的疫情防控。

（三）赋能生产生活转型

为遏制新冠病毒扩散，中国采取了严格的疫情防控措施，社会生产生活

---

① 中国信息通信研究院：《疫情防控中的数据与智能应用研究报告》，2020。

② 《工信部：国家重点医疗物资保障调度平台将长期发挥作用》，《新京报》2020年2月2日，https://www.sohu.com/a/370109157_114988，最后检索时间：2020年12月5日。

不可避免地受到较大冲击。在此背景下，依托数字信息技术赋能医疗、教育、购物等基本民生向线上转型，以及社会生产和重要基础设施维护的无人化智能化发展，既是抗击疫情的现实需要，也符合“降本增效”的发展趋势。数字信息技术助力抗击疫情取得成功，同时也加速了社会生产生活的数字化进程。

1. 互联网医疗助力解决居民基本就医需求

疫情之下，医疗机构面临空前的感染控制压力，患者也不愿扎堆就诊。互联网医疗凭借突破地域限制、无接触、避免交叉感染等特点，受到欢迎。不少地方卫生部门，主动成立互联网医疗平台，采用5G、人工智能、视频通信、远程医疗等技术，将医疗资源向线上转移，引导市民有序就医，减少交叉感染风险，减轻公共医疗资源占用压力，同时还进行了疫情防控知识宣教。如北京市新型冠状病毒感染肺炎在线医生咨询平台在疫情防控期间，安排千余名北京医生7×24小时面向广大市民提供咨询服务；海南省互联网医院新冠肺炎诊疗服务平台整合海南省16家互联网医院进行在线诊疗；宁夏卫健委联合微医互联网总医院开展在线义诊为宁夏和全国群众提供24小时无休、3分钟内响应接诊的免费服务。此外，好大夫、平安好医生、丁香医生、壹药网、春雨医生等多家互联网诊疗平台也组织专家义诊，为新冠肺炎和发热患者义诊。国家卫生健康委人才中心甚至专门为海外华人华侨留学生搭建了互联网咨询平台，保障海外华人及时获取新冠肺炎疫情防控、疾病诊疗以及健康管理等方面的信息。

根据国务院联防联控机制消息，浙江通过开展线上医疗服务，使发热门诊的医疗就诊量下降50%。湖北地区也加强了线上医疗服务，对正常的医疗需求，特别是慢病医疗服务提供网上诊疗、网上会诊。通过一系列举措，线上医疗服务既满足了患者的正常需求，同时也减少了医疗机构人群的聚集，降低了交叉感染的风险。①

① 《国务院联防联控机制3月1日召开新闻发布会，介绍依法有效防控海外疫情输入有关情况》，中国政府网，2020年3月1日，http://www.gov.cn/xinwen/gwylflkjz38/index.htm，最后检索时间：2020年12月15日。

除问诊外，复诊购药也是互联网医疗解决的一大就医痛点。微医、京东健康、平安好医生等平台支持患者上传处方购买药品并配送上门，各大公立医院也开始成立互联网诊疗服务部门，将线下复诊患者引导至线上。到2020年4月，上海市已有13家医院获得互联网医院牌照，互联网医院已累计开展诊疗服务1.4万人次，开具在线处方4300余张①。北京在2020年5月已有29家医院开设互联网复诊服务，其中26家是2月疫情以来获批互联网诊疗资质②，其中北京肿瘤医院更是将互联网复诊量做到了线下门诊量的30%，实现了利用互联网技术优化就诊秩序③。

2. 数字化赋能便民生活服务

受新冠肺炎疫情影响，居民线下出行、购物等刚性需求受限，将生活服务转移到线上可大幅降低交叉传染风险。以城市居民买菜为例，生鲜电商协同各方打通农产品上行通道，加大商品供给，电商平台根据用户所在地远近推荐选择附近的超市门店，提供全天无接触商品配送服务。在疫情严重物资紧缺时期，所有平台提供预约配送服务；随着物资和运力紧张程度逐渐缓解，平台逐渐实现下单即送服务。线上配送在疫情防控中还可以做到信息透明可追溯，以美团外卖为例，厨师、打包员、骑手的健康情况甚至餐具消毒情况等安全防护信息可在配送物品的同时，通过“App电子卡+实体卡”形式呈现给用户，让用户更放心④。还有部分企业，如百度、京东在抗疫场景中启用“无人车配送”服务，用户下单后，无人车能够将商品配送至小区门口，用户确认身份后，直接从无人车中取货。

---

① 《上海13家公立医院获互联网医院牌照》，搜狐新闻，2020年4月17日，https://www.sohu.com/a/388917254_723110，最后检索时间：2020年12月15日。

② 张士红：《疫情形势下互联网医疗的发展展望》，2020年11月30日，http://k.sina.com.cn/article_3164957712_bca56c1002001gbsf.html?subch=onews，最后检索时间：2020年12月15日。

③ 《北京大学肿瘤医院互联网诊疗实现医保对接》，北京肿瘤医院，2020年6月30日，http://wjw.beijing.gov.cn/xwzx_20031/jcdt/202006/t20200630_1935828.html，最后检索时间：2020年12月15日。

④ 《美团率先推出外卖电子安心卡助力食安防疫》，中国食品安全网，2020年4月21日，https://www.cfsn.cn/front/web/site.newshow?hyid=36&newsid=25755，最后检索时间：2020年12月15日。

出行方面，各大线上出行平台开通“疫情地图展示”“发热门诊查询”“同乘信息查询”等功能，并提供“各国入境最新政策”等信息。部分平台可在线查询本地已公布的疫情发病场所、距离最近的疫情发病场所，周围的人流聚集地，甚至地铁客流满载情况，帮助居民选择合适的出行方式。

3. 在线复学教学开启全新的教育实践①

疫情发生以后，教育部及时作出了延期开学的决定，提出“停课不停学”的政策要求，力求把疫情的影响降到最低。作为疫情防控期间的应急之举，中国在线复学教学对全国2亿多学生通过在线方式进行教育教学。

教育部联合工信部和国家新闻出版广电总局于2020年2月17日正式开通了国家中小学网络云平台和中国教育电视台空中课堂。资源全面、每周更新。截至2020年5月11日，国家中小学网络云平台浏览人次达到20.73亿，访问人次达到17.11亿②。据各地师生反馈，云课堂观看流畅，不卡顿，尤其是为农村地区的学生送去了优质教育资源，受到广泛好评。

各地高校也在疫情后快速响应，因地制宜制定网上教学方案。截至2020年5月8日，全国1454所高校开展在线教学，103万教师在线开出了107万门课程，合计1226万门次。参加在线学习的大学生共计1775万人，合计23亿人次。在线课堂覆盖了全部12个学科门类和直播、录播、慕课、远程指导等多种课程形态③。

本次在线复学教学既满足了应对疫情的要求，应对了疫情带来的停学、停教、停课的危机，也探索了在线教学的新实践，形成了在线教学的新范式。

---

① 教育部：《新闻发布会：介绍疫情期间大中小学在线教育有关情况和下一步工作考虑》，2020年5月14日，http://www.moe.gov.cn/fbh/live/2020/51987/，最后检索时间：2020年12月15日。

② 《教育部：国家中小学网络云平台浏览次数超20亿》，中国新闻网，2020年5月14日，https://baijiahao.baidu.com/s?id=1666645848778257785&wfr=spider&for=pc，最后检索时间：2020年12月15日。

③ 教育部：《疫情期间在线教学得失几何——代表委员谈疫情影响下的在线教育（上）》，2020年5月26日，http://www.moe.gov.cn/jyb_xwfb/s5147/202005/t20200526_459041.html，最后检索时间：2020年12月15日。

4. 远程协同、大数据技术助力复工复产

疫情发展严重期间，多数企业面临生产停顿甚至停摆的状况，从业人员被迫待岗，波及上下游产业。基于互联网和大数据的远程办公、网络协同、无人值守等工作方式被迅速普及。如钉钉、企业微信、飞书等远程办公软件针对各类企业运营真实场景定制每日健康打卡、紧急通知发布、高清视频会议等功能。科研、司法等特殊业务场景都有专门的远程协同和视频服务整体解决方案，这些做法力求将疫情影响降至最低。

工业生产方面，多个城市利用电力大数据对城市复工复产情况进行分析预测，助力增产扩能，快速确定供电方案。部分厂房和基础设施启用智能巡检机器人和无人值守设备，解决了疫情期间缺少工人的生产难题，减少了工厂车间中疫情传播的风险。

三　数字化抗疫的新形势与新挑战

数字化抗疫在发挥巨大作用的同时，也表现了巨大发展潜力，在加速技术应用落地的过程中形成了对未来发展更有利的环境。新技术应用的同时，对数字信息技术的关键——数据的采集、流通、开放和使用等数据治理能力提出更高要求。由于前期缺乏充分的社会博弈过程，新型数字信息技术的大范围应用可能会带来风险挑战，也有可能形成新的社会问题。

（一）新冠肺炎疫情加速了新型数字信息技术的应用落地

新冠肺炎疫情造成了人与人被迫隔离的空间分割状态，通过互联网实现信息沟通变得更为普及，很大程度上增加了场景融合的机会，倒逼企业产品升级，促进政策调整，“改良”了数字技术的外部环境，催生了更多数字化抗疫产品和服务，加速了社会的数字化转型。

1. 抗疫场景融合促进应用创新

此次抗疫中涌现的众多新型数字信息技术产品和服务，大部分并不是从零开始的原创，而是在疫情之前已在其他场景中有所应用，已有一定的技术储备。在疫情防控的特殊时期，将已有的技术产品改造融合到抗疫新场景中，是此次数字化抗疫的典型经验。如将已往用于接待的机器人进行改造，到一线病房进行消毒、清洁、送餐工作；CT 智能诊断用于筛查新冠肺炎患者；安防摄像头加入 AI 程序进行人员体温预警；物联网技术用于医疗废物追溯管理；智能外呼机器人用于人员信息采集和筛查等。

医疗健康领域是传统的高门槛领域，新型数字信息技术需要付出较高的成本才能进入。此次疫情防控的经验显示，公共卫生和医疗服务存在大量可以通过应用场景融合来满足的需求。对待新型数字信息技术的应用创新，需要更多包容，通过提供更多的应用场景来加速创新应用的落地。

2. 推动科技企业快速响应升级

突发公共卫生应急事件发生时往往伴随资源短缺、受挤兑，时间紧、任务重等困难，极大地考验大数据资源、产品的供给能力，需要强有力的组织协调和执行能力。武汉火神山、雷神山、方舱医院的网络和信息系统快速部署，定点医疗机构的门诊信息化改造，互联网医院的快速上线，CT + AI智能诊断产品的迅速迭代，都远超平常的产品服务供应速度。背后既是科技企业常年技术攻关的能力积累，也是产品开发方式的转变，即从传统的模块化、松耦合式总线布局到面向服务的中台和微服务。而这也恰好符合目前以“高效、敏捷”应对需求快速变化的技术革新趋势。同时，开源众包、社会化协作的项目屡见不鲜，如在开源网站中的“新闻记录”“疫情地图”“综合信息平台”等在数字化抗疫过程中获得了巨大的社会效应。

3. 促进数字信息技术应用发展政策的调整与突破

疫情之前，互联网健康医疗在业内被频繁讨论和呼吁，但出于质量和安全的考虑，政策有所限制，未在全社会得到普遍重视和充分发展。疫情严重期间，受医院控制就诊人群规模、跨地域人员流动限制等因素影响，对于定期就诊服药的慢病患者，选择互联网医疗平台进行复诊购药甚至成为唯一选择。同时，“实现复诊在家购药，免去医院挂号排队”成为疫情期间群众的普遍呼声。政策因势利导，国家卫生健康委鼓励各大医院和互联网医疗平台企业开展互联网复诊业务，国家医保局明确慢病“互联网＋”复诊可以纳入医保报销范围；从政策上对互联网复诊购药放松管制，鼓励服务居民基本就医需求。实践证明，适度放开互联网医疗可以解决相当一部分居民的就医问题，并未因医疗质量问题而引起社会舆论反弹。

抗疫期间利用互联网医疗平台进行发热患者的诊疗咨询，并允许将互联网慢病复诊纳入医保，是典型的应急状态下的政策调整，带动了整个互联网医疗的政策环境优化，与此相关的处方药网络零售、互联网健康管理等政策也在相继制定中。

（二）新技术对数据治理能力提出更高要求

数字化抗疫实践表明，健康医疗领域推进新型数字信息技术并非易事。数据是数字化抗疫的关键和根本，只有数据的采集、流通和开放达到一定水平，才能支撑大数据、人工智能的应用，提高数据治理能力既是机遇也是挑战。

1. 数据采集需要更加高效、准确

现在社会的人口、信息和资源的流动比 2003 年 SARS 疫情期间更加密集和快速，传统的“人工、上门、纸质报表”，已经不适应当前社会运转节奏，现在的“自动、线上、二维码”在数据采集的效率和准确度方面都有大幅提升。借助数字化工具，多地使用了线上信息填报和智能外呼平台，提高了信息采集效率，降低了数据采集的人力成本，并缩短了数据流转时间。

网络填报虽然解决了效率低和线下接触的问题，依旧是靠人来主动填报，难免会出现瞒报、误报的情况。真正既保证高效，又能保证准确的方法是综合利用手机地图出行类应用记录、电信漫游记录等无感、客观的大数据进行综合判断，然后形成二维码或其他形式的网络凭证，真正实现无纸化和无篡改。健康码正是这种趋势的落地产物，目前已有部分地区加入核酸检测结果、疫苗接种历史等数据，形成更加精准的判断模型，为未来突发公共卫

生事件的数据采集提供了良好的经验。

2. 数据流通需要更加及时、有效

中国在 2003 年 SARS 疫情之后建设的国家传染病疫情网络直报系统在此次新冠肺炎疫情初期“失灵”，很大一部分原因是直报系统在设计之初就仅收集分析已知传染病和“不明原因肺炎”的数据，这些数据只有一线医生手工填报才能上传。在受到培训不足、外界干扰等不利条件影响下，数据很难及时向上流通，影响决策和预警。而且在全社会范围内统筹推进疫情防控与复工复产的情况下，只有卫生防疫数据不足以支撑疫情的综合研判，不同层级政府之间、政府部门之间、政府与社会之间、社会与个人之间的数据流通都有非常重要的价值。

疫情期间出现的医疗物资调配不及时、健康码不互认、个人健康信息重复填报，同样与数据流通不畅有关。数据“只上不下”的问题在本次抗疫初期暴露较多，表现为各类采集统计数据上报多，整合融合后的数据下沉少。如工信部与国家卫生健康委等部门，在国务院新冠肺炎疫情联防联控机制下建立疫情电信大数据共享联合工作机制，定时向相关部门共享信息，形成了一个良好的数据流通机制，为抗疫的整体研判和政策制定提供了有力的数据支持。同时提醒在未来社会突发应急事件和综合治理中，需要更加强化及时、有效的数据流通机制。

3. 数据开放需要更加真实、可用

疫情发生以来，各地政府通过多种渠道发布疫情数据，对于满足公众知情权、加强自我防护起到了重要作用。政府开放数据的主动性、及时性、全面性、可靠性在很大程度上决定了公共卫生应急管理的效果和效率。有些数据被专业人员进一步利用，专业人员开发了受公众欢迎的服务应用，如疫情地图、疫情可视化追踪、疫情传播预测模型等。中国在疫情初期的较短时间内对病毒进行基因测序并向全世界开放数据，为研究病毒变异、传播、疫苗研制等方面提供了有力支撑。在新冠肺炎医疗救治中，一线的医疗机构主动向医疗 AI 企业开放患者 CT 影像数据，加速了新冠肺炎 CT 智能诊断工具的推出。可以说，开放数据是大数据应用发挥作用的基础。

数据开放并不是简单的数据公布，而是要做到数据的真实和可用。以疫情感染数据开放为例，北京市、山东省、四川省都在政府开放数据平台中公开了“新型冠状病毒感染的肺炎病例信息”数据集，包括文本信息、EXCEL 等可机读格式数据集和 API 调用接口。这样的数据结构和形式，有助于利用社会力量对其进行二次开发，形成更方便公众获取和理解的产品与服务。国家卫生健康委每日公布的全国疫情报告，采用纯文本格式保证了信息的准确。在政府掌握大量信息和数据时，开放真实、高可用性的数据是满足公众知情权的基本要求，有助于让社会力量加入对数据的深度挖掘和利用中，把数据用好用活。

（三）新技术应用外溢风险带来新挑战

新冠肺炎疫情加速了新型数字信息技术的落地应用，但也可能带来一定风险。这些技术并没有在正常的社会环境中进行反复博弈，甚至缺乏小范围内的先行试点，突然的广泛使用可能会引起技术风险外溢，产生一定的社会问题。

1. 疫情管控与个人隐私的平衡问题

目前，中国个人信息保护法律体系尚不完善，疫情防控中对个人信息的搜集和疫情相关数据的公开，存在侵犯个人隐私的可能。以抗疫为名过度采集、采集后个人信息保存管理不完善等现象依然时有发生，对技术应用落地和政府组织抗疫行动造成不良影响。如对于个人信息采集，现有政策法规规定非授权机构不可擅自收集，但深入细节中，社区、物业、公司这些主体是否属于授权机构还处于模糊地带。现实中更多的情况是一些单位对个人信息进行了搜集并予以留存，信息安全隐患极大。从国外法律经验来看，对个人信息保护存在“公共卫生事件例外”情况，法律要求个人服从社会大局，但需要有权威部门作出详细规定，保证个人隐私不被滥用。

疫情初期，中央网信办及时发布了《关于做好个人信息保护利用大数据支撑联防联控工作的通知》，明确个人信息收集要坚持“授权机构合法采集”“非授权需本人同意”“最小范围采集”“疫情防控下的脱敏使用”“防止泄露”等原则，提前对大数据技术滥用侵害隐私进行了政策性预防，降低了不良事件发生的概率。

2. 互联网医疗的信息安全问题

疫情发生之前，医院的主力生产系统 HIS 系统基本都在内网中部署使用，疫情催生了互联网诊疗的系统实施只能在外网部署，由于涉及线上医疗与传统线下服务的衔接以及一体化管理，患者的个人信息、处方信息以及电子病历等敏感信息不得不发生内外网交互。这种情况在疫情之前，大部分医院并未经过认真考虑和安全演练，而且市场上缺乏成熟的解决方案，医院在疫情期间紧急上马互联网诊疗项目，为今后带来了前所未有的网络安全风险和挑战。

医院之外，互联网医疗同样风险频发。国家计算机病毒应急处理中心在“净网 2020”专项行动中发现了 20 余款移动应用存在涉嫌隐私不合规行为，包括外卖、医疗和在线教育类 App，均被通报下架处理。其中不少医疗机构所提供的互联网诊疗应用在个人信息隐私保护相关管理方面有待进一步完善。①

3. 影响分级诊疗格局的形成

当前的互联网医疗服务只是服务方式的改变和服务流程的优化，可以给患者带来就医便利，但并不增加医疗资源的供给，难以从根本上解决大医院看病难的问题。

大医院底子厚、基础好、资源多，更容易申请到互联网诊疗资质、开设互联网医院，利用线上入口增加对全国各地患者的吸引力。而基层医疗机构的信息系统多数没有达到互联网诊疗和互联网医院准入要求，信息技术人员支撑更为薄弱，难以担负互联网诊疗和互联网医院建设的重任。可能会造成一些与分级诊疗要求相背离的后果。即便是常见病、慢性病复诊这些本来属于基层医疗卫生机构优势的项目，也被大医院用互联网诊疗抢去，出现了继

① 新华社：《国家计算机病毒应急处理中心监测发现 20 余款违规移动应用》，2020 年 4 月 10 日，http://www.xinhuanet.com/2020-04/10/c_1125838474.htm，最后检索时间：2020 年 11 月 30 日。

线下虹吸病人之后的线上虹吸，对分级诊疗实施产生了不利影响。

4. “数字鸿沟”带来的社会不平等现象

无论是健康码、网上买菜还是互联网医疗，都是以智能手机为应用载体。这对于网络可及性差的偏远地区人群、不懂智能手机操作的老年人等群体来说，无法享受数字化抗疫的便利，反而形成了“数字鸿沟”。新技术应用越是普及，这些群体离主流社会越远，还加剧了社会不平等。

四 疫情防控常态下的健康医疗数字化展望

在抗击新冠肺炎疫情过程中，新型数字信息技术应用展现了良好的支持效果和巨大的发展潜力。疫情防控的特殊形势，加速了新型数字信息技术的发展，催生了新的发展趋势和挑战。在进入常态化疫情防控后，健康医疗数字化发展将会继承数字化抗疫中的优秀实践经验，适应新趋势与新要求，把握机遇，弥补短板，迎接挑战。

（一）构建良性利益协调机制，推动数字化应用创新落地

疫情期间，在“尽早消灭病毒、尽快恢复正常社会秩序”的共同目标下，社会各界容易就健康医疗数字化应用达成一致。如监管和支付政策会为服务便利化让步；医疗机构可以放弃对医疗数据的垄断，主动和企业进行合作；公众能够暂时降低隐私敏感度，接受频繁的信息采集。因此，互联网复诊购药、CT + AI 智能辅助诊断以及大数据管控能够加速落地实施，政府、企业、社会能实现共赢的局面。

随着步入疫情防控常态化以及可预见的“后疫情时代”，政府对大数据创新的监管力度会逐渐加大，医疗机构对数据资产化的保守态度会进一步加强，公众对个人隐私数据的敏感度会逐渐上升，各方利益出现分歧不可避免。数字化抗疫中涌现的众多优秀案例，为多方参与、利益协调、实现共赢提供了经验做法，应该继续发扬。

疫情过后，政府、医疗卫生机构、企业、公众还应继续广泛参与到多种

利益协调机制中来，成立多样化、多层次的健康医疗数字推进组织，在不断博弈中达成新的产业发展良序格局。一是政府要主动承担牵头责任，如卫生健康、医保、药监、民政等部门与行业组织共同举办赛事、评比等活动，为新型数字信息产品搭建平台、创造场景。二是鼓励行业协会产业上下游相关企业和机构主动结成联盟，推进数据开放利用。三是政策上要平衡好审慎监管与培育创新，可主动开放试点，允许部分健康医疗数字化项目在政策监管可控范围内先行先试。

（二）破除数据流通障碍，提升数据治理能力

疫情防控实践表明，政府数据治理能力与突发公共卫生事件应对能力有很强的正相关性，疫情数据越准确、信息流动越顺畅的地区往往防控效果越好。“层层上报、逐级请示”的信息传递结构与数字化发展倡导的扁平化治理观念存在矛盾冲突。疫情防控的特殊形势和“战时”举措，一定程度上打破了跨部门、跨层级的数据流通障碍。

疫情之后，政府要进一步加强数字资源整合的顶层设计与机制建设：继续发扬工信、卫生跨部门大数据共享联合工作机制的优秀经验做法，推动不同地方层级、部门间信息共享互通，打通各部门“数据孤岛”和跨部门、跨企业的信息壁垒；巩固扩大政府疫情数据公开的成果，鼓励数据二次利用，破解政府数据“只上不下、只收不用”的问题，让数据真正推动社会良善治理。

（三）补短板，加快数字化基础设施的建设与普及应用

数字化抗疫中以人工智能、大数据、5G 网络、“互联网 +”为代表的新型数字信息技术充分发挥了支撑作用，未来发展潜力巨大，但同时也对数据从采集、加工、流通到开放利用方面的能力都有了更高的要求。在健康医疗领域普及这些“新基建”，能够有效推动健康中国战略实施，带动健康医疗服务模式的创新发展。

在开展“新基建”时，要重点弥补基层信息能力的不足。在数字化水

平较高的地区，大数据智能应用能够助力精准防疫、精准复工，但仍有部分基层和农村地区在疫情中的信息上报与流程处理方面采用原始的纸质方式，降低了防控工作的执行效率。基层医疗卫生机构在互联网医疗发展的浪潮中，与大医院的差距会越拉越大。健康医疗数字化发展不平衡的问题需要尽早重视，未来需要重点补足基层信息基础设施建设。

（四）更加注重安全性，防范技术风险与社会问题

尽管数字化抗疫成效突出，新冠肺炎疫情加速了社会各界对新技术应用的认可，但推动新型数字信息技术的大规模应用，还应对其安全性进行重点评估，包括数字化应用本身的信息安全问题、服务的医疗质量安全问题以及可能引发的社会安全问题。要明确医疗行业在未来更加互联网化的环境中的安全发展原则。

首先，新技术应用必须遵守国家信息安全法律法规，尤其是在互联网医疗领域，医疗卫生机构要承担主体责任，保障信息系统安全运行，杜绝隐私违规行为。其次，在实现健康医疗服务便利性的同时，要守住医疗质量安全底线，以线上线下监管责任一致为原则，针对实际情况，制定线上服务管理规范和监管细则，防止服务方在线上医疗上钻空子，引发医疗事故和医疗纠纷。

（五）更加注重技术应用与社会伦理的平衡

健康医疗数字化创新发展必须考虑与社会伦理的兼容性。一是不应为了加速技术应用落地实施，不顾对个人隐私、公序良俗等传统伦理观念的冲击，需要有立法前的“缓冲地带”，如行业自律、公众意见表达、企业社会责任感宣传等多种机制参与。二是不能因为新技术效率高就全盘放弃传统业态，比如在发展互联网医疗的同时，也应考虑到以老年人为代表的“互联网弱势群体”，要以多种方式照顾到弱势群体，让科技发展更有温度。

参考文献

张育雄、陈才、崔颖：《疫情大考下，如何交出数字化城市治理“答卷”》，《互联网天地》2020 年第 2 期。

B.15
系统打造数字乡村，全面推动乡村振兴

李道亮*

摘　要：农业农村现代化是实现国家现代化发展的必要基础，只有实现乡村振兴，才可以实现我们中华民族的伟大复兴。党的十九届五中全会提出“优先发展农业农村，全面推进乡村振兴”。乡村振兴是实现小康社会顺利建成、社会主义现代化国家全面建设的首要任务，是新时代“三农”工作的总抓手。数字乡村通过将数字化、网络化和智能化技术应用于农业生产、农民生活和乡村经济社会发展，从而变革农业生产方式、乡村治理形式，进一步加快推进农业数字化升级、农村现代化进步、农民高素质发展，最终实现农业信息化、乡村城镇化、农民职业化。其不仅是乡村振兴的战略方向，也是建设数字中国的重要内容。因此，遵循乡村和信息化发展规律，以全面振兴为根本目标，以统筹推进乡村基础设施、数据资源、产业发展、经济新业态、绿色乡村、公共服务和网络扶贫等各领域信息化建设为抓手，全面助力乡村振兴。

关键词：数字乡村　乡村振兴　数字经济　数字治理

---

* 李道亮，博士，中国农业大学信息与电气工程学院教授，博士生导师，国际学院院长，国家数字渔业创新中心主任，长江学者特聘教授，研究方向为养殖水质传感器、水产养殖优化调控模型和水产养殖智能装备。

一　数字乡村建设的必要性

《中共中央　国务院关于实施乡村振兴战略的意见》明确表示，“中国发展不平衡不充分问题在乡村最为突出，主要表现在：农产品阶段性供过于求和供给不足并存，农业供给质量亟待提高；农民适应生产力发展和市场竞争的能力不足，新型职业农民队伍建设亟须加强；农村基础设施和民生领域欠账较多，农村环境和生态问题比较突出，乡村发展整体水平亟待提升；国家支农体系相对薄弱，农村金融改革任务繁重，城乡之间要素合理流动机制亟待健全；农村基层党建存在薄弱环节，乡村治理体系和治理能力亟待强化”。党的十九届五中全会提出“优先发展农业农村，全面推进乡村振兴”。

《乡村振兴战略规划（2018～2022 年）》明确提出“按照产业兴旺、生态宜居、乡风文明、治理有效、生活富裕的总要求，实施乡村振兴战略，深化农业供给侧结构性改革，构建现代农业产业体系、生产体系、经营体系，实现农村一二三产业深度融合发展，有利于推动农业从增产导向转向提质导向，增强中国农业创新力和竞争力，为建设现代化经济体系奠定坚实基础”。

《数字乡村发展战略纲要》明确表示“立足新时代国情农情，要将数字乡村作为数字中国建设的重要方面，加快信息化发展，整体带动和提升农业农村现代化发展。进一步解放和发展数字化生产力，注重构建以知识更新、技术创新、数据驱动为一体的乡村经济发展政策体系，注重建立层级更高、结构更优、可持续性更好的乡村现代化经济体系，注重建立灵敏高效的现代乡村社会治理体系，开启城乡融合发展和现代化建设新局面”。

《2020 年数字乡村发展工作要点》明确表示“2020 年数字乡村发展工作目标：农村信息基础设施建设加快推进，基本实现行政村光纤网络和 4G 普遍覆盖，农村互联网普及率明显提升。农村数字经济快速发展，农业农村数字化转型快速推进，遥感监测、物联网、大数据等信息技术在农业生产经营管理中广泛应用。乡村信息惠民便民不断深化，乡村数字普惠金融覆盖面进一步拓展。网络扶贫行动目标任务全面完成，巩固提升脱贫成果”。

基于上述一系列要求，在今后的数字乡村建设任务中，必须紧紧把握数字化、网络化、智能化在推进农业全面升级、农村全面进步、农民全面发展中的重要作用，更好地为推进数字乡村建设、实现乡村振兴任务提供明确的发力方向及实施策略。

二 数字乡村内涵及特点

（一）数字乡村内涵

数字乡村是指通过数字经济蓬勃发展的带动作用，按照“产业兴旺、生态宜居、乡风文明、治理有效、生活富裕”的总要求，以信息化、数字化、网络化为重要载体，基于乡村信息基础设施建设，实现乡村产业数字化、治理数据化、服务信息化以及生活智慧化。不断解放传统生产劳动力，提高产业生产自动化、数字化、智能化水平，重构乡村现代经济发展形态，打造乡村治理信息化新模式。让农业实现华丽转身成为大众心中有前途的产业，让农民摇身一变成为极具潜力的职业，让农村成为人民心中向往的美丽家园。

（二）数字乡村特点

数字化：通过将互联网、物联网、大数据、云计算等信息化技术与农业生产、乡村治理和农民生活深度融合，为新时期的乡村发展提供了新的契机和新的动力，乡村数字化平台的建设，为全面提升产业数字化、治理数字化、生活数字化等提供了精准、高效的新路径①。农业生产、农民生活、农村生态都可数字化，可促进农业新产业新业态竞相涌现、科技创新能力不断提升、农民生活日益便利、农村管理更加高效。

① 郭红东、陈潇玮：《建设“数字乡村”助推乡村振兴》，《杭州（周刊）》2018 年第 47 期。

网络化：通过将互联网、物联网、大数据、云计算等信息化技术与数字乡村建设深度融合①，使农业生产、乡村管理、农民生活形成一个网络，在这个网络下，数据共享、信息透明、管理高效，乡村信息服务体系不断健全，政务、村务、党务平台建设取得突破性进展，持续打破省、市、县、镇4级联通。

智能化：通过将互联网、物联网、大数据、云计算等信息化技术与数字乡村建设深度融合，一方面，不仅促使农业生产环节改造升级，也使农业管理变得更加智能化、精细化以及高效化。另一方面，促使乡村安防以及应对社会突发事件（如疫情）的应急防控预案更加智能化。

三　中国数字乡村建设的主要成效

（一）数字乡村基础设施建设成效显著

电信基础设施全面升级。优先支持“三区三州”等深度贫困地区加快网络覆盖和普及应用，截至2019年第一季度，全国行政村通宽带比例达到98%，贫困村通宽带比例超过97%，农村互联网应用快速发展，基本保障了广大农村群众的联网用网需求。广播电视网基本实现全覆盖。农村地区广播电视基础设施建设和升级改造持续推进，截至2019年底，农村地区的广播节目覆盖率达到98.84%，电视节目覆盖率达到99.19%。在新冠肺炎疫情防控期间，全国各省（区、市）调动乡镇、行政村（社区）使用农村应急广播终端设备，展开疫情防控政策和知识宣传，为农村疫情防控织密了“安全网”。电信网络诈骗等违法犯罪行为逐步得到遏制。通过组织开展专项行动，设立集群战役专班，铲除境内电信网络诈骗设备窝点，斩断黑灰色产业违法犯罪链条，建设技术拦截系统，拦截诈骗电话5100万次、短信6.3亿条，封堵诈骗网站21万个。

---

① 胡晶、刘阳：《论乡村网络信息建设如何融入乡村振兴战略》，《学术交流》2018年第12期。

（二）农业农村大数据建设开始起步

农业农村部印发了《关于推进农业农村大数据发展的实施意见》，明确指出了中国农业农村大数据发展和应用方面的五大基础性工作和 11 个重点领域，对农业农村大数据发展和应用做出总体安排。自 2016 年起，在北京等 21 个省（区、市）开展了涉农数据共享、单品种大数据建设等 4 个方面的农业农村大数据建设试点工作。组织实施数字农业建设试点项目，开展大豆、苹果、天然橡胶等一批重要农产品全产业链大数据中心建设试点，通过试点的模范带头作用推动农业农村实现以点带面的数字化转型。通过将相关数据进行整合共享，农产品市场信息平台汇聚粮、棉、油、糖、畜禽产品、水产品、蔬菜、水果等八大类 15 个重点农产品全产业链数据，突出信息化、实时性、公开性的要求，实现了数字在线查询分析、共享开放及可视化展示等多样化功能。农、兽药基础数据平台投入运行，目前初步实现了“五个一”的农药数字化和信息化管理，汇聚了一个农药基础数据中心，构建了一个网上行政审批平台，建成了一个农药质量追溯系统。国家兽药追溯系统覆盖了 1814 家兽药生产企业、5.25 万家兽药经营企业、2443 家基层监管单位，用户累计申请兽药追溯码 104.92 亿个，体验和口碑都比较好。

（三）农业监管数字化水平持续提升

种植业信息化方面，全国农情信息调度平台、花卉产业综合统计系统、全国农作物重大病虫害监测预警系统建立健全，提高了农情信息的时效性，与中国气象局完成部分信息共享对接，实现了基础监测数据传输共享，数据开放共享服务更加完善；种植技术数字化指导成效显著，为了保证种植过程科学施肥，建立了县域科学施肥专家查询系统，为农民提供科学施肥信息服务的有效模式。

畜牧业信息化方面，为了全面推进畜牧兽医信息化工作，扩大养殖场数据采集范围，实现畜牧兽医监管精准动态监测，养殖场直连直报系统实现横向互联、省部互动，扩大了线上填报范围；组织开展直播培训，线上指导服务广泛开展，加快推广科学合理的养殖技术。

渔业信息化方面，各地海洋渔船通导安全装备项目实施积极推进。实施渔业捕捞许可证电子化，将渔业捕捞许可证纳入国办推行电子证照试点范围，为渔民提供便捷行政许可服务；升级改造渔业安全事故直报系统，为推进渔业安全与应急管理规范化、信息化奠定基础；渔业资源环境动态监测体系建立健全，利用遥感技术开展渔业资源评估和养殖水域空间监测。疫情期间指导搭建全国水产品产销对接平台，开展产区销区对接，推动各地开展“鱼你同行”水产品驰援一线、爱心助力水产品销售等行动。

种业信息化方面，国内首个作物育种云平台建设完成，在隆平高科、北大荒垦丰种业、全国农业技术推广服务中心、中国农业科学院等育种企业和科研单位成功应用；中国种业大数据平台生产经营管理、品种管理、种情监测调度等关键业务子系统得到优化，底层数据实现部分板块互通；中国种业大数据平台支撑产业发展成效显著，通过共享节水、高抗、机收、稳产高产品种信息数据推动种业和农业高质量发展，大大提升了执法效率，优化了种业发展环境。

农机装备信息化方面，支持、鼓励养殖企业进行物联化、智能化设施与装备升级改造，促进畜牧设施装备使用、管理与信息化技术深度融合。截至2020年9月底，全国已有45家农机企业将北斗终端作为标准配置，北斗终端已从拖拉机、联合收割机、植保无人飞机扩展到插秧机、大型自走式植保机、秸秆捡拾打捆机等装备；通过开通“春耕农机线上服务站”，开展线上培训服务，为骨干农机提供有针对性的网络培训指导服务。为了加快实现农机装备的数字化管理，农机购置补贴数字化管理水平大幅提升。

（四）乡村服务信息化建设加快提升

进一步建立健全农村的基层信息服务体系，信息进村入户工程已经取得了显著的成效，截至2020年上半年，全国共建成运营益农信息社42.4万个，累计培训信息员106.3万人次，为农民和新型农业经营主体提供公益服务1.1亿人次，开展便民服务3.1亿人次，实现电子商务交易额342.1亿元；供销合作系统的惠农服务网点更加密集，截至2020年8月底，全国供销系统共发展各类综合服务社41.98万个，通过承接益农信息社、气象信息服务站等服务，基本实现了一网多能、一网多用，形成了为农服务的整体合力；普惠金融服务站点基本实现全覆盖，截至2020年6月末，银行业金融机构覆盖全国3.01万个乡镇，覆盖率为96.64%；基础金融服务覆盖全国53万个行政村，覆盖率为99.94%。

通过数字化技术手段为农业生产经营提供强有力的支撑服务，截至2020年上半年，全国农业科教云平台线上用户523.6万，其中36.5万基层农技人员、100万职业农民、200多万自增长用户，同时开放接入第三方平台用户166万，建成了以用户为核心的农业科技服务活性网络；重点农产品市场信息服务能力不断提升，加快聚合全链条数据资源，主要涉及农产品批发价格200指数等业务内容，通过数据整合共享，汇聚了生产、国际贸易、成本收益、市场动态、品牌建设等相关信息；农产品线上产销对接服务持续发力，据不完全统计，2020年海南、广西、云南、湖北等近20个省区组织开展了线上推介活动，多渠道促进了产销精准对接。

乡村网络文化管理与创造、乡村公共服务、乡村公共数字文化服务、民政服务信息系统、农耕文化保护与传承活动、公共法律线上服务、金融支农信息服务、传统村落保护、乡村中小学教育、乡村就业、社保、医保服务等数字化水平不断提高，扎实开展了面向各类农业生产经营主体的网络化培训工作，大学生村官和农村实用人才示范培训已经取得了良好成效。

（五）乡村数字经济新业态迅猛发展

电商进村综合示范项目取得显著进展，村级电商规模不断扩大，截至2020年上半年，综合示范累计支持1466个（次）示范县，在全国支持建设县级电商公共服务和物流配送中心超过2000个，乡村电商服务站点超过13万个，示范地区快递乡镇覆盖率近100%，培训建档立卡贫困户189万人次。邮政在农特产品进城中的渠道作用不断增强，2020年上半年，已培育快递业务量超千万件的“一地一品”项目23个。

乡村旅游智慧化水平大幅提升，短视频平台大大提高了乡村旅游重点村的知名度，在2019年第一批320个乡村旅游重点村基础上，2020年继续推出第二批680个乡村旅游重点村。通过采用数字技术进行旅游人才培训，不断挖掘“智慧旅游”“数字文旅”等新型旅游数字化服务模式，2020年疫情期间通过开设“乡村旅游面对面”直播课堂，帮助乡村旅游从业者提升能力、树立信心，为疫情后企业复苏、转型升级做准备。

通过不断壮大农村创新创业人才队伍，逐渐形成了一批返乡入乡创业产业园、示范区（县）。据农业农村部预计，2020年返乡入乡创业创新人员为1010万人，比2019年增加160多万人，带动农村新增就业岗位超过1000万个，创业创新领域由最初的种养业向农产品初加工、农村电商等转变。

（六）数字化助推乡村治理能力不断提升

“互联网+政务”加快向农村延伸，实行“一窗受理”、“一条龙”服务，行政审批和公共服务“一站式”办结。农业行政审批流程电子化改革初见成效，着力深化农业行政审批制度改革，精简审批，放宽市场准入条件，加强事中事后监管，促进公平竞争，优化服务质量，打通堵点难点，加快激发农业农村市场活力和创新创业创造新动能。借助数字化平台理顺了“三资”管理的体制机制，多地规范化建设集体资产登记、保管、使用、处置等管理电子台账，完善农村集体资产监督管理平台功能，借助建设数字化“三资”智慧监管系统，将监管范围拓展到对农村集体资金、资产和资源的全方位管理。①

“互联网+基层党建”全面展开，推动各地加快推进党员管理信息化平台建设。如吉林打造“新时代e支部”智慧党建平台，全省8.3万个基层党组织入驻平台，160.3万名党员在平台注册，基本实现全覆盖。在加强农村公共区域视频点位建设的基础上，动员乡镇街道、村组社区的居民群众将

① 王山慧、刘伟、田原：《打造高质量数字乡村 助推高水平乡村振兴》，《宁波日报》2020年6月18日，第9版。

自建的视频资源接入“雪亮工程”共享交换总平台，拓展了“雪亮工程”在农村地区的覆盖广度。[①]“互联网+村务”创新融合发展获得各级政府大力支持，多地出台相关政策，坚持传统公开模式和现代方式相结合，以“互联网+村务”为载体，拓宽群众知情渠道，使村民与村务“面对面”、零距离。

在中国面临本次疫情防控难关中，通过不断建立健全防控信息化服务体系，多地采用数字化信息平台，村级布置疫情防控智能监测点，建立了乡村疫情防控体系，全面推进乡村疫情严格把控。各地注重突出需求导向，充分运用互联网小程序、健康码等信息化手段打通疫情防控“最后一公里”，为农村居民提供多渠道便捷服务。各地农业农村市场与信息化系统上下联动，迅速响应，结合当地实际，出台行之有效措施，全力抓好“菜篮子”产品生产，为打赢疫情防控阻击战提供了基础支撑。

（七）智慧绿色乡村建设迈出新步伐

通过采用互联网等数字化技术不断推进农田生态数字化监测工作，完成了近4000个土壤环境风险监控点的监测工作。国家追溯平台的功能在不断完善。截至2020年7月初，国家追溯平台共有9.41万家生产经营主体，产品种类981个，企业上传数据量达11.3万条。各先行区围绕节地节水节肥节药节能，畜禽粪污、秸秆、农膜等农业废弃物资源化利用，提升绿色优质农产品供给能力等方面开展先行先试，取得了显著成效，初步探索了一批可推广可复制的发展模式。

倡导乡村绿色生活方式，农村人居环境基础设施建设不断完善，供水信息化管理能力不断提升，完成54万处全国集中供水工程的地图标绘和数据采集。拓宽农村涉水问题监督举报渠道，截至2020年上半年，共办结1102件，及时解决老百姓迫切需要解决的涉水问题，有力支撑了“补短板，强

① 张春玲、刘遵峰、吴红霞：《以数字乡村建设助力乡村振兴》，《农村·农业·农民》（B版）2020年第1期。

监管”水利改革发展总基调的贯彻落实。

乡村生态保护信息化水平显著提升，水土流失信息化动态监测手段不断升级。在全国范围内实施生产建设项目水土保持卫星遥感监管，加大了无人机、移动终端等信息化手段在监督检查工作中的应用力度，有效防控人为水土流失，有力地促进了城乡生态环境的持续改善。浙江丽水市建成中国首个大区域100米级高精度立体土壤图，这个利用地理信息系统技术建成的高精度数字化土壤图，在100米级的精度范围内，将丽水市的土壤分成22344个多边形，根据氮磷钾含量、微量元素分布等特性划分为97个土壤种类，可供开展农作物生长模拟、农村产业规划、流域面源污染负荷估算、洪涝灾害预测和水资源管理等方面的精细化管理。为加强河湖信息化建设，提升河湖管理水平，水利部搭建完成河湖遥感“四查”平台，开发河湖督查App持续支撑河湖督查暗访和“清四乱”工作，共支撑7个流域管理机构174个督查小组655人次河湖管理检查工作，共检查5848个河段1049个湖片，支撑全国31个省（自治区、直辖市）自查自纠上报河湖“四乱”问题18407个，为实现美丽乡村目标提供了技术支撑。

（八）网络扶贫成效显著

贫困地区网络覆盖目标提前超额完成，不断加大工作力度和增加资源投入，加快贫困地区互联网建设和应用步伐，为贫困地区打通了网络基础设施“最后一公里”。全国行政村通光纤和通4G比例均超过98%，贫困村通宽带比例超过98%，贫困村通光纤比例由电信普遍服务试点之前不到70%提高到98%，深度贫困地区贫困村通宽带比例从25%提高到98%，提前超额完成2020年“宽带网络覆盖90%贫困村”的目标。

电子商务进农村实现国家级贫困县全覆盖，通过公共服务平台建设、物流网络建设、电商主体培育等方面综合施策，推动贫困地区电商发展。电子商务进农村综合示范成效显著，全国农村网络零售额由2014年的1800亿元增长到2020年的1.79万亿元。

贫困地区教育信息化水平快速提升，加快学校联网，推广远程线上教育、培训，不断提升贫困地区人民的创新创业能力和文化水平①。截至2020年上半年，全国中小学（含教学点）互联网接入率从2016年底的79.2%上升到98.7%，配备多媒体教学设备普通教室从281万间增至400.6万间，93.1%的学校已拥有多媒体教室，其中74.2%的学校实现多媒体教学设备全覆盖，进一步夯实信息化教学基础条件。

贫困地区享受到更加便捷的信息服务，加强基层信息服务体系建设、信息服务资源整合和扶贫数据交换，围绕贫困群众生产生活建立完善信息服务体系。全国统一的扶贫开发大数据平台、一县一平台（电商扶贫平台或频道）、一乡（镇）一节点、一村一带头人、一户一终端、一户一档案、一支网络扶贫队伍的“七个一”网络扶贫信息服务体系基本建立，为扶贫工作的开展提供了有力的信息支撑。

网络公益扶贫惠及更多贫困群体，搭建网络公益平台，组织网络公益活动，开展网络公益宣传，充分发动网民、网信企业、网络社会组织力量，助力脱贫攻坚。大力开展消费扶贫行动，促进产销对接，扩大扶贫产品销售。截至2020年9月底，国务院扶贫办已通过平台正式发布7批扶贫产品，合计103086款，涉及中西部1745个县、28795个供应商，全年可提供的商品价值总量达1.08万亿元。

四　数字乡村建设在推进乡村振兴中存在的问题及挑战

随着云计算、大数据、互联网、物联网等新型信息化技术快速融入数字乡村建设，中国大部分乡村地区已开始按照“产业兴旺、生态宜居、乡风文明、治理有效、生活富裕”的总要求，稳步推进数字乡村建设任务。但数字乡村建设中还存在一些痛点、短板。

① 张鸿、杜凯文、靳兵艳：《乡村振兴战略下数字乡村发展就绪度评价研究》，《西安财经大学学报》2020年第1期。

（一）数字乡村动力不足，建设缺乏整体规划

乡村振兴战略中已明确提出“实施数字乡村战略，做好整体规划设计”的要求。目前，虽然农业农村信息化有总体规划，但数字乡村建设还处于自下而上的各地自主探索阶段；“全国农业农村信息化示范基地”以地方政府、企事业单位为主体，并不是以某地乡村为主体；各类智慧应用功能还分别处于各自应用状态，有待进行系统性统筹。

（二）数据获取体系薄弱，区域发展存在差异

数字乡村综合服务大数据平台欠缺，基层数据上报缓慢，分析及把控各地区政治、经济、文化、社会发展情况存在困难，政策精准调控地区发展是一大挑战；各部门信息共建共享机制还未完全形成，很难实现任务合理分工及统筹协调；天空地一体化数据获取能力较弱、覆盖率低，重要农产品全产业链大数据、农业农村基础数据资源体系建设刚刚起步，借力现代信息技术，在农业、政务、教育、医疗、金融等方面的应用深度和广度仍需持续拓展。

（三）科技创新供给不足，产业发展尚待提高

农业发展优势明显，聚焦“三农”产品开发和服务的企业少，产学研模式推广及落实力度不够；适合“三农”特点的产品和服务统计体系不健全；信息技术服务企业针对数字乡村建设的技术创新服务动力存在不足；智能终端制造能力不强；农业专用传感器缺乏，农业机器人、智能农机装备适应性较差。与其他领域相比，农业农村领域数字化研究应用明显滞后。

（四）农业生产规模小，生产数字化需求不足

农业基础良好，部分地区现代农业示范园、智慧农场初具规模。但部分农业用地仍以散户居多，规模化种植水平低，信息化技术手段应用成本高，

群众收益低，导致农民积极性不高；留守种植人员以老年人和儿童为主，以经验种植、养殖为主，接受信息化、数字化等新技术意识淡薄。

（五）城乡发展差距较大，以城带乡挑战极大

虽然数字乡村建设不断推进，但与智慧城市建设相比，差距还很大，城乡数字鸿沟长期存在。加之数字乡村建设基础薄弱、专业人才匮乏、农民综合素质较低、建设投入资金有限，短期内很难弥补与城市建设之间的差距，以智慧城市建设带动数字乡村建设面临诸多挑战。

五　中国数字乡村未来政策取向

（一）抢抓战略机遇，努力推进数字乡村新基建

未来一定时间内，乡村数字化建设将是实现数字化中国建设的重中之重。加之恰逢乡村振兴的重要机遇，新基建等信息基础设施将进一步向农村地区扩展延伸。为避免部分乡村基础设施的重复建设，致力于打造共建共享的乡村基础设施，助推乡村基础设施向高效化、集约化、绿色化、智能化、安全化等方向发展。在完成基本互联网覆盖的情况下，加快新一代互联网等信息技术在乡村地区的快速发展，创新5G网络应用示范，积极探索人工智能、大数据、物联网等信息技术与农业农村融合发展。充分运用数字化等信息技术的优势，加快实现农村地区物流、电力、加工等基础设施的数字化改造转型，推进农村地区全方位智慧化建设。

（二）大力推进农业生产规模化，努力提升农业生产数字化水平

深化制度机制创新，大力推进土地流转，积极培育农民合作社、家庭农场、大户，提高农业生产的集约化、组织化程度，强化农业农村科技创新供给，推动数字技术与农业生产装备、农机作业、设施农业、工厂化农业等领域的融合，推进现代信息技术与农业生产各环节深度融合，推动农业生产数

字化，积极打造科技农业、精准农业、智慧农业，提高农业土地产出率、劳动生产率和资源利用率。

（三）释放创新活力，扎实推进数字乡村新业态

充分调动广大农民参与数字乡村建设的积极性，以政策支持和服务指导为总抓手，持续改善改良农村地区的创业发展环境，从软件及硬件方面大力吸引各方优秀人才返乡创业。以数字技术带动业态融合发展，促进农业与信息产业融合。加快培育农村电子商务主体，在农业生产、加工、流通等环节，加快互联网技术应用与推广，持续改善农村电子商务环境，对农业相关生产经营主体持续加大信息化培训力度，加强农村电子商务人才培养，营造良好市场环境。根据各地方区域差异性，以因地制宜发展信息化产业为基本原则，引导地方创业主体进行认养农业、创意农业、体验农业、观光农业等新业态开发。

（四）巩固脱贫成果，推进数字乡村民生信息化

大力推进数字乡村民生信息化，促进乡村振兴与巩固扶贫有效衔接，利用信息化手段组织跟踪脱贫人员的后续发展情况，防止脱贫后返贫的现象发生。借力信息化等手段，积极打造乡村民政、文化、金融、就业、社保、医保、教育等公共服务体系，不断提升农民群众的获得感、幸福感。

（五）大力发展农业农村信息化产业，形成数字乡村发展新动能

大力培育乡村信息化龙头企业，提升农业相关企业数字化、信息化、网络化经营能力，特别鼓励精准农业、精准牲畜、农产品品质检测、农业无人机、拖拉机无人驾驶等领域发展壮大，为其数字农业发展提供有力产业支撑。鼓励出台相关数字农业、数字乡村相关企业产品的补贴政策，鼓励国家建立数字农业、数字乡村专项，培育和壮大中国农业农村信息化产业发展。鼓励农业龙头企业建立基于大数据的农村信息传播商业化运作模式，依托专业大数据平台，纷纷开展了农场精准生产个性化定制服务以及市场营销信息服务，形成数字乡村发展新动能。

（六）坚持城乡统筹，推进数字乡村治理新格局

坚持把城市和乡村作为一个整体统筹谋划，促进城乡在规划布局、产业发展、要素配置、公共服务等方面全面发展，强化制度保障，形成城乡互补、工农互促、共同繁荣、全面融合的新型城乡关系。以智慧城市建设拉动数字乡村协同发展，引导人才流、资金流、物资流等生产要素向乡村流动，把乡村建设成为与城市共生共荣、各美其美、美美与共的美好家园。

（七）坚持开放合作，引领全球数字乡村新模式

坚持开放合作，加强数字乡村“引进来”“走出去”工作，不断学习国外高水平推进数字乡村建设的经验和模式，引进、消化、吸收再创新，充分调动各方力量和广大农民参与数字乡村建设的积极性。加强与联合国粮农组织、UNDP 等国际组织交流，利用“一带一路”建设，主动推出数字乡村中国模式和中国经验，基于中国数字乡村建设模式引领全球数字乡村发展。

（八）开展大规模试验示范，加快推进全国数字乡村建设

数字乡村建设对全国各个地区都是新生事物，都需要不断探索新模式、新机制、新路径。建议国家相关部门基于中国农业农村现代化发展需求，基于“发展需要、机制可行、模式示范性好”的原则，树立典型以便于广泛传播和学习，实施一批具有深远影响的数字乡村试验示范工程或试点工程，加快推进国家数字乡村试点建设。要充分发挥协会、联盟、企业、基层党组织的作用，以需求为牵引，以乡村为主体，结合新阶段、新理念、新格局、新机遇，不断探索数字乡村发展新模式，加快推进乡村振兴建设。

B.16

城市大脑的起源、发展与建设

刘 锋*

摘 要：自21世纪以来，互联网大脑架构形成并与智慧城市结合，是城市大脑产生的根源。城市大脑继承了互联网大脑的三个核心特征，分别是类脑神经元网络与万物互联；云群体智能与云机器智能的双智能中心控制，人类权限最大；信息路由与云反射弧机制，提出城市神经元网络和云反射弧是城市大脑建设的核心，其中城市神经元网络负责将城市的人、设备和系统关联起来，城市云反射弧负责形成技术链条对应解决城市运行中的问题。它们共同推动城市的智能化发展。在此基础上提出了建设城市大脑的九个建设标准研究方向和城市大脑发展的七个阶段，指出城市大脑不局限在一个城市内部，当世界范围内的城市大脑相互连接后，最终形成为人类协同发展提供支撑的世界神经系统。城市大脑全球标准的制定将是继 TcP/IP 协议、万维网之后人类 IT 领域的第三个全球性标准。在案例介绍上通过对杭州、郑州、南昌等城市的城市大脑建设进行介绍，阐述了当前城市大脑的发展现状。

关键词：城市大脑 智慧城市 城市神经元

---

* 刘锋，中国科学院虚拟经济与数据科学研究中心研究组成员，南京财经大学教授（客座），中科图灵世纪城市大脑标准研究院院长，主要研究方向为人工智能、网络科学、智慧城市。

一 前言

2020年3月，习近平总书记在考察杭州城市大脑运营指挥中心时指出，推进国家治理体系和治理能力现代化，必须抓好城市治理体系和治理能力现代化。运用云计算、大数据、区块链、人工智能等前沿技术推动城市管理手段、管理模式、管理理念创新，从数字化到智能化再到智慧化，让城市更聪明一些、更智慧一些，是推动城市治理体系和治理能力现代化的必由之路，而且前景广阔。

当前，城镇化进程不断加速，城市出现了交通拥堵、环境污染、资源短缺等一系列"城市病"，这对城市公共资源的运营和城市治理提出了巨大挑战。同时，随着云计算、大数据、区块链、人工智能等新一代信息技术的蓬勃发展，人类活动所产生的数据正在成为城市发展非常重要的资源。然而，城市对于数据资源的规划处理能力低下，城市数据资源无法高效流转与整合，城市数据治理体系尚不健全。在此背景下，城市大脑应运而生。

到2020年6月，已有数百个城市宣布建设"城市大脑"，产业领域的阿里、华为、百度、腾讯、科大讯飞、360、滴滴、京东等数百家科技企业宣布进入城市大脑领域，提出自己的泛城市大脑建设计划。

2020年5月，在两会上，多位代表提出应该将如何构建城市大脑建设标准提到议事日程上。城市大脑作为一个庞大的工程项目，涉及的金额往往达到亿元甚至数十亿元，涉及的技术包括物联网、云计算、传感器、大数据、人工智能、卫星定位、智能交通等数十个前沿科技领域，构建标准将非常复杂。

由于城市大脑目前没有统一的建设规范和标准，数百个科技企业和城市根据不同的理解与探索，按照不同的技术框架进行建设，有的从城市级人工智能中枢的角度，有的从城市交通、安防的角度，有的从城市生命体的角度，问题也由此产生。

首先，城市各领域的人、机器、AI系统没有统一的规范可以无障碍地进入城市大脑的系统，还存在部门分割、区县分割的问题；其次，城市各种需求不能在一个平台上统一解决，不同城市之间的城市大脑相互不能连通；再次，建设城市大脑的科技企业之间无法形成协同效应，一个城市的城市大脑建设往往被巨头型企业垄断，中小科技企业无法按照模块化方式有效参与；最后，展望未来3~5年，当世界范围内不同国家城市的城市大脑需要打通和连接时，当前的城市大脑发展方式将会面临困境甚至重新规划的风险。

应该说城市大脑的产生和建设不仅仅是工程问题，它首先也是一个基础科学研究问题。自21世纪以来前沿科技领域出现了包括城市大脑在内的大量新概念新技术，这说明21世纪的科技发展必然出现了新的规律驱动。新的科技发展规律是什么？这个问题也是城市大脑面临的基础研究问题。只有找到这个规律并掌握它，我们才有可能以最小的试错成本获得城市大脑未来发展产生的红利。

科学院刘锋、石勇、刘颖团队在对前沿科技领域发展规律进行研究时发现，自21世纪以来，深刻影响人类发展的互联网正在逐步从网状结构向类脑架构演化。互联网的这一变化既是物联网、云计算、大数据、工业互联网、AI、边缘计算、数字孪生等技术产生和爆发的原因，也是城市大脑、谷歌大脑、百度大脑、讯飞超脑等类脑巨系统涌现的根源。

2015年科学院研究团队发表论文《基于互联网大脑模型的智慧城市建设》提出，城市大脑是互联网大脑架构与智慧城市建设结合的产物，是城市级的类脑复杂智能巨系统。在互联网大脑模型的理论基础上，可以形成城市大脑全球标准的九个研究方向，分别是：城市大脑的顶层建设规范、整体技术架构、云反射弧机制、运行安全，城市神经元的种类划分、识别编码、空间位置编码、功能结构和关系确定等。

从城市大脑的起源和发展看，它的发展和规划不应局限在一个城市、一个地区或一个国家内部，而应该形成世界统一的城市大脑构建标准。当各个国家的城市大脑走向成熟和连接后，世界范围内的城市大脑最终会形成基于互联网大脑模型的世界神经系统（世界脑）框架。

50年来IT相关的智能产业有三次重要的标准制定机遇，第一次是规范硬件设备通信的TCP/IP协议的制定，第二次是规范互联网数据的W3C规则的制定，第三次应该是城市大脑到世界脑的在应用层规范人、物、系统交互和协同反应机制的规则制定（WWNS－R）。

应该说，城市大脑全球标准的研究不但对城市建设、智能产业发展有意义，更为重要的是它将会推动人类协同发展构建一个统一的类脑智能支撑平台，为人类命运共同体的实现奠定技术基础。

二 城市大脑产生的背景

自21世纪以来，前沿科技概念和技术出现了爆炸式涌现趋势，从Web2.0、社交网络、物联网、移动互联网、大数据、工业4.0、工业互联网、云机器人、深度学习、边缘计算到谷歌大脑、百度大脑、阿里ET大脑、360安全大脑、腾讯超级大脑、华为EI智能体、城市大脑、城市云脑、工业大脑、农业大脑、航空大脑、社会大脑。这些新概念超过50个，它们之间究竟是什么关系？

从21世纪科技发展趋势看，以互联网为核心的技术架构正在发生巨大变化，种种迹象表明经过50年的演化，互联网正在从1969年联网的4台计算机的网络结构发展成为21世纪的今天，链接了40亿人类、数百亿智能设备的类脑超级智能系统。

21世纪涌现的这些新技术和概念无一不是与互联网大脑架构的发育和形成有关，如图1所示。在前沿科技概念方向，云计算对应中枢神经系统；物联网对应感觉神经系统；工业4.0、云机器人、智能驾驶、3D打印对应运动神经系统；边缘计算对应神经末梢；大社交网络、混合智能、云群体智能和云机器智能对应类脑神经元网络；移动通信和光纤技术对应神经纤维；区块链对应一种古老的神经系统试图反抗互联网的神经中枢化趋势。

在行业产业方向，互联网大脑架构与工业、农业、航空、交通、建筑、冶金、电力等行业结合，就形成了工业大脑、农业大脑、航空大脑、冶金大脑、建筑大脑、电力大脑、城市大脑、城市云脑等。

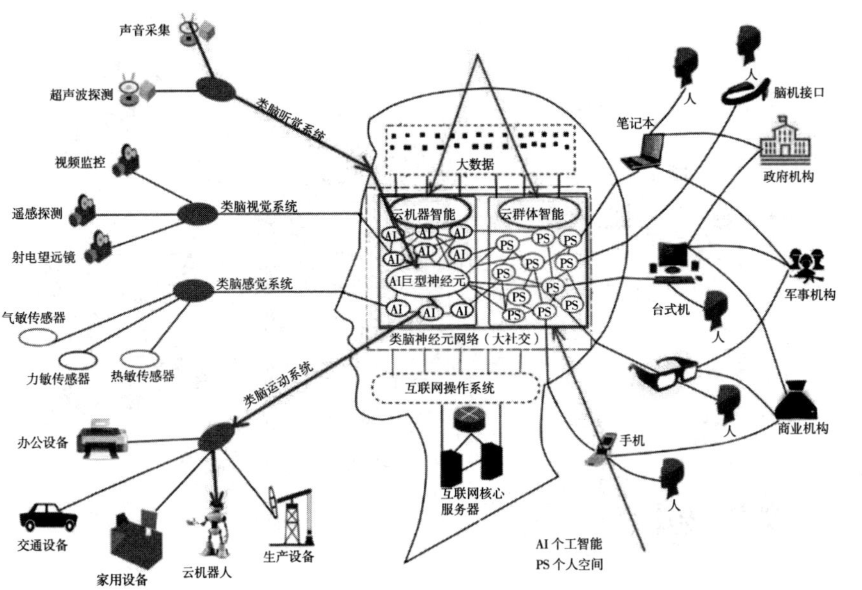

图1　互联网大脑模型

在科技企业方向，世界范围内的科技巨头为了适应互联网新出现的类脑结构，不断将自己的核心业务与互联网大脑结合，因此，谷歌依托搜索引擎带来的大数据提出谷歌大脑、科大讯飞依托语音识别技术提出讯飞超脑、360 依托安全业务提出 360 安全大脑、腾讯依托社交网络应用提出腾讯超级大脑，阿里巴巴依托企业级服务提出阿里 ET 大脑、华为依托通信领域的优势地位提出华为 EI 智能体。

互联网大脑的形成不但对城市大脑的产生有重要意义，对 21 世纪人类的社会结构、经济形态、科技创新、哲学思考也都产生着重大而深远的影响。

从互联网大脑的定义和互联网大脑模型中我们可以看到，存在三个最重要的特点。通过这三个特点的分析可以为建设城市大脑的标准建设提供理论基础，如图 2 所示。

第一个特点：类脑神经元网络的建设与万物互联。与神经元网络是人类大脑最重要的结构一样，类脑神经元网络也是互联网大脑最重要的结构之

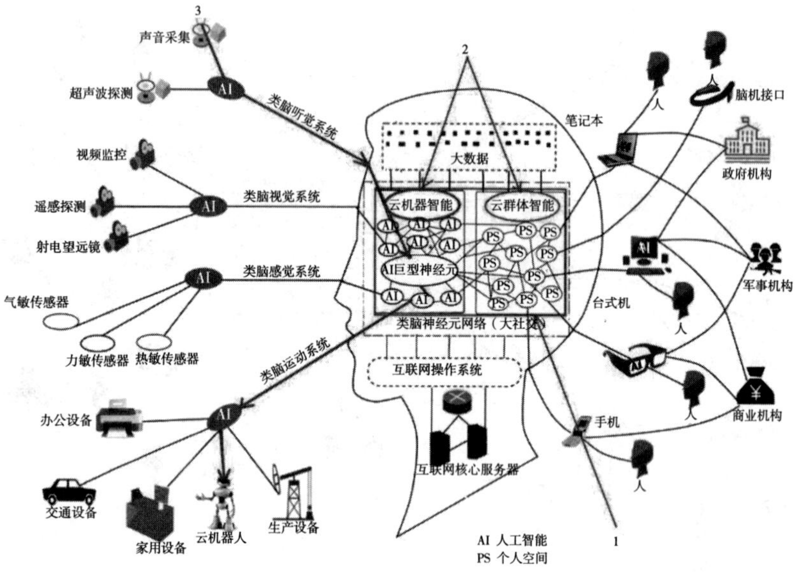

图 2　基于互联网大脑模型的三个要点

一，如图 2 中的 1 所示，世界万物需要映射到互联网大脑类脑神经元网络上，世界万物包括真实世界的人、人造设备、自然元素，虚拟世界的应用程序、控制系统、虚拟人工智能角色，每一个元素都应该在互联网大脑的类脑神经元网络中映射成一个神经元节点（用户信息管理与控制空间），通过这个神经元节点，世界万物可以同步自己的信息与知识，运行属于自己的功能程序。更为重要的是，世界万物可以通过自己的神经元节点相互关注、相互通信，实现互联网大脑类脑神经元网络的构成与激活。

第二个特点：云群体智能与云机器智能的双智能中心控制。如图 2 所示，数十亿人类在互联网大脑神经元网络的映射构成云群体智能。数百亿设备在互联网大脑神经元网络的映射构成了云机器智能。这样，互联网大脑运行的智能驱动力来源于云群体智能和云机器智能，这两种智能类型联合控制着互联网大脑的运行。但因为互联网大脑的形成还是为人类提供服务，需要受控于人类，因此在这两种智能联合控制时，必须保证人类智能拥有最高的权限。

第三个特点：云反射弧的形成与信息的跨节点传递。如图 2 所示，随着人类用户、传感器、云机器人、智能设备、类脑神经元网络的加入，互联网大脑模型的各神经系统逐渐完善起来。这样，在人类神经系统中一个非常重要的智能现象——反射功能在互联网的大脑模型中也将出现，我们将互联网大脑的这个反射过程称为云反射弧，它使互联网大脑成为一个复杂的类脑智能体，从而可以对世界外部和互联网内部的信息刺激产生反应的关键。在具体实现上，与人类大脑的机制相同，互联网大脑的云反射弧也需要不同种类的神经元之间形成联动，将信息从一个神经元节点传送到另一个神经元节点，再根据需求不断向其他神经元传递。这种机制与当前的社交网络点对点通信是不一致的。

三　城市大脑的起源与定义

2009 年 1 月，IBM 公司首席执行官彭明盛首次提出“智慧地球”，由此延伸的智慧城市概念极大地推动了世界各个国家的城市现代化进程。随着互联网类脑化进程的加速，对人类社会结构影响的不断深入，智慧城市的建设也不可避免地会受到互联网大脑模型的影响。

近 20 年来，数百万家前沿科技企业不断推进城市、人类社会的智慧发展，应该说智慧城市原本是互联网发展到一定程度向城市建设自然蔓延和深入的结果。因此建设智慧城市就不能忽略互联网的发展趋势和进化规律。城市大脑作为互联网大脑与智慧城市建设结合的产物，会继承互联网大脑的基本特点，因此可以提出如下城市大脑的定义。

城市大脑是互联网大脑架构与智慧城市建设结合的产物，是城市级的类脑复杂智能巨系统，在人类智慧和机器智能的共同参与下，在物联网、大数据、人工智能、边缘计算、5G、云机器人、数字孪生等前沿技术的支撑下，城市神经元网络和城市云反射弧将是城市大脑建设的重点，城市大脑的作用是提高城市的运行效率，解决城市运行中面临的复杂问题，更好地满足城市各成员的不同需求。城市大脑的发展目标不仅仅局限在一个城市或一个地区，当世界范围内的城市大脑连接在一起，城市大脑最终将形成世界神经系统（世界脑），为人类协同发展提供一个类脑的智能支撑平台。

四　构建城市大脑全球标准的九个研究方向

城市大脑本质上是互联网大脑发展与城市建设结合的产物，城市大脑不仅仅是一个城市内部的系统，更是国家范围内、世界范围内不同城市之间关联的复杂智能巨系统。因此城市大脑最终实现的不是某一个城市或一个国家的建设标准，而应该是全球范围内城市大脑的标准。根据互联网大脑模型的三个主要特征，2020 年发表的《城市大脑全球标准研究报告》中提出了 9 个值得研究的标准和规范，如图 3 所示。

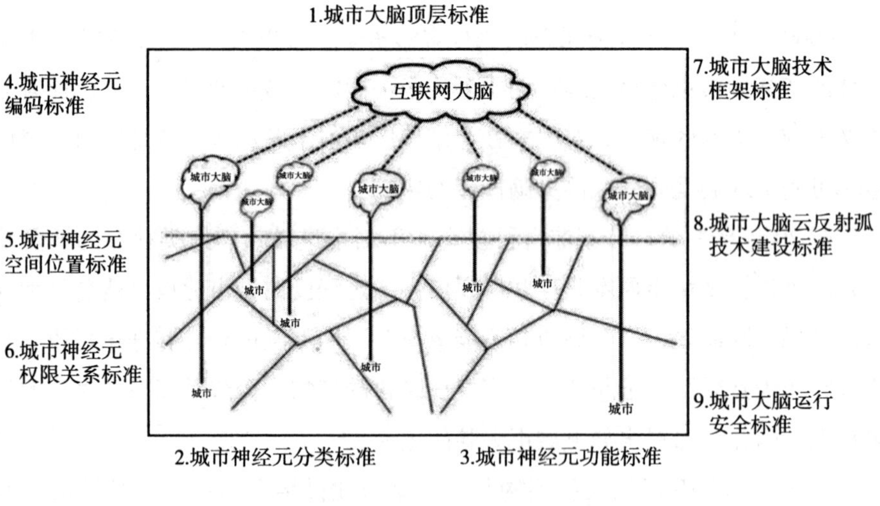

图 3　城市大脑建设标准研究示意

（一）城市大脑顶层标准

重点研究城市大脑建设的理论基础和顶层建设标准。依托互联网大脑模型的特征，能否为城市大脑的建设中体现类脑神经元网络与万物互联网的关系，如何处理城市大脑中人类智能与机器智能的关系。如何通过类神经反射弧机制解决城市的问题。进而提出城市大脑的顶层标准规范。

（二）城市神经元分类标准

城市神经元要对应的城市元素非常复杂，包括城市居民、城市管理者、城市服务人员、公司、政府机构、智能机器人、无人汽车、智能设备、摄像头、传感器、AI 数据处理系统、AI 安全系统等。如何对城市神经元进行分类，形成标准可以进行识别将是一个基础性的工作。

（三）城市神经元功能标准

在城市大脑建设的三个顶层标准中，已经对城市神经元的功能标准结构进行了初步探讨，其中包括信息展示区、功能模块区、智能控制区、神经元节点编码、空间位置编码，但需要对这些城市神经元功能结构做进一步的规范。

（四）城市神经元编码标准

为了识别智能设备，出现了物理地址 MAC 地址，为了识别互联网上的设备和网络，出现了逻辑地址 IP 地址，为了对城市的人、物、团体、系统、设备进行识别，就需要给城市神经元世界唯一的编码地址，这个编码地址是专门的机构发放，还是不同的国家或城市自主生成而且不会重复，需要在未来进行深入研究。

（五）城市神经元空间位置标准

对于那些链接了现实世界实体的城市神经元，如城市居民、城市管理者、城市服务人员、智能机器人、无人汽车、智能设备、摄像头、传感器的城市神经元等，必然会涉及它们的空间位置问题，究竟是采用海拔、经纬度等方法还是北斗网格码等新空间位置编码，是未来需要考虑的重要标准规范之一。

（六）城市神经元权限关系标准

在城市大脑建设的三个顶层标准中，曾经对城市神经元内部的人机权限进行了设定，但在海量的城市神经元之间，也还存在更为广泛的权限分配问题，包括城市神经元对应的城市领导者与城市居民之间、企业机构领导者与员工之间、系统工程师与智能设备之间的问题。AI 系统与智能设备之间的管理权限分配将是一个工作量庞大的分析和设计工作。

（七）城市大脑技术框架标准

我们知道互联网系统架构有三种主流方式，分别是 B/S、C/S 和 P2P 模式，对于构建全球统一的城市大脑标准，究竟采用哪种技术结构，对于城市大脑的未来扩展将具有重要影响。与在一个城市内部建立城市大脑不同，不同城市之间，特别是不同国家之间，由于涉及城市管辖和国家主权问题，用中心化的 B/S、C/S 明显会有很大阻力，但完全采用去中心的 P2P 模式，全球的城市大脑之间也会因为过于松散而失败。因此，能否采取中心 + 自治的方式将是未来值得探索的方向。

（八）城市大脑云反射弧技术建设标准

应该说建立城市大脑最终是为了更好地服务城市居民和人类社会，建立城市神经元，进行神经元之间的权限分配仅仅是构建基础。在城市各神经系统的支撑下，通过城市神经元参与形成城市云反射弧，解决居民和城市运行中的各种需求和问题，将是建立城市大脑的终极目标，因此梳理一个城市需要哪些云反射弧；不同的城市如何拥有自己特色的云反射弧；云反射弧的发起者、管理者、参与者如何参与运行。这些问题的解决和标准的制定将是城市大脑未来最关键的研究工作。

（九）城市大脑运行安全标准

在理想状况下，当制定了城市大脑的建设和运行标准后，世界范围内的城市大脑就应该健康地运转，但实际上情况要远比规划的更复杂，这其中包括黑客的攻击问题、病毒的侵入问题、操作者的失误问题、AI 系统的 bug 问题等。这些问题通过城市大脑可以把危险放大到城市、国家乃至世界范围，因此，如何建立城市神经元运转与信息交互的安全建设规范，将是未来城市大脑建设的关键。

五　城市大脑发展的七个阶段

通过对城市大脑三个顶层规范的实施难度和成熟条件的判断，结合城市发展历史和现代化进程，可以将城市大脑从产生到成熟，到最终形态划分为七个阶段，目的是为产业界和城市管理者提供一种分析城市大脑的发展状况、水平和趋势的模型与工具。

（一）第一阶段：城市大脑的史前阶段（6000年前至2009年）

城市的起源可以上溯到 6000 多年以前。考古学证明最早的城市起源于两河流域的美索布达米亚平原。但城市并不是从一个地方产生以后向全球扩散的，而是在不同地域产生后各自传播。这就是城市产生的多元学说。

城市的“智慧”程度是伴随人类科技和文明的进步发展起来的。18 世纪中叶开始的工业革命为城市迎来了一个崭新的发展时期。作为工业化原动力的各种要素，特别是煤炭、资本、工厂和人口在沿海地区迅速集中，形成了人口密度高、工业发达的城市。

到 1950 年，世界城市化率约为 29.2%，1980 年提高到 39.6%，2000 年达到 46.6%，预计到 2020 年将达到 57.45%。这个时期城市现代化的标志包括：城市内部与城市之间的分工和协作，基础设施高能化，道路、交通（国内与国际）、通信、供排水、供电和供气等现代设施的灵敏化，城市管理工作的信息化等。

（二）第二阶段：城市大脑的混沌阶段（2009～2015年）

2009 年 1 月，IBM 公司首席执行官彭明盛首次提出“智慧地球”概念，由此延伸的智慧城市概念极大地推动了世界各国城市的现代化进程。

此后，智慧城市迅速在中国成为城市建设的热点，近千个城市宣布了自己的智慧城市建设计划。但是，这个阶段智慧城市的发展方向并不明晰，存在很多模糊的概念问题。一些专家认为智慧城市是把很多新的信息技术打包到城市建设的筐里，并没有统一的建设规划做指导，城市建设出现了盲目炒作、顶层设计缺乏、基础不扎实等问题。

（三）第三阶段：城市大脑的萌芽阶段（2015～2021年）

2015 年，城市大脑的类脑智能巨系统定义被提出。这种定义认为互联网的类脑化进程与智慧城市结合产生了城市大脑。

自 2016 年开始，阿里、百度、腾讯、华为和科大讯飞等企业先后提出了自己的泛城市大脑计划，包括阿里 ET 城市大脑、百度城市大脑、腾讯未来城市（Wecity）、华为城市神经网络和讯飞超脑等。

到 2020 年，在这些科技企业的推动和支撑下，中国数百个城市启动了城市大脑建设工程。这个时期，关于城市大脑的概念和定义还很模糊，存在类脑模型、AI 模型、生命体模型等说法。

城市很多元素还没有被纳入城市大脑的框架。由于没有统一的建设标准，不同企业、不同城市建设的城市大脑依然存在信息孤岛或智能孤岛的问题。

（四）第四阶段：城市大脑的连接阶段（2021～2045年）

神经元网络是生物大脑最重要的结构。同样，城市大脑最重要和最基础的工作也是神经元网络。因为没有统一的神经元技术标准，城市内部的居民、设备、系统无法关联起来；更为重要的是城市之间的城市大脑也无法有效地连接。

因此，建立统一的城市神经元框架标准并付诸实施就成为城市大脑第四个发展阶段最重要的任务。城市类脑神经元网络能够为城市中每一个元素，包括：楼宇、路灯、汽车、燃气管道、城市居民、医生、商业机构、市政管理人员（市长），以及服务于交通、医疗和安全的智能系统等，提供统一的神经元节点空间。

在这个节点空间里，人、物和系统可以将自己的信息进行映射、同步，可以运行相应的管理控制程序，实现人与人、人与物、物与物、人与系统、物与系统、系统与系统的相互关注、信息交流与任务协作。

如何构建城市神经元的技术标准，如何在不同城市之间、不同国家之间形成共识并付诸实施，将是一个漫长和困难的过程。因此，城市大脑第四阶段预计会持续 10 年或数十年时间。

（五）第五阶段：城市大脑的分权阶段（2023~2045年）

城市大脑连接百万级、千万级人口和上亿级的智能设备与系统。这其中既有人与人的关系，也有人与机器（系统）的关系、机器（系统）与机器（系统）的关系。此时，城市大脑需要重点解决三种关系的权限分配问题，这是一项复杂度极高、工作量也异常巨大的工作。

机器（系统）与机器（系统）的权限分配。可以按照具体场景，对涉及的机器权限进行分配。在城市大脑第三阶段中，一些城市建设的城市大脑重点发展了城市级 AI 巨型神经元。这类神经元的权限在城市大脑中事实上已经处于较高级别。

人与人之间的权限分配。最简单的方法是将人类的社会关系映射进来，包括部门和单位的领导下属关系、城市管理者与居民之间的服务被服务关系、国家与地区领导者之间的管理和被管理关系等。

人与机器（系统）权限分配。在城市大脑的顶层规范中已经明确：任何一个城市神经元都可以实现人类和机器双智能控制，但必须使人类用户的权限最大。这个规则的设定是为了避免因把权限全部交给机器和 AI 系统导致的失控现象。

（六）第六阶段：城市大脑的反射弧阶段（2025～2045年）

当城市的人、设备、物和系统都被连接到类脑神经元网络中完成人人、人机、机机的权限分配后，城市的大量需求就可以基于城市云反射弧实现：从感知城市的问题或需求，到中枢神经系统判断决策，最后反馈到现场予以执行，形成一条条城市大脑的云反射弧。它是城市大脑最终可以对城市的各种问题、需求、任务做出决策、产生反应、开展行动并最终解决问题的关键。

因此，当以互联网类脑架构为基础的城市大脑不断成熟后，根据城市的不同需求，建立和配置云反射弧将是这个阶段的重点工作，其中包括医疗云反射弧、交通云反射弧、购物云反射弧、交通云反射弧、防火云反射弧和金融云反射弧等。

除此之外，城市居民、企业和政府机构在这个机制下充当怎样的角色？跨越城市之间的区域级云反射弧如何协调？各种企业在这个过程中如何支撑？这些问题也需要在发展中得到解决。

（七）第七阶段：城市大脑的世界神经系统阶段（2045年以后）

当各个国家的城市大脑走向连接和成熟后，世界范围的互联网大脑框架也就必然走向统一和成熟。在过去 50 年的时间里，种种迹象表明，互联网正在不断从网状架构发展成为大脑模型。

而城市大脑是形成互联网大脑模型最重要的基石之一。城市大脑连接城市的居民、设备和智能系统，进而形成国家级大脑，最终实现世界神经系统（World Wide Nervous System）。

这是城市大脑发展的最终形态。经过第四、第五、第六阶段发展的城市大脑将使世界神经系统作为一个整体实现对世界的认知、判断、决策、反馈和改造，构建一个全球统一的类脑智能支撑平台，推动人类社会的协同发展，为最终构筑人类命运共同体奠定技术基础。

六 城市大脑场景应用创新案例

（一）先看病后付费

原来到医院就诊，挂号、放射检查、化验、配药每个环节都要往返付费，2020 年在杭州城市大脑新的系统支持下，在杭州参加医保且信用良好的病人，开通先看病后付费后，可以直接进行检查、化验、取药、治疗或住院，系统自动进行医保各类基（资）金部分费用结算，个人支付费用先行记账。

（二）多游一小时

杭州城市大脑文旅系统在市大数据局的指导下，在公安等部门的支持下，推出“10 秒找空房”“20 秒入园”“30 秒入住”“数字旅游专线”等欢乐旅游模块，在各环节为游客节省时间，力争让游客把更多的时间用在体验上、用在消费上，实现“多游一小时”目标。

（三）先离场后付费

城市大脑停车系统为市民提供覆盖全城的一站式“先离场后付费”服务，实现停车不排队、快驶离、零接触，做到“一次绑定、全城通停、长期使用”。目前，全市已有 3453 个停车场库（包括道路停车点）699820 个泊位开通了“先离场后付费”服务，用户已达 62.8 万，已为市民提供服务 600 多万次。

（四）非浙 A“急事通”

依托城市大脑大数据管理，在确保外来车辆数量和在杭停留时间精准可控的前提下，非浙 A 号牌的小型客车可通过支付宝小程序“浙里办”在线申请，杭州城市大脑交通系统将“在线审核”，并即时生成“电子通行凭证”，非浙A号牌的小型客车可以在杭州市“错峰限行”区域内通行，申请一次，使用一次，在一个自然年度内允许通行的次数不超过12次，每个自然月不超过3次。从点击申领到审核通过，整个过程快速、便捷，服务生效后自动生成电子凭证，方便车主在限行时段、路段通行，有效缓解了外来车辆人员来杭办事、就医、入学等“进城难”问题。

七　城市大脑在各地的实践

（一）城市大脑的浙江实践

在杭州城市大脑的实践基础上，2019年6月，浙江省出台了《浙江省“城市大脑”建设应用行动方案》。该方案提出了浙江省“城市大脑”建设与应用的指导思想、主要目标、基本原则、主要任务和工作保障。2020年5月，浙江省下发了《浙江省“城市大脑”推广工作方案（征求意见稿）》，方案明确以构建基于统一架构标准、体现地方特色、支持互联互通的“城市大脑”为目标，坚持统筹谋划、分步实施，充分挖掘、集约建设，全面互通、注重协同，问题导向、应用支撑，政企联动、创新运营的原则，持续深化杭州“城市大脑”标杆建设，加快在全省全面推广“城市大脑”杭州经验。各设区市作为“城市大脑”建设应用主体，要以杭州“城市大脑”中枢系统和数字驾驶舱为标准，部署建设全市统一的“城市大脑”中枢系统，搭建市级数字驾驶舱，并根据需求逐步构建区县、部门、镇街等多层级数字驾驶舱；结合本地实际加快典型场景应用复制推广和特色场景的创新应用。

浙江各个城市积极响应，纷纷启动城市大脑建设规划，目前部分城市已经取得了阶段性建设成效。

（二）城市大脑的南昌实践

南昌城市大脑是杭州经验实践的一个典型案例。2020年南昌将建设以“六个一”（一云、一中枢、一视频、一批场景、一舱、一端）为核心的

"城市大脑"体系，统一计算支撑、数据整合、算法服务、感知汇聚、安全保障，不断建设、接入、叠加、升级分平台和应用场景，支撑跨领域、跨行业的协同应用，通过南昌"城市大脑"打通城市数据，让城市管理更智慧。

"一云"即统一城市云平台，建设全市一体化数据中心，为全市"数字产业化、产业数字化、城市数字化"提供算力、存储等服务，市、县两级不再建设政务云，政务信息系统统一部署在全市一体化数据中心；"一中枢"即中枢系统，负责为"一批场景"联通各区县和行业的实时数据，从而完成场景及驾驶舱的功能；"一视频"即城市视频平台，负责采集分析视频信息，并传输给"一批应用场景"和"领导数字驾驶舱"；"一批应用场景"以解决城市运行问题为牵引，综合大脑平台的智能计算和数据资源，构建跨领域、跨行业的城市级应用场景；"一舱"即领导数字驾驶舱，为各级领导提供城市运行整体态势；"一端"即"城市大脑"（昌通码）客户端，为政府、企业和市民提供服务。

（三）城市大脑的郑州实践

借鉴杭州城市大脑的实践，郑州开始探索城市大脑的建设与创新。郑州"城市大脑"建设项目以方便市民办事为目的，全力构建将政务服务、公共服务、便民服务融为一体的综合性服务平台，实现了系统互通和数据共享，"一网通办、一次办成"政务服务改革取得了跨越式发展，网上政务服务能力明显提升，切实让市民享受到数字治理城市带来的改革"红利"。

郑州"城市大脑"通过统一计算资源平台、统一数据中台、统一业务中台、统一视觉计算平台、统一物联网平台和统一区块链平台"六大统一平台"的建设，高度整合共性技术需求，为各委办局、各县市区提供标准化、集约化、一体化服务，实现计算、存储、数据、网络、视频能力的统建共用，确保"资源一张网、数据全在线"。

郑州"城市大脑"全力构建全方位智能业务应用，以百姓需求为根本出发点，直面社会难题，解决民生痛点，以与民生息息相关的领域为突破口，找准问题，逐个突破，强健相关领域的"躯干"功能，涵盖政务服务、城市管理、生态环境、交通出行、医疗健康、文化旅游、应急管理、市场监管等14个部门18个业务领域智慧模块。

（四）城市大脑的甘肃实践

结合试点城市实地调研情况，甘肃提出既参考杭州城市大脑实践经验，建立“中枢系统＋数字驾驶舱＋场景应用”的“城市大脑”总体架构，又立足于解决不同城市治理与发展的痛点、难点，提出符合其城市特质的“城市大脑”建设规划。

兰州市“城市大脑”建设按照“统一部署、对标先进、应用协同、兰州特色”的思路，利用兰州市现有的信息基础资源优势，进一步加强数据资源整合共享，整合已建成数据应用平台，通过“城市大脑”中枢系统实现全社会数据的协同联动，重塑“城市大脑”特色应用。

嘉峪关市“城市大脑”建设基于城市大脑数据在线、协同的能力，加快推进政府数据资源的互联互通、开发共享。嘉峪关市“城市大脑”建设一期先行建设“中枢系统＋数字驾驶舱”，通过中枢系统实现全市数据资源的接入以及实时在线，结合嘉峪关市目前正在推广的雄关便民卡，实现全市面向民生服务的业务系统和平台的数据在线、融合。

兰州新区“城市大脑”以“中枢系统”为基础支撑，以“数字驾驶舱”为管理工具，建立城市大脑数据协同共享机制。在智慧应用建设的同时，适时将数据接入中枢系统，并按需实现数据资源的跨部门、跨区域协同和应用，在原有行业应用建设的基础上实现深化提升。

八　对城市大脑未来发展的建议

中国政府大力推动对新技术的应用，有助于城市大脑的发展，但在城市大脑的神经元介入城市运行过程中，存在部门利益、区域利益导致的数据、管理权限不能连接到城市大脑的情况。一些场景和数据被纳入城市数据大脑中时存在法律瓶颈。

城市数据大脑不仅仅是工程问题，而且是一个基础理论研究问题，需要解决城市数据大脑的起源、发展和建设背后的科技发展规律问题，并达成共识，如果基础理论研究不成熟，不同的构建方案带来的后续发展路径会不同，不同城市、不同国家不能达成共识，它们之间的连接会受到很大影响。

应按照类脑模型构建一个城市的城市大脑，可以按照先构建城市神经元网络，然后按照紧急程度构建城市云反射弧机制的方式从小到大建设，这样就可以避免开始的投入过大、城市负担过重、城市管理者和建设企业面临巨大资金压力的问题。应该根据城市大脑的发展情况，按照紧急或重要程度逐步满足城市需求，结合城市的资金承受能力有序开展建设。逐步提升城市大脑需要的数据采集、传输、计算和存储等能力。

参考文献

陈淳：《城市起源之研究》，《文物世界》1998 年第 3 期。

崔丕胜：《约翰·冯·诺伊曼》，《世界经济》1985 年第 5 期。

贾焰、周斌：《大数据分析技术发展迅猛，机遇挑战并存》，《信息通信技术》2016 年第 11 期。

鞠文慧：《深度了解接近传感器的应用场景》，《传感器技术》2018 年第 7 期。

刘锋：《互联网进化论》，清华大学出版社，2012，第 124 页。

刘锋、彭赓：《互联网进化的趋势与规律》，《科技论文在线》2008 年第 9 期。

刘春晓：《改变世界——谷歌无人驾驶汽车研发之路》，《汽车纵横》2016 年第 5 期。

李兵、杜茂信、何林生、肖传国：《人工体神经－内脏神经反射弧传出神经元递质研究》，《中华实验外科杂志》2004 年第 3 期。

李德毅、于剑：《人工智能导论》，中国科学技术出版社，2018，第 213 页。

路易斯·罗森伯格：《路易斯·罗森伯格与群体智能》，《网易智能》2018 年第 12 期。

尚鞅：《明略数据推出“明智系统 2.0”：用知识图谱打通感知与认知》，https：//www.iyiou.com/news/2018090780850，2018。

王廉：《2016 世界城市发展年鉴》，中山大学出版社，2017，第 91 页。

王玫、朱云龙、何小贤：《群体智能研究综述》，《计算机工程》2005 年第 13 期。

杨再高：《智慧城市发展策略研究》，《科技管理研究》2014 年第 6 期。

于景元：《钱学森关于开放的复杂巨系统的研究》，《系统工程理论与实践》1992 年第 2 期。

张恒、刘艳丽、刘大勇：《云机器人的研究进展》，《计算机应用研究》2014 年第 6 期。

郑南宁、刘子熠、任鹏举：《AI 2.0 时代的群体智能》，《信息与电子工程前沿》（英文）2018 年第 9 期。

《产业互联网 & 消费类电子．智能硬件“语音交互”是如何实现的》，https：//blog. csdn. net/datamining2005/article/details/80852181，2018。

《杭州城市大脑的实践与思考》，https：//baijiahao. baidu. com/s？id = 1644078083737090916&wfr = spider&for = pc。

IDC：《2017 年世界云计算发展报告》，2017，第 148 页。

IDC：《IDC2017 – 2018 大数据发展报告》，2018，第 191 页。

IBM：《IBM 大数据趋势报告 2016 ~ 2017》，2017，第 59 页。

Liufeng，liufangrao，shiyong. City Brain，a New Architecture of Smart City Based on the Internet Brain. *IEEE CSCWD*，2018（10）：109.

Thomas M Bartol Jr. Nanoconnectomic Upper Bound on the Variability of Synaptic Plasticity，*elife*，2015（7）：62.

Waibel，Beetz. RoboEarth，*IEEE Robotics & Automation Magazine*，2011（8）：50.

信息化环境建设篇

B.17 加快推进数据要素市场培育发展的战略路径

黄子河*

摘　要：党的十九届四中全会明确了数据的新要素地位，数据成为比肩劳动力、土地、资本、技术的第五大生产要素。数据新要素的提出引发业界广泛关注，加快培育数据要素市场也成为新时期的战略任务。在数据要素市场异常火热的当下，冷静思索数据要素市场发展面临的壁垒，不难发现几个较为突出的问题：数据开放共享与隐私保护矛盾依然存在；数据垄断、数据孤岛现象较为突出；数据监管规则和立法相对滞后。对此，明确培育数据要素市场的意义和抓手，剖析数据要素市场发展面临的瓶颈与挑战，提出加快培育发展数据要素市场的应对之策，对促进数据要素市场健康发展具有重要意义。

* 黄子河，中国电子信息产业发展研究院副院长，正高级工程师，主要从事网络安全与信息化方面的研究。

关键词： 数据要素市场 数据资产化 数据质量

一 发展数据要素市场体系的重要意义

（一）有利于实现数字经济高质量发展

党中央、国务院高度重视数据在社会主义市场经济中的作用。2015 年，国务院印发《促进大数据发展行动纲要》，将数据定位为国家基础性战略资源，要求全面推进大数据发展和应用，加快建设数据强国。2017 年，习近平总书记提出“要构建以数据为关键要素的数字经济”，更加深刻指出了数据要素对于数字经济的关键作用。2019 年，党的十九届四中全会提出“健全劳动、资本、土地、知识、技术、管理、数据等生产要素由市场评价贡献、按贡献决定报酬的机制”，首次明确了“数据”的生产要素地位，凸显了对数据价值的重视。

（二）有利于重塑国际竞争新优势

数据资源掌控力是国家软实力和竞争力的重要标志，世界各国积极发展数字产业。自《美国联邦大数据研发战略计划》《欧洲数据战略》发布以来，日美欧跨境数据流通网络渐渐被打通，全球数据竞争形势更加复杂，全球数据流通小圈子逐渐形成，全球数字经济竞争不断深化。数据作为继土地、劳动力、资本、技术之后的第五种生产要素，成为各国争相布局的新赛道。2013 年，习近平总书记在中国科学院考察工作时指出“谁掌握了数据，谁就掌握了主动权”。这一代表性论断，将大数据视为工业社会的战略资源。因此，对数据的掌握和应用，成为新时代提升国家软实力、塑造全球竞争力的必然选择。

（三）有利于释放数字化转型潜力

数据作为数字化转型的关键要素，是驱动数字经济发展的重要动能。数字经济时代，大数据的资源性价值日益凸显，和其他生产要素互相融合成为经济增长的新动能。从制度上对数据资源进行恰当的安排，激发相关主体的积极性，优化以数据为载体的多方合作共赢的生产关系，有助于激活数据资源创造更大社会价值。世界各国围绕前沿技术研发、数据开放共享等领域积极布局数字产业化、产业数字化，推动实体经济数字化，加快制造业的数字化与智能化转型，借助大数据优化社会治理体系，提高风险防控能力。发展数据要素市场，既是落实国家政策、提升国际软实力的重要举措，也是带动制造业向数字经济转型、提升国家治理能力的重要推动力量。

二　培育数据要素市场的抓手

（一）政府数据开放共享是培育数据要素市场的探路者

通过制定相关政策，中国正在大力推进公共数据开放共享，但在数据质量和数据共享态度方面依然存在诸多难题，影响了数字经济与实体经济的融合发展。以政府为起点，推进政府数据开放共享，带动和激活其他领域数据市场，进而激发各主体的参与活力。通过建立落实数据共享责任清单，加快推动政府数据开放共享，制定数据开放共享和交易的相关制度规范。

1. 规则制度体系建设渐成体系

党和国家高度重视数据开放共享工作。习近平总书记提出要“打通信息壁垒，构建全国信息资源共享体系”。李克强总理提出要“加快国务院部门和地方政府信息系统互联互通，形成统一政务服务平台”。国务院陆续发布了两批数据共享责任清单，大力推动数据共享工作。国务院办公厅、国家发展改革委、国家互联网信息办公室等多个部门联合发力，加强统筹谋划，以管理办法、实施方案、责任清单等政策措施，为顺利推进公共数据开放共享提供了根本遵循准则。国家系列政策密集出台，为公共数据开放共享注入强心针，推动各地各部门积极响应，加快推进本地本部门公共数据开放共享政策体系建设，为各地各部门公共数据开放共享指明了方向。

表1　2016年以来公共数据开放共享相关国家政策

序号	时间	文件名称	主要内容
1	2016年9月	《政务信息资源共享管理暂行办法》	指定国家发改委编制政务信息资源目录。明确信息共享工作的相关规范
2	2017年2月	《关于推进公共信息资源开放的若干意见》	推进公共信息资源开放，促进信息资源深度整合以及信息资源规模化创新应用
3	2017年5月	《政务信息系统整合共享实施方案》	提出了加快推进政务信息系统整合共享、促进国务院部门和地方政府信息系统互联互通的重点任务和实施路径
4	2017年8月	《加快推进落实〈政务信息系统整合共享实施方案〉工作方案》	按照“先联通，后提高”的原则分解任务，确保按时完成信息共享的一系列工作安排
5	2017年10月	《关于开展政务信息系统整合共享应用试点的通知》	聚焦20个放管服改革重点领域，在9个地区16个部门开展30个试点示范应用，推进试点地区、部门与共享平台的数据汇通，打造一批应用标杆
6	2018年1月	《公共信息资源开放试点工作方案》	确定在北京、上海、浙江、福建、贵州开展公共信息资源开放试点，探索形成可复制的经验，逐步在全国范围内加以推广
7	2018年6月	《进一步深化“互联网+政务服务”推进政务服务“一网、一门、一次”改革实施方案》《关于加快推进全国一体化在线政务服务平台建设的指导意见》	旨在强调各地区信息化系统的集约化建设和互联互通，有效汇聚、充分共享政务服务数据资源
8	2019年12月	《国家政务信息化项目建设管理办法》	优化政务信息化建设的审批流程，加强管理，以制度建设推动政务信息资源共享

2. 组织机构保障体系逐步清晰

自政务信息系统整合开放共享工作启动以来，各地各部门都高度重视体制机制建设，积极推动公共数据开放共享各项工作。从国家部委来看，基本都建立了相应的组织领导体系和常态化工作机制，有的部委由主要领导牵头组织推进，有的部委制订了周密的组织推进计划，将工作计划细化到每月每周。从地方政府来看，自2018年新一轮行政机构改革启动以来，地方纷纷成立大数据相关机构，虽然这些大数据相关机构在隶属关系、组建形式、职责界定方面存在一些差异，但是基本都具有公共数据开放共享职能，成为地方推进公共数据开放共享的主力军。各地积极探索公共数据开放共享工作机制和组织方法，涌现了一些富有成效的组织模式，如贵州建立了公共数据开放共享调度机制，以数据使用部门提需求、数据归属部门做响应、数据共享管理部门保流转为基准，对全省政务数据资源从汇聚、共享、交换、应用方面进行全过程统一管控，推动公共数据开放共享交换取得实效；上海市建立了政务信息系统整合考核评价机制，对各委办局政务信息系统整合工作进行年度考核评估，并将评估结果与信息化项目审核相衔接，加大了评估工作对整体工作的推动力度。

3. 数据开放共享通道日益通畅

公共数据开放共享平台是国家政务信息化的核心应用设施，也是非涉密公共数据开放共享交换的主要枢纽和重要通道。自 2017 年以来，国务院和各级政府依托国家电子政务外网，积极推动公共数据开放共享交换平台建设。目前，基于国家数据共享交换平台、全国一体化在线政务服务平台等综合性平台，以及各垂直管理部门的纵向数据共享交换网络，各省可以通过中央级节点实现跨域数据共享交换，缓解了政务数据“条块分割、烟囱林立”的困局。截至 2019 年 6 月底，通过国家数据共享平台共接入 76 个中央政务部门和 32 个省级平台，平台汇聚发布部门共享目录 16497 条，累计受理 60 个部门、31 个省（区、市）和新疆兵团数据共享申请 6090 次，面向 27 个部门和 31 个省（区、市）提供查询、核验 4. 66 亿次，累计提供库表交换 448. 99 亿条、文件交换 79. 89TB。在地方层面，各地基于自建数据中心构建数据共享平台，一定程度上实现了本地区的数据共享。如海南省公共数据开放共享交换平台初步实现了省、市、县全覆盖；截至 2019 年 12 月，陕西省公共数据开放共享交换平台与 76 个省级部门和 13 个市（区）实现业务对接，发布省级政务信息资源目录 1996 条，下沉国家信息资源目录 13539 条，挂接政务数据资源 352 个，代理了国务院部门共享数据资源 52 个。截至 2020 年 4 月底，中国已有 130 个省级（包含）以下地方政府上线了数据开放平台。政府数据开放平台日渐成为地方数字政府建设和公共数据治理的标配。

（二）数据资源整合与安全保护是构建数据要素市场的基础

各地对发展数字经济、释放数据红利的需求强烈，但实际工作中普遍存在数据管理权责不清、数据资源无法有效利用、隐私保护不足等问题，严重阻碍了数据市场化进程。对数据进行分类分级管理、明确数据产权关系、确保数据安全、保护个人隐私，是确保数据要素市场健康发展的基本要求。要根据不同的数据性质对数据产权进行清晰的界定，制定科学规范的数据管理制度、隐私保护制度以及安全审查和保护制度。

1. DCMM 评估工作取得积极进展

2018 年，工业和信息化部牵头组织制定并发布了首个数据管理领域的国家标准《数据管理能力成熟度评估模型》（GB/T 36073 - 2018）（简称 DCMM），目的是进一步规范数据资源的管理，深化各行业、各领域数字化转型升级，加强数据资源利用和安全保护，加快培育中国数据要素市场。工业和信息化部明确指出要完善数据治理、推广 DCMM 标准，持续开展 DCMM 贯标，强调要深刻理解 DCMM 贯标评估工作的重要意义，DCMM 评估工作是贯彻落实党和国家推动数字经济与构建数据要素市场的重要体现，不仅有助于企业提高数据管理意识、掌握数据管理方法、提升数据管理能力，也有利于加强中国在国际数据管理领域的话语权。

2019 年 7 月 19 日，中国电子信息行业联合会积极贯彻中央和部委加强数据管理能力提升、加快推动标准应用的精神，在工信部的支持与指导下，发起和组织成立了“数据管理能力成熟度评估”指导委员会。职责是全力推动对数据管理能力评估工作的科学性、规范性、安全性及可行性进行研究指导，对数据政策、应用策略、所有权治理及架构标准等进行全面科学规范，以防范和化解数据应用的重大风险。其成员由行业老领导、行业知名专家和工信部直属单位、相关省市工信主管部门、行业协会的领导组成。

2020 年 4 月 23 日，数据管理能力成熟度评估工作指导委员会召开线上工作会议，研究讨论加快推进《数据管理能力成熟度评估模型》标准宣传贯彻工作，提出要以贯标工作为抓手，推进落实党中央、国务院决策部署，加快提升企业数据治理能力，引导数字经济高质量发展。一是提高认识，充分理解贯标工作的重要意义；二是政策支持，通过政府购买服务加快推进贯标工作；三是扎实推进，认真做好标准宣传贯彻、人才培养、试点示范等各项工作。目前，DCMM资质认定和首批学员培训工作已经完成，相关工作正在有序推进中。

2. 数据安全制度建设逐步健全

在大数据语境下，大数据分析及应用场景极为复杂，数据安全性、隐私泄露等问题极易引发社会矛盾，因此需要进一步完善法律法规，保障数据安全，避免滥用，在安全的前提下，充分发挥大数据价值。由国家和各行业在政策、法律等层面的一系列举措可见，对于网络空间安全的重视程度正在不断升级。自2017年《网络安全法》颁布以来，信息安全的立法进程越来越加紧。国家在积极推动大数据产业发展的过程中，非常关注大数据安全问题，相继出台并发布了一系列大数据产业发展和安全保护相关的法律法规与政策（见表2）。

表2　2012～2020年中国大数据安全政策法规

序号	时间	文件名称	主要内容
1	2012年12月	《全国人大常委会关于加强网络信息保护的决定》	明确了对公民个人隐私的电子信息的加强保护
2	2013年6月	《电信和互联网用户个人信息保护规定》	规范了电信业务经营者、互联网信息服务提供者在提供服务的过程中收集、使用用户个人信息的行为
3	2013年10月	《消费者权益保护法》（2013修正）	明确规定了个人信息保护条款
4	2015年8月	《促进大数据发展行动纲要》	提出促进大数据发展的指导思想、总体目标与主要任务
5	2016年3月	《关于国民经济和社会发展第十三个五年规划纲要》	明确把大数据作为基础性战略资源，全面实施促进大数据发展行动
6	2016年11月	《中华人民共和国网络安全法》	要求网络运营者采取措施，防止网络数据被窃取或者篡改，加强对公民个人信息的保护

续表

序号	时间	文件名称	主要内容
7	2016 年 12 月	《国家网络空间安全战略》	提出要实施国家大数据战略,建立大数据安全管理制度
8	2018 年 8 月	《贵阳市大数据安全管理条例》	对大数据安全定义、防风险安全保障措施、监测预警与应急处置、投诉举报、大数据安全使用等方面做出了规定
9	2020 年 7 月	《中华人民共和国数据安全法(草案)》	明确提出维护国家数据主权,保护个人、机构数据权益
10	2020 年 10 月	《中华人民共和国个人信息保护法(草案)》	对个人信息合理利用以及信息泄露等诸多民众现实关切做出了及时、有效回应,特别强调了国家建立健全个人信息保护制度

三　数据要素市场体系建设面临的挑战

培育数据要素市场作为新时期的新任务，机遇与挑战并存，面临数据家底不清、数据质量不高、数据安全形势严峻等诸多挑战。

（一）数据家底不清是建立数据要素市场的“绊马索”

国家层面提出“培育数据要素市场”，提高了公众对数据重要性的认识，有望加快数据资产化进程。一种生产要素（资源）在成为资产之前，需要先摸清资源家底总量，这是要素资产化的前提，数据要素亦是如此。当前，数据家底不清是中国数据要素市场面临的突出问题。究其原因，主要在于数据管理意识薄弱、数据思维和系统思维缺乏。不管组织还是个人，依然对自身数据的重要性缺乏足够重视，对数据的种类和数量认识不足，因此未能清晰地把握各自拥有的数据存量。尤其对于一些大型组织来讲，数据涉及的系统往往达数百个，支撑的数据库达上千个，随着系统使用时间的增加，数据总量庞大、种类繁多，且存储分散，对数据管理提出了更高的要求。因此，开展数据分类分级，建立数据台账，摸清数据底数，是培育数据要素市场的首要工作。

（二）数据质量不高是释放数据要素价值的“拦路虎”

数据质量直接关系到数据价值。数据质量不高，不仅会影响数据分析的准确性，还可能误导基于数据分析的决策，引发极为严重的后果，可谓“基础不牢，地动山摇”。数据库中掺杂大量冗余信息、错误信息等垃圾信息，不仅增加了数据管理难度，而且也影响了数据价值释放。基于低质量信息的决策，必然降低决策的准确性，甚至导致错误决策。数据如水，高质量数据就好比“纯净水”，为生命提供滋养；低质量数据就好比“脏水”，损害身体健康，甚至危及生命。开展数据质量管理，对数据采集、存储、流通、计算、应用等全生命周期进行科学管理，提高数据质量，既有助于充分挖掘数据价值，也是发展数据要素市场的必然选择。

（三）数据安全是数据要素市场有序运行的“生命线”

数据安全是数据开发利用的底线。数据涉及个人和组织的隐私信息，对这些敏感信息采集、加工和使用，需要相应的保护措施以避免数据滥用和隐私泄露问题。如果缺乏相应的数据安全防护措施，极易引发社会矛盾和社会风险。近年来，数据泄密事件频发，引发社会热议。威瑞森《2019 年数据泄露调查报告》显示，2019 年全球 86 个国家共发生 41686 起安全事件、2013 起数据泄露事件，相关机构因此遭受重大损失。[①] IBM 专门针对数据泄露的成本发布了报告，认为近 5 年的数据泄露年平均成本接近 400 万美元。[②] 因此，应当合理平衡数据适度开发利用与数据安全防护之间的关系，在挖掘数据要素价值的同时，加大数据安全防护力度，守好数据要素市场稳健运行的底线。

---

① Verizon，《2019 年数据泄露调查报告》，2019 年 8 月 1 日。

② 《权威发布：IBM2019 年全球数据泄露成本报告终于来了》，搜狐网，2019 年 8 月 6 日。

四　积极推进数据要素市场体系建设的策略建议

（一）优化数据资源配置模式

通过数据资源配置方式创新，可以促进数据价值释放。资源配置模式包括市场化配置和行政配置两种模式。从数据要素配置的角度来看，不同的情境适用不同的配置模式。针对不同类型的数据资源，采用与之相匹配的资源配置模式，可以充分发挥市场和行政两种配置模式的优势。对于适合市场化配置的数据，要尊重市场的选择，鼓励自由竞争，提高资源配置效率。适合行政配置的数据，要合理制定规则，促进数据的有效利用，保障数据安全。

（二）推进数据目录体系建设

数据分类分级，建立数据资源目录体系，是数据要素市场发展的基础。目前，工业、政府、证券等领域率先推进数据分类分级工作，但大多数行业的数据仍然处于杂乱无章的状态。组织应当具备数据管理意识，根据业务属性对数据进行分类，如制造企业将研发、生产、运维、管理作为数据分类基准；在此基础上根据数据的重要性对数据进行分级，制定不同的安全防护措施；进而建立清晰完整的数据资源目录体系。此外，应依托各级政府数据综合管理部门，开展全国性数据资源普查，建立国家数据资源目录，统筹推进数据要素市场发展。

（三）提高数据安全防护水平

基于数据分类分级，加强数据安全防护，应当从技术、制度和评价三个方面切入，扭转数据安全“被动防御”的局面，构建“攻防兼备”的立体化数据安全防护体系。一是加强相关技术研发。针对数据泄露、窃取等问题，加强核心技术攻关，开发一套完整的数据安全防护工具。二是加强制度建设。加快制定完善个人信息、数据安全以及数据跨境流动等方面的法律法规，为数据要素流动保驾护航。三是开展数据安全评价。对数据的全生命周期，定期开展数据安全评价，筑牢数据安全底线，充分保障数据安全。

（四）加快提升数据管理能力

数据管理能力直接影响数据质量和数据开发利用的效率。《数据管理能力成熟度评估模型》将数据管理能力分为5个等级，总体而言，中国大多数组织机构的数据管理能力仍处于1～2级的水平，数据管理能力普遍不高。亟须研究制定数据治理相关规范及绩效评价机制，厘清各主体的权利义务关系，为保障和提升数据治理奠定制度基础。邀请权威的第三方评估机构，开展数据质量评估，保障数据质量的可靠性，让每一条数据都能“价值连城”。

参考文献

复旦大学数字与移动治理实验室、复旦大学国家信息中心数字中国研究院：《中国地方政府数据开放报告（2019下半年）》，2020年4月24日，http：//ifopendata. fudan. edu. cn/report，最后检索时间：2021年2月25日。

黄如花：《我国政府数据开放共享标准体系构建》，《图书与情报》2020年第3期。

江小涓：《大数据时代的政府管理与服务提升：能力及应对挑战》，《中国行政管理》2018年第9期。

李唐、李青、陈楚霞：《数据管理能力对企业生产率的影响效应——来自中国企业—劳动力匹配调查的新发现》，《中国工业经济》2020年第6期。

吴月辉：《建好用好大数据中心》，《人民日报》2020年4月27日，第19版。

王伟玲：《大数据产业的战略价值研究与思考》，《技术经济与管理研究》2015年第1期。

B.18

中国数据治理面临的挑战与应对策略*

杜小勇　陈晋川**

摘　要：　将数据确立为生产要素，凸显了数据对于数字时代的经济活动的巨大价值。然而，释放数据价值并非易事，面临严峻的挑战。本文首先分析了数据危机的成因，提出数据治理是应对数据危机的必要手段。数据治理包含四方面核心内容，即数据资产地位的确立，数据安全与隐私保护，数据管理体系机制建设和数据共享开放利用。数据治理面临三个层面的挑战。在理论层，数据治理的知识和理论体系较为松散，对若干基础理论问题尚未形成明确的答案。在工具层，现有技术手段还不足以完全解决大数据带来的数据汇聚、数据质量和安全隐私等问题，相关的法律、制度和标准也有待完善。在实践层，还需要加强顶层设计，并提升数据治理体系的运转效率。本文最后探讨了数据治理的整体框架，以及在国家、行业和组织不同层面的应对策略。

关键词：　数据　数据危机　数据治理

* 本文部分观点来自梅宏院士主编的数据治理之论，重点对数据治理在理论层面、工具层面和实践层面所面临的挑战进行了分析，提出了我们的见解。

** 杜小勇，博士，中国人民大学信息学院教授，博士生导师，中国计算机学会大数据专家委员会主任，主要研究领域为数据库与大数据技术；陈晋川，博士，中国人民大学信息学院副教授，硕士生导师，中国计算机学会数据库专家委员会委员，主要研究领域为分布式数据管理和区块链。

一 数据危机与数据治理

大数据时代的兴起，使得数据的重要性不断提升，数据正逐渐成为资源和资产，并在国家层面被列入新型生产要素。但由于共享开放、数据质量、数据安全隐私等影响，数据的供给量远远不能满足应用的需求，数据的价值得不到充分的释放，数据危机因此产生，其应对手段就是数据治理。数据治理不同于数据管理，它是多元经济主体在自上而下或平行运行时为了达成平衡协调而采取的系列措施。目前中国的数据治理工作主要通过法律和制度来规范数据资产地位的确立、数据管理机制、数据共享开放与数据安全隐私保护等方面的活动。

（一）大数据时代和数据危机

1. 技术和需求的发展催生了数据爆炸

20 世纪末，随着互联网浪潮的兴起，数据量开始快速增长，“大数据”的概念也随之出现。大数据的形成是由于数据获取技术的革命性进步，包括传感器技术的进步、用户生成内容（UGC，User Generated Content）的发展，以及信息系统日志数据的利用等。与此同时，数据处理技术也在飞速发展，包括数据的传输、存储和计算能力。两者形成了正反馈闭环，使得数据规模始终保持加速增长的趋势。

物联网的兴起，万物互联的理念，使得信息技术渗透到物理世界的每个角落。传感器被大量应用到农业、林业等领域和交通工具、智能手机、可穿戴设备等工具，每时每刻都在产生海量的数据。与此同时，互联网革命浪潮全面而深入地改变了人们的日常生活。用户既是网络内容的浏览者，也是网络内容的创造者。在社交、博客、短视频分享等应用中，用户生成内容成为主要的数据源。此外，随着数据挖掘技术的进步，人们越来越重视对系统日志数据的分析。对于大型 2C 平台，日志数据的日增长量已达到 TB 级规模。

数据规模的快速增长，也推动了数据处理能力的进步，包括数据的传输、存储和计算能力。过去 20 年，我们经历了从拨号上网到宽带的跨越，从2G到5G的巨大飞跃，网络传输能力从KB级提升到GB级。根据Backblaze的数据①，从存储成本来看，20年前每GB单位磁盘大约需要1000元，今天只需要不到10元。计算能力同样有了质的飞跃。普通计算机的单位时间浮点计算能力从百万级提升到10亿级。而云计算的兴起，更大大降低了分布式计算的门槛，进一步提升了人们处理大规模数据的能力。

2020年5月，IDC发布的最新版白皮书"The Digitization of the World. From Edge to Core"② 显示，2020年全球数据量约为60泽字节③，预计2025年将达到175泽字节。目前中国是世界上数据量增长最快的国家，2025年全球占比将增长到接近40%，成为第一数据大国。

2. 数据成为新的生产要素

"大数据的价值从本质上体现为：提供了一种人类认识复杂系统的新思维和新手段。"④ 拥有足够多的数据，我们可以构建一个现实世界的"数字孪生体"（Digital Twin）。从而在数字世界里去探索和认识物理世界，发现其规律，预测其变化趋势。因此，大数据"提供了全新的思维方式和探知客观规律、改造自然和社会的新手段，这也是大数据引发经济社会变革最根本性的原因"⑤。

资源三角形理论⑥认为，原材料、能源、信息是构成人类社会发展基本条件的三大战略资源。在过往历史进程中，原材料和能源分别对社会经济起到了支撑性作用。在今天的数字社会时代，信息被列入资源体系，与其他两

---

① BACKBLAZE：Hard Drive Cost Per Gigabyte，https：//www. backblaze. com/blog/hard－drive－cost－per－gigabyte/，最后检索时间：2021年2月22日。

② David Reinsel，John Gantz，and John Rydning，"The Digitization of the World. From Edge to Core"（An IDC White Paper），https：//www. seagate. com/files/www－content/our－story/trends/files/dataage－idc－report－final. pdf，最后检索时间：2021年2月22日。

③ 泽字节（ZettaByte），简称ZB，计算机存储容量单位，1泽字节（ZB）＝1024艾字节（EB）＝1024^2派字节（PB）＝1024^3太字节（TB）＝1024^4吉字节（GB）。

④ 梅宏：《十三届全国人大常委会专题讲座第十四讲 大数据：发展现状与未来趋势》，https：//mp. weixin. qq. com/s/lquanZeK0Y_ g3IiEbJlU8A，最后检索时间：2021年2月22日。

⑤ 梅宏：《十三届全国人大常委会专题讲座第十四讲 大数据：发展现状与未来趋势》，https：//mp. weixin. qq. com/s/lquanZeK0Y_ g3IiEbJlU8A，最后检索时间：2021年2月22日。

⑥ 哈佛大学以安瑟尼·欧廷格教授为代表的一批学者提出，用以描述社会基础资源结构。

种资源一起相互叠加发挥作用。但其中最关键的是信息资源，或者说数据资源。

以农业生产为例，过去农业生产是靠天吃饭，主要是自然资源在起作用。现代农业大量采用电力等能源，使得农业生产抗自然灾害的能力大大增强，产量和品质均大幅度提高。但是随之而来的却是生产过剩、农产品滞销的问题。利用数字化技术，可以提升自然资源和能源资源配置的效率，对接产需方，最大限度发挥农产品的价值。可以看到，在这里面数据资源起到了最关键的作用。

随着数字经济的发展，人们发现数据不仅仅是资源，而且还具备资产的特质。数据资产是指企业在生产经营管理活动中形成的，可拥有或可控制其产生及应用全过程的、可量化的、预期能给企业带来经济效益的数据。实现数据可控制、可量化与可变现属性，体现数据价值的过程，就是数据资产化过程。当前，数据已经渗入各行各业，逐步成为企业不可或缺的战略资产。

人类社会已经进入数字时代。与农业时代、工业时代不同，数字时代最显著的特征是以数据作为关键生产要素，进而催生一种新的经济范式——“数字经济”。采集、管理、分析、利用好各种海量数据，已成为国家、地区、机构和个人的核心能力，也是一个国家、一个地区软实力和综合竞争力的重要标志。

党的十九届四中全会《中共中央关于坚持和完善中国特色社会主义制度 推进国家治理体系和治理能力现代化若干重大问题的决定》中提出，健全劳动、资本、土地、知识、技术、管理、数据等生产要素由市场评价贡献、按贡献决定报酬的机制。这是国家层面首次增列“数据”作为生产要素。

3. 数据使用的失控引发了数据危机

“数据危机”一词来源于“软件危机”。软件危机是计算机软件在开发和维护过程中所遇到的一系列严重问题。核心矛盾在于软件开发维护能力不能满足社会对软件日益增长的需求。

与此类似，数据危机也是由供需双方的极度不平衡造成的严重现象。随着人工智能以及大数据技术发展，人们越来越希望对数据进行全面充分的挖掘分析，以发现潜在的规律，辅助决策过程。然而，由于共享开放、数据质量、数据安全隐私等因素，数据的供给量远远不能满足应用的需求。数据的价值得不到充分的释放。

目前中国已成为世界上数据量最大、数据类型最丰富的国家之一，但是在海量数据高速增长的趋势下，绝大部分数据的价值还未被充分挖掘，数据红利亟待释放。整体而言，目前，中国的大数据发展仍处于初级阶段，发展水平有限。不管是企业数据还是政府数据，都存在利用不充分、共享开放困难、质量参差不齐等问题，大大影响了数据价值的释放。

随着大数据时代的迅速发展，数据安全形势日益严峻。数据是网络空间的核心要素。从网络安全形势看，全球互联网化程度加深，使网络安全攻击更加频繁、更加隐蔽。

大数据时代，如何最大限度实现数据的资源价值，是一个有待探索和实践的问题。作为一种蕴含巨大潜在价值的战略性资源，数据价值的发挥是一个让数据“动起来”的过程。但如今，政府部门之间、企业之间以及政府与企业之间存在大量数据壁垒，阻碍了大数据的自由流动。

当前中国越来越多的企业认识到了数据的重要性，数据仓库、大数据平台的建设如雨后春笋。但数据是一把“双刃剑”，它能给企业带来业务价值的同时也是组织最大的风险来源。糟糕的数据质量常常意味着糟糕的业务决策，将直接导致数据统计分析不准确、监管业务难、高层领导难以决策等问题。

（二）数据治理的内涵

1. 治理的概念

现代意义上的“治理”一词源于西方，其英文是 governance，是 20 世纪 90 年代在全球范围内逐步兴起的。治理与管理的不同点在于，治理是多主体的行为，管理是单一主体的行为；治理的本意是服务，即通过服务来实现管理的目的；治理是决定由谁来进行决策，管理则是制定和执行这些决策。

由此可以得出这样一个结论，良性的现代化治理体系要构建新型的政府、市场和社会的关系，促进政府、市场和社会积极有序互动。

2. 从数据管理到数据治理

数据管理（Data Management）的概念是伴随20世纪80年代数据随机存储技术和数据库技术的使用、计算机系统中的数据可以方便地存储和访问而提出的。数据管理指通过开发、执行有关数据的计划、项目和程序，以获取、控制和提高数据和信息资产价值。

中国于2014年6月在悉尼召开的IT服务管理和IT治理分技术委员会第一次全会上，首次①在国际场合提出了“数据治理”的概念。根据国际标准化组织IT服务管理与IT治理分技术委员会以及国际数据治理研究所（DGI）等机构的观点，数据治理意指建立在数据存储、访问、验证、保护和使用之上的一系列程序、标准、角色和指标，以期通过持续的评估、指导和监督，确保富有成效且高效的数据利用，实现企业价值。

由此可见，数据治理不同于数据管理。数据管理是单一主体，自上而下的控制。而数据治理则是多元经济主体，自上而下或平行运行的平衡协调。数据治理是包含数据管理的，是管理的管理。

数据治理是一个复杂的过程，包括数据采集、归集存储、分析处理、数据产品和服务定价与分配等多个复杂的流通环节；涉及数据来源提供者、数据采集者、数据管理者、数据平台运营者、数据加工利用者、数据消费者等政府、市场、社会的多元参与主体。

基于上述概念，我们可以明确数据治理的几方面核心内容：一是以数据资产地位确立为基础；二是以数据安全与隐私保护为底线；三是以数据管理体系机制建设为核心；四是以数据共享开放利用为重点。

（三）中国数据治理现状

目前包括欧盟、美国、新加坡、日本在内的多个国家和地区都意识到数

---

① 之江标准信息平台：ISO/IEC JTC1/SC40 第一次全会在澳大利亚悉尼召开，http：//www.zjsis.com/contents/4/329721.html，最后检索时间：2021年2月22日。

据驱动创新和数据驱动经济发展的重要战略价值，并从完善跨部门的数据治理框架角度出发来推进数据资源的高效利用。这里从数据资产地位、数据管理机制、数据共享开放和数据安全与隐私保护几个方面来介绍中国数据治理的发展现状。

1. 数据资产地位的确立

中国目前的法律体系中，对于个人数据主要是从个人信息保护的角度给予关注。2020 年 10 月 21 日，全国人大法工委公开就《中华人民共和国个人信息保护法（草案)》征求意见。该法案主要是为了保护个人信息权益，规范个人信息处理活动，并保障个人信息依法有序流动。在这之前，2012 年 12 月，第十一届全国人民代表大会常务委员会通过了《全国人大常委会关于加强网络信息保护的决定》。2013 年 7 月，工业和信息化部公布了《电信和互联网用户个人信息保护规定》。2014 年 3 月 15 日，中国新版《消费者权益保护法》正式实施，明确了消费者享有个人信息依法得到保护的权利。

上述法律法规在一定程度上阐明了数据的权属，但是目前尚无将数据正式作为资产的相关立法。

对于企业数据权属，目前主要适用的是著作权法、商业秘密保护以及反不当竞争法。中国著作权法规定了对汇编作品的保护，要求汇编作品本身体现一定的独创性。著作权人可以禁止他人未经许可复制、传播该数据集合或其实质部分。但数据集是否有独创性，是否适用于著作权法，目前尚有争议。

企业内部的、非公开的数据集合可以作为商业秘密得到保护。很多非公开的数据集合都可以满足商业秘密的要求，只要整体上构成商业秘密即可。商业秘密的保护具有一些局限性。主要在于在目前司法实践中，商业秘密相关的案件大多审理周期比较长，对于维权效果会造成一定影响。

此外，反不正当竞争法还可能对于其他类型的不正当竞争行为进行限制和调整。例如，2018 年，淘宝诉美景案中，杭州互联网法院认为，淘宝公司对涉案数据产品享有竞争性财产权益。而美景公司未付出劳动创造，将涉案数据产品直接作为获取商业利益的工具，属于不正当竞争行为。

2. 数据管理机制

随着信息化的逐渐发展，数据资源的作用日益凸显，围绕数据资源的一系列机制逐步建立与完善。根据2019年12月中国软件评测中心发布的《政务数据质量管理调查白皮书（2019）》[①]，截至2019年11月，全国32个省（自治区、直辖市）中，有28个制定了数据资源管理相关制度文件。

此外，中国也发布了一系列政策，以促进数据管理与利用，数据共享与开放。例如，《中共中央办公厅、国务院办公厅关于加强信息资源开发利用工作的若干意见》（中办发〔2004〕34号）、《国家电子政务总体框架》（国信〔2006〕2号）、《国务院关于印发政务信息资源共享管理暂行办法的通知》（国发〔2016〕51号）、《国务院关于印发“十三五”国家信息化规划的通知》等。这些政策文件的颁布与实施，为建设良好的数据管控协调体制打下了良好的基础。未来，随着数据不断积累与应用面的不断扩大，仍需要一系列的法律法规来保障数据的规范使用与利用。

3. 数据共享开放

大数据应用之所以产生巨大的价值，往往在于有效关联、融合了多个已有信息系统中的数据，并创造性地解决新问题。政府数据由于具有规模性、权威性、公益性和全局性等特点，蕴含巨大价值，因此数据共享开放首先在政府数据上落地，之后逐步推向其他领域。

中国于2005年颁布了《中华人民共和国电子签名法》，对于推动政府部门数据共享和业务协同起到了一定推动作用。

2015年9月5日，国务院发布《关于促进大数据发展的行动纲要》（国发〔2015〕50号），将大数据确定为中国信息化从2.0向3.0转型时期的核心主题和战略抉择。该纲要主要部署了三方面任务，其中加快政府数据开放共享，推动资源整合，提升治理能力成为任务之一。2020年12月30日，

① 中国软件评测中心：《政务数据质量管理调查白皮书（2019）》，http：//www.199it.com/archives/988088.html，最后检索时间：2021年2月22日。

习近平总书记主持召开中央全面深化改革委员会第十七次会议，会议审议通过了《关于建立健全政务数据共享协调机制加快推进数据有序共享的意见》，强调要全面构建政务数据共享安全制度体系、管理体系、技术防护体系，打破部门信息壁垒，推动数据共享对接更加精准顺畅。

为了更好地推进数据共享与开放，打破“信息孤岛”，中国各地方政府也相继推出了一系列政策。

4. 数据安全与隐私保护

在数据安全与隐私保护方面，大规模的数据泄露以及数据监听、窃取事件所引发的数据安全、隐私保护等问题已经严重影响到社会安全和国家安全。为了更好地推动大数据利用和安全保护，中国相继制定了一系列大数据安全相关的法律法规和政策。

2016 年 11 月 7 日，十二届全国人大常委会第二十四次会议表决通过了《中华人民共和国网络安全法》（简称《网络安全法》）。《网络安全法》规定，网络运营者应采取数据分类、重要数据备份和加密等措施，防止网络数据被窃取或者篡改，加强对公民个人信息的保护，防止公民个人信息被非法获取。自 2017 年 10 月 1 日起施行的《中华人民共和国民法总则》（简称《民法》）第 111 条规定，自然人的个人信息受法律保护。2018 年 11 月 1 日，公安部发布《公安机关互联网安全监督检查规定》，提出公安机关应当根据网络安全防范需要和网络安全风险隐患的具体情况，对互联网服务提供者和联网使用单位开展监督检查。2020 年 10 月 21 日，《中华人民共和国个人信息保护法（草案）》公布并公开征求社会公众意见。草案制定的目的是保护个人信息权益，规范个人信息处理活动，保障个人信息依法有序自由流动，促进个人信息合理利用。

二　数据治理面临的挑战

数据治理所面临的挑战体现在三个层面。首先是理论层面，从数据治理的重要性来看，未来必将形成一门独立的学科。但目前数据治理还缺少统一的定义，其知识和理论体系较为松散，对于基础假设和基本方法等若干基础问题没有清晰的答案。

其次是工具层面，虽然数据管理技术已相对成熟，但大数据带来了很多新的问题。法律、制度以及标准也属于广义的工具范畴，这些方面也需要针对数据治理的特点予以完善。

最后，在数据治理的实践过程中，也暴露出各地顶层设计不统一，政策和制度不能针对实际情况灵活调整，以及治理体系中人工参与过多、不够灵敏等问题。

（一）理论层面面临的挑战

1. 缺乏统一的定义

目前，数据治理还缺乏一个统一的定义。到底何为数据治理，依然是众说纷纭，不同的学者从不同的角度对数据治理有不同的解读。例如，美国IBM公司信息治理总监桑尼尔·索雷斯从信息治理计划和策略角度将数据治理定义为“广义信息治理计划的一部分，即制定与大数据有关的数据优化、隐私保护与数据变现的政策”①。而从策略或程序角度，美国数据管理咨询公司Knowledge Integrity总裁戴维·洛辛将数据治理定义为“描述数据该如何在其全生命周期内有用并对其进行管理的组织策略或程序”②。

此外，在《数据治理之论》一书③中，作者梅宏院士认为上述的数据治理定义相对“狭义”，仅从一个组织的角度考虑大数据治理的相关问题。因此，该书提出一个更为全面的数据治理框架，赋予数据治理更丰富的内涵，包括政策法规、管理体制、开放共享以及安全隐私等内容，并按照国家、行业和组织三个层面来组织数据治理的框架。

总体来看，对于数据治理的定义还没有形成共识，这也是理论层面必须解决的第一个挑战。

---

① 〔美〕桑尼尔·索雷斯：《大数据治理》，匡斌译，清华大学出版社，2014。

② David Loshin，“Big Data Analytics”，Morgan Kaufmann Press，(2013).

③ 梅宏：《数据治理之论》，中国人民大学出版社，2020。

2. 知识和理论体系松散

理论层面第二个挑战在于：当前研究数据治理的学者来自不同的学科，他们带来了不同的视角和手段，这样就导致整个数据治理的知识和理论体系显得较为松散。

数据治理问题本身具有超强综合性和交叉性，并非单纯的技术问题，涉及法学、经济学、管理科学、信息资源管理学、数据科学等多个学科。例如，数据资产的权属，大数据分析对个人隐私的侵犯，这些是法学的研究范畴。数据作为资源如何配置，则是经济学考虑的问题。管理学思考如何运用法律手段和行政手段来安全、高效地使用数据。数据科学的学者则研究如何采用技术手段对数据的全生命周期进行管理，实现数据价值最大化。

在现阶段，不同学科从各自的视角，依据各自的方法，对数据治理提出各自的解决方案①。好比盲人摸象，虽然可以总结出数据治理的不同特征，但仍缺乏整体的认知。数据治理在未来将形成独立的新兴学科，那么就必须形成系统完整、逻辑严密的知识和理论体系。这就需要以若干既有基干学科为主体，同时又吸收相关学科的营养，打破既有学科界限，共同进行数据治理客观规律的探索发现。

3. 若干需要研究的基础问题

数据治理要形成一个新兴学科，需要明确以下几个基本的理论问题。

（1）数据治理的科学内涵与外延

在哲学上，一个概念的内涵是指该词项所反映的对象的本质属性的总和。而概念的外延是指具有该词项所反映的本质属性的一切对象。

简单地讲，首先需要明确什么是数据治理。哪些是数据治理，哪些不是。

（2）数据治理的基本假设

不同的学科有不同的基本假设。例如，经济学的基本假设是理性人假设。管理学的基本假设就是人性假设和管理主体假设。数据科学的基本假设

① 梅宏：《数据治理之论》，中国人民大学出版社，2020。

就是数字孪生体。那么，数据治理的基本假设是什么呢?

从目前数据治理的研究来看，学者们基本都认可，数据是有价值的，是资源、资产甚至资本。这似乎可以形成一个基本假设。那么，数据资源和其他资源的根本区别在哪里，这样的区别将导致对数据资源的治理带来怎样的变化，这些仍是有待回答的问题。

（3）数据治理的基本方法

一个学科也有自己解决问题的基本方法。经济学的基本方法是演绎法、归纳法和经济模型方法。管理学的基本方法就是法律、行政、经济和教育四种手段。数据科学的基本方法就是第四范式①，即在大数据时代，通过采集数据、对数据进行建模、分析和挖掘数据以及数据可视化来发掘数据的价值。

在目前的研究中，大多数学者认为，数据治理并非单纯技术问题，而需要法律、制度和技术等综合手段。然而这样的认识还显得较为笼统，缺乏理论深度，不能作为数据治理学科的基本方法。

（二）工具层面面临的挑战

1. 技术工具

技术工具层面面临的挑战有两个方面。首先是如何通过技术手段来应对大数据带来的新问题，例如安全和隐私保护，以及数据质量保障。其次是大数据处理能力日益集中化带来的问题，如何避免大数据只为大公司谋利，而不能让社会整体受益。

大数据给人们的生活带来了很多便利，创造了巨大的价值。但另外，大数据技术，特别是数据分析和挖掘技术的广泛使用，也常常侵犯了普通人的隐私。因此，大数据技术目前面临的一个重要问题在于：如何在保证数据安全和隐私的前提下，尽量释放大数据的价值，实现数据利用和隐私保护二者

① Tony Hey, Stewart Tansley, Kristin Tolle, "The Fourth Paradigm: Data-Intensive. Scientific Discovery", Microsoft Research (2009).

之间的平衡。

孤立的数据集难以展现物理世界的全貌，因此要想尽量发挥大数据的作用，客观上要求将数据尽量汇聚到一起。但目前的情况是数据往往分散在不同的信息系统中，共享开放程度不够，难以集成。

数据质量是大数据分析的基础，错误或不全的数据必然导致分析结果的偏差。然而数据在采集、转换、导入以及集成过程当中，往往存在大量的质量问题。例如数据缺失、数据格式不规范不统一、数据错误、元数据不一致等。数据质量保障依然是大数据技术需要解决的重要难题。

从数据处理能力来看，目前数据处理的资源，包括硬件资源和人力资源，大都集中在少数的大公司和组织中，这导致大数据处理能力集中化，可能导致一系列问题。首先，大数据应该为整个社会的进步发挥作用，但现在很多时候沦为为个别公司创造价值的工具。其次，公有数据往往掌握在政府部门手中，但政府部门可能没有优质的大数据处理资源，难以充分挖掘这些公有数据的价值。

2. 法律和制度

在法律层面，目前与数据治理相关的法律还不完善，在司法实践中，很多与数据权属相关的法律诉讼采用的是反不当竞争法、网络安全法等相关法规。在数字经济浪潮下，因为数据使用和流转造成的法律纠纷将日益增多，现有的法律体系已经不足以应对。

首先，需要尽快推进相关立法，明确数据的权属，界定数据侵权的行为，确立数据的资产地位。现有与数据使用相关的规定分散于网络安全法、个人信息保护法、反不当竞争法等相关文件中，有必要研究制定专门针对数据治理的法律法规。

其次，在立法和司法过程中，要注意平衡好数据利用和个人信息保护。法治建设既要促进数据流通，更好地满足多维大数据利用的需求，又需要对数据利用与个人信息保护、企业利益维护、社会安全保障等目标进行更好的平衡。

最后，需要重视数据治理的算法规制。数据分析算法在社会的广泛应用引起了人们对于算法黑箱、算法偏见、算法可解释性、算法安全、算法决策、算法滥用与误用等问题的担忧和争议。对此，学界和实务界提出了设立算法解释权、要求特定领域算法公开、开展算法审计、推进算法问责等不同的对策措施。

3. 标准

从2015年开始，中国出台了多项有关大数据战略规划的政策，引导大数据的发展，同时也指导大数据治理体系下的标准化建设。在《促进大数据发展行动纲要》（国发〔2015〕50号）中，明确提出了建立标准规范体系，积极参与相关国际标准制定工作。数据治理是涉及多个社会主体和多个行业的复杂社会问题，单纯靠技术来解决问题是远远不够的，结合国家政策的引导和标准化的支撑，才能更好地实现数据治理领域的发展。具体来看，目前数据治理标准还需要做好以下几方面工作。

（1）推进标准体系建设，做好整体规划

数据治理是大数据标准体系框架的重要组成部分，目前已有多项国家标准在研，总体来看可划分为数据管理能力成熟度评估、大数据系统测试、大数据开放共享、工业大数据、城市数据治理5个重点领域。但数据治理标准的框架和体系仍有待完善。

（2）加快推进重要领域的标准制定工作

目前有一批数据治理的标准正在研制过程中，例如《信息技术 大数据 开放共享 第1部分：总则》《信息技术 大数据 开放共享 第2部分：政府数据开放共享基本要求》《信息技术 大数据 开放共享 第3部分：开放程度评价》《信息技术 政务信息资源共享评价标准》等。需要进一步加强标准的规划、立项、制定和发布工作。

（3）重视标准的落地和推广工作

标准的制定只是第一步，更重要的是如何落地和推广标准，使其发挥对行业的引领和规范作用。2020年4月，工业和信息化部印发《关于工业大数据发展的指导意见》，明确提出要推广国家标准《数据管理能力成熟度评估模型》。未来应通过组建产业联盟、开展系列培训、成立数据治理分会等工作，大力加强重点标准的落地和推广。

（三）实践层面面临的挑战

在过去几年间，中国从中央到地方都非常重视数据治理的工作，特别是贵州、上海、北京等地相继成立了大数据局或大数据中心，协调对政府数据的统一管理，成效显著。但是在实践过程中，也暴露了一系列问题。

一是顶层设计有待加强。目前，各地方政府依据中央文件精神，纷纷出台各自的数据治理政策和机构，这些政策和制度都带着地方烙印，还需要协调、统一。

二是在实践过程中，也发现了一些问题。例如，各地成立了多个大数据交易中心，但几年过去，交易量都持续低迷。数据交易的安全、隐私保护、权益保障等一系列问题没有得到有效解决。数据治理的政策和制度应针对现实情况灵活调整。

三是数据治理的制度和体系运转缓慢，反应迟钝。数据治理和传统治理存在明显区别。数据治理天然是数字的、在线上完成的，然而我们的治理制度还遵循传统思维，里面有大量环节需要人工参与。这导致整个数据治理体系不能灵敏应对数据治理的监管问题。

三　应对策略

在数字经济时代，数字技术代表着新的生产力，将推动世界发生重大变革。新的生产力变革必将引发生产关系变革，数据治理体系则体现着新的生产关系。

《数据治理之论》，提出了一个多层次、多维度的数据治理体系框架。该框架涵盖了国家、行业和组织三个层次，资产地位确立、管理体制机制、共享与开放、安全与隐私保护四个维度，以及制度法规、标准规范、应用实践和支撑技术四方面工具支撑（见图 1）。[①]

---

① Tony Hey, Stewart Tansley, Kristin Tolle, "The Fourth Paradigm: Data-Intensive. Scientific Discovery", Microsoft Research (2009).

（一）数据治理的框架

在数据治理体系框架中，国家、行业、组织三个层次并非单纯的自上而下贯彻执行，而应该形成良好的正反馈回路。国家层次应该制定数据治理相关的法律、法规、制度以及标准，并指导、监督、敦促相关行业和组织执行上述措施。行业层次则通过协会、联盟等方式组织起来，主动接受政府部门的指导和监督，将相关法规细化为行业的标准或规范。同时，还应向国家反馈行业的问题和需求，以便于国家修订法律和制度。行业内的各个组织则首先做好自己组织内部的数据管理，依据法律法规和行业标准等，自觉规范自己组织的行为，并积极参与标准和规范的制定工作，贡献自己成功的应用实践案例。

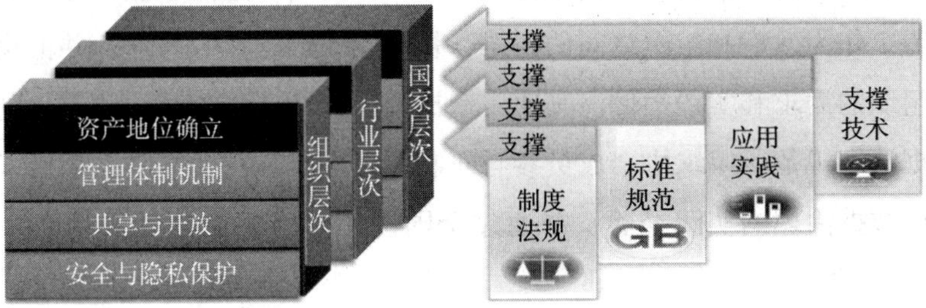

图1　多层次、多维度数据治理体系框架结构

资料来源：梅宏《数据治理之论》，中国人民大学出版社，2020。

从数据治理的目标来看，最重要的就是释放数据的价值，其前提则是确立数据的资产地位。此外，数据治理也需要合理的、良性循环的管理体制机制。作为资产和资源，数据必须在组织之间流动，才能实现对资源的合理配置，最大化其价值。在这过程中，数据的安全与隐私保护是不可或缺的基本保证。因此数据的共享与开放和安全与隐私保护也是数据治理的重要目标。

为了实现上述目标，我们可以采取制度法规、标准规范、应用实践和技术工具这四种手段。而这四种手段在不同的层次也会有不同的实现。

（二）国家层次的数据治理

国家层次的数据治理主要包括以下工作。首先，需要制定“上位法”，明确数据权属、厘清数据使用的合法边界，为数据治理体系提供基本依据，为行业和组织从事数据相关活动提供准绳。其次，应成立国家标准化管理委员会等多级机构，领导数据治理相关的标准工作。再次，以国家部委出面，组织重点国家标准的宣传推广工作，推动重点标准落地。最后，通过科技部、国家自然科学基金委等部门，组织与数据治理相关的科研项目，引导数据治理支撑技术的研究。

（三）行业层次的数据治理

行业层次的数据治理主要包括以下工作。首先，通过组建行业协会、行业联盟，作为政府和组织之间的桥梁，贯彻国家的法律和制度，并汇聚行业内各组织的需求和实践案例。其次，依据国家法律法规和相关政策，制定行业数据治理规范，组织协会成员参与研制国家标准和行业标准。最后，总结并推广数据治理的实践经验，并通过全国性学术组织引领相关的支撑技术研究。

（四）组织层次的数据治理

组织层次的数据治理，主要包括以下工作。首先，接受国家和行业协会的监督与指导，主动学习相关的法律法规和制度。其次，积极参与相关的国家标准和行业标准的制定工作，根据自身的实践，完善相关标准的内容。再次，主动按照国家标准或行业标准来规范和改进自身数据治理活动。最后，通过共享开放来盘活数据的价值，并使用各项技术来实现自身数据治理系统。

比较研究篇

B.19

中国区域数字鸿沟现状、成因和弥合策略

——基于地区间信息化发展水平差异的比较分析

张 彬　张校绮　何洪阳　秦晨雪*

摘　要：本文建立区域信息化评价指标体系，对中国各省市2017～2019年信息化发展水平进行测量，进而测度中国区域数字鸿沟现状，并就信息化水平差异程度及区域数字鸿沟落差情况加以深入研究。研究发现，2017～2019年全国信息化发展取得了长足进步，但各地区间信息化发展不均衡状况明显，数字鸿沟3年内增长19.33%，北京、上海等发达地区与欠发达地区差距很大。本文通过相关聚类分析探寻各地区信息化发展的促进

* 张彬，北京邮电大学经济管理学院教授，博士生导师，主要研究方向为网络综合治理、数字经济测度等；张校绮，北京邮电大学经济管理学院硕士，主要研究方向为网络综合治理、数学经济测度；何洪阳，北京邮电大学经济管理学院博士，主要研究方向为网络综合治理、数字经济测度；秦晨雪，北京邮电大学经济管理学院硕士，主要研究方向为网络综合治理、数字经济测度等。

与阻碍因素，提出关注技术发展和数字素养教育的重要性和紧迫性。通过对指标指数平均差进行比较分析得到引起数字鸿沟持续扩张的主要原因，建议各地区应积极优化组织结构，提升信息产业发展和科学技术研发的投入产出效益。最后本文基于相关因素、洛伦兹曲线和基尼系数的角度，论述缩小区域数字鸿沟、促进信息化均衡发展的政策选择。

关键词： 数字鸿沟 信息化 评价指标体系

信息化发展对社会运作形式和人民生活方式所带来的积极影响有目共睹，旨在提高全民福祉的信息化深入普及与应用将顺势发展、如期而至。然而，全球信息化进程中，由于人们在性别、年龄、教育、区域或宗教等因素上的差别而在不同群体中产生了信息通信技术在接入和使用上的差别，从而造成国与国之间以及国家内部群体之间的信息落差和由此愈演愈烈的贫富分化，即数字鸿沟（Digital Divide）。数字鸿沟关系到个人和社群是否公平地享受社会和经济福祉的法定权益，所造成的不合理、不公平、不公正的社会现象被称为马太效应，相关群体所处环境的教育、经济、技术、政府和社会等因素的不同或将对数字鸿沟产生决定性影响。本文以区域为研究主体，考虑不同区域的社会群体在教育、经济、技术、政府和社会等方面差异的特点，通过研究中国信息化发展切实存在的地区间不平衡现状，进一步探讨区域数字鸿沟的形成脉络及应对举措。

一 信息化指标体系构建和分析方法介绍

（一）信息化评价指标体系

1. 指标体系构建

本文提出的信息化水平指数（Informatization Level Index，ILI）旨在对

区域信息化发展总体水平进行综合测量，以基础资源、产业经济、科技创新、教育素养、内容应用为五大切入点。

2020年在新冠肺炎疫情带来的停工停产停学的困境中，远程办公、远程课堂以及大数据疫情追踪等信息化应用发挥出有目共睹的巨大作用，因此本文在前面几年研究基础上，再次对指标体系进行了调整。本文认为信息化最主要的主体是公众和企业，将数字内容与应用一级指标按照企业信息化应用和公众信息化普及两大主体细化，相比往年进一步增强了指标体系的科学性和可读性；此外，信息化的基础条件不应当仅仅包括硬件设备，还应当包括必要的网络资源，因此本文使用数字技术基础资源代替原一级指标数字技术基础设施，在其中新增二级指标互联网本地资源；信息产业应包括信息技术相关服务业，因此在信息产业经济发展一级指标中新增二级指标互联网业务水平。本文共新增每万人每万平方公里移动电话基站数量、信息产业人均固定资产投资额、拥有初中学历人口占比、企业每百人使用计算机数、人均移动互联网接入流量等5个三级指标。以上更新进一步增强了指标体系的合理性和完备性。

2. 权重确定

本文采用层次分析法[①]确定权重。随着近两年一些国家对中国高新技术领域封锁趋势日益明显，创新和人才对中国信息化发展举足轻重，本文在进行权重分配时，相比往年更加强调信息化可持续发展（科技创新、人才培养）的重要性。

信息化指标体系及权重分配如表1所示。

3. 数据来源及处理

本文共收集2017～2019年3年数据进行测度。为保证研究可靠性，所使用数据主要来源于《中国统计年鉴》，少部分来源于《中国宽带速率状况报告》和《区域科技创新报告》。对于数据缺失部分，本文采用灰色预测

① 对于变量繁多、结构复杂和不确定因素作用显著的复杂系统，层次分析法是一种较好的权重确定方法，能够把复杂问题中的各因素划分成相关联的有序层次，使之条理化。经过多年的研究积累，验证该方法是可行的。

表 1　信息化指标体系及各级指标权重

一级指标	一级指标权重	二级指标	二级指标权重	三级指标	三级指标权重	相对于总指数的权重
数字技术基础资源	0.2	通信网基础设施	0.3	每万人每万平方公里光缆长度(公里)	0.5	0.03
				每万人每万平方公里移动电话基站数量(个)	0.5	0.03
		宽带基础设施	0.4	固定宽带下载速率(Mbit/s)	1	0.08
		互联网本地资源	0.3	人均 IPv4 地址(个)	0.7	0.042
				每万人域名数(个)	0.3	0.018
信息产业经济发展	0.25	信息产业收入水平	0.3	信息产业城镇单位就业人员平均工资(元)	1	0.075
		信息产业发展水平	0.3	信息产业增加值占生产总值比重(%)	0.7	0.0525
				信息产业人均固定资产投资额(元)	0.3	0.04
		互联网业务水平	0.4	人均软件业务收入(元)	0.4	0.04
				人均电子商务销售额(元)	0.4	0.04
				人均电信业务总量(元)	0.2	0.02
科技创新能力	0.2	研发能力	0.7	每万人专利授权数(件)	0.4	0.056
				万人 R&D 全时人员当量(人年)	0.6	0.084
		创新支持力度	0.3	人均 R&D 经费(元)	0.4	0.024
				科学研究和技术服务业城镇单位就业人员平均工资(元)	0.3	0.018
				人均科学研究和技术服务业固定资产投资额(元)	0.3	0.018
教育与数字素养	0.2	教育财政预算	0.2	人均公共财政预算教育经费(元)	1	0.04
		人力资源	0.4	信息产业从业人员占总就业人员数百分比(%)	0.6	0.048
				科学研究和技术服务业从业人员占总就业人员数百分比(%)	0.4	0.032
		教育水平	0.4	每十万人口高等教育学校平均在校生数(人)	0.6	0.048
				拥有初中学历人口占比(%)	0.4	0.032

续表

一级指标	一级指标权重	二级指标	二级指标权重	三级指标	三级指标权重	相对于总指数的权重
数字内容与应用	0.15	企业信息化情况	0.5	每百家企业拥有网站数(个)	0.35	0.02625
				有电子商务交易活动的企业比重(%)	0.3	0.0225
				企业每百人使用计算机数(台)	0.35	0.02625
		公众信息化普及情况	0.5	人均移动互联网接入流量(GB)	0.25	0.01875
				4G用户占移动电话用户比率(%)	0.25	0.01875
				互联网宽带接入普及率(%)	0.25	0.01875
				每百户家用电脑数(台)	0.25	0.01875

GM（1，1）模型①进行补充，涉及指标为信息产业增加值占生产总值比重，预测数据仅占所有数据的1.3441%，对整体测算结果的影响可忽略不计。本文采用均值化法对原始数据进行标准化处理。

（二）研究方法

1. 层次聚类分析法

层次聚类法以不同数据点之间的相似度为依据进行聚类划分。其中常用的方法有相关测度和距离测度两种，相关测度侧重于衡量样本之间的结构近似性，而距离测度侧重于衡量数据点间的综合距离。本文依据研究关注重点确定相似度计算方法②。

2. 灰色预测模型

在面对小样本、贫信息、不确定问题时，灰色预测模型能够提供较为准确的预测结果。该模型已经在经济、管理各个领域，尤其是在缺乏数据的情况下，得到广泛应用③。本文使用灰色预测GM（1，1）模型对下一年度指数进行预测。

---

① 与回归分析预测相比，灰色预测具有所需信息量少、运算简便和预测结果精度较高的优点。

② 张彬、李潇、理查德·泰勒：《数字鸿沟测度理论与方法》，北京邮电大学出版社，2009，第290~337页。

③ 邓聚龙：《灰预测与灰决策》，华中科技大学出版社，2002。

二　2017~2019年信息化水平和区域数字鸿沟状况

（一）中国31个地区2017～2019年信息化水平指数测算

信息化水平指数的计算公式可简单地表示如下。

$$ILI = \sum_{k=1}^{28} I_k^3 w_k$$

I_k^3 代表第 k 个三级指标标准化数据；w_k 代表第 k 个三个指标权重。

为便于观察，本文将最后计算结果基于2017年全国平均指数进行标准化，得到中国31个省区市（港澳台除外）2017～2019年的信息化指数，结果如图1所示。

（二）中国信息化水平发展情况整体分析

1. 2017～2019年中国信息化水平发展现状

对2017～2019年全国信息化水平进行总体比较，结果如图2所示。

从全国范围来看，2017～2019年中国信息化发展取得了长足进步，全国信息化水平指数累计增长25.70%，预计2020年全国信息化水平指数相对2019年将增长11.86%。

2. 2017～2019年中国信息化发展区域比较

如图3所示，近2/3的地区ILI增量低于全国ILI增量均值，仅少数地区ILI增量能够达到均值，其中北京、上海、浙江、广东4个地区ILI增量远大于均值。可见，中国各地区间信息化发展不均衡状况明显存在。

3. 2017～2019年中国区域信息化发展因素比较

本文对各地区在基础资源、产业经济、科技创新、教育素养、内容应用等五方面的发展现状分别进行了描述分析。

如图4所示，北京、上海数字技术基础资源得分遥遥领先，但增长幅度较为平缓，可能是由于这方面的建设已达到瓶颈期；而其余地区除福建、西藏外，数字技术基础资源都保持较高增长速度，仍有广阔的发展空间。

如图 5 所示，北京信息产业经济方面在国内处于一枝独秀的地位，而上海虽然次于北京，但也大幅度领先于其他地区，浙江位列第三并仍保持较高增长率，信息产业发展前景良好，其余大部分地区从发展指数来看大致处于同一水平。其中天津、江苏、海南、黑龙江的指数增长率仅在 10% 左右，而吉林近两年信息产业发展处于负增长，预示在此方面可能存在潜在问题。

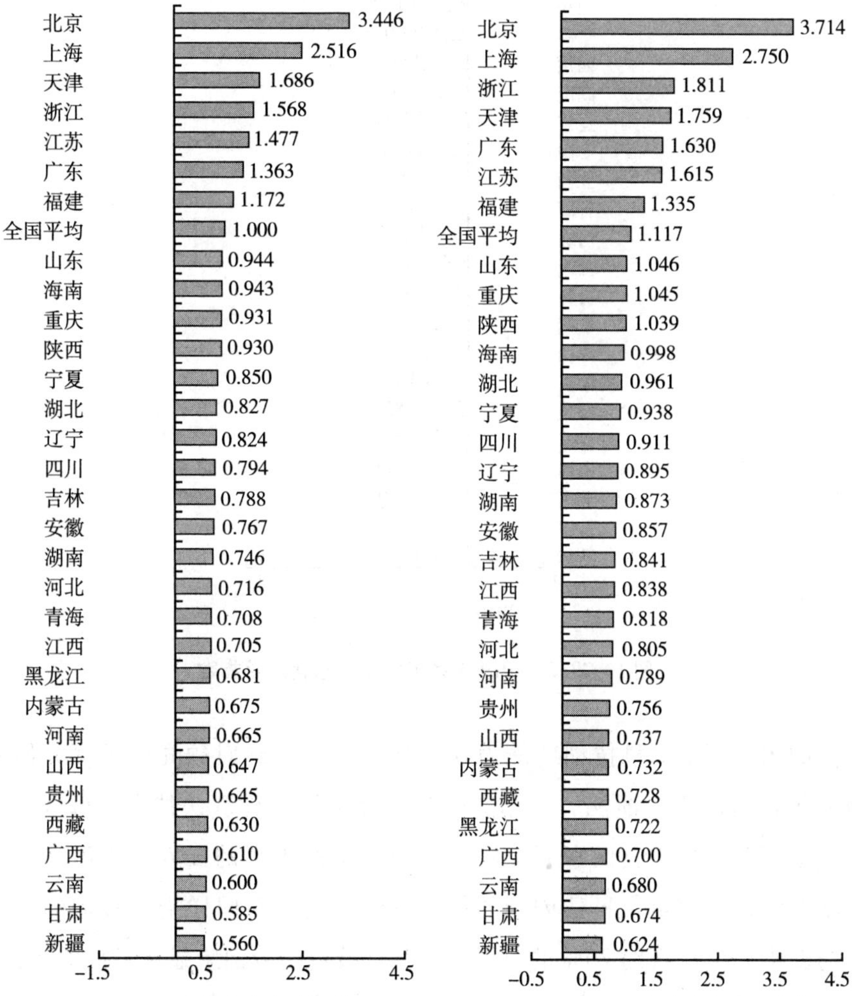

a 2017年信息化水平指数　　b 2018年信息化水平指数

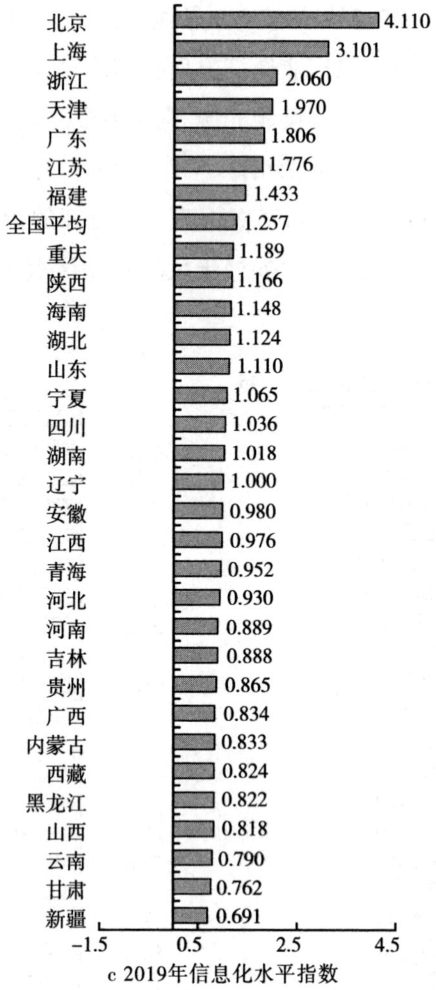

图 1　2017～2019 年各省区市信息化水平指数

如图 6 所示，科技创新能力这一指标不存在绝对领先的地区，但两极分化相对严重，浙江、江苏、广东同处于第一梯队，甘肃、海南、西藏、新疆等地处于较低水平。同时，处于中低水平的江西、青海、西藏增幅较大，政府重视科技创新的作用逐渐显现，而同样指数较低的内蒙古与新疆两地呈现约 20% 的负增长，在科技创新方面未显示发展的动力。

如图 7 所示，除北京、上海两地教育与数字素养指数保持较高水平外，

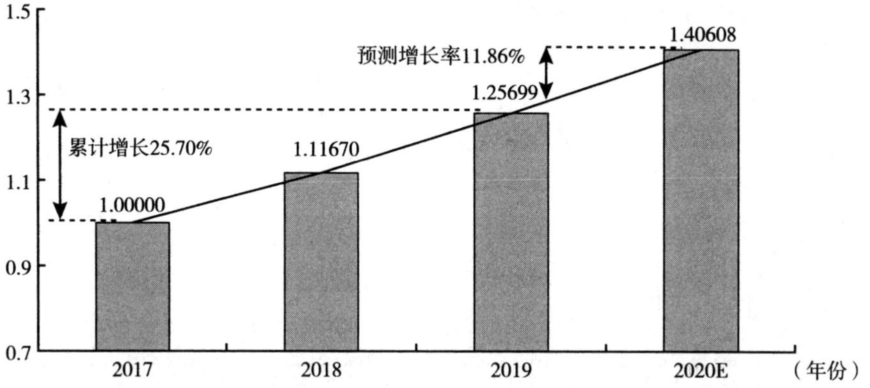

图2　2017～2020年中国国家信息化水平指数增长情况（含预测）

注：图中数据小数部分有省略。

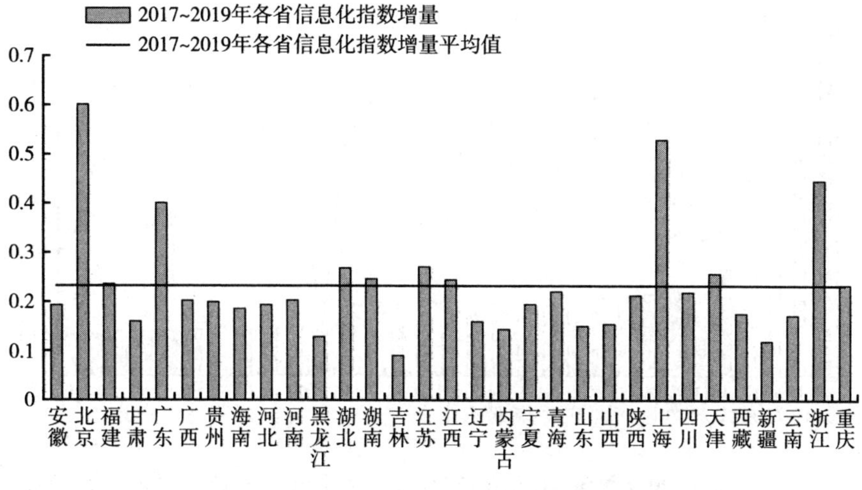

图3　2017～2019年各地区信息化水平指数增量情况

全国其他地区差异较小。同时，全国绝大部分地区均保持不断增长趋势，其中河南以约22%的增幅居于首位，而四川、青海两地近几年呈现负增长趋势，需加强对教育与数字素养的重视以利于地区指数总体得到提升。

如图8所示，北京、上海在数字内容与应用方面处于全国前两位，但与全国其他地区差异较小，说明近几年全国各地均在加快信息化普及，提升信

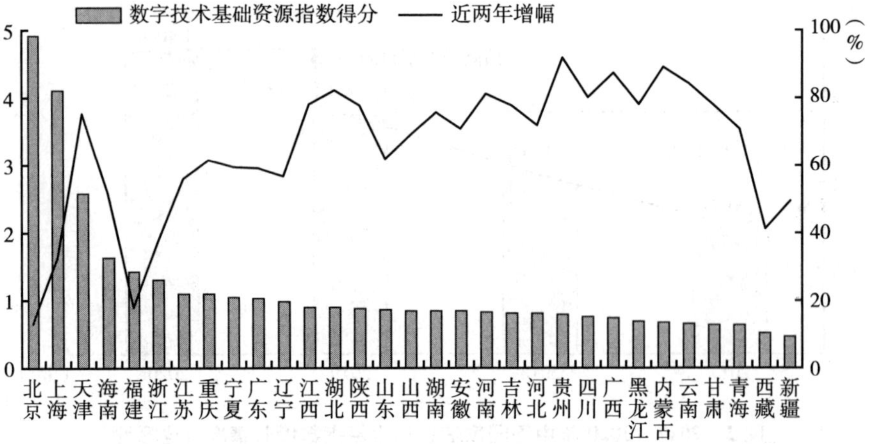

图4　2019年各地区数字技术基础资源指数得分及增长情况

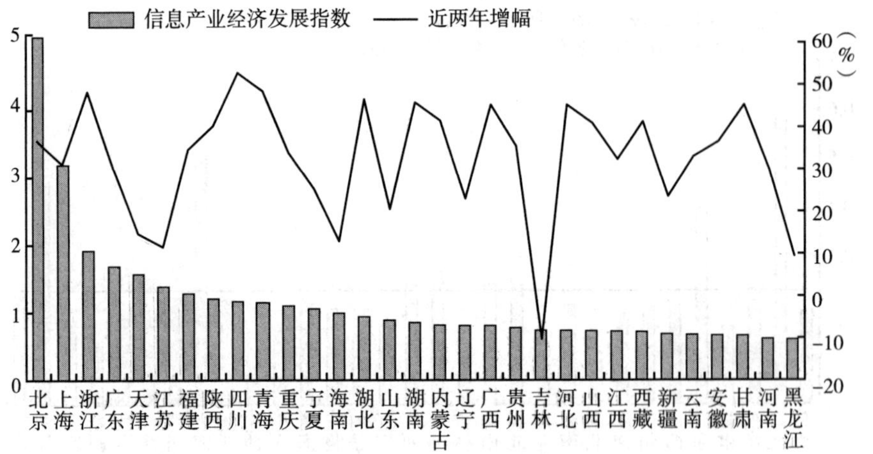

图5　2019年各地区信息产业经济发展指数得分及增长情况

息化应用程度。新疆、广西、西藏、贵州等地区增幅超过35%，尤其是新疆以约45%的增幅居于首位，说明新疆近几年在逐步深化信息化普及与应用以缩小与发达地区的差距。上海、海南和辽宁近几年增幅相对较小，对于处于中低水平的辽宁，需及时出台相应的政策措施，综合提升个人及企业数字内容与应用水平。

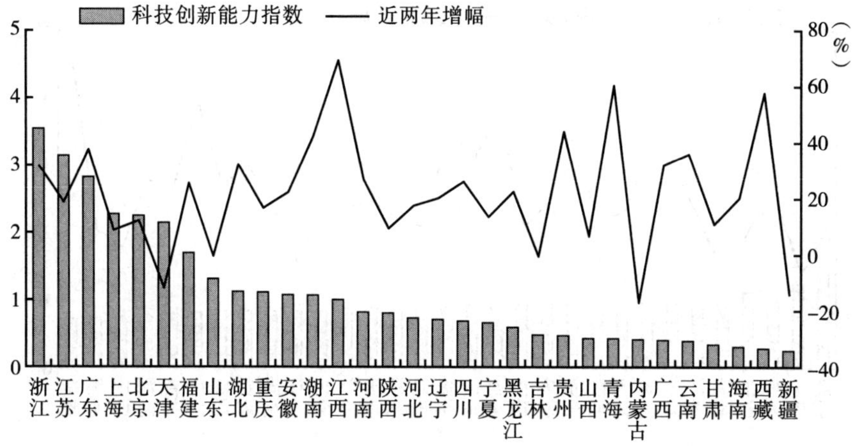

图6　2019 年各地区科技创新能力指数得分及增长情况

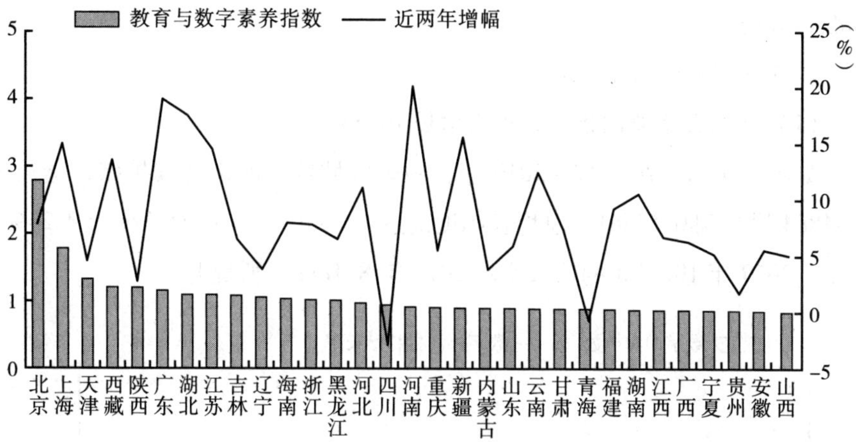

图7　2019 年各地区教育与数字素养指数得分及增长情况

4. 2017～2019年中国区域数字鸿沟现状

基于2017～2019 年中国各省区市信息化水平指数，可以进一步计算区域数字鸿沟指数，计算公式如下。

$$\mathrm{RDD}=\sum_{i=1}^{28}\left(\frac{w_i}{31}\sum_{n=1}^{31}\left|I_i^n-\frac{1}{31}\sum_{n=1}^{31}I_i^n\right|\right)$$

其中 w_i 表示第 i 个三级指标权重，I_i^n 表示第 n 个地区的第 i 个三级指标

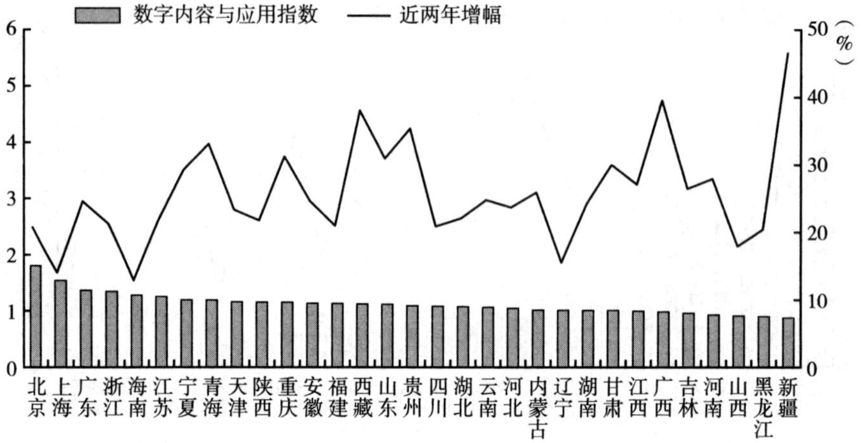

图 8　2019 年各地区数字内容与应用指数得分及增长情况

标准化数据。

从计算结果得出如下结论。

(1) 区域数字鸿沟指数 3 年内增长 19.33%

如图 9 所示，在 2017～2019 年，中国区域数字鸿沟持续扩张，指数从 0.44884 增长到 0.53561，总增长幅度高达 19.33%，年均增长率为 9.24%。其中，2019 年 10.31% 的增长率较 2018 年 8.18% 有所提升。

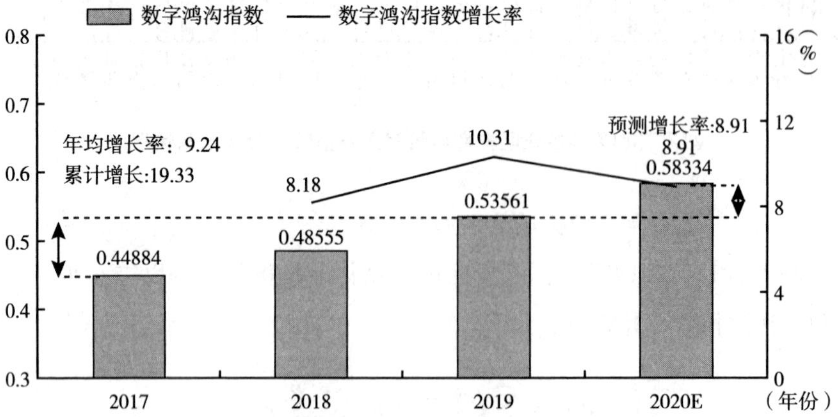

图 9　2017～2020 年区域数字鸿沟指数发展情况（含预测）

注：图中数据小数部分有省略。

（2）2020 年中国区域数字鸿沟指数预计增长 8.91%

如图 9 所示，利用灰色预测模型对 2020 年中国区域数字鸿沟指数进行测算，得出预估值为 0.58334，相比 2019 年增长 8.91%，略低于前三年平均增长率 9.24%，但仍保持较大的扩张趋势。

（三）区域信息化发展水平聚类分析

1. 2017～2019年各地区信息化发展水平汇总聚类

对各地区三年的 ILI 指数进行基于距离测度的层次聚类分析，得到结果，如表 2 所示。

可以看出，北京作为中国首都，在信息化方面遥遥领先，其三年的 ILI 指数分别占领了分层排序的前三，其次是上海，与其他省市拉开了差距。而地处东南沿海的天津、浙江、江苏、广东、福建等地区信息化水平发展良好，相互之间差距较小。另外，中西部地区大都排名靠后。

表 2　2017～2019 年各地区信息化水平指数层次聚类分类排名

分类排名	地　　区
1	北京 19
2	北京 18
3	北京 17
4	上海 19
5	上海 18
6	上海 17
7	浙江 19
8	天津 19
9	天津 18，浙江 18，广东 19，江苏 19
10	天津 17，浙江 17，广东 18，江苏 18
11	江苏 17，福建 19
12	广东 17，福建 18
13	福建 17，海南 19，湖北 19，山东 19，陕西 19，重庆 19
14	海南 18，山东 18，陕西 18，重庆 18，湖南 19，辽宁 19，宁夏 19，四川 19

续表

分类排名	地　区
15	海南 17,山东 17,陕西 17,重庆 17,湖北 18,辽宁 18,宁夏 18,四川 18,安徽 19,河北 19,河南 19,吉林 19,江西 19,青海 19
16	湖北 17,吉林 17,辽宁 17,宁夏 17,四川 17,安徽 18,河北 18,河南 18,湖南 18,吉林 18,江西 18,青海 18,广西 19,贵州 19,黑龙江 19,内蒙古 19,山西 19,西藏 19,云南 19
17	安徽 17,河北 17,河南 17,黑龙江 17,湖南 17,江西 17,内蒙古 17,青海 17,甘肃 18,广西 18,贵州 18,黑龙江 18,内蒙古 18,山西 18,西藏 18,云南 18,甘肃 19,新疆 19
18	甘肃 17,广西 17,贵州 17,山西 17,西藏 17,新疆 17,云南 17,新疆 18

注：以“北京 19”为例，表示北京 2019 年 ILI 指数。

从分层排名中可以对各省区市信息化水平近似地做出时间距离上的比较，如第 9 层所示，广东、江苏 2019 年信息化水平与天津、浙江 2018 年大致处于同一水平，由此可以认为天津、浙江大约领先了广东、江苏一年的时间距离。

2. 各地区信息化发展水平单年聚类

对 2017 ~2019 各年区域 ILI 指数分别进行距离聚类，得到各年聚类金字塔图，如图 10 所示。

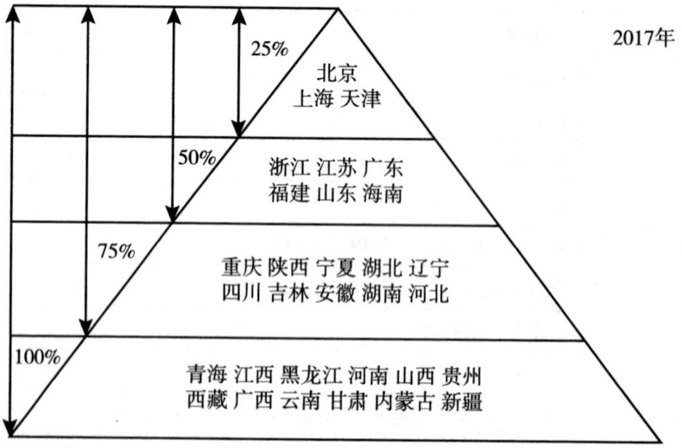

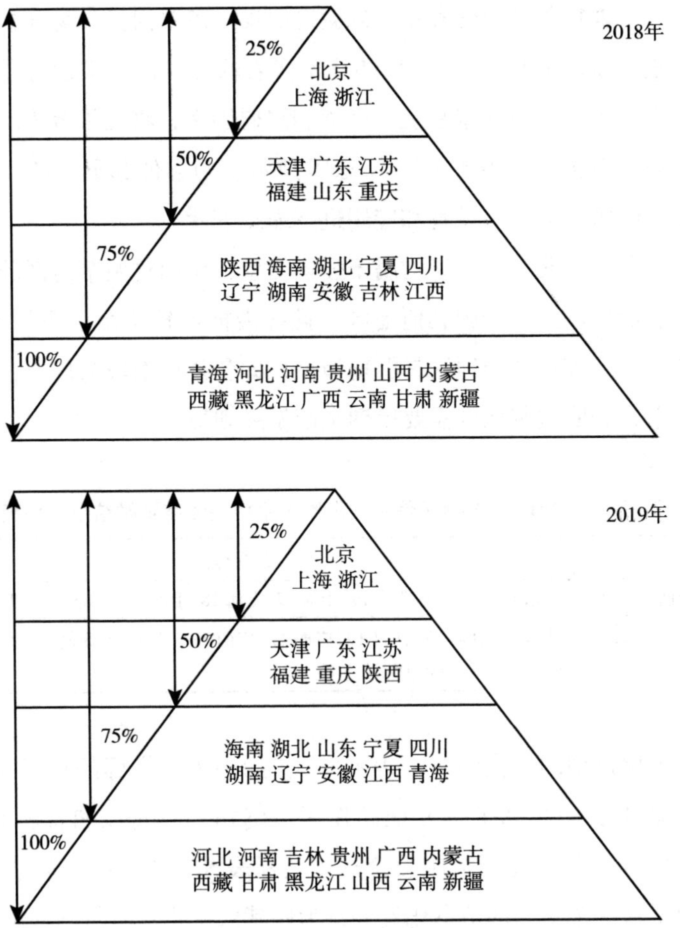

图 10　2017～2019 年信息化指数情况分类金字塔

可以看出，北京、上海三年均位于金字塔顶端。天津 2017 年属于一类地区，但在 2018 年和 2019 年被浙江超越，下降至二类地区。广东、江苏、福建三年始终保持在二类地区，而海南、山东原属于二类地区，但先后被重庆、陕西超越，下降至三类地区，整体来看，中西部各个地区排名在三年内均有所上升，可见中国信息化发展水平东高西低的情况正逐渐有所改善。而黑龙江、吉林和辽宁三个东北地区排名在三年内均有不同程度的下降。

3. 2017~2019年区域信息化发展促进因素与阻碍因素聚类分析

本文进一步对ILI指数各一级指标所代表的五方面因素进行了相关聚类分析，找出各地区信息化水平促进因素和阻碍因素，将结果分为均衡型、促进型、阻碍型三类，如表3、表4、表5所示。为方便起见，各一级指标分别用技术、经济、创新、教育和应用进行缩略表示。

如表3所示，北京、上海均属于强均衡型，说明这两个地区的信息化发展指数各方面均领先于全国其他地区，且各指标比较均衡。而甘肃、广西、贵州、新疆、云南这几个地区是弱均衡型，即各指标都较为均衡，但都处于中下游水平，表明这些地区需要得到全面发展和提升。

表3　2017~2019年各地区信息化发展水平相关测度聚类结果－均衡型

名　称	包含地区
强均衡型	北京17,北京18,北京19,上海17,上海18,上海19,重庆17,江苏19,天津19
弱均衡型	甘肃17,甘肃18,甘肃19,广西17,广西18,广西19,贵州17,贵州18,贵州19,新疆17,新疆18,云南19

表4为促进型的聚类结果，表示对应的1~2个指标的排名比较靠前，对地区信息化发展起到了主要推动作用。例如，黑龙江和吉林在2017~2019年这三年的信息化指数中教育这一指标表现突出，排名较靠前，说明教育主导了这两个地区的信息化发展，为使其信息化水平得到均衡发展，应在保持教育领先的基础上，着力发展其他相对薄弱方面。

表4　2017~2019年各地区信息化发展水平相关测度聚类结果－促进型

名　称	包含地区
技术促进型	山西17,山西18,山西19
创新促进型	河南17,湖南17,湖南18,江苏18
教育促进型	黑龙江17,黑龙江18,黑龙江19,吉林17,吉林18,吉林19,西藏17,新疆19
应用促进型	云南17,云南18
技术－创新促进型	江西17,江西18,江西19,山东17,河南18
技术－教育促进型	辽宁17,辽宁18

续表

名　称	包含地区
技术 - 应用促进型	宁夏 18
经济 - 教育促进型	四川 17,内蒙古 19,陕西 19
经济 - 应用促进型	青海 18,青海 19
创新 - 教育促进型	湖北 17,湖北 18,湖北 19
创新 - 应用促进型	安徽 19
教育 - 应用促进型	西藏 18,西藏 19

表 5 为阻碍型的聚类结果，表示对应的 1～2 个指标的排名比较靠后，从而影响地区整体排名。例如广东省在三年内均属于技术阻碍型，说明广东省在数字技术基础资源的发展上相对薄弱，对其支持力度应该予以加大；海南省在三年内均属于创新阻碍型，说明相关机构需加强创新激励机制，加快创新发展速度，促使信息化各方面得到均衡发展。

表 5　2017～2019 年各地区信息化发展水平相关测度聚类结果 - 阻碍型

名　称	包含地区
技术阻碍型	广东 17,广东 18,广东 19,内蒙古 17,内蒙古 18,四川 19
经济阻碍型	河北 17
创新阻碍型	海南 17,海南 18,海南 19
教育阻碍型	福建 17,福建 18,福建 19,江苏 17,浙江 17,浙江 18,浙江 19,山东 18,山东 19,重庆 18,重庆 19
应用阻碍型	天津 17,天津 18
技术 - 经济阻碍型	河北 18,河北 19
技术 - 创新阻碍型	青海 17,陕西 17,陕西 18,四川 18
经济 - 教育阻碍型	安徽 17,安徽 18
经济 - 应用阻碍型	河南 19,辽宁 19
创新 - 教育阻碍型	宁夏 17,宁夏 19
教育 - 应用阻碍型	湖南 19

通过比较可以发现，不同地区、不同年份信息化发展的促进和阻碍方式存在一定的差异，其中属于教育促进型、教育阻碍型、技术阻碍型以及其他

与技术相关的促进型的地区较多，说明在全国范围内教育以及技术的发展存在很大差异，部分地区教育以及技术的发展可以促进该地区信息化水平的提高，但对另一部分地区而言，教育和技术则是阻碍因素，在一定程度上拖了信息化发展的后腿。此分析结果有助于各地区认清信息化发展形势，有针对性地在薄弱环节采取政策和措施，补短板、促发展，以利于缩小区域数字鸿沟。

（四）中国区域数字鸿沟形成因素分析

1. 2017～2019年引起区域数字鸿沟变化的指标因素分析

根据以上数据分析可以看出，中国区域数字鸿沟出现逐年扩大的趋势，为了探究影响因素，本文对2017～2019年三年的信息化指标体系中各三级指标平均差进行了逐项分析。

表6、表7为2017～2019年三年指标平均差最大排序和最小排序的变化情况。可以看出，有些指标对区域数字鸿沟指数一直影响很大，如每万人域名数、人均IPv4地址等；有些指标对区域数字鸿沟指数一直影响很小，如固定宽带下载速率、4G用户占移动电话用户比率等；对区域数字鸿沟指数的影响由小变大的指标包括：人均电信业务总量、人均移动互联网接入流量等；对区域数字鸿沟指数的影响由大渐变为小的指标包括：人均IPv4地址、人均R&D经费等。

表6 2017年、2018年、2019年指标平均差比较（1）

	2017年	2018年	2019年
指标平均差最大排序	每万人域名数	人均软件业务收入	每万人每万平方公里移动电话基站数量
	人均IPv4地址	每万人每万平方公里移动电话基站数量	人均软件业务收入
	每万人每万平方公里移动电话基站数量	每万人每万平方公里光缆长度	每万人每万平方公里光缆长度
	人均软件业务收入	人均IPv4地址	人均电子商务销售额
	每万人每万平方公里光缆长度	人均电子商务销售额	人均IPv4地址

续表

	2017 年	2018 年	2019 年
指标平均差最大排序	人均电子商务销售额	每万人专利授权数	每万人专利授权数
	万人 R&D 全时人员当量	每万人域名数	每万人域名数
	人均 R&D 经费	万人 R&D 全时人员当量	万人 R&D 全时人员当量
	每万人专利授权数	人均 R&D 经费	人均 R&D 经费
	人均科学研究和技术服务业固定资产投资额	人均科学研究和技术服务业固定资产投资额	人均科学研究和技术服务业固定资产投资额
	信息产业人均固定资产投资额	信息产业人均固定资产投资额	信息产业从业人员占总就业人员数百分比
	信息产业从业人员占总就业人员数百分比	信息产业从业人员占总就业人员数百分比	信息产业增加值占生产总值比重
	信息产业增加值占生产总值比重	信息产业增加值占生产总值比重	信息产业人均固定资产投资额
	科学研究和技术服务业从业人员占总就业人员数百分比	科学研究和技术服务业从业人员占总就业人员数百分比	人均移动互联网接入流量
	每百户家用电脑数	人均公共财政预算教育经费	人均电信业务总量

表 7　2017 年、2018 年、2019 年指标平均差比较（2）

	2017 年	2018 年	2019 年
指标平均差最小排序	固定宽带下载速率	固定宽带下载速率	4G 用户占移动电话用户比率
	4G 用户占移动电话用户比率	4G 用户占移动电话用户比率	固定宽带下载速率
	人均移动互联网接入流量	拥有初中学历人口占比	拥有初中学历人口占比
	人均电信业务总量	每百家企业拥有网站数	互联网宽带接入普及率
	拥有初中学历人口占比	互联网宽带接入普及率	每百家企业拥有网站数
	每百家企业拥有网站数	每十万人口高等教育学校平均在校生数	每十万人口高等教育学校平均在校生数
	互联网宽带接入普及率	科学研究和技术服务业城镇单位就业人员平均工资	科学研究和技术服务业城镇单位就业人员平均工资
	科学研究和技术服务业城镇单位就业人员平均工资	人均电信业务总量	每百户家用电脑数

续表

	2017 年	2018 年	2019 年
指标平均差最小排序	每十万人口高等教育学校平均在校生数	人均移动互联网接入流量	企业每百人使用计算机数
	人均公共财政预算教育经费	每百户家用电脑数	有电子商务交易活动的企业比重
	企业每百人使用计算机数	企业每百人使用计算机数	人均公共财政预算教育经费
	信息产业城镇单位就业人员平均工资	信息产业城镇单位就业人员平均工资	信息产业城镇单位就业人员平均工资
	有电子商务交易活动的企业比重	有电子商务交易活动的企业比重	科学研究和技术服务业从业人员占总就业人员数百分比

通过计算各三级指标平均差增长倍数可以获知引起数字鸿沟扩张的主要因素。由图 11 可以看出，2017～2019 年三年内三级指标平均差正向增长的指标有 21 个，负向增长的指标有 7 个。人均移动互联网接入流量、固定宽带下载速率和人均电信业务总量的增长倍数远高于其余三级指标，可知这三个指标在各个地区发展极不均衡，基础强、起点高的地区增长速率往往更快，因此这三个指标是导致近年来区域数字鸿沟持续扩张的重要因素。此外，每万人每万平方公里移动电话基站数量、人均软件业务收入、信息产业增加值占生产总值比重、每万人专利授权数等指标也在较大程度上对区域数字鸿沟持续扩张带来影响。另外，各地区在 4G 用户占移动电话用户比例、信息产业人均固定资产投资额、每万人域名数、每百户家用电脑数等方面的差距正在缩小。

2. 2017～2019年引起中国区域数字鸿沟扩张原因分析

根据 2017～2019 年区域数字鸿沟指数增长率的排名结果，可以得出如下结果。

（1）2017～2018 年区域数字鸿沟持续扩张的原因

2017～2018 年，区域数字鸿沟指数的年增长率达到 8.18%。一方面，虽然数字内容与应用的发展，使欠发达地区与发达地区在信息化普及上的差

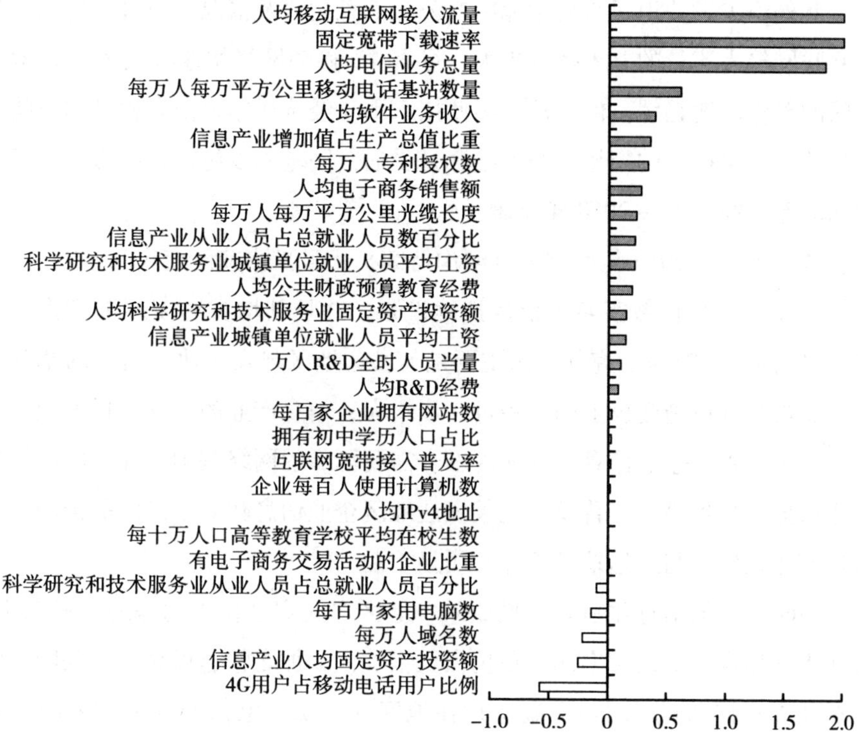

图 11　2017～2019 年区域数字鸿沟指标增长倍数扩张情况

距不再是扩大数字鸿沟的主要原因，但是发达地区的通信网基础设施（光缆覆盖范围和移动电话基站数量）和互联网业务（电子商务、软件业务、电信业务）增长水平远高于欠发达地区。

另一方面，在三级指标中信息产业增加值占生产总值比重这一指标对数字鸿沟扩大具有显著促进作用，而同在此二级指标下的信息产业人均固定资产投资额对数字鸿沟扩张的作用却恰恰相反。也就是说，虽然政府对于各地区信息产业投入差距在缩小，但各地信息产业实际发展水平的差距却仍在迅速扩大，这暴露了部分地区投入大量资金但未充分利用的问题。类似情况同样出现于科学技术研究方面，各地在此方面投入差距的扩大并不显著，几乎接近零增长，但各地区创新能力的差距却仍旧大幅度增长，投入的资源未能得到充分利用，从而加剧了区域数字鸿沟的持续扩张。

此外，欠发达地区与发达地区在公众信息化普及情况下三级指标人均移动互联网接入流量的差距持续扩大，尽管4G移动网络快速普及使得各地区之间的差距增速趋缓，但公众实际使用水平受经济成本、便利程度的影响而呈现差距快速拉大的趋势，归根结底是受通信网基础设施建设的影响，而这方面的差距在2017～2018年显著扩大。

（2）2018～2019年区域数字鸿沟持续扩张且扩张速度变大的原因

2019年，中国数字鸿沟指数持续扩张，并且其增长速度逐渐变大，增长率提高至10.31%。究其原因主要是欠发达地区与发达地区通信网基础设施和宽带基础设施建设上的差距进一步增大，信息产业的发展依托前期基础设施建设成果，企业信息化的深度融合需要可靠的网络基础支撑，因此尽管企业信息化得到进一步普及，但欠发达地区企业信息化对于经济的推动作用尚未彻底显现，与发达地区仍存在明显差距。

同时，中国信息化建设初见成效，地区之间宽带覆盖的差距已经缩小，但其质量如宽带下载速率的差距仍在大幅扩大，加之快速提高的互联网使用水平（人均移动互联网接入流量）在地区间失衡，电信业务上的差距重新显现。此外，地区政府创新支持力度与教育资金投入的不均衡也在一定程度上加剧了数字鸿沟的扩大，地区间研发能力、人力资源及教育水平的差异也有轻微扩张。总之，2018～2019年虽然在信息化普及率、研发人才储备、信息产业投入等指标上差距有所缓和，但缓和速度甚微，而大多数指标上的差距持续增加，最终导致数字鸿沟扩张趋势迅猛。

（3）2017～2019年中国区域数字鸿沟形成因素总体分析

2017～2019年中国信息化水平总体上获得提升毋庸置疑，但地区间发展极不平衡，各地区在多项指标上发展差距明显扩大，特别是通信网络及宽带等基础设施、互联网业务、人均移动互联网接入流量等方面地区间鸿沟扩大更明显。欠发达地区数字基础设施发展瓶颈导致其在新兴数字技术的使用方面存在严重滞后性，而信息化是一个快速发展的过程，因此发达地区在互联网业务水平、人均移动互联网接入流量等方面与欠发达地区之间的差距呈加速增长趋势。此外，信息终端接入水平、信息产业人员水平、创新投入水平、教育水平等方面地区间鸿沟同样有所扩大但扩大幅度较为缓和，对区域数字鸿沟的扩大只起到一定作用。三年中地区间发展差距缩小的指标包括4G普及率、信息产业投入水平、每万人域名数、科研创新人才数量和高等教育水平等方面，但总的来说涉及面较小，缩小幅度较小，无法对数字鸿沟逐年扩大这一趋势产生决定性抑制作用。

值得注意的是，信息产业投入水平方面差距的持续缩减理应带动信息产业产值方面差距的缩减，但实际上信息产业产值的差距正在大幅度扩大。充分利用投入资金从而产生与投入相匹配的实际效益的重要性不言而喻。同理，各地区在培养、引进研发人才的同时，如果不能充分激发研发人员的创新热情，将导致人才的浪费，最终对于弥合数字鸿沟收效甚微。

总体而言，部分地区的通信网络及宽带等基础设施建设仍然举步维艰，这种基础资源短缺导致此类地区公众、企业使用信息技术的经济成本、时间成本增加，致使部分公众即使成为4G网络用户但仍然极少使用4G网络，大大制约了信息产业的发展。而所有这些在一定程度上抑制了区域发展信息技术科研与创新的积极性，对未来发展造成不利影响。这说明当前缩小中国区域数字鸿沟的重点在于有效利用新兴数字技术促进地区间数字技术基础资源和信息产业的均衡化发展，同时充分利用已有的投资和人才避免资源浪费，并继续加大政府在创新方面的投入。

3. 区域信息化发展情况总结

本文根据国家规定的区域划分方法，将中国所有地区划分为七大区域，分别为东北、华北、华中、西北、华南、华东以及西南地区。本文将以上各个区域的一级指标分别与全国平均水平进行对比，得出分析结果如图12所示。

可以看出，在七个区域中，华北地区整体信息化水平较高，几乎所有指标都领先于其他区域，其中数字技术基础资源更是远远领先于其他区域。其次是华东地区，该地区相比于华北地区表现较弱，除科技创新能力远远领先于其他区域之外，其他指标均表现良好。华南地区的各个指标均在全国平均水平附近，该区域的发展在所有区域中是最为均衡的。东北地区、西北地区和西南地区这三个区域的信息化发展水平比较接近，数字内容与应用和教育

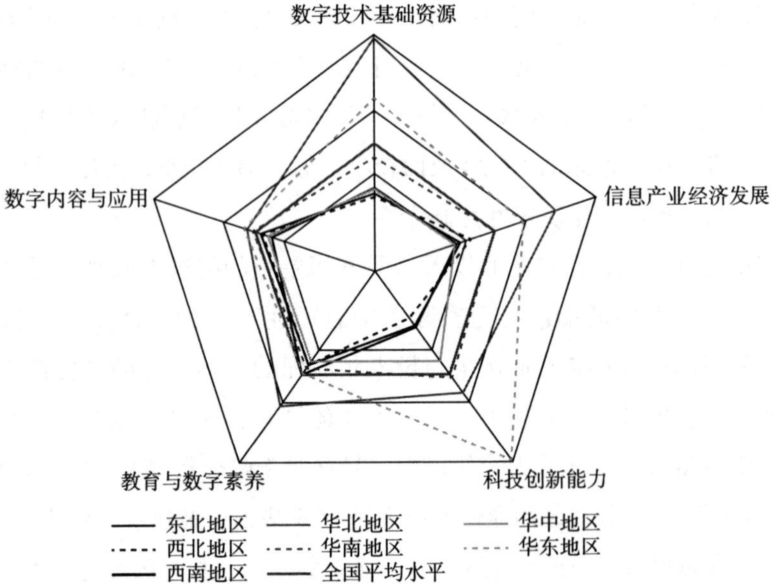

图 12　2019 年各区域一级指标雷达图

与数字素养这两个指标与全国平均水平相差不远，其他三个指标表现略弱，而科技创新能力这一指标最为薄弱。相比之下，华中地区发展最为均衡，但是各个指标均未达到全国平均水平，相比较而言，数字技术基础设施和信息产业发展这两个指标与全国平均水平差距更大。

本文进一步使用 2017 ~2019 年三年数据的平均值分析了三年中各区域所含各地区在二级指标上的发展情况。由于北京、上海、天津、浙江这四个地区均在本区域中表现极为突出，所以将这四个地区划分出来单独进行分析。

如图 13 所示，北京、上海这两个地区的排名在三年内非常稳定，一直位列前两名。浙江和天津这两个地区在 2018 年的名次相比 2017 年进行了一个调整，并在 2018 年和 2019 年保持稳定，分别位列全国第 3、4 名。

从二级指标上分析，北京、上海在各个二级指标上都领先于全国平均水平，并且有个别指标远远领先于其他地区。其中，北京表现最为突出的指标为互联网本地资源以及互联网业务水平；上海表现最为突出的指标为通信网基础设施。浙江和天津大部分指标仍领先于全国平均水平，并且个别指标领

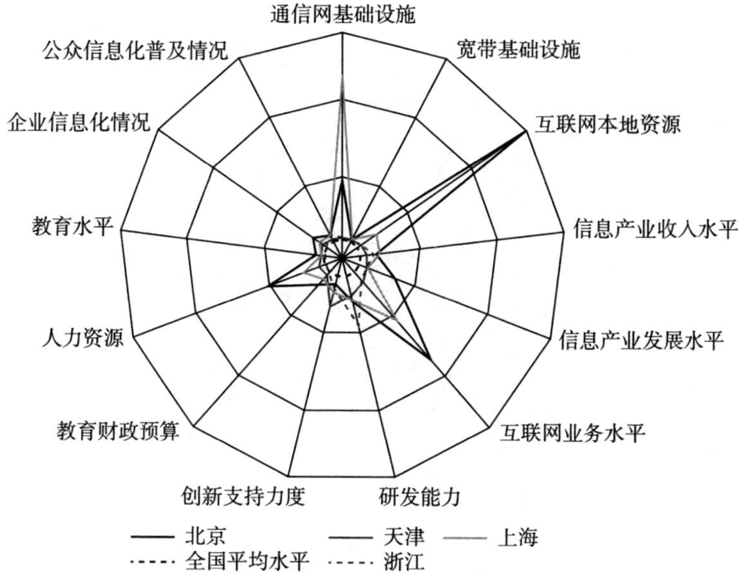

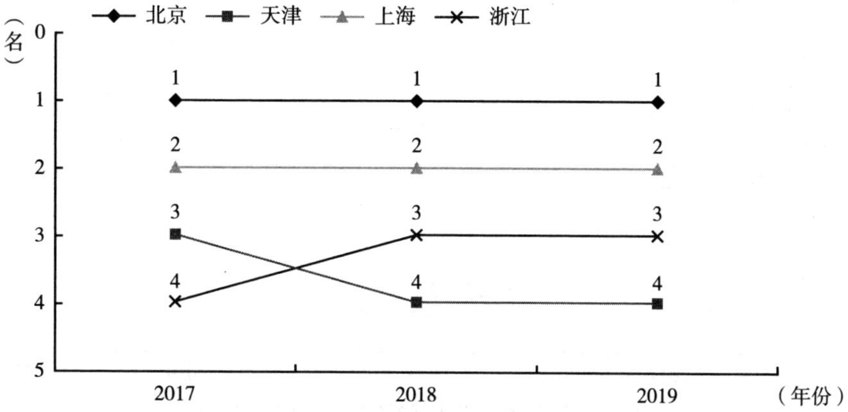

图 13　2017～2019 年北京、上海、天津、浙江二级指标雷达图和排名情况

先于北京和上海，其中浙江为研发能力，天津为创新支持力度。

如图 14 所示，辽宁和吉林的信息化排名在逐年下降。辽宁由原来的第 14 位下降至第 16 位，吉林由原来的第 16 位下降至第 22 位；黑龙江在 2017～2019 年这三年的信息化排名整体也是呈下降趋势，在 2018 年由 2017 年的第 22 位下降至第 27 位，2019 年信息化排名相比 2018 年保持不变。

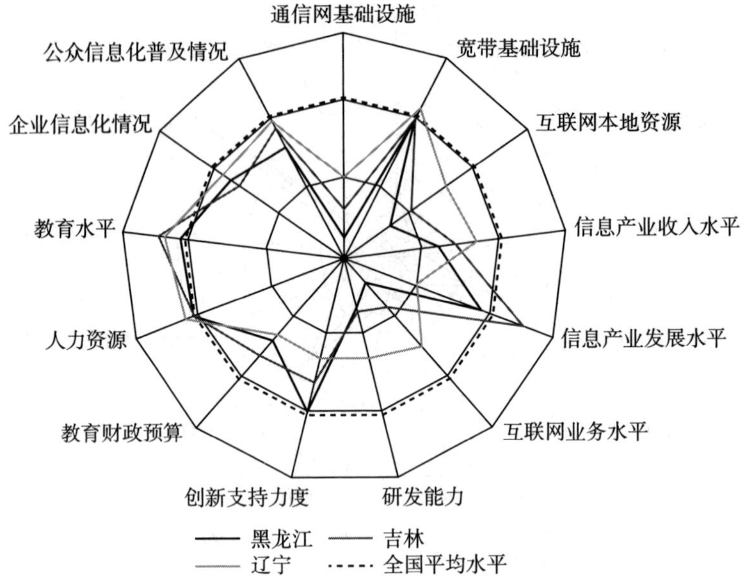

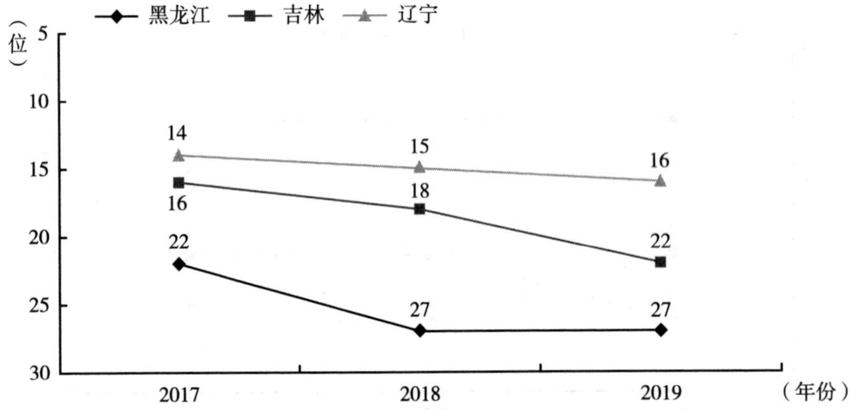

图 14　东北地区二级指标雷达图和排名情况

从二级指标上分析，在东北地区中，辽宁的发展情况最好，其中教育水平这一指标明显超过全国平均水平，只有通信网基础设施和信息产业发展水平这两个指标表现稍弱；吉林的教育水平和信息产业发展水平这两个指标明显高于全国平均水平，而通信网基础设施、互联网本地资源、研发能力这三个指标较薄弱；黑龙江表现较弱，除教育水平和人力资源这两个指标外，其他指标均低于全国平均水平，且部分指标远远低于全国平均水平。

如图 15 所示，华北地区（除北京、天津外）的信息化排名情况三年来变化较小。内蒙古从第 23 位下降至第 25 位，山西由原来的第 25 位上升至第 24 位，又下降至第 28 位，河北由原来的第 19 位下降至第 21 位，又回升至第 20 位。华北地区（除北京、天津外）基本处于全国中后位置的水平。

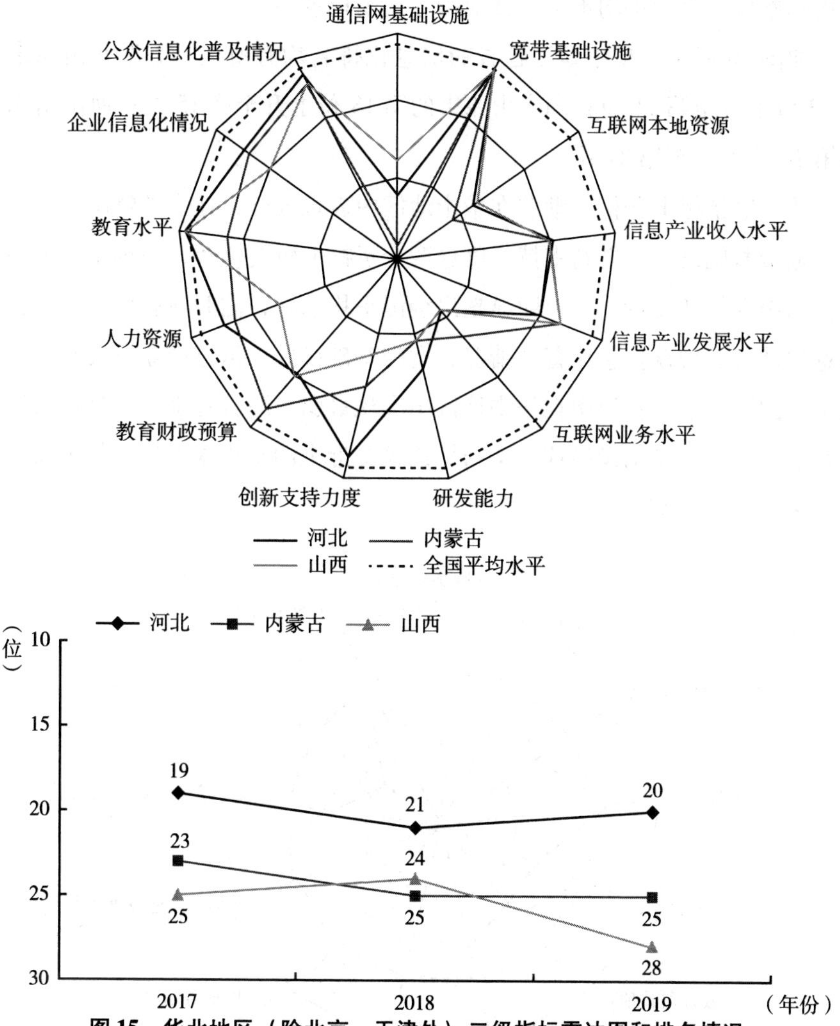

图 15　华北地区（除北京、天津外）二级指标雷达图和排名情况

从二级指标上分析，三个地区均未有优势指标，三个地区的公众信息化普及情况、宽带基础设施这两个指标均接近全国平均水平。除此之外，河北的创新支持力度、人力资源、教育水平、企业信息化情况也较为接近全国平均水平，其余指标略显薄弱；内蒙古的教育财政预算、人力资源、企业信息化情况也较为接近全国平均水平，其余指标相对较弱；山西在教育水平这一指标上略微高于全国平均水平，公众信息化普及情况以及宽带基础设施这两个指标略低于全国平均水平，其他指标均表现较弱。

如图16所示，华中地区各省的信息化排名均有所上升。湖北由原来的第13位上升至第11位；湖南由原来的第18位上升至第15位；河南由原来的第24位上升至第21位。

从二级指标上分析，湖北在华中地区中表现较好，在人力资源、教育水平、宽带基础设施、创新支持力度这四个指标上较有优势，超过全国平均水平；湖南在创新支持力度上明显超出全国平均水平，同时在教育水平、企业信息化情况、公众信息化普及情况、宽带基础设施、信息产业发展水平上稍低于全国平均水平；河南在华中地区中表现最弱，除教育水平、公众信息化普及情况、宽带基础设施这三个指标比较接近全国平均水平外，其余指标均远低于全国平均水平。

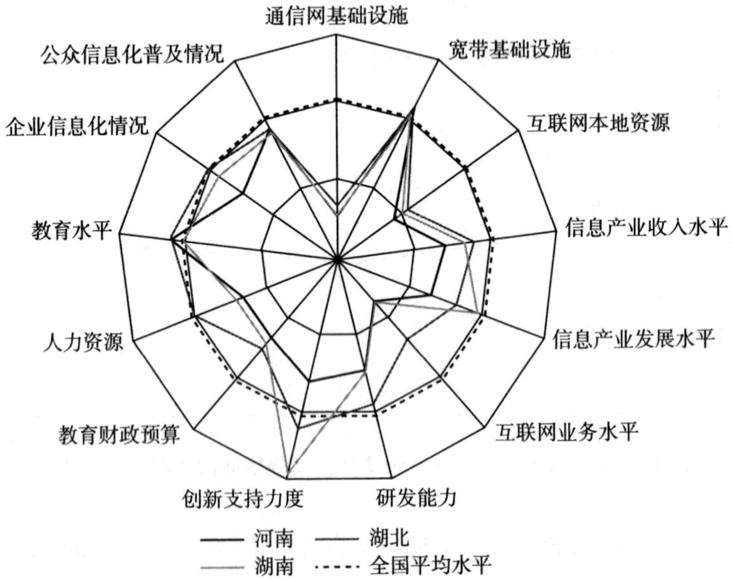

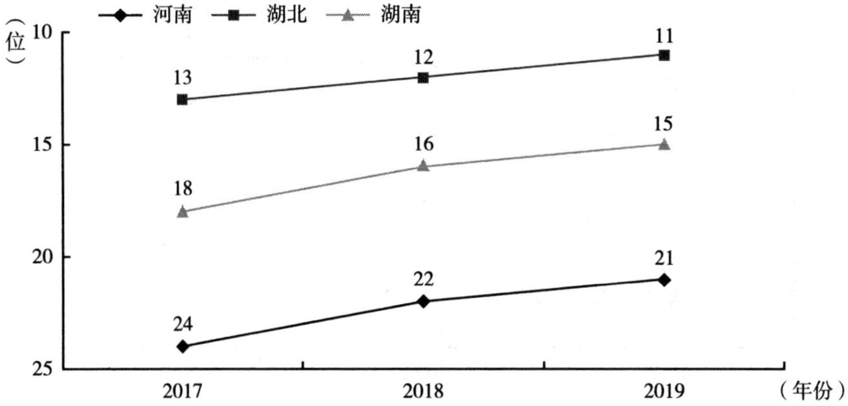

图 16　华中地区二级指标雷达图和排名情况

如图 17 所示，西北地区的信息化排名情况较为稳定。甘肃和新疆排名分别为第 30、31 位，三年内均保持不变；陕西由原来的第 11 位上升至第 9 位；青海由原来的第 20 位上升至第 19 位；而宁夏由原来的第 12 位下降至第 13 位。

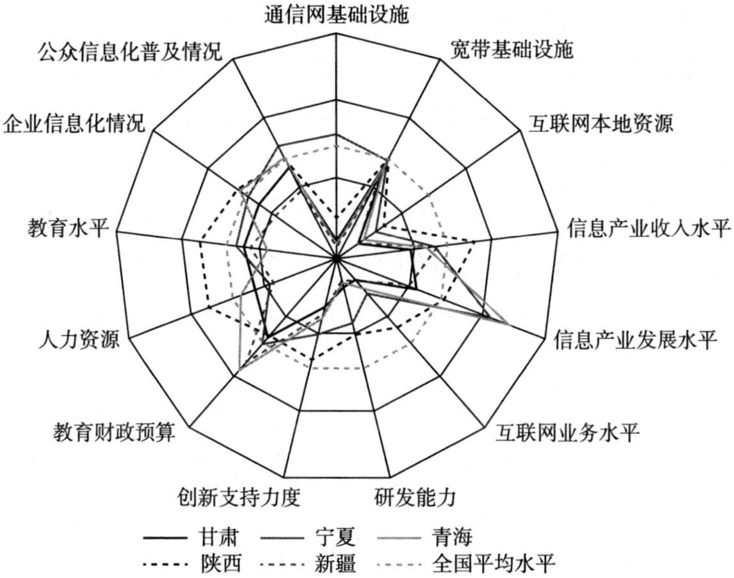

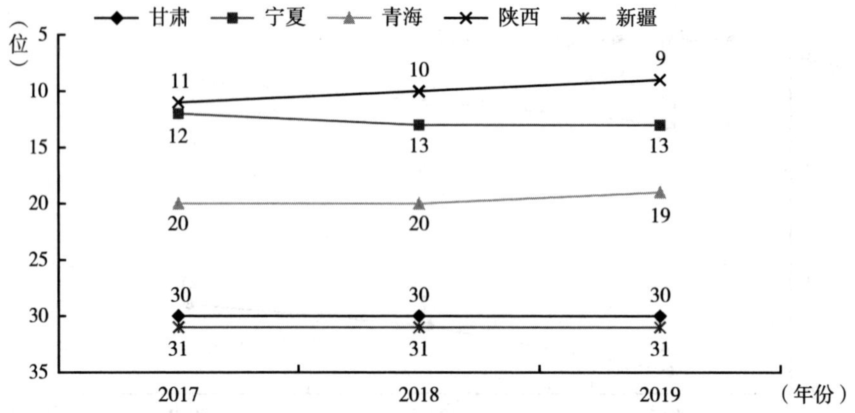

图 17　西北地区二级指标雷达图和排名情况

从二级指标上分析，陕西在西北地区中表现最好，其中有 6 个指标超过全国平均水平，有两个指标表现比较薄弱，分别为通信网基础设施和互联网本地资源；青海在教育财政预算、信息产业发展水平这两个指标上超过全国平均水平，在人力资源、企业信息化情况、公众信息化普及情况这三个指标上接近全国平均水平，其余指标均表现较弱；宁夏在公众信息化普及情况、通信网基础设施、信息产业发展水平这三个指标上高于全国平均水平，而在互联网本地资源、互联网业务水平、研发能力、创新支持力度上表现较弱；甘肃和新疆表现最弱，两地除教育财政预算这一指标在全国平均水平附近，其余指标均表现较弱。

如图 18 所示，华南地区的信息化排名情况相对稳定，除海南的排名出现下降之外，其余各地的排名均有所上升。广东由原来的第 6 位上升至第 5 位；海南由原来的第 9 位下降至第 11 位后又上升至第 10 位；广西由原来的第 28 位上升至第 24 位。

从二级指标上分析，在华南各地区中广东实力最强，除教育财政预算、通信网基础设施这两个指标外，其余指标均超过全国平均水平，特别在创新支持力度、研发能力、互联网业务水平、信息产业收入水平这四个指标上优势很大；海南在通信网基础设施这一指标上表现最为突出，远超全国平均水平，同时企业信息化情况这一指标也超过全国平均水平，但在互联网业务水平、研发能力以及创新支持力度三个指标上则处于劣势，远低于全国平均水平；在华南地区中广西表现最弱，只在教育水平、公众信息化普及情况、宽带基础设施这三个指标上接近全国平均水平，其余指标则表现很弱。

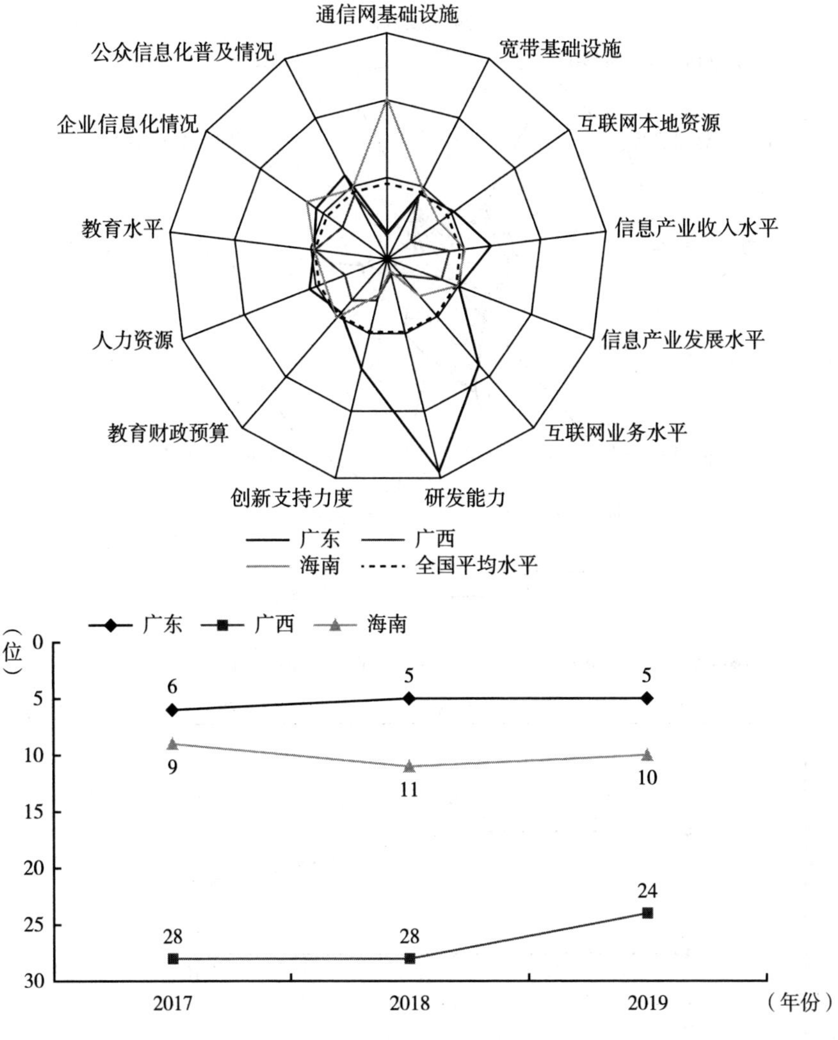

图 18　华南地区二级指标雷达图和排名情况

如图 19 所示，华东地区（除上海、浙江外）的信息化排名情况除江苏、山东排名有所下降外，其他地区排名较为稳定且部分有所增长。江苏、福建排名情况较好，虽然有小幅波动，但总的来看连续三年稳定在前10名；安徽发展十分稳定，连续三年位列第17；江西发展较好，由原来的第21位上升至第18位；山东则有所波动，由原来的第8位下降至第12位。

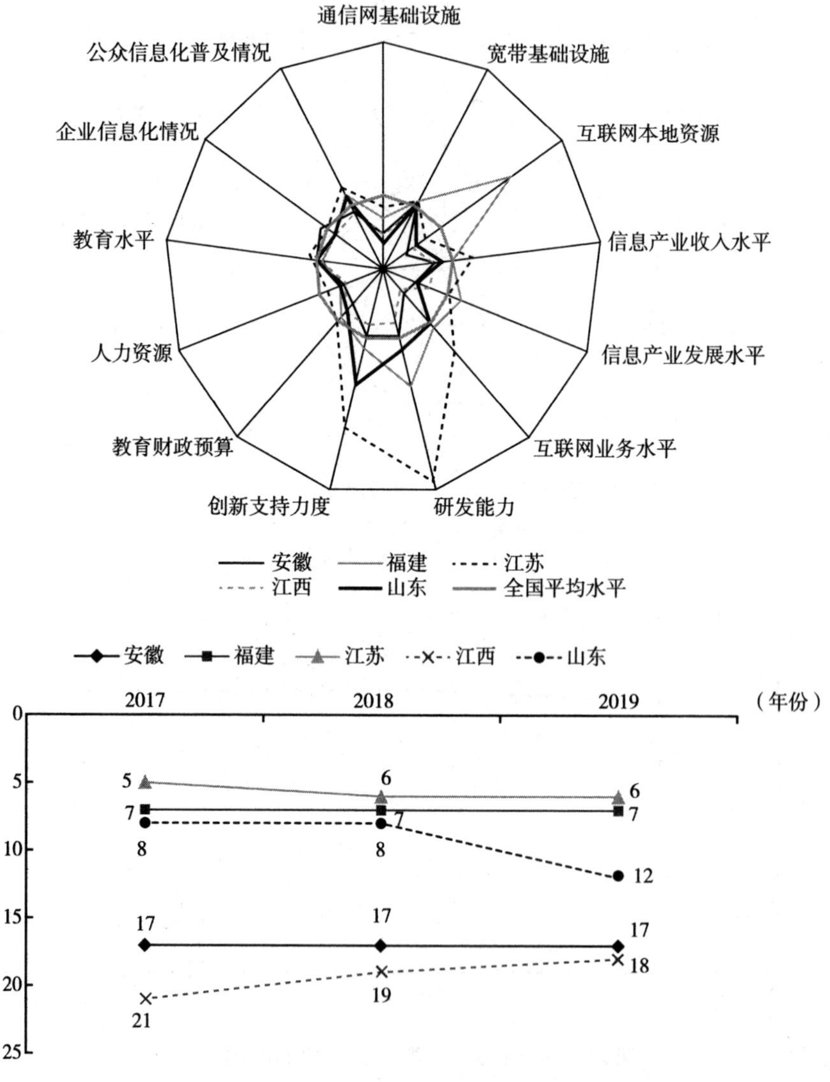

图19 华东地区（除上海、浙江外）二级指标雷达图和排名情况

从二级指标上分析，在华东地区（除上海、浙江外）中，江苏整体表现较好，其中研发能力和创新支持力度这两个指标远超全国平均水平，其他指标大部分都在全国平均水平附近，但在人力资源和互联网本地资源这两个指标上表现有所欠缺；福建在通信网基础设施和人力资源两个指标上有所欠缺，在其他指标上均在全国平均水平附近，尤其是在研发能力和互联网本地资源这两个指标上较有优势；山东在创新支持力度这个指标上明显高于全国平均水平，但在其他指标上表现一般，多个指标与全国平均水平之间有较大差距；安徽和江西整体表现一般，多个指标未达到全国平均水平，在互联网本地资源和互联网业务水平两方面最为薄弱。

如图 20 所示，西南地区的信息化排名情况除云南外都在上升。云南连续三年位列第 29 位；重庆由原来的第 10 位上升至第 8 位；四川由原来的第 15 位上升至第 14 位；西藏由原来的第 27 位上升至第 26 位；贵州由原来的第 26 位上升至第 23 位。

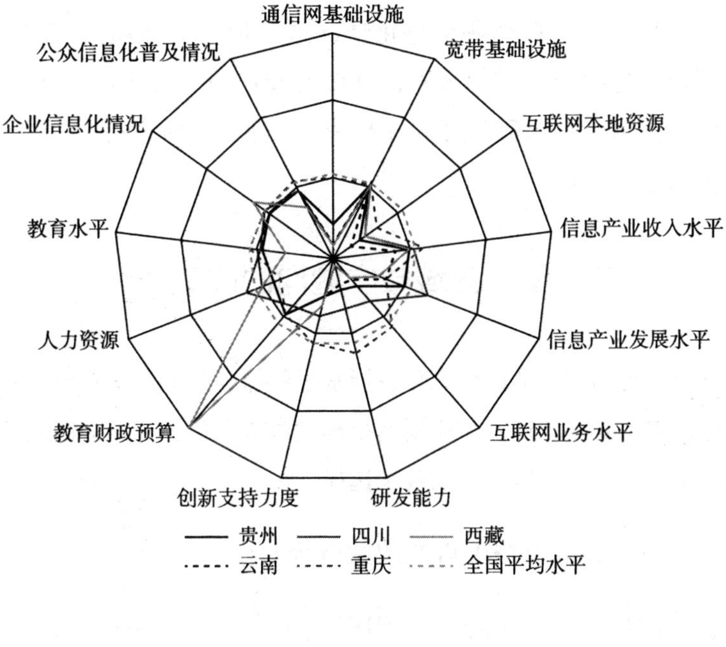

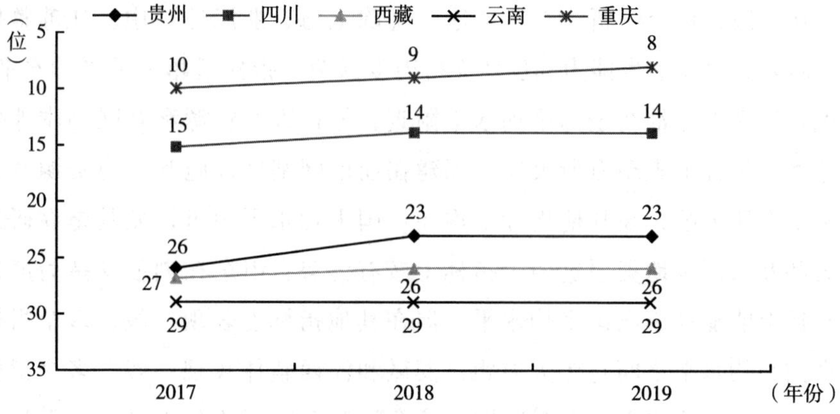

图 20　西南地区二级指标雷达图和排名情况

从二级指标上分析，西南地区中重庆发展最好，除了在互联网本地资源、信息产业发展水平、人力资源这三个指标上薄弱一些之外，其余指标均在全国平均水平附近；四川在信息产业发展水平和人力资源这两个指标上表现较好，在通信网基础设施、互联网本地资源这两个方面处于劣势；西藏整体的表现较为一般，只在教育财政预算这个指标上远远超过全国平均水平，在企业信息化情况这一指标上略超全国平均水平，其他指标均未达到全国平均水平，且都比较薄弱；贵州和云南则表现一般，绝大部分指标未达到全国平均水平，并且与全国平均水平相差较大，劣势较为明显。

三　缩小区域数字鸿沟的政策建议

通过上述对中国各地区信息化发展水平的综合分析，本部分将从形成区域数字鸿沟的主要因素以及相应新增指标的微观视角，分别论述缩小区域数字鸿沟以平衡信息化发展水平的政策选择。

（一）基于关键影响因素的政策选择

根据本文所采用的国内信息化测评体系可以看出，当前影响中国国内各区域之间信息化差异，进而形成区域数字鸿沟的关键影响因素主要包括数字技术基础资源、信息产业经济发展、科技创新能力、教育与数字素养以及数字内容与应用等五大方面。接下来，我们将分别从以上五个方面入手，分析各关键因素在影响区域数字鸿沟的表现与作用，为今后进一步缩小中国国内区域数字鸿沟提出政策建议与决策参考。

1. 数字技术基础资源方面

本文所指的数字技术基础资源包括通信网基础设施、宽带设施建设以及互联网本地资源发展三个方面。其中通信网基础设施以及宽带设施建设是提升本地区信息化水平的基础环节，其受到通信数字技术的发展水平、创新能力以及政策引导等多方面因素的影响，并对本区域内的基础硬件普及率、信息产业发展水平以及产业资源丰富度发挥关键作用。而互联网本地资源与网络基础建设水平息息相关，拥有大量互联网本地资源才能够建设富饶的互联网世界。因此，可以看出解决好数字技术基础资源问题是改善信息化发展水平、缩小区域数字鸿沟的首要任务。

表 8 的数据为我们清晰地展示了数字技术基础资源对中国区域数字鸿沟的具体影响。通过对表中数据进行比较分析可以看出，隶属于通信网基础设施的两个三级指标：每万人每万平方公里移动电话基站数量以及每万人每万平方公里光缆长度对 2019 年中国区域数字鸿沟的扩大具有最为显著的影响，并且近几年中国各地区在上述两个指标的得分差距也呈现逐年增加的趋势，显示了中国各地区在通信网基础设施这一项关键工作的发展上呈现极不均衡的现象。同时，作为宽带基础设施三级指标的固定宽带下载速率也在一定程度上影响了区域数字鸿沟的扩大，这一指标近年来在全国各地均发展迅速，但发展速度失衡。互联网本地资源中的人均 IPv4 地址数量小幅度地影响区域数字鸿沟的扩张，总的来说影响有限，并且在 2019 年此指标产生的鸿沟已初步展现弥合趋势，而每万人域名数的差异在三年内得以缩减，但在 2019 年又出现抬头的趋势，这可能是由正常的波动产生的，但域名数直接反映网络资源的丰富度，未来应加以关注这一指标对区域数字鸿沟影响大小的走势。

表 8　数字技术基础资源对区域数字鸿沟的影响

单位：%

二级指标	三级指标	对 2019 年区域数字鸿沟指数增长的影响	对 2017～2019 年区域数字鸿沟指数增长的影响
通信网基础设施	每万人每万平方公里光缆长度	0.914	1.417
	每万人每万平方公里移动电话基站数量	2.738	3.823
宽带基础设施	固定宽带下载速率	0.685	1.190
互联网本地资源	人均 IPv4 地址	-0.006	0.040
	每万人域名数	0.141	-0.871

由上述分析可知，为缩小区域数字鸿沟，政府今后的工作重点应当着力推进欠发达地区的通信网基础设施建设，实现基础设施全覆盖，为本地区的信息产业经济发展提供扎实的硬件保障。同时，稳步推进农村与西部地区信息扶贫战略部署，将通信网络延伸至偏远地区的各个角落，消除网络盲区，实现网络高速公路的全面建设与顺利通畅。鼓励社会多方公平投资参与新基建，同时加快 5G 通信网络技术的商业研发，不断强化区域经济与新兴网络数字技术的融合发展，权衡传统信息基础设施与新基建的投入配比，提高互联网本地资源整体配置效率，为公民、企业、社会提供更多便捷服务。

2. 信息产业经济发展方面

信息产业经济发展这一指标用以衡量地区内数字信息产业发展态势与发展潜力，对于精准提升本区域信息化发展水平起到关键作用，其具体包括信息产业收入水平、信息产业发展水平以及互联网业务水平三个方面。其中，信息产业和互联网业务发展水平反映传统行业与数字信息产业在区域整体经济发展格局中的结构布局，体现本区域的产业融合与数字化进程。而信息产业收入水平能够较好地反映本区域内的信息产业人才状况，直接影响信息技术人才的引进与发展。

表 9 的数据为我们清晰地展示了信息产业经济发展指标对区域数字鸿沟的影响。通过对表中数据进行比较分析，可以看出信息产业收入水平下三级

指标信息产业城镇单位就业人员平均工资对区域数字鸿沟有一定扩大作用。而同为信息产业发展水平的三级指标，信息产业增加值占生产总值比重与信息产业人均固定资产投资额对于区域数字鸿沟扩大则具有完全相反的影响，其中前者加速了数字鸿沟的扩大，后者则起到了缩小数字鸿沟的作用。与此同时，各地信息产业人均固定资产投资额的差异在较大程度上得到了缩减，这两个指标间的冲突说明不同地区的投入产出效益相差巨大。互联网业务水平下的所有三级指标均对区域数字鸿沟扩张有明显的推动作用，尤其是人均软件业务收入这一指标，各地数字产业化发展进程有快有慢，其中差距有待弥合。

因此，从信息产业发展上来看，当前中国各区域间存在较大差异，为缩小区域数字鸿沟，需要坚实推进区域协调发展战略，积极优化产业组织结构，努力提升数字产业投入产出效益。同时，针对信息产业区域间收入水平差距明显的问题，各级政府应当建立公平合理的人才聘用机制，将数字信息技术人才的发展放在人才战略的首位，实现区域信息产业的可持续发展。

表 9　信息产业经济发展对区域数字鸿沟的影响

单位：%

二级指标	三级指标	对 2019 年区域数字鸿沟指数增长的影响	对 2017～2019 年区域数字鸿沟指数增长的影响
信息产业收入水平	信息产业城镇单位就业人员平均工资	0.564	0.610
信息产业发展水平	信息产业增加值占生产总值比重	0.740	1.396
	信息产业人均固定资产投资额	-0.543	-1.136
互联网业务水平	人均软件业务收入	1.757	3.235
	人均电子商务销售额	1.295	1.994
	人均电信业务总量	0.369	0.939

3. 科技创新能力方面

科技创新能力主要包括研发能力与创新支持力度两方面，对于提升区域信息化水平、促进信息产业发展具有强大动力。各地区应充分重视提高本区域的信息技术研发与利用能力，不断开发新的技术应用领域与项目，实现“互联网+”战略的深度普及。

表10为我们清晰地展示了科技创新能力对区域数字鸿沟的影响情况。总的来说，研发能力对区域数字鸿沟指数增长的影响显著，特别是每万人专利授权数，对区域数字鸿沟扩张的影响较大。而创新支持力度下的三级指标人均R&D经费、科学研究和技术服务业城镇单位就业人员平均工资、人均科学研究和技术服务业固定资产投资额等有促进扩张的影响，但较小。当前各地对创新支持力度的差异虽然仍在扩大，但其远远不如研发能力差异的扩张速度快，说明部分地区对于创新投入转化为研发成果的能力比较欠缺。

表10　科技创新能力对区域数字鸿沟的影响

单位：%

二级指标	三级指标	对2019年区域数字鸿沟指数增长的影响	对2017~2019年区域数字鸿沟指数增长的影响
研发能力	每万人专利授权数	0.321	2.740
	万人R&D全时人员当量	0.097	1.365
创新支持力度	人均R&D经费	0.097	0.305
	科学研究和技术服务业城镇单位就业人员平均工资	0.072	0.168
	人均科学研究和技术服务业固定资产投资额	0.275	0.364

针对上文的分析，为了将投入切实转化为研发能力，应充分实现“产学研”融合，将信息技术的研发与人才培养、市场需求有机结合起来，进而推出具有应用价值的高新数字技术创意和成果。此外，政府应当继续加大对欠发达地区的科技创新扶持力度，对欠发达地区高校、科研院所和信息产业公司的科技创新给予政策上的必要支持，同时以吸引企业投资和吸引人才落户为目标建立激励机制，并推出完善的法律法规，对资源分配做出合理的

统一规范，使欠发达地区创新创业环境得到改善。

4. 教育与数字素养方面

教育与数字素养主要包括教育财政预算、人力资源与教育水平三个方面，能够客观反映本区域内的教育财政投入比例以及居民文化素质，这对于能否较好地在本区域推广信息技术应用具有重要作用。同时，良好的教育水平与数字素养也能够培养出更多的信息产业优秀人才，对于更好地提升本区域的信息化发展水平具有积极作用。

表 11 为我们清晰地展示了教育与数字素养对区域数字鸿沟的影响情况。通过对表中的数据进行比较分析可以发现，在教育与数字素养方面，信息产业从业人员占总就业人员数百分比对区域数字鸿沟扩大影响最大，其次是教育财政预算下三级指标人均公共财政预算教育经费。而与上述指标的影响相反，科学研究和技术服务业从业人员占总就业人员数百分比和每十万人口高等教育学校平均在校生数则对区域数字鸿沟扩张起到轻微抑制作用。特别的，拥有初中学历人口占比这个三级指标的地区差异不断增加，尽管影响甚微，但其影响可能在未来若干年更加凸显，更加促使区域数字鸿沟扩张。

表 11　教育与数字素养对区域数字鸿沟的影响

单位：%

二级指标	三级指标	对 2019 年区域数字鸿沟指数增长的影响	对 2017 ~ 2019 年区域数字鸿沟指数增长的影响
教育财政预算	人均公共财政预算教育经费	0.147	0.418
人力资源	信息产业从业人员占总就业人员数百分比	0.323	0.920
	科学研究和技术服务业从业人员占总就业人员数百分比	-0.168	-0.223
教育水平	每十万人口高等教育学校平均在校生数	0.042	-0.007
	拥有初中学历人口占比	0.020	0.024

因此，在今后的国家整体规划中，政府应重视加强区域间教育经费均衡投入，缩小地区间教育资源上的数字鸿沟。可以通过制定一系列的信息技术人才培养计划，积极探索适应数字时代的教学模式，利用好优质网络教育资源，解决好偏远地区的教育公平问题，不断推动数字素质教育的全面发展。

5. 数字内容与应用方面

数字内容与应用主要包括企业信息化情况与公众信息化普及情况两方面，其发展受到本区域内人口的性别、年龄等多种因素的影响，对提升本区域的信息化水平同样具有重要作用。

表 12 为我们清晰地展示了数字内容与应用对区域数字鸿沟的影响情况。公众信息化普及情况下三级指标人均移动互联网接入流量对区域数字鸿沟的扩大作用较为明显。同时，每百家企业拥有网站数、企业每百人使用计算机数、互联网宽带接入普及率三个三级指标对区域数字鸿沟的扩张同样具有一定的影响，但作用轻微。而有电子商务交易活动的企业比重、4G 用户占移动电话用户比例和每百户家用电脑数具有缩小区域数字鸿沟的作用，但影响程度较弱。

表 12　数字内容与应用对区域数字鸿沟的影响

单位：%

二级指标	三级指标	对 2019 年区域数字鸿沟指数增长的影响	对 2017～2019 年区域数字鸿沟指数增长的影响
企业信息化情况	每百家企业拥有网站数	0. 100	0. 028
	有电子商务交易活动的企业比重	-0. 013	-0. 014
	企业每百人使用计算机数	0. 030	0. 026
公众信息化普及情况	人均移动互联网接入流量	0. 403	0. 975
	4G 用户占移动电话用户比例	-0. 087	-0. 247
	互联网宽带接入普及率	0. 017	0. 014
	每百户家用电脑数	-0. 018	-0. 158

由以上分析结果可知，在继续施行“提速降费”政策的同时，需要确保欠发达地区宽带基础设施得到及时更新换代，升级改造现有光纤网络，引导地区民众使用数字服务。同时，可以为中小企业提供可负担数字设施接入，提高欠发达地区企业信息化程度，为信息技术企业提供一个良好的发展环境。

（二）基于洛伦兹曲线和基尼系数比较分析的政策建议

1. 代表性指标集中度分析

本文采用较多地被应用在数字鸿沟测度中的洛伦兹曲线与基尼系数分析方法，通过比较洛伦兹曲线与45°直线的贴合程度进行相应的指标集中度分析，各代表指标的洛伦兹曲线如图 21 至图 25 所示。

每万人每万平方公里光缆长度这一指标是反映各地区基础设施建设情况的典型指标之一。由图 21 可以看出，2017 ~ 2019 年该指标的洛伦兹曲线均与 45°直线偏离较远，说明该指标的集中度较高、鸿沟较明显。当前中国各地区的信息化基础设施建设还未实现完全的均衡发展，仍需要继续加强欠发达地区的基础设施建设，充分利用数字技术优势，不断提升地区产业经济发展，缩小区域数字鸿沟。

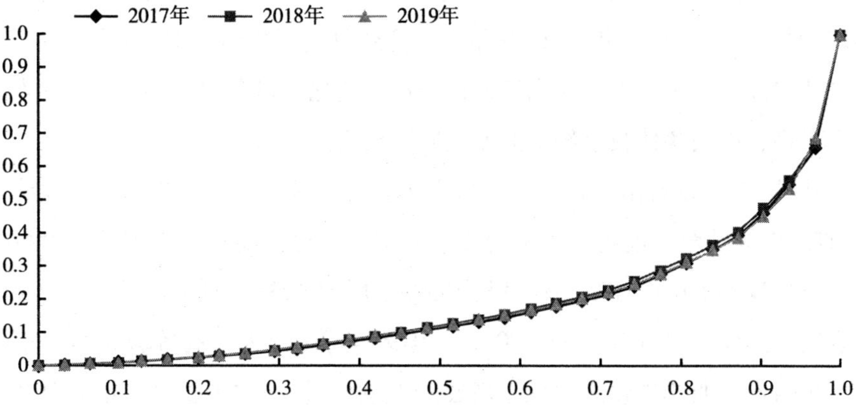

图 21　2017 ~ 2019 年每万人每万平方公里光缆长度洛伦兹曲线

图 22 是 2017～2019 年信息产业人均固定资产投资额的洛伦兹曲线，可以看出 2017 年的洛伦兹曲线偏离 45°直线最远，之后逐年靠近，表明该指标的鸿沟呈逐年缩小的趋势。中国政府应当继续同步增加各地区的信息产业投入，并因地制宜地制定与情况相适应的制度措施，把握当前信息产业高速发展的机遇，扩大高新信息产业的规模，稳步推进传统产业与新兴数字技术的融合，不断缩小区域数字鸿沟。

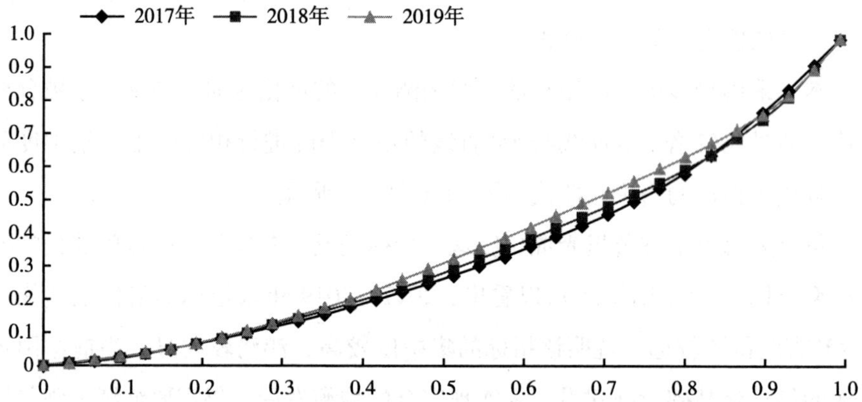

图 22　2017～2019 年信息产业人均固定资产投资额洛伦兹曲线

从图 23 可以看出，万人 R&D 全时人员当量这几年的集中度有所拉大，相较于 2017 年，2018 年与 2019 年的洛伦兹曲线更加偏离 45°直线。在今后的产业发展过程中，需要特别注意该指标的变化，避免因为各区域之间发展的不平衡，中国整体数字经济的发展速度放缓。

从图 24 可以看出，每十万人口高等教育学校平均在校生洛伦兹曲线与 45°直线较为贴合，说明该指标的数字鸿沟正在逐渐缩小。高等教育学校平均在校生反映了中国在数字信息技术领域的人才指标，对于各地区的数字经济发展起到较大的推动作用。2017～2019 年每十万人口高等教育学校平均在校生洛伦兹曲线均较好地稳定接近 45°直线，说明中国教育政策的改革对于缩小各地区数字鸿沟具有积极作用。

从图 25 可以看出，2017～2019 年企业每百人使用计算机数洛伦兹曲

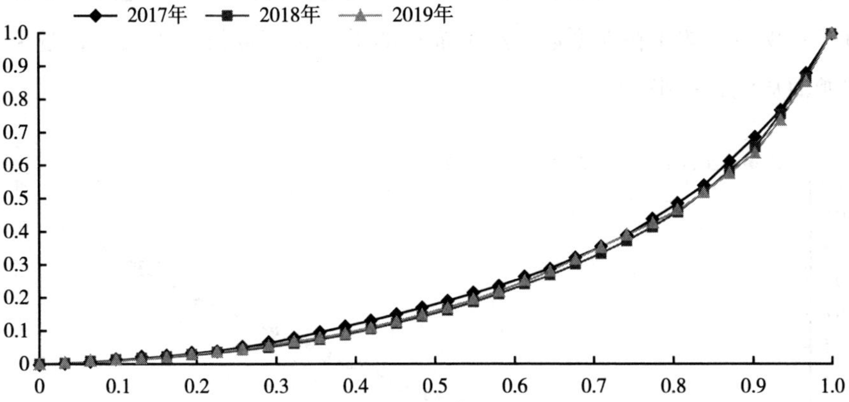

图 23　2017～2019 年万人 R&D 全时人员当量洛伦兹曲线

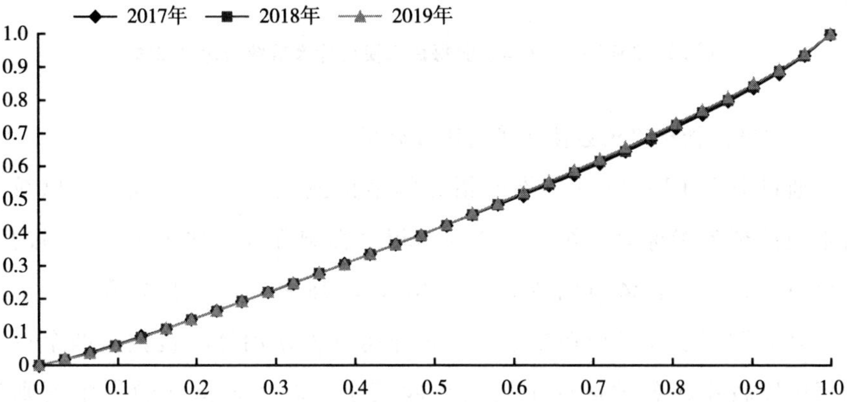

图 24　2017～2019 年每十万人口高等教育学校平均在校生洛伦兹曲线

线均与45°直线较为接近，并且呈现逐年改善的趋势。经过数十年的发展，同时随着国家对于偏远贫困地区的扶持力度增大，极大地缓解了各地区之间的不平衡趋势，使得全国各地区企业每百人使用计算机的数量得到较好的均衡发展。企业信息化是地方发展数字经济的基础，当前工业互联网已在部分企业部署，其为企业运作带来的效率提升已得到检验，未来势必将在全国范围内的企业中普及，而企业信息化发展的平衡对此具有重要积极作用。今后中国仍应当重点关注部分欠发达地区的产业信息化进程和计算机普及规模，防止在新型数字技术推动的下一轮产业发展中失衡，避免数字鸿沟从此处扩张。

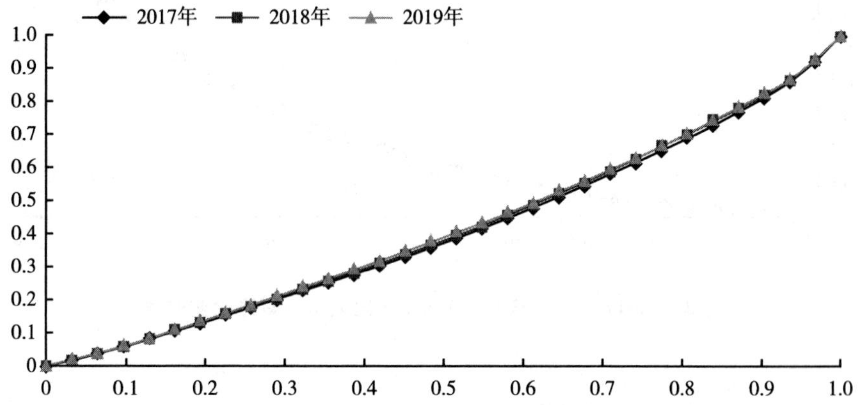

图 25　2017～2019 年企业每百人使用计算机数洛伦兹曲线

2. 代表性指标洛伦兹曲线横向比较分析

通过对 2017～2019 年不同指标的洛伦兹进行横向比较，可以较为清晰地体现各指标对区域数字鸿沟的相对影响程度，便于确定今后的工作重点。各年份具体对比结果如图 26 至图 28 所示。可以发现，每十万人口高等教育学校平均在校生数与企业每百人使用计算机数这两个指标的集中度较小，各地区间不均衡程度较小。而其余指标的集中度则较大，并且每年的进步不明显，其中每万人每万平方公里光缆长度的集中度偏离最大，该指标是与数字技术基础设施的发展相关性较强的指标，表明当前时期中国传统信息技术上的物理鸿沟仍显著存在，需要对欠发达地区的数字技术基础设施建设给予适度政策扶持，逐渐缩小中国各地区之间的信息鸿沟。

3. 代表性指标基尼系数比较分析

为了更清楚地分析以上指标对区域数字鸿沟变化趋势的影响，本文对其计算基尼系数并做比较，具体数值如表 13 所示。

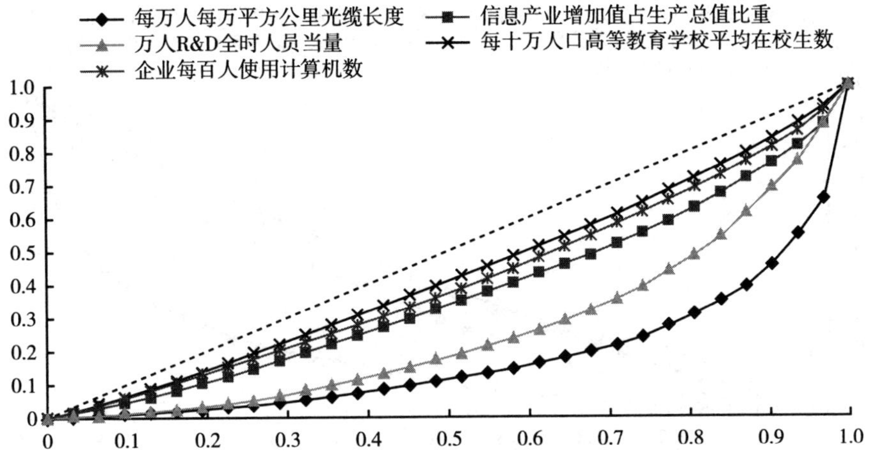

图 26　2017 年各指标洛伦兹曲线比较

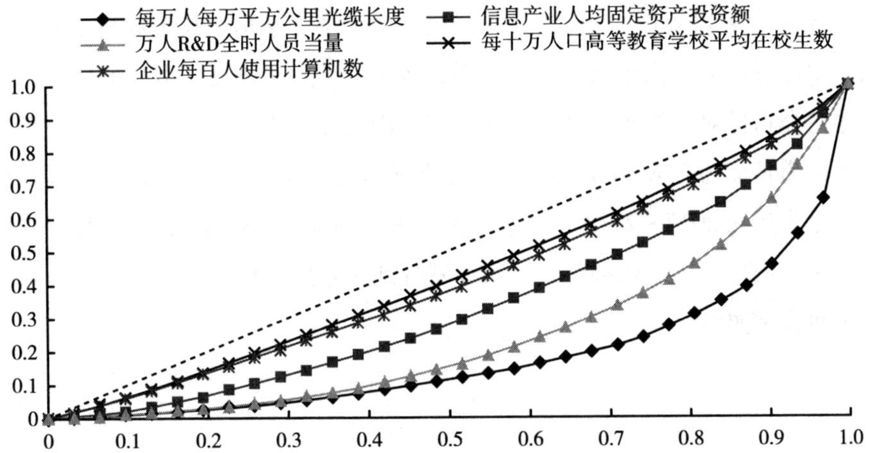

图 27　2018 年各指标洛伦兹曲线比较

表 13　分类基尼系数

年份	每万人每万平方公里光缆长度	信息产业人均固定资产投资额	万人 R&D 全时人员当量	每十万人口高等教育学校平均在校生数	企业每百人使用计算机数
2017	0. 644646	0. 34289	0. 474378	0. 140745	0. 186227
2018	0. 629406	0. 327752	0. 507945	0. 137587	0. 173189
2019	0. 638706	0. 291007	0. 500637	0. 132932	0. 164988

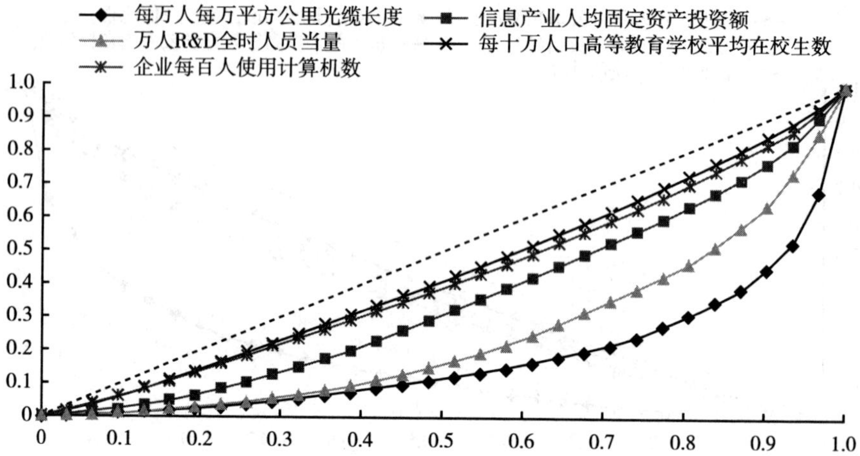

图 28　2019 年各指标洛伦兹曲线比较

分析计算结果可知，每十万人口高等教育学校平均在校生数与企业每百人使用计算机数这两个指标的基尼系数较小，并且呈现逐年减少的趋势，表明这两个指标对于缩小地区之间的数字鸿沟具有积极作用。每万人每万平方公里光缆长度与万人 R&D 全时人员当量两个指标的基尼系数较高，其指标的基尼系数在 2017～2019 年略有浮动，是形成数字鸿沟的重要因素，需要格外注意该指标的变化趋势，尽量缩减各地区在此指标上的鸿沟，进而弥合地区间数字鸿沟。

参考文献

邓聚龙：《灰预测与灰决策》，华中科技大学出版社，2002。

张彬、李潇、理查德·泰勒：《数字鸿沟测度理论与方法》，北京邮电大学出版社，2009。

中国皮书网

（网址：www.pishu.cn）

发布皮书研创资讯，传播皮书精彩内容
引领皮书出版潮流，打造皮书服务平台

栏目设置

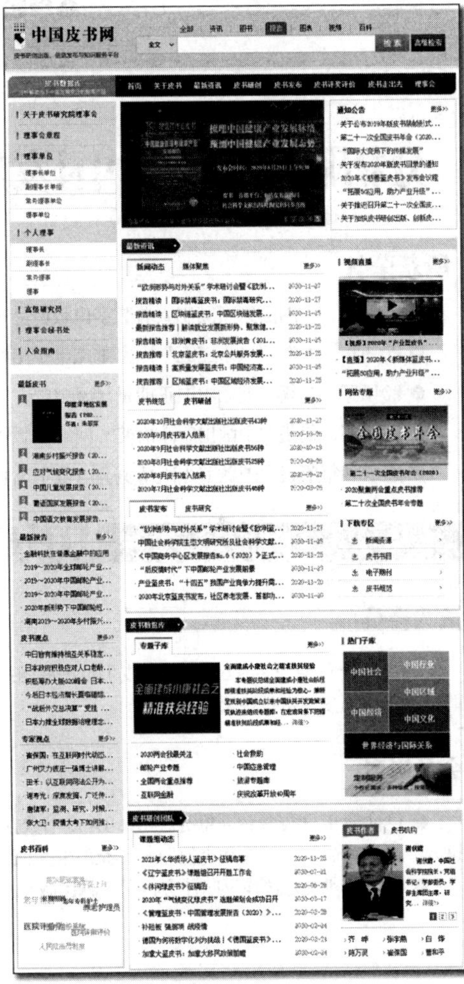

◆ **关于皮书**

何谓皮书、皮书分类、皮书大事记、
皮书荣誉、皮书出版第一人、皮书编辑部

◆ **最新资讯**

通知公告、新闻动态、媒体聚焦、
网站专题、视频直播、下载专区

◆ **皮书研创**

皮书规范、皮书选题、皮书出版、
皮书研究、研创团队

◆ **皮书评奖评价**

指标体系、皮书评价、皮书评奖

◆ **皮书研究院理事会**

理事会章程、理事单位、个人理事、高级研究员、理事会秘书处、入会指南

◆ **互动专区**

皮书说、社科数托邦、皮书微博、留言板

所获荣誉

◆ 2008 年、2011 年、2014 年，中国皮书网均在全国新闻出版业网站荣誉评选中获得“最具商业价值网站”称号；

◆ 2012 年，获得“出版业网站百强”称号。

网库合一

2014年，中国皮书网与皮书数据库端口合一，实现资源共享。

中国皮书网

S 基本子库
UB DATABASE

中国社会发展数据库（下设 12 个子库）

整合国内外中国社会发展研究成果，汇聚独家统计数据、深度分析报告，涉及社会、人口、政治、教育、法律等 12 个领域，为了解中国社会发展动态、跟踪社会核心热点、分析社会发展趋势提供一站式资源搜索和数据服务。

中国经济发展数据库（下设 12 个子库）

围绕国内外中国经济发展主题研究报告、学术资讯、基础数据等资料构建，内容涵盖宏观经济、农业经济、工业经济、产业经济等 12 个重点经济领域，为实时掌控经济运行态势、把握经济发展规律、洞察经济形势、进行经济决策提供参考和依据。

中国行业发展数据库（下设 17 个子库）

以中国国民经济行业分类为依据，覆盖金融业、旅游、医疗卫生、交通运输、能源矿产等 100 多个行业，跟踪分析国民经济相关行业市场运行状况和政策导向，汇集行业发展前沿资讯，为投资、从业及各种经济决策提供理论基础和实践指导。

中国区域发展数据库（下设 6 个子库）

对中国特定区域内的经济、社会、文化等领域现状与发展情况进行深度分析和预测，研究层级至县及县以下行政区，涉及省份、区域经济体、城市、农村等不同维度，为地方经济社会宏观态势研究、发展经验研究、案例分析提供数据服务。

中国文化传媒数据库（下设 18 个子库）

汇聚文化传媒领域专家观点、热点资讯，梳理国内外中国文化发展相关学术研究成果、一手统计数据，涵盖文化产业、新闻传播、电影娱乐、文学艺术、群众文化等 18 个重点研究领域。为文化传媒研究提供相关数据、研究报告和综合分析服务。

世界经济与国际关系数据库（下设 6 个子库）

立足“皮书系列”世界经济、国际关系相关学术资源，整合世界经济、国际政治、世界文化与科技、全球性问题、国际组织与国际法、区域研究 6 大领域研究成果，为世界经济与国际关系研究提供全方位数据分析，为决策和形势研判提供参考。

法律声明

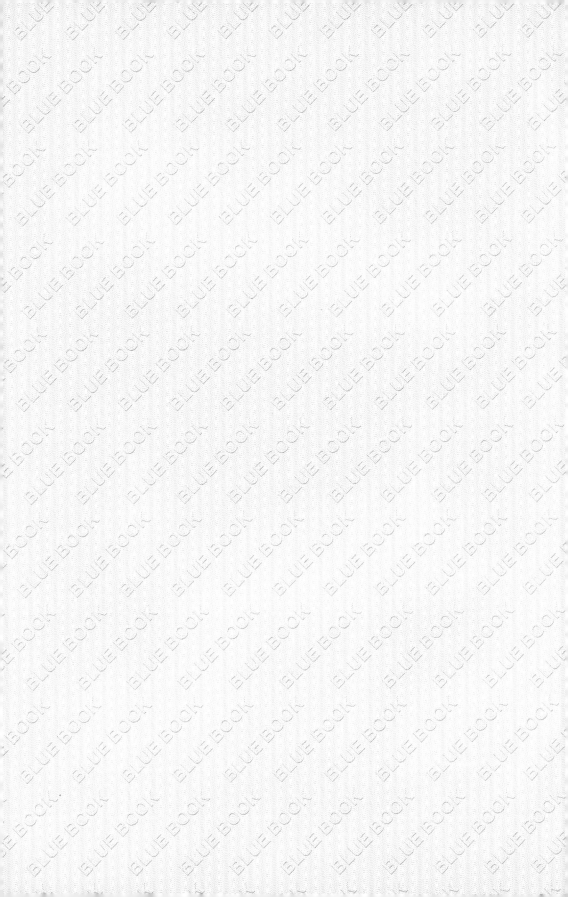